TOM HOLZEL · AUDREY SALKELD

In der Todeszone

Buch

Im Mai 1953 wurde der Everest von dem neuseeländischen Bienen-züchter Edmund Hillary und seinem nepalesischen Begleiter Tensing Norgay von der Südseite bestiegen. Waren sie wirklich die ersten Menschen auf dem 8848 Meter hohen Gipfel? Tom Holzel wagte als erster, die historischen Fakten in Frage zu stellen. Eine Kette von in detektivischer Feinarbeit gesammelten Indizien führt zu der Annahme, die Pioniertat sei bereits 1924 vollbracht worden, und zwar mit erstaunlich primitiver Ausrüstung über die weit schwierigere Nordroute von einem tollkühnen Engländer. In der sogenannten Todeszone oberhalb der 8000-Meter-Marke, in der ohne Zufuhr künstlichen Sauerstoffs der menschliche Organismus selbst im Ruhezustand abbaut, fand die von Eric Simonson geleitete Suchexpedition im Frühjahr 1999 George Mallorys mumifizierte Leiche. Genau über dem Kletterschuh waren sein Schien- und Wadenbein gebrochen. Zur Bewegungslosigkeit verdammt, war Mallory zweifellos erfroren.

Hatte er vor seinem Tod den Gipfel erreicht?

Von den unbedarften Anfängen des Extrembergsteigens bis zum perfektionierten High-Tech-Unternehmen – eine durchweg atemberaubende Abenteuergeschichte.

Autoren

Tom Holzel, studierter Wirtschaftswissenschaftler, erhielt 1986 endlich die Genehmigung für seine lange geplante erste Expedition zur Nordseite des Mount Everest, in deren Verlauf er das Schicksal der verschollenen Engländer George Mallory und Andrew Irvine zu klären hoffte. Der High-Tech-Spezialist entwickelte eigens für diese Unternehmung einen patentierten Typ von Sauerstoffgerät, der ohne Stahlzylinder und kälteanfällige Regelventile auskommt. Tom Holzel schreibt u. a. für bekannte amerikanische Bergsteigermagazine. Heute lebt und arbeitet er in Boston, Massachussetts.

Audrey Salkeld besitzt das umfassendste britische Privatarchiv zur Geschichte des Bergsteigens. Sie übersetzte Reinhold Messner und Kurt Diemberger ins Englische, porträtierte Leni Riefenstahl und ist zudem Autorin einer Reihe von Drehbüchern zu Dokumentarfilmen, darunter David Breashears »The Mystery of Mallory and Irvine«. 1986 nahm sie an der von Holzel geleiteten Suchexpedition am Everest teil.

Tom Holzel
Audrey Salkeld

In der Todeszone

Das Geheimnis um George Mallory
und die Erstbesteigung
des Mount Everest

Mit einem Vorwort
von Expeditionsleiter Eric Simonson

Aus dem Amerikanischen
von Helmut Dierlamm, Heike Schlatterer
und Gaby Wurster

GOLDMANN

Die Originalausgabe erschien 1999
vollständig überarbeitet und ergänzt
unter dem Titel »The Mystery of Mallory & Irvine
bei Pimlico, an imprint of Random House, London.
Deutsche Erstausgabe

Deutsche Erstausgabe November 1999
© 1999 der deutschsprachigen Ausgabe
Wilhelm Goldmann Verlag, München,
in der Verlagsgruppe Bertelsmann GmbH
© 1999, 1996, 1986 der Originalausgabe
First published in Great Britain
by Jonathan Cape in 1986
Tom Holzel und Audrey Salkeld
Umschlaggestaltung: Design Team, München
Umschlagabbildung: Look, J. Chwaszca
Satz: Uhl + Massopust, Aalen
Druck: Presse-Druck, Augsburg
Verlagsnummer: 15076
Redaktion: Dieter Löbbert
KF · Herstellung: Sebastian Strohmaier
Made in Germany
ISBN 3-442-15076-0

3 5 7 9 10 8 6 4 2

Inhalt

Den Zeugen:

Noel Odell, Wang Hung-bao
und Conrad Anker

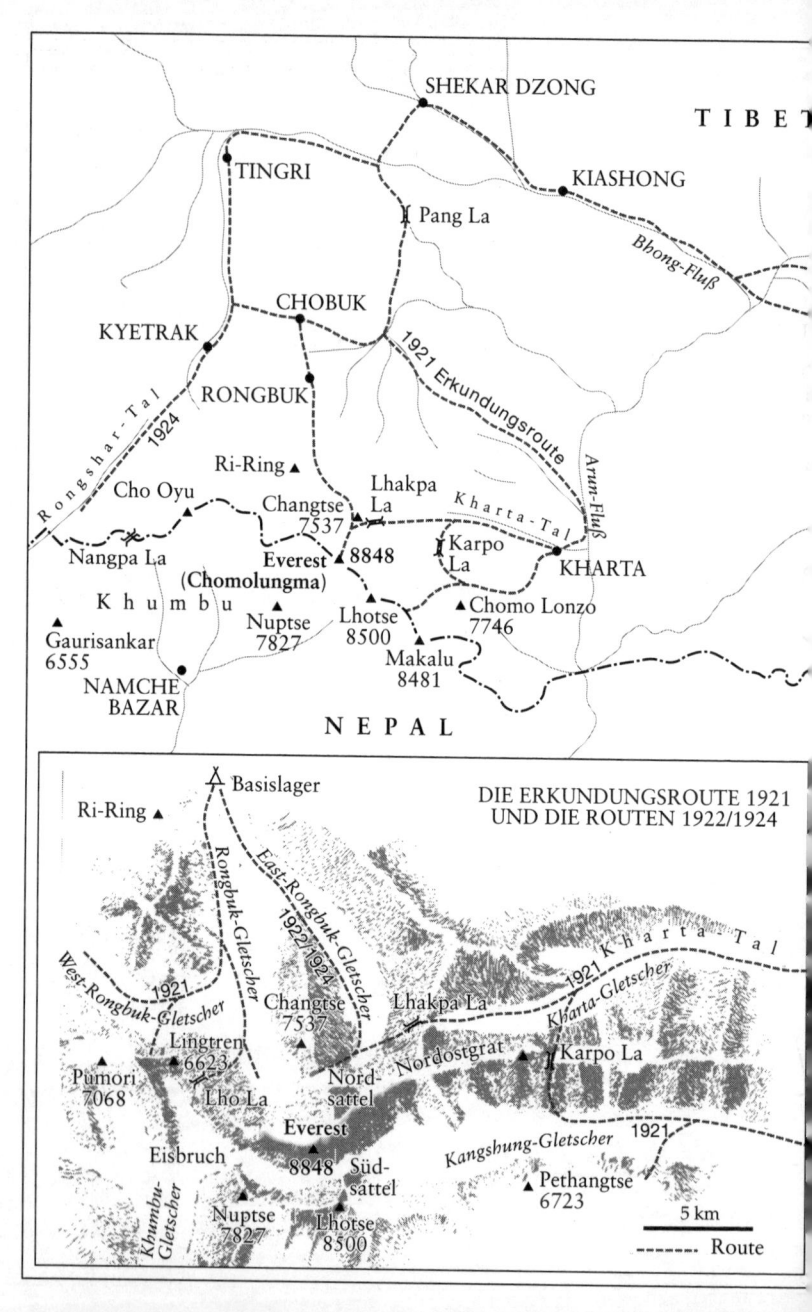

SHEKAR DZONG

TIBET

KIASHONG

TINGRI

Pang La

Bhong-Fluß

CHOBUK

KYETRAK

1921 Erkundungsroute

RONGBUK

Arun-Fluß

Ri-Ring ▲

Lhakpa La

Kharta-Tal

Cho Oyu ▲

Changtse
7537

Karpo La

KHARTA

Nangpa La

Everest ▲8848
(Chomolungma)

K h u m b u

Nuptse
7827

Lhotse
8500

Chomo Lonzo
7746

▲ Gaurisankar
6555

Makalu
8481

NAMCHE
BAZAR

N E P A L

Basislager

DIE ERKUNDUNGSROUTE 1921
UND DIE ROUTEN 1922/1924

Ri-Ring ▲

Rongbuk-Gletscher

Ost-Rongbuk-Gletscher
1922/1924

West-Rongbuk-Gletscher
1921

Changtse
7537

Lhakpa La

Kharta-Tal

Kharta-Gletscher
1921

Lingtren
6623

Pumori
7068

Lho La

Nord-
sattel

Nordostgrat

Karpo La

Eisbruch

Everest
8848

Süd-
sattel

Kangshung-Gletscher

1921

Khumbu-Gletscher

Nuptse
7827

Lhotse
8500

▲ Pethangtse
6723

5 km

- - - - - Route

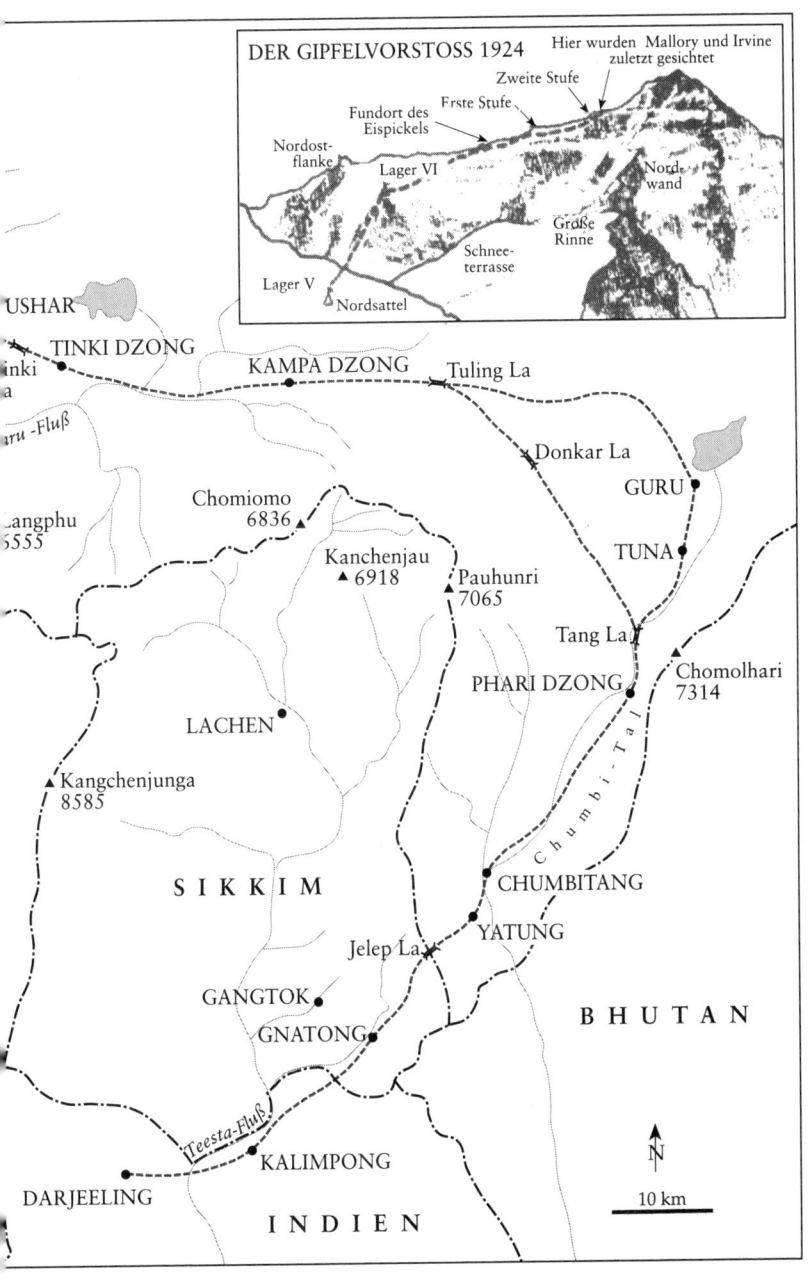

DER GIPFELVORSTOSS 1924

Hier wurden Mallory und Irvine zuletzt gesichtet

Zweite Stufe

Fundort des Eispickels

Erste Stufe

Nordostflanke

Lager VI

Nordwand

Große Rinne

Schneeterrasse

Lager V

Nordsattel

USHAR

TINKI DZONG

KAMPA DZONG

Tuling La

inki
a

inki

aru-Fluß

Donkar La

GURU

angphu
5555

Chomiomo
6836

TUNA

Kanchenjau
▲ 6918

Pauhunri
7065

Tang La

PHARI DZONG

Chomolhari
7314

LACHEN

▲ Kangchenjunga
8585

C
h
u
m
b
i
-
T
a
l

SIKKIM

CHUMBITANG

Jelep La

YATUNG

GANGTOK

GNATONG

BHUTAN

Teesta-Fluß

KALIMPONG

N

10 km

DARJEELING

INDIEN

Vorwort

von Eric Simonson

Am 1. Mai 1999 gegen 12.30 Uhr, nach einem kurzen, verschlüsselten Austausch zwischen den fünf erfahrenen Bergsteigern hoch oben in der Everest-Nordwand und mir im vorgeschobenen Basislager, herrschte bei der Expedition zur Erforschung des Schicksals von Mallory und Irvine Funkstille. Doch handelte es sich diesmal nicht um den typischen zeitweisen Systemausfall bei einem alpinen Unterfangen, der auf einer falsch ausgerichteten Antenne, einem Versagen der Elektronik oder leeren Batterien beruhen kann. Vielmehr war jener höchst unwahrscheinliche Fall eingetreten, für den wir die Funkstille geplant hatten. Wochen zuvor hatten wir die Entscheidung getroffen, die Ergebnisse unserer Arbeit nicht mehr per Funk zu diskutieren, falls uns ein wirklich wichtiger Fund glücken sollte. Für mich und die anderen, die sich in den niedrigeren Lagern auf dem East-Rongbuk-Gletscher des Mount Everest aufhielten, hatte damit eine vierundzwanzigstündige qualvolle Wartezeit begonnen, in der uns nur eine einzige Frage beschäftigte: Was hatte unser Suchtrupp in einer Höhe von 8200 Metern in der Nordwand entdeckt?

Als Leiter von mehr als 20 Expeditionen im Himalaja hatte ich schon oft lange Stunden in einem kalten, dunklen Zelt verbracht, während sich hoch oben am Berg Dramen abspielten, an denen manchmal auch meine Teammitglieder beteiligt waren. In solchen gefährlichen Phasen bleibt für emotionale Reflexionen kein Raum. Man ist getrieben von der Notwendigkeit, klar zu denken und richtig zu handeln, Unterstützungsmannschaften einzusetzen, Wetterberichte anzuhören, Bergungen zu planen, und hat eine Vielzahl mentaler Anforderungen zu bewältigen, welche die Zeit wie im Fluge verstreichen lassen.

Am 1. Mai 1999 sah ich mich jedoch mit einer ganz andersgearteten Situation konfrontiert und machte eine völlig neue Erfahrung. Ich hatte keinen Anlaß zur Sorge, meine Bergsteiger waren nicht gefährdet, sie waren topfit, und es ging ihnen offensichtlich gut. Es gab für mich absolut nichts zu tun. Die Sherpas Pemba und Passang betreuten das vorgeschobene Basislager wie üblich perfekt, und so blieb mir eigentlich nichts weiter übrig, als herumzusitzen und zu warten, und das war noch nie meine Stärke. Ich fand mich jedoch damit ab und dachte darüber nach, welche erstaunlichen Ereignisse dazu geführt hatten, daß ich nun voller Anspannung auf eine aufregende Entdeckung wartete.

Im Sommer 1998 hatte Larry Johnson sich bei mir erkundigt, ob er an der von mir geleiteten Expedition auf den Nordgrat des Everest teilnehmen könne. Larry hatte in Zusammenarbeit mit dem Everest-Historiker Jochen Hemmleb einen genauen Plan ausgearbeitet, der sich mit der Suche nach Hinweisen auf das Schicksal von Mallory und Irvine in der Gipfelregion des Mount Everest befaßte. Zu diesem Zeitpunkt hatten die beiden jedoch nur den Plan und jede Menge Forschungsmaterial, das sie in Jahren sorgfältiger Studien gesammelt hatten. Ich aber besaß die notwendige Erfahrung, um eine Everest-Expedition zu organisieren, zu leiten und so ihren Plan in die Tat umzusetzen.

Ich war sofort Feuer und Flamme. Hier bot sich mir endlich die Möglichkeit, am Everest einen wirklich neuen Weg zu beschreiten. Das Projekt war zwar schon einmal in Angriff genommen, aber nie zu Ende gebracht worden. Soviel ich wußte, hatten nur Holzel und seine Gruppe im Rahmen einer großen Expedition nach dem Verbleib von Mallory und Irvine geforscht. Ihre gutorganisierte Suchaktion von 1986 war jedoch am Ende der Klettersaison auf tragische Weise an Lawinen und schlechten Wetterbedingungen gescheitert, die sie zur Aufgabe gezwungen hatten, bevor sie die vorgesehene Bergregion erreichen konnten.

Bei aller Faszination für das Projekt waren mir jedoch auch

die großen Probleme sofort bewußt, die einen Mißerfolg eher wahrscheinlich machten. Die Geldbeschaffung versprach ein wahrer Alptraum zu werden, die Verpflichtung fähiger Bergsteiger, die bereit wären, auf den Gipfelsturm zu verzichten und statt dessen in den Hängen unter dem Nordgrat des Everest herumzuklettern, würde eine echte Herausforderung sein, und da droben tatsächlich etwas zu finden, das irgend etwas mit Mallory und Irvine zu tun hatte, war so gut wie unmöglich. Ja, das Projekt faszinierte mich, aber seine konkrete Realisierung türmte sich wie die Nordwand des Everest vor mir auf. Mehrere Monate lang war ich wie gelähmt und wußte nicht, wie ich die Sache anpacken sollte.

Im Herbst 1998 hatten wir noch kaum etwas zuwege gebracht. Vertragsabschlüsse über einen Dokumentarfilm waren immer wieder verschoben worden, erste Geldbeschaffungsversuche alles andere als vielversprechend verlaufen. Ich brauchte also eine Gruppe erfahrener Bergsteiger für eine Everest-Expedition, ohne zu wissen, wie ich die Sache finanzieren sollte, und unter der Bedingung, daß die Suche nach Mallory und Irvine absoluten Vorrang gegenüber einer Gipfelbesteigung haben würde. Trotzdem würde ich bald für klare Verhältnisse sorgen müssen. Wenn man am Everest ein Debakel vermeiden will, kann man nicht erst in letzter Minute die Sauerstoffvorräte bestellen, bei der chinesischen Regierung die erforderlichen Genehmigungen beantragen, die Flugtickets buchen und für die Zeit am Berg alle Termine absagen. An einem bestimmten Punkt muß man sich festlegen, und für unsere immer noch hypothetische Expedition war dieser Punkt schon bedrohlich nahe gerückt. Es war an der Zeit, daß ich mir über meine Motive klar wurde.

Was wollte ich mit der Expedition erreichen? Was war mein Ziel? Die Beantwortung dieser Fragen fiel mir nicht allzu schwer. Das eigentliche Ziel bestand darin, einen kürzlich entstandenen Trend, der das Interesse am Mount Everest bestimmte und den ich als falsch und oberflächlich empfand, zu beeinflussen und umzukehren. Ich war entsetzt über das der

Öffentlichkeit vorgegaukelte Meinungsbild, dem zufolge die Geschichte des Mount Everest anscheinend erst 1996 begonnen hatte und vor allem aus Fehlentscheidungen und Tragödien bestand, von denen unerfahrene Bergsteiger betroffen waren. Nichts entsprach meiner Ansicht nach weniger der Wahrheit, und ich wollte, daß all jene, deren Interesse für das Bergsteigen in jüngster Zeit geweckt wurde, mehr über den Everest erfuhren, wie ich ihn kenne: als einen ganz anderen, ungleich vielseitigeren Berg, einen Giganten mit einem gewaltigen Vermächtnis an Helden, Herausforderungen und Geheimnissen.

Nichts ist besser geeignet, diesen komplexen Charakter des Everest zu vermitteln, als die großartige Geschichte von Mallory und Irvine. Ich habe *The Mystery of Mallory and Irvine* von Tom Holzel und Audrey Salkeld im Lauf der Jahre mehrmals gelesen. Das Buch ist ein echter Klassiker, und ich bin überzeugt, daß die Geschichte nicht besser erzählt werden könnte. Die Herausforderung für uns bestand nun darin, dieser Geschichte möglicherweise etwas hinzuzufügen, sie zu ergänzen, an ihr weiterzustricken und sie einem breiten internationalen Publikum zugänglich zu machen. Das war es also: Ich wollte meinen bescheidenen Beitrag leisten, damit diese erstaunliche Geschichte der Welt neu erzählt werden konnte. Dieses Ziel war es wert, das Risiko des Scheiterns einzugehen.

Der Everest hat seine Geheimnisse schon immer sorgfältig bewahrt. Würden wir ihm wenigstens eines oder zwei entreißen können? Wir wollten unser möglichstes versuchen. Ich setzte mich mit Larry und Jochen zusammen und umriß das Konzept, dem meiner Ansicht nach am ehesten ein Erfolg beschieden sein würde: Erstens mußte eine Expedition, die nach Mallory und Irvine suchte, ausschließlich diesem Ziel dienen und durfte nicht mit einem kommerziellen oder geführten Aufstieg verbunden sein. Wenn die potentiellen Teilnehmer für eine Expedition mit Aussicht auf Gipfelbesteigung gutes Geld bezahlt hätten, wäre die Wahrscheinlichkeit von Konflikten am Berg einfach zu groß gewesen. Angesichts der begrenzten Zahl von Schönwettertagen wäre dann die Bezwingung des

Gipfels automatisch in den Vordergrund gerückt und nicht mehr genug Zeit für die Suche geblieben.

Ich hielt es außerdem für unbedingt notwendig, ein möglichst großes Expeditionsteam auf die Beine zu stellen. Es galt, eine Gruppe everesterfahrener Bergsteiger, die dem Locken des Gipfels im Hochlager am ehesten widerstehen konnten, mit einer Gruppe starker Nachwuchsleute zu kombinieren, die sich bereits im Himalaja auskannten und nun Erfahrungen am Everest sammeln wollten. Diese Mannschaft sollte durch kompetente Sherpas in ausreichender Zahl unterstützt werden und über einen großen Sauerstoffvorrat im Hochlager verfügen, damit mehrere Suchteams zu gleicher Zeit eingesetzt werden konnten. Für all das wurde eine große Menge an Kletterutensilien, Zelten, Nahrungsmitteln und Brennstoff gebraucht, wobei keinesfalls an der Qualität gespart werden durfte.

Nur unter solchen Voraussetzungen war ich bereit, das Projekt mit all meiner Kraft zu realisieren. Für weniger wollte ich das Risiko nicht in Kauf nehmen und auch meine Energie und meinen Ruf nicht aufs Spiel setzen. Ich schätzte, daß wir unter dem Strich mindestens 300 000 Dollar brauchen würden. Larry und Jochen stimmten mir in jeder Hinsicht zu – doch dann kratzten wir uns am Kopf und sagten: »So weit so gut, und wie finanzieren wir das Ganze?«

Kurz darauf, aber keineswegs zu früh, ergab sich wunderbarerweise alles fast wie von selbst. Der erste große Durchbruch bestand in der wichtigen Zusage von »Mountain Zone«, einer führenden Bergsportagentur, im Internet über unsere Expedition zu berichten. Larry und Jochen erhielten von dem Verlag The Mountaineers das Angebot, ihre Erlebnisse im Himalaja in Buchform zu veröffentlichen. Bald darauf trafen wir uns mit Vertretern der Fernsehgesellschaften BBC und NOVA, die in Zusammenarbeit mit Graham Hoyland, einem Großneffen von Howard Somervell, ein ähnliches Vorhaben finanzieren und darüber Dokumentarfilme drehen wollten. Wir kamen überein, unsere Kräfte in einer einzigen Expedition zu vereinen mit dem gemeinsamen Ziel, Mallory und Irvine zu suchen und für eine weltweite Verbreitung der Ereignisse zu sorgen. Zudem gelang es uns schließlich Anfang 1999, innerhalb der Bergsportbranche Sponsoren für unsere Ausrüstung zu finden, die unsere Finanzierung der Expedition komplettierten.

Als nächstes galt es, einen Aktionsplan für die Suche selbst zu entwickeln. Glücklicherweise war ein Großteil der hierzu notwendigen Überlegungen und Vorbereitungen schon Jahre zuvor getroffen worden, und Tom Holzel ließ uns großzügig von diesen unschätzbaren Vorarbeiten profitieren. Er bot uns für alle Bereiche seine Hilfe an und stellte uns wertvolle Untersuchungen über die Lage des »alten englischen Toten« zur Verfügung. Des weiteren überließ er uns Berichte über Höhenarchäologie und gab uns Anweisungen zur Behandlung des Fotoapparates, falls dieser gefunden würde. Dank dieser Unterstützung und des enzyklopädischen Wissens von Hemmleb vermochten wir uns so gut vorzubereiten, wie es in unserem kurzen Zeitraum möglich war.

Alles lief glatt, sobald wir den Everest erreicht hatten, insbesondere das Bergsteigen selbst. Unser Team erreichte als erstes das Basislager, und unsere Kletterkünstler nahmen schon bald mit Geschick und Begeisterung den Hang in Angriff. Da die winterlichen Niederschläge am Everest aufgrund von El Niña* ausgeblieben waren, präsentierte sich der Bergriese erstaunlich schneefrei. Dies bedeutete, daß eine technisch gut zu bewältigende, steile Route über blaues Eis vom Basislager zum Nordsattel hinaufführte und man von dort aus mit Steigeisen über Eis und Fels vorsichtig zu den Lagern V und VI aufsteigen konnte.

In den ersten Wochen entdeckte Andy Politz unterhalb des Nordsattels die Reste eines alten Lagers (das, wie sich später herausstellte, von einem chinesischen Team im Jahr 1960 angelegt worden war), das durch das Abschmelzen des Schnees zum Vorschein gekommen war. Er fand Zeltreste, Kletterhaken

---

* Ein dem »El Niño« vergleichbares klimatisches Phänomen im asiatischen Raum.

und einen alten Kletterhammer. Wir bekamen allmählich das Gefühl, daß das Jahr 1999 vielleicht das günstigste Jahr seit langem war, um überhaupt auf Überreste von Mallory und Irvine zu stoßen. Aufgrund von »El Niña« gab es zumindest die minimale Möglichkeit, daß eine große Mannschaft guter Bergsteiger, die ein abgelegenes Gebiet akribisch durchkämmte, wirklich eine, wenn auch kaum nennenswerte Chance hatte, etwas zu finden. Trotzdem war die Vorstellung, hoch am Berg eine wichtige Entdeckung zu machen, nichts weiter als ein amüsanter roter Faden in den Abendunterhaltungen unserer Gruppe sehr realitätsbewußter Everest-Bergsteiger.

Als ich nun am 2. Mai im vorgeschobenen Basislager untätig auf dem Rand meines dreibeinigen Schemels herumrutschte und sehnsüchtig auf die Ankunft der absteigenden Suchtruppe wartete, wollte ich noch immer nicht an einen wirklichen großen Fund glauben. *Was hatten sie da droben gefunden? War es Irvine? Hatten sie ihn wirklich gefunden? Hatten die kargen Hinweise in Wangs Geschichte tatsächlich Früchte getragen? Hatte das Suchteam den Fotoapparat gefunden? Nein, das war nicht möglich, nach nur wenigen Stunden der Suche... Vielleicht hatten sie nur die Reste eines Rucksacks oder einen anderen in den Hang gefrorenen Gegenstand gefunden... Aber woran hatten sie dann dort droben so viele Stunden gearbeitet? Warum hatten sie so viel Zeit auf eine Stelle verschwendet?*

Schließlich trudelten die Männer in kurzen Abständen im vorgeschobenen Basislager ein, warfen ihre Rucksäcke ab und griffen nach dem heißen Tee, den Pemba und Passang gebraut hatten, ganz wie eine Seilschaft, die von einem ersten Vorstoß zu Lager VI zurückkehrt. Mir kam es vor, als wirkte die Gruppe ziemlich ernst, doch ich erklärte mir das mit ihrer Müdigkeit. Schließlich waren sie eben erst von Lager V abgestiegen. Vielleicht wollten sie sich irgendeinen Scherz mit mir erlauben, bevor sie mir die Neuigkeit mitteilten, oder es widerstrebte ihnen einfach, gleich damit herauszuplatzen.

Tatsächlich haben sie mir nie so richtig erzählt, was sie am 1. Mai 1999 da droben am Everest fanden. Andy Politz brummte schließlich kaum verständlich, ich solle mit ihm ins Essenszelt kommen. Ich ging mit, und die anderen folgten. Dann wartete ich weiter ungeduldig auf den Satz, mit dem ich inzwischen rechnete: »Wir haben Andrew Irvine gefunden.« Doch Andy griff lediglich tief in seinen Rucksack, zog eine durchsichtige Plastiktasche mit Reißverschluß heraus und reichte sie mir. Sie enthielt ausgeblichene Fetzen alter Kleidungsstücke, und schließlich sah und las ich folgende Worte auf einem Namensetikett: »G. Mallory«.

So erhielt ich die unglaubliche, die unmögliche Nachricht mittels einer Plastiktasche aus den Händen eines Freundes, mit dem ich Jahre zuvor auf dem Gipfel des Everest gewesen war. Er erzählte nun, ohne ein Wort zu sagen, eine einzigartige Everest-Geschichte. Sie entspann sich visuell, als Andy als nächstes eine Schneebrille, farbenprächtige Taschentücher, perfekt erhaltene handgeschriebene Briefe, ein Taschenmesser und Streichhölzer zum Vorschein brachte, die einfachen Habseligkeiten eines Bergsteigers, der Legende geworden war. Wir sahen uns die mit der Digitalkamera aufgenommenen Fotos an. Das Wunder dieser Bilder erlaubte es mir nachzuerleben, wie unser Kletterteam am Tag zuvor hoch in der Nordwand George Mallorys von Verletzungen gezeichneten Leichnam mit seinen Nagelschuhen und dem gerissenen Kletterseil gefunden hatte, das noch immer fest um die Hüfte geschlungen war.

Im Jahr 1987 hatte Tom Holzel geschrieben, Wangs Entdeckung des »alten englischen Toten« und ihre Bestätigung durch Zhang Yun Yan (woraufhin Holzel für sie beide Champagner bestellte) sei der beste Beweis für das Schicksal von Mallory und Irvine. Es fehle nur noch der Leichnam, der noch immer auf der Schneeterrasse liegen müsse.

Nun, lieber Tom Holzel, im Jahr 1999 hat unsere Suchmannschaft tatsächlich Mallorys sterbliche Überreste hoch oben auf der Schneeterrasse gefunden, aber nicht an der Stelle, wo wir sie vermutet hatten. Daß Conrad Anker die Zweite Stufe ohne Hilfsmittel erklettert hat, wirft zusätzliches Licht auf die Frage, ob auch Mallory 1924 dazu in der Lage war. Wir haben unsere neuen Erkenntnisse einem sehr kompetenten Publikum vorgelegt: nämlich unseren Leserinnen und Lesern. Ihnen obliegt es nun, sich mit dem ungelösten Rätsel zu befassen und neue mögliche Varianten der Geschichte von Mallory und Irvine zu entwickeln. Unterdessen freue ich mich darauf, daß wir mit dem Champagner anstoßen, den wir zweifellos verdient haben.

Wo stehen wir nun? Hat dies alles überhaupt eine Bedeutung am Ende eines großen Bergsteiger-Jahrhunderts? Alle, die vom Mount Everest fasziniert sind, können von der fast achtzigjährigen reichhaltigen Geschichte der Besteigungsversuche zehren. Die Erfolge der Briten in den zwanziger Jahren, trotz unzureichender Ausrüstung und spärlichen Wissens über das Klettern in großen Höhen, gelten vielen als der konstante Maßstab für wahre Abenteuerlust – auch heute noch, obwohl sich etliches andere in dieser Sportart unwiderruflich verändert hat.

Am 75. Jahrestag der britischen Expedition von 1924, an der Schwelle zu einem neuen Jahrtausend, ist der Everest für einen sportlich durchtrainierten Menschen relativ leicht zugänglich. Die Grenzen sind weit offen. Man muß nicht mehr handverlesenes Mitglied eines staatlichen Eliteteams sein, um den Everest in Angriff nehmen zu dürfen. Fast jeder, der über die Willensstärke und die Abenteuerlust verfügt, kann bis zum Fuß dieses wundervollen Gipfels wandern. Und Millionen wird der Everest durch die Printmedien, das Internet und das Fernsehen direkt ins Haus geliefert.

Dies ist die neue Demokratisierung des Bergsteigens, und sie ist eine wundervolle Sache. Alle können irgendwie daran teilhaben, jeder von uns kann den Mount Everest auf seine ganz individuelle Weise erleben. Ob es sich nun um einen Jugendlichen handelt, der zum ersten Mal *The Mystery of Mallory and Irvine* liest, oder um einen körperlich fitten Trekker, der das Basislager besucht, oder um einen Bergsteiger, der in den Fußstapfen der Helden den Gipfel erklimmt – allenthalben wird der Everest als Herausforderung wahrgenommen. Im Gegensatz zu Mallory und Irvine müssen wir ihn heute nicht mehr in Tweedkleidung und Nagelschuhen ersteigen, um uns auf ein großes Abenteuer einzulassen. Und obwohl keiner von uns je in der Lage sein wird, ihre erste große Erkundung des Berges wiederzuerleben, wird der Everest doch für jeden von uns eine unerschöpfliche Quelle vielfältiger Entdeckungen und Wiederentdeckungen bleiben.

1

Das Rätsel

von Tom Holzel, 1995

»Du hast einen Brief vom Japanischen Alpenverein bekommen«, rief meine Frau aus dem oberen Stockwerk, als ich am Abend des Valentinstages 1980 nach Hause kam. Vom Japanischen Alpenverein? Es dauerte einen Moment, bis ich begriffen hatte, denn es war über sechs Monate her, daß mir das Gerücht zu Ohren gekommen war, die Japaner hätten die Genehmigung erhalten, den Mount Everest von Norden her zu besteigen. Diese Seite des Berges war seit drei Jahrzehnten unzugänglich gewesen – seit die Chinesen 1951 Tibet annektiert hatten –, und zuvor hatte die Welt Krieg geführt.

Ich hatte den Japanern einen Brief geschrieben, mich nach ihrer Expedition erkundigt und ihnen einen reichlich seltsamen Vorschlag unterbreitet. Seither hatte ich nichts mehr von ihnen gehört und die Sache in all den Monaten fast vergessen. Wenn an dem Gerücht etwas Wahres dran war, dann hatten die Japaner somit als erste nichtkommunistische Bergsteiger die Erlaubnis bekommen, den Everest über die gleiche Route zu erklimmen, die von den ersten britischen Bergsteigern in den zwanziger und dreißiger Jahren genommen worden war. Siebenmal hatten die Briten zwischen dem Ersten und dem Zweiten Weltkrieg versucht, den Everest zu bezwingen, und jedesmal waren sie gescheitert – wenigstens steht es so in den Geschichtsbüchern. Ich hatte eine dieser mißglückten Bemühungen, und zwar jene von George Mallory und Andrew Irvine im Jahr 1924, genau untersucht. Die beiden waren zuletzt gesehen worden, als sie nur noch wenige Stunden bis zum Gipfel vor sich hatten und zügig vorankamen. Sie waren nie zurückgekehrt.

Wegen der ungewöhnlich günstigen Umstände ihres Versuchs und weil ich wußte, daß Mallory davon besessen war, als erster den höchsten Gipfel der Welt zu erreichen, hatte ich das sichere Gefühl, daß er nicht umgekehrt war, bevor er sein Vorhaben nicht verwirklicht hatte.

Meine Untersuchung basierte auf reiner Theorie. Trotzdem hatte ich den Japanern geschrieben, sie sollten Ausschau nach Irvines Leiche halten, von der ich fast sicher annahm, daß sie auf einer Schneeterrasse in etwas 8200 Meter Höhe gefunden würde, ebenso – und ganz besonders – nach dem Fotoapparat, den der Bergsteiger bei sich gehabt hatte. Bei fachmännischer und behutsamer Entwicklung konnte der gefrorene Film noch immer seine Bilder preisgeben und vielleicht das große Rätsel um Mallory und Irvine lösen: Waren sie schon 29 Jahre vor der offiziellen Erstbesteigung durch Sir Edmund Hillary und Sherpa Tensing Norgay auf dem Gipfel gewesen?

Der Luftpostbrief vom Japanischen Alpenverein war ziemlich dünn. Was würden die Japaner mir wohl mitteilen? Bedankten sie sich nur höflich für mein Interesse, oder stritten sie womöglich strikt ab, daß es eine Expedition gegeben hatte? Dann jedoch hätten sie sich wohl kaum die Mühe gemacht, mir überhaupt zu antworten. Ich öffnete den Umschlag. Er enthielt eine atemberaubende Überraschung:

Lieber Mr. Holzel,
vielen Dank, daß Sie uns Ihre Artikel über das Rätsel um Mallory und Irvine sowie Ihre Vorschläge und Ratschläge zugeschickt haben.

Ihre Vorschläge haben nicht nur unser Interesse geweckt, sondern auch jenes von *Yomiuri,* einer der drei größten Zeitungen Japans, die unsere Expedition sponsert. Sie brachte in der Ausgabe vom 1. Januar einen ganzseitigen Bericht über Sie.

Am 12. Oktober (1979) versuchte unser Erkundungsteam den Nordsattel zu erreichen, als unter diesem um 14.12 Uhr in einer Höhe von 6850 Metern eine Lawine abging. Wir bedauern, Ihnen mitteilen zu müssen, daß drei Chinesen von der Lawine mitgerissen wurden. Sie fielen in eine tiefe Gletscherspalte und starben. Unter ihnen war Wang Kow Po*, der den Nordsattel fünfmal erstiegen und eine maximale Höhe von 8000 Metern erreicht hatte.

Wang hatte einen Tag vor dem Unfall unserem japanischen Vereinsmitglied R. Hasegawa erzählt, daß er 1974 als Teilnehmer einer chinesischen Expedition auf dem Mount Everest zwei Tote gesehen habe.

Der eine Leichnam hatte auf einer Seitenmoräne des East-Rongbuk-Gletschers unterhalb von Lager III gelegen und der andere in einer Höhe von 8100 Metern an der Nordostgrat-Route. Wang sprach kein Englisch, wiederholte aber im Gespräch mit Hasegawa immer wieder das Wort »Englisch«. Bei dem ersten Toten könnte es sich um Wilson handeln. Aber wer war der zweite, der in 8100 Meter Höhe lag? Als Wang die Kleidung des dort befindlichen Leichnams anfaßte, riß sie in Fetzen und wurde vom Wind davongetragen. Danach schaufelte er Schnee auf den Toten und begrub ihn. Hasegawa fragte Wang, ob es sich vielleicht um einen Russen gehandelt habe. Doch Wang verneinte mit der Begründung, kein Russe sei je in eine solche Höhe vorgedrungen.

Laut Hasegawa machte Wang einen ehrlichen Eindruck. Er stammte aus der Gegend und war eher schweigsam. Im nachhinein bedauert es Hasegawa, daß er Wang nicht ausführlicher befragte. Beim letzten Treffen der Expeditionsteilnehmer wurden diese gebeten, nicht nur nach Fotoapparaten zu suchen, sondern auch nach einem Toten, der in 8100 Meter Höhe seine letzte Ruhe gefunden hatte.[1]

»O Gott«, flüsterte ich, »sie haben Irvine gefunden.« Ich ließ mich, wie gelähmt von der Neuigkeit, auf einen Stuhl fallen, und die Alltagswelt um mich herum verschwand, als ich den Brief noch einmal aufmerksam studierte. Ich wollte si-

---

* An anderen Stellen »Wang Hung-bao« genannt, im Stichwortverzeichnis sind beide Schreibweisen angegeben.

cher sein, daß ich nicht mehr hineinlas, als wirklich darin stand.

Bei dem ersten Toten handelte es sich offenbar um Maurice Wilson, jenen exzentrischen Engländer, der 1934 heimlich nach Tibet eingedrungen und bei dem Versuch gestorben war, sich durch Fasten spirituell auf den Gipfel zu befördern. Sein Leichnam bei Lager III war schon zweimal gesehen worden, und an derselben Stelle hatte man auch sein Tagebuch gefunden.

Der japanische Bergsteiger war Ryoten Hasegawa, der Leiter des Bergsteigerteams der Expedition. Daß Wang keinen beliebigen Teilnehmer der japanischen Expedition ansprach, sondern ihren offensichtlichen Führer, deutete darauf hin, daß er seine Entdeckung für sehr wichtig hielt.

Die Erwähnung des Russen war einem anderen hartnäckigen Gerücht zu verdanken, dem sowohl das *Guinness-Buch der Rekorde* als auch die Zeitschrift *Time* Glauben schenkten. Es besagt, daß ein russisches Team 1952 eine Besteigung des Everest versucht habe, um britischen Bergsteigern zuvorzukommen, die im folgenden Jahr durch Nepal anreisen und den Berg von Süden her bezwingen wollten. Innerhalb der russischen Expedition habe es so viele Tote gegeben, daß sie geheimgehalten worden sei.[2] Daß Wang Kow Po das Wort »englisch« benutzte, ließ sich leicht erklären. Alle Westeuropäer, die sich dem Everest früher durch Tibet genähert hatten, waren Engländer gewesen und wurden folglich von den Tibetern mit dem Attribut »englisch« versehen. Sogar der Sauerstoff hieß »englische Luft«. Hasegawa erkannte, daß es von zentraler Wichtigkeit war zu klären, ob die von Wang gefundene Leiche tatsächlich ein Engländer war und kein Chinese (oder Russe). Die Chinesen hatten 1975 in der Nordwand einen Bergsteiger verloren, eine Tatsache, die sie erst einräumten, als Wangs Bericht an die Öffentlichkeit gelangte. Wang jedoch hatte an der Expedition von 1975 teilgenommen und muß von diesem Toten gewußt haben. Daß er das Wort »englisch« benutzte, geschah also ganz bewußt und war unmißverständlich.

Mit Wangs erstaunlichem Bericht hatten die Japaner das erste neue Indiz über den Versuch von Mallory und Irvine mitgebracht, seit 1933 deren Eispickel entdeckt worden war. Daß die Japaner nach der Kamera suchen wollten, freute mich ganz besonders, denn es bedeutete, daß wenigstens jemand meine Theorie ernst nahm.

Mein Interesse für Mallory und Irvine war 1970 geweckt worden. Ich weiß noch, daß ich damals – ich glaube, im *New Yorker* – auf eine kurze Erwähnung der beiden britischen Bergsteiger stieß, die 1924 zwischen wirbelnden Nebelschwaden erspäht worden waren, wie sie sich langsam, aber stetig auf den Gipfel zubewegt hatten. Danach waren sie für immer verschwunden. Mit ihnen starb die Antwort auf eine brennende Frage: Hatten sie den Gipfel erreicht oder waren sie bei dem erfolglosen Versuch umgekommen? Waren Hillary und Tensing, wie ich bis dahin gedacht hatte, 1953 wirklich die ersten Menschen auf dem höchsten Berg der Erde gewesen? Aus irgendeinem Grund hatte mich die Sache gepackt, und ich beschloß, in der New York Public Library mehr über die Bergsteiger von 1924 herauszufinden.

Im Bibliothekskatalog fand ich genau, wonach ich suchte: eine Biographie von George Mallory, die David Pye, ein enger Freund, 1927 geschrieben hatte. Außerdem ließ ich mir den Expeditionsbericht mit dem Titel *The Fight for Mount Everest* geben. Am Ende der von Pye geschriebenen Biographie las ich zu meiner Überraschung folgendes:

Man kann, wenn auch zwecklos, über die Art ihres Todes spekulieren. Die Daten sind dürftig genug. Sie übernachteten am 7. Juni in Lager VI auf einer Höhe von 8170 Metern und wurden am folgenden Tag um 12.50 Uhr zuletzt gesehen. Sie kamen zwar gut voran, lagen aber sehr weit hinter ihrem Zeitplan zurück. Der Gipfel war für sie deutlich sichtbar und noch 250 Höhenmeter entfernt. Wenn es irgendeine Bedeutung hat, was je über den Bergsteiger Mallory geschrieben wurde, dann muß hier nicht wiederholt werden, daß die Verantwortung des Führers am Berg zu seiner Religion gehörte.[3]

Das Buch ist ein einziges Loblied auf Mallory, »als ein Symbol für die Unbeugsamkeit des menschlichen Geistes« und doch enthält es nur einen knappen Satz bezüglich der Frage, ob ihm die Erstbesteigung des Mount Everest gelungen ist oder nicht. Und selbst dieser Satz – »kamen zwar gut voran, lagen aber sehr weit hinter ihrem Zeitplan zurück« – ist zweideutig.

The Fight for Everest erwies sich als eine wahre Fundgrube, was Informationen über den Aufstieg von Mallory und Irvine betraf. Schnell überflog ich die entscheidenden Seiten.

Die Frage, ob der Mount Everest bezwungen wurde, bleibt unbeantwortet, weil sichere Beweise fehlen. Überdenkt man jedoch alle Möglichkeiten, so ergibt sich die große Wahrscheinlichkeit, daß Mallory und Irvine auf dem höchsten Gipfel der Erde gestanden haben. [4]

Ich brachte in Erfahrung, daß es noch eine weitere Biographie gab, die der amerikanische Hochschullehrer David Robertson 45 Jahre nach dem Ereignis publiziert hatte. Bestimmt würde sie die umfassendste Bewertung der Ereignisse enthalten. Ich ließ mir das Buch aushändigen und suchte nach Abschnitten über das Verschwinden der Bergsteiger. Doch ich fand überhaupt nichts! Robertsons letzte Worte (in Kapitel 10), bevor er den Versuch von Mallory und Irvine schildern müßte, lauten wie folgt:

Odell hielt immer daran fest, daß er Mallory und Irvine aus einer Höhe von etwa 7920 Metern ein letztes Mal erspähte, als sie zwar mehrere Stunden verspätet, aber »zügig Richtung Gipfel« unterwegs waren.[5]

Auf der folgenden Seite beginnt ein Epilog:

Odell stieg zweimal allein zum Lager VI hinauf und suchte sogar oberhalb davon noch nach Spuren; er gab am 10. Juni alle Hoffnung auf und machte sich auf den Rückweg. Norton schickte einen Läufer mit einem Bericht nach Phari Zong (in Tibet), der am 19. Juni nach London telegraphiert wurde. Ruth (Mallorys Frau) wurde die Nachricht in Cambridge von einem Pressevertreter mitgeteilt. Sie unternahm einen langen Spaziergang mit alten Freunden. Der Bericht erschien am 21. Juni in der englischen Presse.[6]

Es war ungewöhnlich: ein Autor, der es nicht übers Herz brachte zu schreiben, daß das Subjekt seiner Biographie gestorben war, und deshalb den gesamten Vorgang seines Verschwindens ausklammerte. Später entdeckte ich, daß David Robertson Mallorys Schwiegersohn war, eine Tatsache, auf die er in seinem Buch so versteckt anspielt, daß es fast einer Verschleierung gleichkommt. Vielleicht ist diese enge Beziehung eine ausreichende Erklärung, warum er nicht direkt von Mallorys Tod sprechen konnte, aber beim Vergleich seines Buches mit der zurückhaltenden Stellungnahme Pyes und dem kurzen positiven Ergebnis des offiziellen Berichts drängte sich mir der Verdacht auf, daß alledem irgendwo eine Verschwörung des Schweigens zugrunde lag. Ein großer Entdecker stirbt einen spektakulären Tod, und keiner seiner Biographen will darüber schreiben – wirklich sehr seltsam. Daß beide Biographen sämtliche Fragen bezüglich der Todesumstände außer Betracht gelassen hatten, war ein Versäumnis, das ich nicht auf sich beruhen lassen konnte.

In der Folge recherchierte ich das Problem sechs Monate lang in meiner Freizeit und hatte am Ende das Gefühl, daß ich die historischen Umstände des Verschwindens von Mallory und Irvine allmählich begriff. Die beiden hatten am Morgen des 6. Juni zusammen mit acht Trägern Lager IV, den Ausgangspunkt für Angriffe auf den Gipfel des Berges verlassen.

Der Expeditionsleiter F. E. Norton war besorgt, weil Mallory sich für den unerfahrenen Irvine als Begleiter entschieden hatte. Mallory begründete dies jedoch damit, daß Irvine handwerklich ausgesprochen geschickt war und sehr gut mit den ständig leckenden Atemgeräten zurechtkam. Er hatte bis weit in die Nacht hinein an der Reparatur der Sauerstoffgeräte gearbeitet, und daß es ihm gelungen war, pro Gerät über zwei Kilogramm an unnötigen und oft versagenden Teilen einzusparen, hatte ihm bei allen Expeditionsteilnehmern, insbesondere aber bei Mallory, großes Ansehen verschafft.

Odell, ein sehr viel erfahrenerer Bergsteiger als Irvine, wäre eigentlich die nächstliegende Wahl als Mallorys Kletterpartner gewesen. Er war als Sauerstoffbeauftragter der Expedition offiziell für die diesbezügliche Ausrüstung verantwortlich. Allerdings glaubte er, daß die Vorteile der Verwendung von künstlichem Sauerstoff durch das lästige Gewicht der Geräte wieder zunichte gemacht wurden. Mallory aber wollte auf künstlichen Sauerstoff zurückgreifen, und deshalb wählte er Irvine als Begleiter, da dieser ein defektes Atemgerät am besten reparieren konnte.

Nach einem Aufstieg bei gutem Wetter hatten Mallory und Irvine Lager V zeitig erreicht und schickten vier der acht Träger zurück. Am folgenden Tag brachen sie zum Lager VI auf und beorderten von dort die restlichen Träger zurück. Diese lösten bei der Annäherung an Lager V einen Steinhagel aus, der auf das Zelt prasselte, in dem sich Noel Odell aufhielt, und diesem einen ziemlichen Schrecken einjagte. Odell war zwecks Unterstützung von Mallory und Irvine zum Lager V hochgestiegen. Er folgte ihnen mit einem Tag Abstand und ergänzte die Vorräte in den Hochlagern. Am folgenden Tag, wenn Mallory und Irvine zu ihrem Sturm auf den Gipfel ansetzten, würde er mit Vorräten zum Lager VI aufbrechen.

Als Odell sich um 12.50 Uhr Lager VI näherte, blickte er nach oben und sah, wie sich die beiden Bergsteiger einer großen Felsstufe näherten und sie überwanden – eine der beiden Felsstufen, die den Weg zum Gipfel blockierten. Odell meinte, er habe Mallory und Irvine beim Erklettern der in 8605 Meter Höhe gelegenen »Zweiten Stufe« beobachtet, dem einzigen technisch schwierigen Teil ihrer Route. Laut Odell schienen sie das Hindernis sehr schnell, in nur fünf Minuten, zu überwinden. Die »Erste Stufe« sah jedoch von Odells Blickpunkt der »Zweiten Stufe« so ähnlich, daß er später zu dem Schluß kam, die beiden beim Ersteigen der niedriger liegenden ersten Stufe gesehen zu haben. Kein Mensch, nicht einmal ein meisterhafter Felsenkletterer wie Mallory, hätte ein 25 Meter hohes Hindernis, das so steil und schwierig war wie die Zweite Stufe, in nur fünf Minuten bewältigen können.

Die Erste Stufe befindet sich auf 8530 Meter Höhe und blockiert ebenfalls den Weg über den Nordostgrat, ist jedoch in horizontaler Richtung 200 Meter weiter vom Gipfel entfernt und in nur zwei bis drei Stunden von Lager VI aus zu erreichen. Die Bergsteiger waren offensichtlich aufgehalten worden, und die Ursache dafür dürfte eine der störanfälligen Atemhilfen gewesen sein. Odell sah Teile eines solchen Geräts im Lager VI herumliegen, was die Vermutung nahelegte, daß Irvine in letzter Minute fieberhaft versucht hatte, es zu reparieren. Aber auch wenn die Sauerstoffgeräte in Ordnung waren – das langsame Klettertempo der beiden schien zu beweisen, daß sie durch die unförmige Sauerstoffausrüstung in ihren Bewegungen behindert wurden, insbesondere in dem schwierigen Gelände, in dem Mallory und Irvine unterwegs waren.

Odell setzte seinen Aufstieg fort und erreichte Lager VI um 14.00 Uhr, gerade als ein Schneesturm einsetzte. Als sich das Wetter verschlechterte, mußten Mallory und Irvine gemerkt haben, daß sie keine Chance mehr hatten, den Gipfel zu erreichen. Das Schneetreiben machte jegliche Aussicht auf ein Weiterkommen zunichte. Die beiden waren viel später dran als geplant, hatten nur noch wenig Sauerstoff und mit der Zweiten Stufe das schwierigste Hindernis auf dem Weg zum Gipfel noch vor sich, also mußten sie sich zur Umkehr entschlossen haben. Odell ging hinaus in den Sturm, in der Hoffnung, seine Kameraden zum Zelt lotsen zu können. Etwa eine Stunde lang kletterte er juchzend und pfeifend in der Nordwand herum, um die beiden auf sich aufmerksam zu machen. Doch sie waren vermutlich noch zu weit weg. Danach kehrte Odell ins Lager VI zurück und bereitete sich auf den Abstieg zum Nordsattel vor. Mallory hatte Odell ziemlich klar instruiert, ins Lager V zurückzukehren, bevor er und Irvine wieder in Lager VI eintreffen würden. Dieses bestand nur aus einem kleinen Zweimannzelt, und wenn Odell dort ausgeharrt hätte, hätte einer der drei Männer draußen schlafen müssen.

Doch Mallory und Irvine kehrten nicht zurück. Sie blieben einfach verschwunden. Neun Jahre später fanden Bergsteiger einen Eispickel oberhalb des Lagers VI. Es wurde eindeutig festgestellt, daß er Mallory oder Irvine gehört hatte, doch er lieferte keinen Hinweis auf ihr Schicksal. Bei der Rückkehr quer über die Nordwand konnte einer von ihnen ausgeglitten sein. Falls sie sich angeseilt hatten – was sehr wahrscheinlich ist, da eine Traverse der steilen Nordwand bei Neuschnee sehr gefährlich war –, mußte der zweite, wenn der erste fiel, einen Eispickel in den Fels treiben und sich auf Leben und Tod daran festhalten. Doch der Ruck am Seil war vielleicht zu stark gewesen und hatte dem erschöpften zweiten Bergsteiger den Eispickel aus der Hand gerissen. Dann wäre nur der Eispickel zurückgeblieben, die beiden Männer aber wären die Nordwand hinuntergestürzt und anderthalb Kilometer tiefer für immer in den sich stetig verändernden Spalten des Rongbuk-Gletschers verschwunden.

Das Ganze war eine packende Abenteuergeschichte, die aufgrund der romantischen Hauptfiguren Mallory und Irvine noch an Dramatik gewann. Und noch immer war unklar, ob die beiden den Gipfel erreicht hatten, bevor sie umkehrten, oder ob sie der Schneesturm unmittelbar nach seinem Ausbruch zur Aufgabe gezwungen hatte. Diese Frage wurde nie eindeutig beantwortet, obwohl über den Besteigungsversuch zahlreiche Fakten vorliegen. Fakten stehen in einem komplexen Zusammenhang, haben sozusagen Eltern und Kinder. Konnte sich aus den Zusammenhängen zwischen den Fakten vielleicht eine

Antwort ergeben? Ich begann eine ausführliche Untersuchung, um diese Antwort zu finden.

Mehrere Monate später verfügte ich über einen dicken Stapel von Karteikarten, deren jede einen Detailaspekt der faszinierenden Geschichte enthielt. Die Verwendung von Karteikarten war nützlich, weil die verschiedenen, darauf verzeichneten Gedanken nebeneinandergelegt werden können und sich solchermaßen unerwartete Kombinationen ergeben. Was mich bei diesen Kombinationen schon bald am meisten verwunderte, war die unerklärliche Uneinigkeit der frühen Expeditionsteilnehmer, was den Nutzen von künstlichem Sauerstoff beim Bergsteigen betraf. Viele hegten eine Abneigung gegen die Verwendung von Flaschensauerstoff, wie sie auch heute noch von manchen geteilt wird. So äußerte sich ein Zeitgenosse Mallorys 1980 in extrem negativer Weise zum Thema:

> Mallory war ein guter Alpinist – nicht viel mehr. Hinzu kam seine Himalajaerfahrung. Sowohl er als auch Irvine waren durchtrainierte Athleten, die eine unter den Bedingungen jenes Jahres optimale Leistung erbrachten. Aber sie konnten gewiß keine Wunder vollbringen mit diesem gottverdammten Krempel auf dem Rücken.[7]

Als ich den chronologischen Ablauf und den Hintergrund des Versuchs von Mallory und Irvine rekonstruierte, erkannte ich bald, daß die Auseinandersetzung über den Sauerstoff nur eine von mehreren höchst umstrittenen ungelösten Fragen war. Tatsächlich gibt es sehr viele widerstreitende Meinungen darüber, was genau Mallory und Irvine passiert sein könnte. Es gibt den »historischen Bericht« – die oben wiedergegebene Version, die von keinem Menschen als Ganzes für richtig gehalten wird. Sie war früher in der *Encyclopaedia Britannica* abgedruckt, ist jedoch inzwischen ersatzlos gestrichen.

Nachdem ich mich ausgiebig in die Literatur über die Expedition vertieft hatte, dämmerte mir, daß es auch eine versteckte, apokryphe Version geben mußte, eine zweite Geschichte von Mallory und Irvine. Sie ist nicht verschwunden wie das sogenannte zweite Tagebuch von Maurice Wilson[8], sondern besteht vielmehr aus einem großen Geflecht von Tatsachen, die über den Aufstieg der beiden bekannt sind, aber nie gründlich analysiert wurden. Etliche dieser Fakten wirken verwirrend oder irrelevant.

Viele Autoren, so etwa Pye und Robertson, waren von vornherein im Nachteil. Pye gehörte zu Mallorys besten Freunden und hatte es eindeutig darauf angelegt, ihm mit seiner Biographie ein Denkmal zu setzen. David Robertson war mit Mallorys Tochter verheiratet und hatte Zugang zu den Briefen der Familie, die inzwischen alle dem Magdalene College in Cambridge überlassen wurden. Es handelt sich um eine gewaltige Sammlung, die einen leicht auf fruchtlose Nebenwege führen kann, in eine Falle, die Robertson in seiner umfassenden, kenntnisreichen Darstellung jedoch sorgfältig meidet.

Ein Großteil dieses Materials muß jedoch auf jemanden, der es wie ich mit einem gravierenden Zweifel sichtet, ganz anders wirken als auf einen Biographen, der selbst zum engen Kreis seines Protagonisten gehört. Auch meine Mitautorin und ich hätten einen Teil des Materials verworfen, wenn wir nicht durch andere wichtige Entdeckungen veranlaßt worden wären, es noch einmal anzuschauen.

Etwa jeder zweite Expeditionsteilnehmer, der über Mallory und Irvine schrieb, brachte zugleich seine Ablehnung des Flaschensauerstoffs zum Ausdruck. Percy Wyn Harris, ein späterer britischer Everest-Besteiger, der seine Abneigung gegen die Verwendung von künstlichem Sauerstoff ebenfalls nicht verhehlte, vermutete in späteren Jahren, daß einer der beiden Bergsteiger vielleicht auf den Rücken gefallen und auf den Sauerstoffflaschen wie auf Kufen unaufhaltsam in den Tod geschlittert sei.[9]

Ein anderer Autor, der sich sehr bemüht, Mallorys Fähigkeiten auf ein normales Maß zurückzustutzen, ist der Ansicht, Mallory müsse sich in einem Zustand geistiger Erschöpfung befunden haben, und seine bittere Enttäuschung habe vermutlich auch seine körperliche Ermüdung beschleunigt.[10] Worauf der Autor damit hinauswill, wird auf dem Schutzumschlag des Buches angesprochen: »Allzu vorschnell wurde angenommen, daß es Irvine war, der ausglitt und fiel, und Mallory vergeblich versuchte, den Sturz zu verhindern. Für diese Annahme gibt es nicht den geringsten Grund.«

Ist es möglich, so lange nach den Ereignissen noch genau zu rekonstruieren, was wirklich mit Mallory und Irvine passierte, oder zumindest, was am wahrscheinlichsten mit ihnen passierte? Diese Frage habe ich 1971 in meinem Artikel in der Zeitschrift *Mountain* gestellt.[11] Die Veröffentlichung löste beim alpinistischen Establishment einen Sturm der Entrüstung aus. Man empörte sich über meine Frechheit, legte gleichwohl keine neuen Informationen auf den Tisch. Ich fand mich mit der Tatsache ab, daß die Beantwortung der Frage nicht in irgendeinem übersehenen Buch oder einer Enthüllung von Mallorys Bergkameraden liegen würde. Wenn es noch neues Material zu entdecken gab, dann nur auf dem Berg selbst. Könnte es möglich sein, daß nach all den Jahren noch irgend etwas an den Hängen des Everest verblieben war, und wenn ja, wo sollte man suchen? Konnte etwas zurückgeblieben sein an einer Bergflanke, die ständig von riesigen Lawinen blankgeputzt wurde und von Stürmen, die so stark waren, daß sie Steine mitrissen? Man mußte suchen, wo die Gegebenheiten dies erlaubten. Man könnte nicht jeden schmalen Grat, den Mallory und Irvine vielleicht beschritten hatten, nach Spuren absuchen, doch an den Rastplätzen unterhalb der Grate ließ sich viellicht etwas Bedeutsames finden.

Mallory hatte eine Kamera dabei. Irvine auch? Ich wußte es damals nicht. Würde sich, wenn man auf einen der beiden toten Bergsteiger oder vielleicht sogar auf beide stieß, irgendein Hinweis auf Erfolg oder Mißerfolg ihres Gipfelsturms ergeben?

Die genaueste Karte des Mount Everest ist die des Deutsch-Österreichischen Alpenvereins im Maßstab 1:25 000. Sie zeigt eine große Schneeterrasse zwischen etwa 8080 und 8320 Meter Höhe. Wäre ein Mensch nach einem Sturz über die 45 Grad steile Nordwand auf dieser Terrasse liegengeblieben? Dies erschien mir wahrscheinlich. Ich hatte zu meiner Verwunderung gelesen, daß der Schnee in dieser Höhe die Konsistenz von Zucker hat und sich nicht verfestigt.*[12]

Lawinen entstehen nicht in diesem Teil der Nordwand, weil sich dort so wenig Schnee ansammelt, daß er einfach weggeblasen wird. Da die Temperatur in dieser Höhe nie über den Gefrierpunkt steigt, schmilzt der Schnee auch nicht, um somit wieder zu riesigen Eisblöcken zu gefrieren, die irgendwann zu Tal donnern, wobei sie den Berghang von jeglichem Beweismaterial säubern. Wenn ein Eispickel neun Jahre lang ungeschützt auf einem abfallenden Felssims liegen kann, dann bleibt sicherlich auch eine Leiche auf einer großen Terrasse liegen.

Lange Zeit konnte man nur spekulieren, was es am Everest noch zu entdecken oder nicht zu entdecken gab, da die Chinesen nach der Kulturrevolution Westlern jeden Zugang nach Tibet verwehrten. Ich schrieb an Norman Dyrenfurth, der 1963 die glänzende amerikanische Everest-Expedition geleitet hatte, und fragte ihn, wie man von einem genehmigten Stützpunkt auf der nepalesischen Seite aus eine Expedition zu den verbotenen Hängen auf der tibetischen Seite durchführen konnte. Vielleicht sei es ja möglich, die Westschulter des Mount Everest zu ersteigen und von dort aus die Nordwand bis zu der 8200 Meter hohen Schneeterrasse zu queren. Doch der Realist Dyrenfurth glaubte nicht an das Vorhandensein irgendwelcher Spuren.

Ich beschloß, selbst einen direkteren Versuch zu wagen. Dabei ließ ich mich durch vier außergewöhnlich wagemutige Amateurbergsteiger unter Führung von Woodrow Wilson Sayre inspirieren, die 1962 von Nepal aus nach Tibet einge-

---

* Dies ist nicht ganz zutreffend. Bisweilen hat der Schnee auf der Terrasse in 8200 Meter Höhe die Konsistenz von Schaumpolystyrol.

drungen waren und es geschafft hatten, auf Mallorys Route bis in eine Höhe von 7770 Metern zu gelangen.[13] Sie hatten ein hervorragend geplantes, völlig illegales Wagnis auf sich genommen. Zwar hatten sie großes Glück mit dem Wetter gehabt, aber ich vermutete, daß Leute von solcher Kühnheit ihres eigenen Glückes Schmied sind. Das Handikap ihres Versuchs hatte aus meiner Sicht darin gelegen, daß sie über eine zu große Strecke auf Träger angewiesen waren und ihre Mannschaft für die Verwendung von Sauerstoff zu klein gewesen war. Ein solcher Angriffsplan bot wenig Chancen, in große Höhen vorzustoßen und dort eine größere Suchaktion zu beginnen. Wenn ich ihre heimliche Annäherung nachahmte, es jedoch über eine kürzere Entfernung und mit Sauerstoff versuchte, könnte es vielleicht klappen.

Meine Idee war einfach: Ich entschied mich für einen Berg, der näher am Everest lag und der höher war als der von Sayre gewählte. Auf diese Weise konnten die Träger die Ausrüstung näher an das geheime Ziel bringen, und die Expedition erregte keinen Verdacht, wenn sie Sauerstoff mitführte.

Ich gründete mit einem Freund den »Atlantic Alpine Club« und beantragte bei den Nepalesen eine Genehmigung für die Besteigung des Makalu; er ist mit einer Höhe von 8463 Metern der vierthöchste Berg der Erde und nur etwa 20 Kilometer Luftlinie vom Everest entfernt. Wenn wir die Genehmigung für den Makalu erhielten, wollten wir unsere Träger an dessen Fuß entlassen. Dann wollten wir einer Route auf der nepalesischen Seite folgen, die auch Hillary genommen hatte, und schließlich auf eine Route auf der tibetischen Seite stoßen, die Mallory erstmals im Jahr 1921 erkundet hatte.

Zu unserer Verwunderung und Begeisterung erhielten wir die Erlaubnis, im Frühjahr 1975 den Makalu zu besteigen. Nun brauchten wir nur noch eine Mannschaft und ein besonders effektives Sauerstoffsystem. Als potentieller Bergsteigerführer wurde mir Andy Harvard, ein früherer Mitstudent am Dartmouth College, vorgeschlagen. Andy war gerade von einem Besteigungsversuch des Dhaulagiri zurückgekehrt, und ich war mir nicht sicher, ob ich meine wahren Absichten einem Mann enthüllen sollte, der über gute Verbindungen zum »American Alpine Club« verfügte. Daß er zu einem Treffen mit mir bereit war, hing jedoch weniger mit seiner potentiellen Teilnahme an meiner Expedition zusammen als vielmehr damit, daß er herausfinden wollte, wer wir waren. Kurz zuvor hatten die Nepalesen dem »American Alpine Club« eine Genehmigung für eine Besteigung des Makalu geschickt. Der Club antwortete, er habe keine solche Genehmigung beantragt. Doch die Nepalesen verwiesen auf ihre Antragsliste, und da stand: »Makalu – AAC«. Die Funktionäre des »American Alpine Club« schlugen entsetzt die Hände über dem Kopf zusammen, denn es war nicht das erste Mal, daß sie eine Genehmigung erhielten, die eine andere Gruppe mit denselben Initialen beantragt hatte.

Noch ein weiteres Ereignis gefährdete meine Pläne. Eine französische Gruppe hatte die Erlaubnis erhalten, in Nepal einen Berg zu besteigen, aber statt dessen einen nahe gelegenen verbotenen Gipfel erklommen. Dieser Mißbrauch der nepalesischen Gastfreundschaft wurde bei ihrer Rückkehr nach Katmandu entdeckt. Die Franzosen versprachen, am folgenden Tag alles zu erklären, flogen jedoch noch in derselben Nacht nach Paris. Die nepalesischen Behörden protestierten beim Französischen Alpenverein, ernteten jedoch nur ein Achselzucken. »Wir haben keine Ahnung, wer diese Leute waren«, lautete die offizielle französische Antwort. Von da an konnte man nicht mehr davon ausgehen, daß eine Expedition im Himalaja immer mit einer nationalen Bergsteigerorganisation in Verbindung gebracht wurde.

Um jeder weiteren Mißachtung ihrer Souveränität einen Riegel vorzuschieben, verlangten die Nepalesen bald darauf von jeder Bergsteigerguppe die Zustimmung ihrer nationalen Bergsteigerorganisation, andernfalls würde ihre Genehmigung automatisch aufgehoben. Damit war der »Atlantic Alpine Club« gezwungen, beim »American Alpine Club« eine Erlaubnis einzuholen. Wir setzten unsere Hoffnung auf Andy.

Bei unserem Treffen redete ich zunächst über die Expedition

zum Makalu, spürte jedoch schnell, daß Andy vertrauenswürdig war, und offenbarte ihm unser eigentliches Ziel. Er war fasziniert, aber infolge der neuen nepalesischen Regelung hätte er aktiv für uns lügen müssen und nicht nur, indem er nichts sagte. Andy war Rechtsanwalt und machte uns den gravierenden Unterschied schnell begreiflich. Er konnte nicht mitmachen, und damit war unser Projekt gestorben. Die erste Expedition zur Suche nach Mallory und Irvine erwies sich als ein totgeborenes Kind.

Doch im nachhinein mußten wir dafür vielleicht eher dankbar sein. Hätte die Expedition stattgefunden, so wären wir über den Lhakpa-La-Paß zum Fuß des Nordsattels vorgestoßen – um direkt der chinesischen Armee in die Arme zu laufen. Genau zu dem Zeitpunkt, wo wir am Nordsattel eintreffen wollten, führten nämlich die Chinesen ihre große Everest-Expedition von 1975 durch – jene Expedition, auf der Wang seinen »englischen Toten« entdeckte.

Enttäuscht, aber nicht entmutigt blieb ich also zu Hause und führte meine Recherchen anstelle persönlicher Erkundung per Briefwechsel weiter. In dieser Zeit begann ich an meine spätere Koautorin, die englische Alpinismushistorikerin Audrey Salkeld, zu schreiben und entdeckte, daß sie sich ebenfalls für die Zeit von Mallory und Irvine interessierte. Langsam erweiterten wir unseren Informationsbestand. Es sollte Jahre dauern, bis wir uns in der Lage fühlten, die Geschichte neu zu interpretieren, die sich aus den Dokumenten ergab. Doch damals beschlossen wir gemeinsam, uns als Geschichtsdetektive zu betätigen und die schwierige Aufgabe zumindest in Angriff zu nehmen.

Audrey kannte Odell, Captain Noel und andere britische Zeitzeugen persönlich, während ich Mallorys Familie aufspürte, die in den Vereinigten Staaten und Südafrika lebte. Stück für Stück setzten wir ein Bild von Mallorys und Irvines Leben zusammen, ein Bild, das sich deutlich von jenem unterschied, das frühere Biographen entworfen hatten. Daß wir im Britischen Museum eine Menge bis dahin als vemißt geltender Briefe von Mallory und seinen Zeitgenossen entdeckten, erwies sich als unschätzbarer Vorteil und bestätigte viele Vermutungen, die bis dahin reine Spekulation gewesen waren. Schließlich gelangten unsere Recherchen durch das Eintreffen eines völlig neuen Schatzes von Mallory-Briefen im Magdalene College in Cambridge zu ihrem krönenden Abschluß.

Was wir in den folgenden Kapiteln zu berichten haben, kommt unserer Ansicht nach der Wahrheit so nahe, wie dies ohne jene Beweismittel möglich ist, die immer noch einsam auf einer eisigen Bergflanke irgendwo unter dem höchsten Gipfel der Erde liegen. Im Verlauf unserer literarischen Recherchearbeit öffneten die Chinesen endlich ihre Seite des Mount Everest für ausländische Bergsteiger. Ich bewarb mich rasch um die Genehmigung für eine Expedition und erhielt die Erlaubnis, im Herbst 1986 die Mallory-Route zu gehen. Nun sollte ich selbst erleben, welche Beweise der Berg noch barg und als welch ein Abenteuer ein solches Unternehmen sich erweisen würde. Bevor wir uns jedoch diesem letzten Teil des Puzzles zuwenden, möchten wir jene Geschichte erzählen, wie wir sie bis dahin ermittelt hatten.

2

Die jungen Rekruten

Beim Bergsteigen in den Alpen galt es in den ersten Jahren dieses Jahrhunderts in der Regel als notwendig, einen Führer zu engagieren, der mit der besuchten Gegend vertraut war, und auf lange Touren auch einen oder zwei Träger für die erforderlichen Vorräte und die Ausrüstung mitzunehmen. Wegen der damit verbundenen Kosten war das Bergsteigen von Anfang an ein fast ausschließlich den Reichen vorbehaltenes Freizeitvergnügen. Langsam jedoch änderte sich die alte Ordnung. Eine wachsende Zahl junger Bergsteiger, die oft ihre Fertigkeiten auf britischen Bergen erworben hatten, verfügte inzwischen über das Selbstvertrauen, sich auch ohne Führer an Bergtouren in den Alpen zu wagen. Eine Praxis, die die Traditionalisten zutiefst empörte, den Alpinismus jedoch auch für Männer und Frauen mit eher bescheidenen Mitteln halbwegs erschwinglich machte.

George Mallory wurde im Sommer 1904 als Schüler durch Graham Irving, den für sein Wohngebäude zuständigen Lehrer an der Winchester Public School, in das Bergsteigen eingeführt. Irving war einer der ersten englischen Alpinisten, die Bergtouren ohne Führer unternahmen, ja, es war ihm sogar ein besonderes Vergnügen, weniger schwierige Routen allein zu gehen, was die Konservativen ganz besonders unverantwortlich fanden. Er räumte jedoch gerne ein, daß es auf Gletschern ratsam war, zu zweit zu gehen, und unternahm solche Unternehmungen auch regelmäßig mit einem Kollegen an seiner Schule. Als dieser Freund starb, beschloß Irving, unter seinen älteren Schülern geeignete Kandidaten für das Bergsteigen in den Alpen zu rekrutieren.

Er mußte nicht lange suchen. Fast direkt neben seinem eigenen Zimmer wohnten genau die richtigen Leute. Einer war Harry Gibson, den er einmal während der nächtlichen Ausgangssperre beim Entwickeln von Fotos erwischt hatte. Er war – wie sich im Gespräch schnell herausstellte – bereits in den Alpen gewesen und wanderte gern im Gebirge. Der zweite frisch rekrutierte Bergsteiger war Gibsons Freund George Mallory. Beide waren Turner, und beide erhielten von daheim die Erlaubnis, in den Sommerferien mit Irving in die Alpen zu gehen.

Mallory war damals 18 Jahre alt. Er hatte noch keine höheren Berge begangen als die Malvern Hills und bis dahin auch nicht das geringste Interesse für höhere Berge gezeigt. In der Schulbibliothek standen einige Bergsteigerbücher, doch Mallory hatte sie nie entdeckt.

Nach Mallorys Tod am Everest fragte sich Irving oft, ob er recht daran getan hatte, seinen Schüler ins Bergsteigen einzuführen. Er schrieb, bei einem derart berühmten Bergsteiger wie Mallory, »den die Natur so bewundernswert dafür gebaut hatte, die von ihr selbst geschaffenen Hindernisse zu überwinden, und der zudem eine ritterliche Seele besaß, die immer nach einem höheren Ideal strebte«[1], sei man versucht zu sagen, daß er unweigerlich zum Bergsteiger habe werden müssen. Und doch sei dies keineswegs unvermeidlich gewesen. Als guter Allroundathlet habe Mallory noch zahlreiche andere Interessen gehabt, und die Berge hätten ihm vielleicht nie etwas bedeutet, wenn er in jenem Sommer zu Hause geblieben wäre. Es sei also reiner Zufall gewesen, daß er ihn statt dessen in die Alpen mitgenommen habe.

Der erste Berg, den Irving mit seinen frisch rekrutierten Bergsteigern besteigen wollte, war der keine 3700 Meter hohe, technisch eher leichte Mont Vélan. Trotzdem bekamen die beiden Schüler infolge der Höhe so starke Kopfschmerzen und es wurde ihnen so übel, daß die Seilschaft umkehren mußte. Kurz darauf jedoch unternahmen Irving und Mallory zwei Ausflüge zu zweit, an die sich Irving sein ganzes Leben lang mit Vergnügen erinnern sollte. Der eine war ein »abenteuerlicher Abstieg«

über den Trentiner Gletscher bei schlechtem Wetter, über den ein Bericht von Mallory in den Unterlagen des »Winchester Ice Club« (wie sich die kleine Bergsteigergruppe nannte) erhalten ist; und der zweite war eine Überquerung des Montblanc von der Dôme-Hütte zu den Grands Mulets, »durchgeführt nach langer Gefangenschaft aufgrund von Stürmen mit ein paar Keksen und einem Rest Honig«.[2]

Im folgenden Jahr ging Irving mit Mallory erneut in die Alpen, diesmal nach Arolla. Gibson kam nicht mit, aber Irving hatte zwei andere junge Leute rekrutiert. Einer von ihnen, Guy Bullock, war ein Jahr jünger als Mallory und beeindruckte alle durch seine Zähigkeit und seinen scharfen Verstand. »Ein harter Bursche, der nie den Kopf verlor und jede Menge Schläge einstecken konnte«[3], sollte sich Mallory später erinnern, als Kandidaten für die Everest-Expedition gesucht wurden.

Mallory ging am Ende dieses Sommers nach Cambridge, und es dauerte mehrere Jahre, bis er wieder in die Alpen reisen konnte. Irving machte inzwischen weitere Schüler mit dem Gebirge vertraut und wagte es sogar, im Dezember 1908 im Alpine Club einen Vortrag mit dem Titel »Fünf Jahre mit Bergsteigerrekruten« zu halten. Als er sich in den heiligen Räumen des Clubs sowohl zum Soloklettern als auch zum Bergsteigen ohne Führer bekannte, wußte er, daß er sich auf ein Minenfeld vorwagte. »Ich glaube, ich war nicht so recht qualifiziert für die Aufgabe als Trainer«, sagte er zu Beginn seines Vortrags. »Einigen von Ihnen mag es als schiere Frechheit vorkommen, einfach die Funktion der professionellen Experten aus Meiringen und Zermatt zu übernehmen. Vielleicht werde ich sogar beschuldigt, die Jugend zu verderben...«[4] Viele unter Irvings Zuhörern empfanden sein Verhalten wirklich als eine Frechheit, und auch die Beschuldigung, Irving verderbe die Jugend, wurde tatsächlich erhoben.

Kaum hatte Irving sich gesetzt, erhob sich eine hitzige Debatte, die zeigte, wie sehr das Thema die Gefühle aufwühlte. Nach der Veröffentlichung seines Vortrags in der Zeitschrift des Clubs unterschrieben 14 bekannte Mitglieder eine Erklärung, in der sie jede Verantwortung dafür ablehnten, daß »die Veröffentlichung [des Vortrags]... zu Expeditionen ermutigen könnte, die auf die darin beschriebene Weise unternommen werden«[5]. Bei einigen Unterzeichnern war es voraussehbar gewesen, daß sie ihre Unterschrift unter eine solche Erklärung setzten – etwa bei Sidney Spencer und Douglas Freshfield, die beide fest in der viktorianischen Vergangenheit verwurzelt waren –, bei anderen war es jedoch eher überraschend – etwa bei W. P. Haskett-Smith, einem Mann, der oft als der Vater des britischen Felskletterns bezeichnet wird, weil er als einer der ersten die dem führerlosen Klettern innewohnenden Möglichkeiten erkannte und sie in ganz Großbritannien bekannt machte. Bei T. G. Longstaff war es ebenfalls verwunderlich, da er neuen Ideen in der Regel aufgeschlossen gegenüberstand. Die größte Überraschung war jedoch, daß auch Geoffrey Winthrop Young unterschrieben hatte. Young war über ein halbes Jahrhundert lang eine inspirierende Kraft in der britischen Bergsteigerbewegung und ermutigte eine Menge junger Leute persönlich, mit dem Klettern anzufangen. In späteren Jahren vertrat er leidenschaftlich die Ideale des Pädagogen Kurt Hahn, dessen Ansicht nach junge Heranwachsende körperliche Herausforderungen wie das Klettern mindestens ebenso brauchten wie geistiges Training. Captain Farrar, der künftige Vizepräsident des Clubs und stellvertretende Chefredakteur der Clubzeitschrift, wollte mit der Erklärung nichts zu tun haben. Er schrieb (laut T. S. Blakeney, einem Historiker des britischen Alpinismus) »einen freundlich-ironischen Brief an Geoffrey Young, in dem er ihn wegen der Unterzeichnung des Protestschreibens tadelte, da dies bei seinem Lebenslauf wirke, als würde der Teufel die Sünde verurteilen«.[6]

Irvings Vortrag erschien im *Alpine Journal* vom Februar 1909, just in dem Monat, als George Mallory Geoffrey Winthrop Young kennenlernte. Sie wurden einander von dem gemeinsamen Bekannten Charles Sayle vorgestellt. Daß sich Young öffentlich von Irvings Ansichten distanziert hatte, schien das Verhältnis zwischen ihm und Mallory nicht zu belasten, obwohl er sicher wußte, daß Mallory einer von Irvings »Rekruten« gewesen war und über Youngs Haltung natürlich ebenfalls informiert war.

Im Gegenteil – die beiden wurden gute Freunde, die nicht nur ein spirituelles, fast mystisches Verhältnis zu den Bergen gemeinsam hatten, sondern auch die Liebe zu Literatur, Dichtung und Gespräch und eine Schwäche für Wortspiele. Zudem entdeckten sie schnell, daß sie philosophisch übereinstimmten – beide waren Idealisten und nahmen instinktiv eine humanitäre Haltung ein. Vielleicht noch größer war jedoch ihre Übereinstimmung im körperlichen Bereich. Beide waren Männer der Tat, Athleten mit einer fast perfekten Konstitution, beide waren sich der Schönheit und des Rhythmus der Bewegung bewußt, waren Männer, die sich in großem Ausmaß durch Bewegung ausdrückten und ein sinnliches, fast narzißtisches Vergnügen an ihrer Fitneß hatten.

Young war zehn Jahre älter als Mallory und stand als Alpinist auf dem Höhepunkt seiner Karriere. Vielleicht mit Ausnahme Valentine Ryans (der jedoch weniger neue Routen eröffnete) gab es keinen anderen britischen Bergsteiger, der imstande gewesen wäre, alpine Klettertouren zu bewältigen, die auch nur entfernt an diejenigen herangereicht hätten, die Young, meistens zusammen mit Josef Knubel, regelmäßig in Angriff nahm. Er setzte einen Standard, den die britischen Kletterer erst nach dem Zweiten Weltkrieg übertreffen konnten. Youngs Bedeutung für das Bergsteigen jener Jahre vor dem Ersten Weltkrieg wird von Sir Arnold Lunn mit der Edward Whympers für das goldene Zeitalter oder A. F. Mummerys für das silberne Zeitalter des Bergsports verglichen. Claude Elliott (ein früherer Rektor von Eton, wo auch Young fünf Jahre gelehrt hatte) fand es schwierig, Young einer bestimmten Zeitphase zuzuordnen. Seiner Ansicht nach war »das herrliche Aufblühen der viktorianischen Bergsteigertradition« in Youngs aktiver Zeit weitgehend ihm zu verdanken. Doch er erkannte in Young auch einen elisabethanischen Zug, da dieser die Liebe zur Tat mit dem Geist eines Dichters in sich vereinigte. Young hegte zweifellos eine große Liebe zur Tradition des Bergsteigens, aber zugleich war er auch ein moderner Mann mit Aufgeschlossenheit für neue Ideen und Entwicklungen. Er war der zweitälteste Sohn eines Barons, legte jedoch im Umgang mit Menschen aller Schichten eine natürliche Ungezwungenheit an den Tag, wobei er junge Menschen besonders schätzte. Sein Ruf als Bergsteiger beruhte nicht allein auf seinen alpinen Klettertouren. Er war auch in seiner Heimat ein Pionier und als solcher verantwortlich für die Entstehung einer Schule von Felskletterern in Großbritannien. Sein eigentlicher Einfluß auf die britischen Bergsteiger beruhte jedoch weniger auf seinen Klettererfolgen als auf seiner Begabung zur Geselligkeit.

In jenen ersten Jahrzehnten des Jahrhunderts war es, wie Young einmal sagte, möglich, die Namen fast aller Kletterer zu kennen. *Er* vermittelte jedenfalls den Eindruck, sie zu kennen. Er sammelte eine hochtalentierte Gruppe größtenteils intellektueller Kletterer um sich, und »sammeln« ist wirklich das richtige Wort, denn er wählte wie ein Kunstkenner die Herausragenden oder Ungewöhnlichen aus, um seine »Hill Company« zu verstärken. Seine »Ausstellungen« waren die berühmten Feste oder Treffen, die er in Nordwales zuerst nur im Sommer, später jedoch auch an Ostern und zu Weihnachten meist im Hotel Pen-y-Pass oberhalb von Llanberis organisierte. Zu diesen Festen lud er großzügig und mit Gespür. Lange Tage wurden am Fels verbracht, und die Abende waren lautem Gesang, weitreichenden Diskussionen und improvisierten Theateraufführungen gewidmet. Immer im Zentrum des Geschehens und im sicheren Bewußtsein der Liebe seiner Freunde und Protegés, führte Geoffrey Young den Vorsitz.

Mallory dagegen wirkte sozial wie intellektuell sehr viel weniger sicher, zumal viele seiner Ideen noch nicht ausgereift waren. Er war erst 22 Jahre alt, sah sogar noch jünger aus und befand sich in seinem letzten Jahr an der Universität. Auch er verfügte jedoch über einen breiten Freundeskreis und vielfältige Interessen. Er studierte Geschichte am Magdalene College – mit seinen nur etwa 50 Studenten eines der kleineren und persönlicheren Institutionen von Cambridge. Dort hatte er das Glück, in Arthur Benson einen Tutor zu finden, der seine Begabung zum Schreiben und Debattieren förderte und ein väterliches Interesse an der Entwicklung seiner Persönlichkeit nahm. Zusammen gründeten die beiden den »Kingsley Club«, einen kleinen Kreis, in dem Essays geschrieben und diskutiert wurden und in dem Mallory eine wichtige Ausbildung als Polemiker erfuhr. Zu Mallorys engen Freunden in Cambridge gehörten der Dichter Rupert Brooke, David Pye, Hugh Wilson, Geoffrey Keynes und James Strachey. Er lernte auch Lytton Strachey, Duncan Grant und andere Männer aus der »Bloomsbury Group« kennen. Außerdem war er ein eifriger Fabier und ein Gründungsmitglied der »Marlowe Dramatic Society«. In der ersten Produktion dieser Gruppe, *Dr. Faustus,* spielte Mallory eine unauffällige Rolle als der Papst (Justin Brooke spielte den Faustus; Rupert Brooke den Mephistopheles und Geoffrey Keynes den Evil Angel). David Pye erinnert sich, daß sich Mallory etwa ab diesem Zeitpunkt »recht seltsam mit schwarzen Flanellhemden und farbigen Krawatten kleidete und sich lange Haare wachsen ließ«. Das Haus von Charles Sayle, dem zweiten Bibliothekar an der Universitätsbibliothek, diente als Treffpunkt für eine Reihe von Studenten, und Mallory wurde ein prominentes Mitglied dieser literarisch ziemlich interessierten Clique. J. W. Clarke nannte die Gruppe »Sayles Menagerie«, während die später als Autorin tätige Cottie Sanders die Bezeichnung »Cambridge School of Friendship« vorzog.

Schon bei der ersten Begegnung muß Mallory bei Young Charaktereigenschaften erkannt haben, die er selbst gern besessen hätte. Bestimmt war er verblüfft über die Vielfalt von Youngs Bekanntenkreis, ganz zu schweigen von seinem makellosen Ruf als Bergsteiger. Umgekehrt stellte Mallory für Young einen weiteren »sammelnswerten« Fund dar, eine lebhafte und jugendliche Persönlichkeit, mit der er seinen Kreis »auffrischen« konnte. Er drängte Mallory sofort, sich am folgenden Osterfest der »Hill Company« im Pen-y-Pass anzuschließen.

Mallory war geschmeichelt von der Einladung und reagierte begeistert. »Ich sehe Ostern mit ungetrübter Freude entgegen«, schrieb er an Young und fügte ein wenig schelmisch hinzu, »obwohl ich nicht damit rechne, Ihren hochgesteckten Erwartungen gerecht zu werden. Wenn sich durch irgendeinen Zufall herausstellen sollte, daß eine der erschreckenderen Stellen weniger schwierig ist, als sie aussieht, mache ich einen Freudensprung.«[7]

Er hätte sich keine Sorgen zu machen brauchen. Wie Young gewußt hatte, paßte er perfekt zu der Gesellschaft. Er erstieg den Lliwedd, wobei er am einen Tag mit Young, Marcus Heywood, Edward Evans und Page Dickinson Route I wiederholte und an einem anderen (weil er die richtige, später als »Wrong Chimney« bezeichnete Route nicht fand) eine neue Route eröffnete. Young gibt in *Snowdon Biography* ein typisches Bild dieser Treffen im Pen-y-Pass. Er erzählt, wie sie nach der Rückkehr aus den Bergen in Sitzbädern rund um einen bullernden Ofen Entspannung suchten, wobei sie immer wieder nach frischem heißen Wasser riefen. »Unvergeßlich die endlosen Gespräche von Wanne zu Wanne über jede Einzelheit der vergangenen Kletterpartie«, schreibt er. »… Und dann sprangen George Mallory oder der junge George Trevelyan auf und machten akrobatische Übungen am Deckenbalken, bis sie unter Gelächter und Geschrei in sämtliche Stiefel und Wassereimer herunterkrachten.«[8]

Von da an waren die Berge das zentrale Interesse in Mallorys Leben und nicht mehr nur eine von vielen Aktivitäten, die ihm Spaß machten. Nach dem Wochenende schickte Young ihm ein Bewerbungsformular für den »Climbers' Club«. Er hatte die Musterung offensichtlich bestanden. Mallory schrieb an Young, es sei ihm völlig ernst, daß er die Überquerung der Malvern Hills als Qualifikation für die Mitgliedschaft anbiete. »Sie werden mir darin zustimmen, daß eine solche Expedition nur von Leuten unternommen wird, denen die Berge wichtig sind, und das sind die richtigen Leute für jeden Bergsteigerclub.«[9]

Wenig später drängte Young Mallory, sich im Sommer seiner

Seilschaft in den Alpen anzuschließen. »An Himmelfahrt beginne ich mit dem Training«, antwortete Mallory. Dies scheint jedoch nur bedeutet zu haben, daß er schon um elf Uhr abends zu Bett ging »oder wenigstens einigermaßen früh«. Er steckte damals in den letzten Wochen seines Studiums und arbeitete fieberhaft. Zusätzlich versuchte er auch noch verzweifelt einen Essay über Boswell abzuschließen, weil er sich sehr gute Chancen auf den »Members' Price« ausrechnete.[10]

In der Schweiz machten Young und Mallory ein paar Tage lang Trainingstouren in der Gegend von Bel Alp, bis Donald Robertson zu ihnen stieß. Das Klettertraining war »durch einige jener haarsträubenden Beinaheunfälle gekennzeichnet, die mit alpinistischer Unerfahrenheit einhergehen«. Youngs Novize brauchte offensichtlich eine gute Portion mehr ernsthafte Arbeit »als Korrektiv«. Deshalb wählten sie für ihre erste Besteigung einen kleinen Gipfel, den sie »Der Enkel« nannten. Dann, nach weiterem Klettertraining und nach Robertsons Ankunft, wagten sie sich bei schlechten Wetterbedingungen an eine Überquerung des Finsteraarhorns über dessen schwierigen Südgrat. Es wurde ein ereignisreicher Tag. Der erste schlimme Moment wartete dicht unter dem Gipfel. Mit Donald Robertson an der Spitze suchten sie sich vorsichtig einen Weg über den eisigen, mit Schneewächten übersäten Grat, als Robertson ganz plötzlich einen falschen Schritt machte und Richtung Finsteraargletscher schlitterte. Zum Glück wurde er durch das Seil gestoppt, und er übernahm wieder die Führung, da er sich durch den Vorfall nicht entmutigen lassen wollte. Sie setzten ihren Weg zum Gipfel fort, und nach einer kurzen Pause übernahm Mallory beim Abstieg über die Nordseite die Führung. Er war auf dem exponierten Grat noch nicht weit gekommen, als Young zu seinem Entsetzen bemerkte, daß das Seil zwischen Mallory und Robertson durchhing und ersterer nicht allzu sicher auf einem kleinen ins Eis gehauenen Tritt auf den vereisten Felsplatten stand, während sich unter ihm ein gewaltiger Abgrund öffnete. Young hatte schreckliche Angst, Mallory durch einen Warnruf zu erschrecken und auf diese

47

Weise einen Unfall zu verursachen, also flüsterte er ihm sanft zu, genau da zu bleiben, wo er war. Gleichzeitig bedeutete er Robertson, hinabzuklettern und das Seil zu befestigen, das Mallory zu sichern vergessen hatte. Der Zufall wollte es, daß Robertson in der Aufregung ausglitt und in Mallorys Rücken ein solches Prasseln verursachte, daß dieser nun wirklich erschrak und auf seiner kleinen »Einfuß-Eiskerbe« herumwirbelte. Geoffrey Young wagte kaum hinzusehen, weil er schon den Sturz Mallorys auf den 1500 Meter tiefer liegenden Gletscher vor Augen hatte. Doch seine Sorge war unbegründet. Mallory hielt das Gleichgewicht. Die Sicherung durch ein Seil habe Mallory nie etwas bedeutet, sagte Young später. Er »war extrem trittsicher und genauso flink beim Korrigieren eines Fehltritts wie die sprichwörtliche Gemse«. Obwohl nichts passiert war, setzte die kleine Seilschaft ihren langen Abstieg recht bedrückt und aufgewühlt fort.

Einige Tage später fiel Mallory tatsächlich. Es wurde bereits spät – nach 18 Uhr an einem langen Tag in den Alpen –, und Mallory suchte einen Weg um den vierten und letzten Pfeiler herum, der auf dem noch unbestiegenen Südostgrat des Nesthorns den Weg zum Gipfel versperrte. Er kletterte fünf bis sechs Meter über Young und versuchte durch einen turnerischen Schwung einen Überhang zu überwinden, als er rücklings aus der Wand fiel. Young sah nur einen grauen Schatten an sich vorbeizischen und wappnete sich gegen den plötzlichen Ruck am Seil. Mallory war etwa zwölf Meter frei gefallen, bis Young an der Sicherung den Sturz aufhalten konnte. Es war ein Wunder, daß das Seil nicht riß, insbesondere da sie ein geflochtenes Seil benutzten, das, wie Young später feststellte, eine sehr geringe Strapazierfähigkeit besaß. »Ich nehme an«, überlegte er, »daß zwei durchaus überdurchschnittlich elastische Körper an beiden Enden des Seils auch in der schönsten Materialbelastungstheorie ein verwirrendes Element darstellen dürften.«[11]

Mallory war unverletzt und offensichtlich nicht weiter geschockt. Er hatte nicht einmal seinen Eispickel fallen lassen und konnte aus eigener Kraft wieder zu Young auf den Felsvorsprung zurückklettern. Robertson – der dritte Mann am Seil – hatte sich die ganze Zeit um eine Ecke herum außer Sicht befunden und den Vorfall nicht mitbekommen. Sie vollendeten die Erstbesteigung und kehrten erst nach Mitternacht, nach einer vierundzwanzigstündigen Tour, in ihr Hotel zurück.

Daß Mallory vergessen hatte, das Seil zu befestigen, war ein klarer Beweis seiner ständigen Geistesabwesenheit, einer Schwäche, die er nie ablegen konnte. In akademischen Kreisen mag eine gewisse Gleichgültigkeit gegenüber materiellen Belangen als liebenswerte Schrulle gelten und vielleicht sogar vorgetäuscht werden, am Berg jedoch ist sie eine gefährliche Eigenschaft. Es wäre unfair zu sagen, daß Mallory unpraktisch war, da er als Artillerist im Ersten Weltkrieg durchaus technisches Verständnis bewies. Auch war er nicht nachlässig in dem Sinne, daß er Anstrengungen gescheut hätte, aber er mußte sich immer voll konzentrieren, um an einfache Vorsichtsmaßnahmen zu denken, die andere meist routinemäßig einplanen.

Bei seinem ersten Urlaub in den Alpen mit Geoffrey Young war Mallory noch ein ziemlicher Anfänger. Es war zu erwarten, daß ihn die Erfahrung umsichtiger machen würde und er seine Möglichkeiten nicht mehr so leicht überschätzen würde, wie er dies am Nesthorn getan hatte. Er hätte sich keinen besseren Lehrer als Young wünschen können. In seinem späteren Leben schworen viele Leute, Mallory stehe in einer solchen Harmonie mit dem Fels, daß er nicht fallen könne. Andere jedoch empfanden ihn als leichtsinnig – oder wenigstens als ungestüm.

Ein dummer und vermeidbarer Unfall mit weitreichenden Auswirkungen widerfuhr Mallory kurz nach seiner Rückkehr aus den Alpen und erschütterte sein Selbstvertrauen so stark, daß es längere Zeit dauerte, bis er sich überwand, ihn Young zu erzählen. Nach Abschluß seines Studiums wohnte er mehrere Monate bei Lytton Stracheys Schwester und ihrer Familie in Roquebrune an der Riviera, um sein Französisch zu verbessern. Aus Roquebrune schrieb er am 30. Dezember folgendes an Young:

Ich hätte Ihnen schon lange einen Brief geschrieben, wenn ich darin nicht ein so schreckliches Geständnis machen müßte. Drei Wochen nach unserer Rückkehr aus der Schweiz erlitt ich einen bösen Sturz, als ich an einem kleinen Sandsteinfelsen in Birkenhead kletterte. Ich verstauchte mir einen Knöchel, was mir große Schwierigkeiten verursachte, denn die Schmerzen in besagtem Knöchel wollten lange Zeit überhaupt nicht nachlassen, so daß ich schmählich umherhumpelte. Tatsächlich ist er immer noch in schlechtem Zustand, und ich kann zwar kurze Strecken ganz gut laufen, aber für die Berge taugt er noch nicht...

Die ganze Sache ist so gräßlich, daß ich nur ungern daran denke, und hauptsächlich meiner Dickköpfigkeit zu verdanken. Ich war schon einige Zeit mit ein paar Freunden herumgeklettert, als ich eine neue Route vorschlug. Einer der anderen, der noch nie zuvor geklettert war, war ganz begeistert von der Idee. Deshalb fühlte ich mich natürlich verpflichtet, den Versuch sofort zu wagen. Ich glaube, ich wäre umgekehrt, wenn ich nicht durch ein Seil ermutigt worden wäre, das von oben heruntergelassen wurde, weil meine Lage gefährlich schien. Jedenfalls stieg ich weiter und verwendete dabei einen Griff, von dem ich wußte, daß er nicht sicher war. Aber ich beruhigte mich damit, daß ich mich schlimmstenfalls mit dem Seil retten könnte. Das war natürlich Selbstbetrug, denn als ich abrutschte, bekam ich das Seil zwar zu fassen, konnte es aber nicht ausreichend halten.[12]

Die Episode war eine heilsame Lehre, die sich Mallory durchaus zu Herzen nahm. Trotzdem verhielt er sich gelegentlich kühner, als es vernünftig gewesen wäre. Er schien einen gewissen Leichtsinn in seinem Charkater einfach nicht immer im Zaum halten zu können.

50

Der Knöchel weigerte sich hartnäckig zu heilen. Mallory blieb bis zum Frühjahr in Frankreich und konnte zu diesem Zeitpunkt zwar wieder größere Entfernungen bewältigen, doch der Knöchel bereitete ihm noch viele Jahre Probleme, wenn er ihn ernsthaft belastete. Im Jahr 1917, während seines Einsatzes an der Westfront, verschlimmerten sich die Beschwerden schließlich dermaßen, daß er krankgeschrieben und nach Hause geschickt wurde. Erst zu diesem Zeitpunkt entdeckte man, daß die erste Verletzung ein Bruch gewesen und mangels Behandlung schlecht verheilt war. Der Knochen mußte operativ gerichtet werden und verursachte Mallory für den Rest seines Lebens dennoch immer wieder Schmerzen.

Mallory hatte noch keine feste Entscheidung über seine berufliche Laufbahn getroffen. Ihm schwebte die Übernahme eines Lehramts vor, aber ein Gespräch mit M. J. Rendall an seiner alten Schule in Winchester verlief alles andere als ermutigend. Dieser meinte, er habe nichts zu lehren, und selbst dies werde er vermutlich noch schlecht tun, daher bestehe nicht die geringste Aussicht auf eine Stelle in Winchester – oder irgendeiner ähnlichen Schule. Er könne es ein Jahr lang in einer Privatschule versuchen und dann bei einem Landpfarrer in die Lehre gehen. Mallorys Vater war Pfarrer in Birkenhead, und 1908 hatte auch Mallory erwogen, Geistlicher zu werden. Am Ende verwarf er den Gedanken jedoch wieder, weil er seine religiöse Freiheit nicht durch den Dogmatismus der Kirche beschränken lassen wollte. Auf lange Sicht wollte er Schriftsteller werden, doch sein Vater reagierte mit dem für Väter typischen Hinweis, daß er schwerlich allein von der Hoffnung leben könne, später einmal seine Werke zu verkaufen. Er mußte also etwas »Handfestes« finden.

Nach seiner Rückkehr aus Südfrankreich erhielt er einen befristeten Lehrauftrag am Dartmouth Naval College und stellte fest, daß er das Lehren sehr genoß. Dann, im Sommer, tat sich eine weitere ungewöhnliche und »vergnüglich klingende« Möglichkeit auf – die Mallory obendrein wieder in seine geliebten Alpen führen würde. Er sollte den fünfzehnjährigen

John Bankes-Price im August in die Schweiz mitnehmen und ihm das Klettern beibringen. »Ich bin mir nicht ganz sicher«, schrieb Mallory an Young, »ob ich für diese Tätigkeit die ideale Person bin, aber ich denke, ich werde bei einem so verantwortungsvollen Auftrag die nötige Vorsicht walten lassen. Wenn Sie allerdings meinen, ich könnte das Leben des Jungen in Gefahr bringen, dann werde ich nicht reisen. Sind Sie jedoch gegenteiliger Ansicht, so wäre ich sehr dankbar, wenn Sie Ihre Feder noch einmal für mich aktivieren würden.«[13]

Vermutlich zückte Young tatsächlich die Feder für seinen jungen Freund, denn der Auftrag wurde bestätigt. Obwohl Mallory die Aufgabe gegenüber Freunden leichthin als »Bärenführen« bezeichnete, war er doch fest entschlossen, sein Bestes für den Jungen zu tun. Lytton Strachey fand das Angebot lächerlich. »Die Vorstellungskraft kann nichts schaffen, sie kann nur rekonstruieren, und meine verfügt bei dieser Gelegenheit über kein anderes Material als einen schneebedeckten Berg, Faulheit, Energie, George und einen völlig absurden fünfzehnjährigen Kameraden – das alles sagt mir überhaupt nichts.« In Stracheys Augen war das gesamte Unternehmen nicht nur absurd, sondern es schien ihm außerdem noch gefährlich – und dies zu einem Zeitpunkt, da Mallory seiner Ansicht nach ohnehin bereits auf dem absteigenden Ast war. Strachey fand nämlich, daß Mallory (mit 24) fett werde und rasch sein gutes Aussehen verliere. »Sein farbloses Gesicht wird ganz wäßrig und verquollen, zu mondförmig in seinen Konturen – wie ein Käse«, klagte er. Und an seinen Bruder James schrieb er im charakteristischen dramatischen Stil: »Und nun werde ich ihn nie mehr wiedersehen oder, wenn doch, als eine nicht wiederzuerkennende, mittelalte Mediokrität, die zwischen Wind und Wasser hin- und herflattert und dabei vermutlich eine Brille und einen Holzzeh trägt.«[14]

Lytton Stracheys Furcht, der Auftrag könnte gefährlich sein, erwies sich als unbegründet. Im Gegensatz zu Mallory empfand der junge Master Bankes-Price keine spontane Freude an den Bergen. Vielmehr verletzte er sich prompt ein Knie und

verhinderte damit, daß überhaupt ernsthaftes »Klettern« stattfinden konnte. Mallory verbrachte mehrere deprimierende
Wochen mit dem Versuch, den Jungen, dem nicht einmal ein
Picknick Spaß machte, zu irgendwelchen Aktivitäten zu bewegen. Diese von ihm selbst als »Quallenmentalität« bezeichnete Haltung war für Mallory stets verwirrend und ärgerlich,
so sehr widersprach sie seinen eigenen Draufgängerinstinkten.
Seine Enttäuschung wurde keineswegs geringer, als er in Zermatt Geoffrey Young und mehrere andere Kletterfreunde traf
und sie ihm von ihren Expeditionen berichteten. Gegen Ende
des Monats färbte schließlich ein bißchen von seiner Begeisterung auf den Jungen ab und sie bewältigten einige bescheidene
Routen.

Inzwischen hatte Mallory trotz Rendalls düsterer Prognose
eine Stelle als Junglehrer an der Charterhouse School in Godalming gefunden und sie kurz nach seiner Rückkehr aus den
Alpen im September 1910 angetreten. Man hat großes Aufhe-
ben um die Disziplinprobleme gemacht, die Mallory anfänglich hatte, und sie werden oft als Beweis angeführt, daß er kein
guter Lehrer gewesen sei. Weder war ihm seine natürliche
Schüchternheit bei der neuen Aufgabe eine große Hilfe noch
die Tatsache, daß er – Stracheys Wahrnehmung zum Trotz – auf
die meisten Leute den Eindruck machte, als sei er selbst kaum
älter als ein Abiturient. Zudem war er unerfahren. Außer den
sechs kurzen Wochen in Dartmouth hatte er keine »Lehreraus-
bildung« im heutigen Sinne genossen. Er stand vielen Prinzipien des Schulalltags unverhohlen kritisch gegenüber und
machte sich damit bei seinen älteren, traditionsbewußteren
Kollegen nicht gerade beliebt. Er war der Ansicht, daß das
wichtigste Ziel der Erziehung ein zivilisierender Einfluß sein
müsse. Deshalb versuchte er seine Stunden auf eine Weise zu
halten, die er als zivilisiert betrachtete, wobei er seine Schüler
zu einem Grad von Vertraulichkeit ermutigte, der anderen Leh-
rern und – wie leider gesagt werden muß – auch einigen
Schülern verdächtig war. Von Anfang an hatte er jedoch beträchtlichen Erfolg mit einzelnen lernbereiten Schülern. Spä-

ter, als seine Ansichten reifer wurden, setzte er sich für eine Bildungsreform ein.

Es besteht kein Zweifel, daß Mallory schließlich ein »Lehrer aus Überzeugung« wurde, wie ihn Geoffrey Young in einem Nachruf für die Zeitschrift *Nation* bezeichnete, und daß er »bemerkenswert erfolgreich als Geschichtslehrer war und darin, bei jüngeren wie älteren Knaben ein Interesse für Literatur und eine Liebe zur gesunden Natur zu wecken«.

Robert Graves war bei Mallorys Dienstantritt einer der älteren Schüler an der Charterhouse School. Mallory erkannte sein poetisches Talent und förderte es. Auch machte er ihn mit Schriftstellern vertraut, die nicht auf dem Lehrplan der Schule standen: George Bernard Shaw, Rupert Brooke, Samuel Butler, John Masefield, James Elroy Flecker, H. G. Wells. Für Graves war die Erkundung dieses literarischen Neulands sehr aufregend. Später machte ihn Mallory mit Edward Marsh, dem Gründer und Chefredakteur von *Georgian Poetry,* bekannt, der ein halbes Jahrhundert lang als Förderer der Geisteswissenschaften wirkte und außerdem noch den Premierministern Asquith und Churchill als Privatsekretär diente. Aber »George Mallory tat noch etwas Besseres, als mir Bücher zu leihen«, schrieb Graves in seiner Autobiographie *Goodbye to All That.* »Er nahm mich in den Schulferien zum Klettern am Snowdon mit.«[15]

Nachdem er als einer von Irvings »Rekruten« in Winchester soviel Spaß und Nutzen gehabt hatte, war es für Mallory nur natürlich, mit seinen eigenen Schülern ähnliche Experimente durchzuführen. Er fuhr mit ihnen zwar nicht in die Alpen, aber nach Wales und in den Lake District. Robert Graves war mindestens zweimal mit von der Partie, wobei die genauen Termine umstritten sind.

Graves schildert eine Reise, die, wie er sagt, »im Januar« stattfand, als genug Schnee lag, daß man den Gebrauch des Eispickels üben konnte. Sie bestiegen den Snowdon und ...

... stellten fest, daß der Schneesturm in der vorigen Nacht dem Hotel auf dem Gipfel das Dach heruntergerissen hatte.

Wir saßen am Hügelgrab und aßen Carlsbad Plums und Leberwurstsandwiches. Geoffrey Keynes … und George, der nach einer Klettertour jedesmal wie berauscht von dem Nervenkitzel war, nahmen Steine von dem Hügelgrab und warfen sie auf den Kamin des Hotels, bis dieser sich dem abgerissenen Dach zugesellte.[16]

Keynes berichtet in einer Autobiographie[17] ebenfalls über den Vorfall, kann sich jedoch nicht daran erinnern, daß Mallory nach irgendeiner seiner Klettertouren wie berauscht gewesen wäre. *Goodbye to All That* beurteilte er als »ein unterhaltsames, aber unzuverlässiges Werk«. Graves und Keynes waren sich darüber einig, daß sie und Mallory im Frühjahr 1914 im Pen-y-Pass gewohnt hatten.[18] Dazu Graves:

Üblicherweise nahm man im Pen-y-Pass ein gemütliches Frühstück ein und legte sich dann mit einem Krug Bier in die Sonne, bis man am späten Morgen zum Fuß der Felswand aufbrach. Der Snowdon war ein perfekter Kletterberg. Der Fels war solide und nicht rutschig. Und wenn man eine der Wände erklommen hatte, von denen einige 300 Meter hoch, aber alle gerade noch irgendwie zu meistern waren, dann fand man immer einen Weg, auf dem man leicht wieder hinabrennen konnte. Am Abend nach der Rückkehr ins Hotel lagen wir schwitzend in heißen Bädern. Ich weiß noch, wie ich über meinen Körper nachdachte – die strapazierten Fingernägel, die blauen Flecken auf den Knien, die dicken Klettermuskeln an meinen Füßen – und daß ich ihn in bezug auf seinen neuen Zweck als schön empfand.[19]

Geoffrey Young interessierte sich stets für Mallorys »Rekruten« und machte es sich zu seinem Anliegen, den jungen Graves zu bestärken. Er sagte ihm, daß er über den besten natürlichen Gleichgewichtssinn verfüge, den er je bei einem Kletterer gesehen habe, ein Kompliment, das Graves, wie er zugab, mehr freute, als wenn ihm der Poeta Laureatus gesagt hätte, er habe das beste Rhythmusgefühl, das er je bei einem jungen Dichter festgestellt habe.

Mallory »verlor nie seinen fast tollkühnen Wagemut«, berichtet Graves. »Und doch fühlte man sich absolut sicher bei ihm am Seil.« Alan Goodfellow, ein anderer Charterhouse-Schüler, der im Sommer 1913 mit Mallory nach Wasdale ging, erinnert sich, wie er und Mallory ohne nachzudenken zu einem schmalen Sims emporkletterten und dann vor den beiden gleichermaßen problematischen Alternativen standen, entweder auf demselben Weg wieder abzusteigen, was immer schwierig ist, oder ohne Seilsicherung quer zu klettern. Er berichtete:

Für George muß es ein sehr angstvoller Moment gewesen sein angesichts der Verantwortung für den unerfahrenen Schuljungen, der sein einziger Kletterkamerad war. Er ließ sich jedoch nicht das geringste anmerken und schlug ruhig vor, daß wir zuerst einmal alle Heidelbeeren aufessen sollten, bevor wir weiterkletterten. Dann nahmen wir die Traverse ungesichert in Angriff, wobei George vorausging und mir genau sagte, wo ich meine Hände und Füße plazieren sollte. Er war so ziemlich der beste Felskletterer, den ich je gesehen habe, mit einem wunderbaren Gleichgewichtssinn.[20]

Geoffrey Keynes räumt ein, daß Mallory manchmal kritisiert wurde, weil er relativ ungeübte Kletterer auf gefährliche Aufstiege mitnahm, was er offensichtlich häufig tat. Selbst bei der Everest-Erkundung von 1921 ging Mallory Bullocks Ansicht nach unnötige Risiken ein, weil er ungeübte Lastenträger auf schwierigem Eis gehen ließ. Keynes versichert jedoch, er selbst habe sich niemals in Gefahr gefühlt, wenn er mit Mallory geklettert sei. Er sei ein guter Führer gewesen und habe bei denen, die hinter ihm am Seil gingen, Vertrauen wecken können. »Kompetenz erwächst aus Vertrauen und kann ohne Vertrauen nicht erworben werden. Das ist der Grund, warum Georges Schüler keinen Schaden erlitten.«

3

Der dritte Pol

Die ersten Spekulationen über eine Besteigung des Mount Everest gegen Ende des 19. Jahrhunderts wirkten eher phantastisch als realitätsbezogen und stießen auf kaum geringere Skepsis als in den ersten Jahren des 20. Jahrhunderts die Aussicht auf die Raumfahrt. Und doch bewies der Alpinist und Erstbesteiger des Matterhorns, Edward Whymper, frühen Weitblick, als er bei einem Vortrag im Jahr 1894 sagte, daß sich unter seinen Zuhörern vielleicht ein Knabe befinde, der eines Tages auf einem ähnlichen Podium berichten werde, wie er den höchsten Berg der Erde bestiegen habe.

Aufgrund ihrer langen Tradition der Entdeckungen zu Lande und zu Wasser und angesichts der Ausdehnung des Britischen Empires in ferne und oft wenig gastliche Ecken der Welt meinten die Briten, den Pioniergeist gepachtet zu haben. In der viktorianischen Ära wurde der Übermut vergangener Zeiten von einem Pflichtgefühl überlagert, das territoriale Gewinne als Tugend erscheinen ließ. In dem Jahrhundert vor dem Ersten Weltkrieg hatten die Briten neue Länder erkundet, um das Evangelium zu verbreiten. Sie hatten es für ihre Königin, aus politischen Gründen, für knallharte Handelsinteressen oder auf der Suche nach seltenen Tierarten getan oder auch als Sport und letztlich immer aus Wissensbegierde. Die Royal Geographical Society wurde im Sommer 1830 zu dem ausdrücklichen Zweck gegründet, die Erforschung anderer Länder zu fördern und die Daten der Entdeckungen zusammenzustellen und auszuwerten. In den ersten 100 Jahren ihrer Existenz wurden die meisten weißen Flecken von der Weltkarte getilgt, der Schwarze Kontinent Afrika durchquert, die Quelle des Nils entdeckt, die Wüste im australischen Binnenland erforscht. So groß war das Selbstbewußtsein des Empire, daß es den Briten selbstverständlich erschien, daß sie die Welt regierten.

Es hatte auch Fehlschläge gegeben. Die Briten verloren kostbare Schiffe und Mannschaften bei ihrer erfolglosen Suche nach der Nordwestpassage, einem Seeweg, der den Atlantik mit dem Pazifik verbunden hätte. Und – eine weit größere Demütigung des britischen Nationalstolzes – sie mußten erleben, daß beide Pole zuerst von Ausländern erreicht wurden. Daß es Scott nicht gelang, vor Amundsen zum Südpol zu gelangen, war eine besonders bittere Pille. Nur die Briten waren dazu fähig, Scotts tragische Niederlage in eine Heldenlegende umzuwandeln. Er besaß jene Art sportliche Tapferkeit, auf die sie sich so gut verstanden und die sie groß gemacht hatte. Schließlich hatte der andere Kerl nicht fair gespielt: Er hatte auf dem ganzen Weg Hunde mitgenommen. Die Selbstkasteiung durch sportliche »Regeln« bei einer Unternehmung ist ein merkwürdiges britisches Phänomen. Scott verminderte seine Erfolgschancen gewaltig, weil er sich weigerte, Hunde einzusetzen[21]; man könnte eine Parallele zum späteren Widerwillen gegen die Verwendung von Flaschensauerstoff am Everest ziehen.

Nach der Eroberung des Südpols war die letzte große geographische Herausforderung auf dem Planeten der Mount Everest. Sein stolzer Gipfel war zum meistbegehrten Punkt der Erde geworden; er wurde sogar als der dritte Pol bezeichnet. Die Briten mit ihrem großen Einfluß auf dem indischen Subkontinent gingen immer davon aus, daß dieser letzte glänzende Preis von Rechts wegen ihnen gebührte und sie diesmal jede etwaige Konkurrenz gut in Schach halten könnten.

Niemand wußte jedoch, ob der Mensch unversehrt in die dünne Atmosphäre vordringen konnte, die er auf dem Gipfel des Everest vorfinden mußte. Niemand war bisher über die 7498 Meter hinausgekommen, die 1909 bei der versuchten Besteigung des Mount Bride im Karakorum erreicht worden waren. Der Mount Everest war fast anderthalb Kilometer höher. Zu ihm konnte man nur gelangen, wenn man durch die verbotenen Königreiche Tibet oder Nepal reiste. Vor der ersten britischen Expedition war kein Europäer dem Berg näher gekommen als 65 Kilometer oder hatte mehr von ihm gesehen als seine höchsten Flanken, die sich über die davorliegenden Grate erhoben.

Der Mount Everest wurde erstmals 1852 bei der Survey of India durch Triangulierung vom Norden her als der höchste Berg der Erde identifiziert. Zuvor hatte man immer angenommen, diese Ehre gebühre dem Kangchenjunga oder dem Dhalaugiri. Der Everest war damals nur unter der Bezeichnung der Vermessungsbehörde, »Peak XV«, bekannt. Die für Peak XV errechnete Höhe betrug 8840 Meter, ein Wert, der später auf 8848 Meter korrigiert wurde. Niemand gab sich große Mühe herauszufinden, wie die Tibeter den Berg nannten oder ob sie überhaupt einen Namen für ihn hatten. Viel später erfuhr man, daß die Dorfbewohner in der Nähe des Berges ihn schon lange mit der wunderschönen Bezeichnung Chomolungma – Göttin-Mutter der Erde – ehrten. Die Landvermesser hatten sich nur oberflächlich vergewissert, daß kein lokaler Name existierte, und beschlossen 1869, den Berg »Everest« zu nennen, nach Sir George Everest, dem Generallandvermesser in Indien.

Der vermutlich erste ernstzunehmende Vorschlag, den Mount Everest zu besteigen, wurde 1893 von Charles Granville Bruce gemacht, dem jungen Hauptmann eines Gurkha-Regiments, der mit Conway im Karakorum geklettert war. Bruce wandte sich damit an Francis Younghusband, der damals als politischer Offizier in Chitral tätig war. Dieser war sofort fasziniert von der Idee, so daß es Bruces ungestümer Begeisterung kaum bedurft hätte, um ihn zu überzeugen. Younghusband, ein großer Romantiker und Entdeckungsreisender, hatte einige Jahre zuvor eine aufsehenerregende Reise von Peking aus quer durch die Wüste Gobi und den Karakorum nach Rawalpindi unternommen. Unterwegs hatte er auf einem hohen Paß einen Gipfel von atemberaubender Höhe gesehen: den K2. Wenn der Everest noch höher war, dann war er wirklich ein fabelhaftes Ziel! Doch Younghusband stand noch vor seiner umstrittenen

Militärexpedition nach Lhasa, und Bruce mußte mit seiner kleinen, handverlesenen Truppe von Kundschaftern an der unruhigen Nordwestgrenze ein blutiges Scharmützel nach dem anderen ausfechten.

In jener Zeit war der Gedanke an eine Eroberung des Mount Everest noch rein akademisch, da der Zugang zu dem Berg ein unüberwindbares politisches Problem zu sein schien. Sowohl Tibet als auch Nepal, auf deren gemeinsamer Grenze der Berg lag, ließen keine Fremden ins Land. Erst als im Gefolge von Younghusbands Expedition des Jahres 1904 ein Vertrag zwischen Großbritannien und Tibet unterzeichnet wurde, zeichnete sich ein Hoffnungsschimmer ab. Doch nach der vertraglichen Anerkennung der chinesischen Oberhoheit über Tibet (welche die Tibeter selbst geflissentlich ignorierten) mußte eine Reise zum Everest sowohl von Peking als auch von Lhasa aus genehmigt werden.

Einige Jahre zuvor hatte Cecil Rawling auf der Gartok-Expedition von 1904 den Everest aus einer Entfernung von 110 Kilometern gesehen und war von diesem Anblick dermaßen gefesselt gewesen, daß er ebenfalls den heimlichen Ehrgeiz entwickelte, ihn zu besteigen. Wie Bruce war auch Rawling in den Grenzkriegen von 1897/98 als Soldat im Einsatz. Später arbeitete er als Landvermesser an der tibetischen Grenze, wo er 1903 über 100 000 Quadratkilometer Himalajagebiet kartographierte und Tibetisch lernte. 1913 erschien noch ein weiterer Konkurrent im Kampf um den Everest in der Arena, ein junger Leutnant des in Kalkutta stationierten East Yorkshire Regiments mit dem wahrhaft biblischen Namen John Baptist Lucius Noel. Jeden Sommer, wenn sich seine Einheit aus der Hitze der Ebene für mehrere Monate in die kühleren Berge zurückzog, nutzte Noel die Gelegenheit, mit einer kleinen Gruppe einheimischer Bergbewohner loszuziehen und die Pfade und Pässe nach Tibet zu erkunden. Auch ihn hatte der höchste Berg der Welt in Bann geschlagen, und seine Erkundungsreisen waren alle von der Hoffnung getragen, ihn eines Tages zu erreichen. Er hatte einen fernen, hohen Paß nördlich des Kangchenjunga entdeckt, der nicht von Grenzposten bewacht wurde, und schlich sich als indischer Muslim verkleidet nach Südtibet ein, in der Hoffnung, eine Route durch das Hochgebirge zur Schlucht des Flusses Arun und dann weiter zu den östlichen Gletschern des Everest zu finden.

Auf dem Langbu-La-Paß bot sich ihm ein herrlicher Blick auf eine Kette von Schneegipfeln weiter im Süden, die, wie er wußte, jedoch zu nah und zu niedrig waren, als daß der Everest darunter sein konnte. Er taufte die beiden hervorstechendsten Berge der Kette Tarigban (Langes Messer) und Guma Raichu (Gumas Zahn). Mit einemmal lichteten sich die Wolken in dem grandiosen Panorama, und Noel erspähte direkt über dem Gipfel des Berges, den er Tarigban genannt hatte, eine glitzernde, schneegeriffelte Bergspitze aus Fels, bei der es sich angesichts ihrer faszinierenden Erscheinung nur um den Mount Everest selbst handeln konnte.[1] Etwa 300 bis 450 Meter des Gipfels waren sichtbar.

Noel schätzte die Entfernung des Berges auf etwa 100 Kilometer Luftlinie, doch er war wegen des sich auftürmenden Walls der dazwischenliegenden Felsriesen nicht auf direktem Weg zu erreichen. Noel und seine Gruppe versuchten die Barriere über das Tashirak-Tal zu umgehen, wurden jedoch von feindseligen Soldaten zum Rückzug gezwungen. »Auf 65 Kilometer herangekommen und damit näher als irgendein weißer Mann je zuvor! Ich überlasse es meinen Lesern, sich meinen Ärger und meine Enttäuschung auszumalen«, schrieb John Noel später in seinem Buch *Through Tibet to Everest*.

Die Zeit war reif, daß sich alle, die an einer Besteigung des Everest interessiert waren, zusammentaten. Also begann Cecil Rawling, mit Unterstützung der Royal Geographical Society eine Expedition in zwei Stadien zu planen, die 1915 und 1916 stattfinden sollte. Zunächst war eine gründliche wissenschaftliche Erforschung des Everest-Gebiets vorgesehen, und im folgenden Jahr sollte dann versucht werden, den Berg selbst bis zum höchsten erreichbaren Punkt zu besteigen. Rawling schrieb in seiner Ankündigung der Expedition:

Dank der Erfahrungen, die der Herzog der Abruzzen [im Karakorum], Colonel Bruce und andere in den letzten Jahren im Himalaja gemacht haben, sind viele gängige Meinungen bezüglich der erreichbaren Höhen widerlegt worden. Es mag durchaus sein, daß der Mount Everest auf der Nordseite auch für den fähigsten Bergsteiger unbezwinglich ist oder daß zwar die alpinistischen Schwierigkeiten nicht unüberwindlich sind, aber die Höhe ein weiteres Vordringen des Menschen unmöglich macht. Diese Fragen sind jedoch noch ungeklärt, und es ist das Ziel der Expedition, etwas zu ihrer Beantwortung beizutragen.[2]

Zu Rawlings Expedition sollten der junge Soldat und Entdecker John Noel und zwei andere alte Himalaja-Hasen, Dr. A. L. Kellas und Tom Longstaff, gehören. Kellas hatte Erstbesteigungen des Chomiumu, Kangchenjunga, Powhunri und Langpo vorzuweisen, die alle über 6500 Meter hoch waren. Captain Morshead von der Survey of India und Dr. A. F. R. Wollaston, ein erfahrener Reisender, der wie Rawling Neuguinea erkundet hatte, waren ebenfalls als Teilnehmer vorgesehen; und der Schriftsteller John Buchan, ein enger Freund Rawlings, bot für die Planung der Expedition seine Hilfe an.

Wieder einmal kamen politische Ereignisse dazwischen. »Der Kriegsausbruch setzte diesen schönen Träumen ein Ende«, schrieb Buchan 1917 in der *Times* in Erfüllung der schweren Pflicht, für seinen Freund Cecil Rawling einen Nachruf zu verfassen. Dieser war am 28. Oktober bei Ypern einer verirrten Granate zum Opfer gefallen.

Die blutigen Schlachten des Ersten Weltkriegs, die eine ganze Generation junger Männer dezimierten, hatten langfristige Auswirkungen auf die britische Bergsteigerei. Geoffrey Winthrop Young, Großbritanniens bester Alpinist, verlor ein Bein, und mehrere Mitglieder seiner »Hill Company« kamen um, darunter auch Siegfried Herford, einer der talentiertesten aus einer neuen Generation hervorragender, innovativer Felskletterer. Die Anzahl der Begabten, aus denen vielleicht gute

Hochalpinisten werden konnte, war deshalb arg geschrumpft, als sich die Aufmerksamkeit wieder dem Mount Everest zuwandte. Die jüngeren Bergsteiger, die wie Mallory den Krieg überlebten, hatten ihre alpinen Erfahrungen vor dem Krieg gemacht und waren zum Zeitpunkt der ersten Expedition bereits über 30 Jahre alt. Auch viele ältere Bergsteiger – das erfahrene Führungspersonal – hatten den Krieg nicht unbeschadet überstanden. Rawling war tot, Bruce war in der Schlacht von Gallipoli schwer verwundet worden, und Edward Strutt, ein Kletterer mit außergewöhnlichen Fähigkeiten in Schnee und Eis, war sogar zweimal verwundet worden.

Eine wesentliche Veränderung gab es allerdings, die sich auf Projekte von der Art der Everest-Expedition in positiver Weise auswirkte. Die politische Situation in Tibet hatte sich entspannt. Sowohl die Russen als auch die Chinesen waren von den Revolutionen in ihren Ländern in Anspruch genommen und nicht in der Lage, sich aktiv um Tibet zu kümmern. Die chinesische Garnison wurde aus Lhasa abgezogen, und das India Office konnte seine Reisebeschränkungen für Tibet nicht mehr damit begründen, daß die Reisen die Politik des Britischen Empire beeinträchtigen könnten.

Im März 1919 lud die Royal Geographical Society Captain John Noel ein, vor ihren Mitgliedern in London einen Vortrag über sein Tibet-Abenteuer von 1913 zu halten. Rückblickend ist offensichtlich, daß dieses Ereignis bewußt organisiert war, um öffentliches Interesse an einem Everest-Projekt zu wecken. Als Sir Francis Younghusband noch im selben Jahr Sir Douglas Freshfield als Präsident der Royal Geographical Society nachfolgte, schwor er öffentlich, er werde sich in seinem neuen Amt mit aller Kraft für eine Expedition zum Everest einsetzen. Am 26. April 1920 fand eine gemeinsame Sitzung mit Vertretern des Alpine Club statt, bei der die genauen Ziele und eine Strategie für das Unternehmen festgelegt wurden.

Es stand von Anfang an fest, daß die Geographen an der Produktion genauer Karten interessiert waren, während den Bergsteigern mehr an der Eroberung des Berges gelegen war. Mit selbstgerechter Eitelkeit, aber nicht ganz unberechtigt, meinten die Geographen, sie selbst würden ernsthafte wissenschaftliche Arbeit leisten, während die Alpinisten lediglich ihrem Sport frönten. Mit dem gleichen Recht fanden die Bergsteiger, daß sie gebraucht würden, um das bestehende Wissen zu erweitern, und sie, wenn es um den Einsatz von Menschenleben ginge, alle Risiken trügen.

Die beiden Organisationen konnten nie hoffen, mehr als lediglich ein unsicheres Bündnis zu schließen. Trotzdem einigten sie sich darauf, daß das Hauptziel der Expedition eine Besteigung des Mount Everest sein sollte und alle vorherigen Erkundungsmaßnahmen diesem Vorhaben dienen sollten. Bis zum Basislager sollte die Royal Geographical Society für die gesamte Organisation verantwortlich sein, danach der Alpine Club die Verantwortung übernehmen. Geldmittel für das Unternehmen wurden bereits zurückgelegt, und es wurde keine Mühe gescheut, eine offizielle Genehmigung zu bekommen.

Younghusband hielt eine bewegende Ansprache in seiner Eigenschaft als Präsident der Royal Geographical Society, die in der folgenden Woche ein breites Presseecho fand. Man werde auf dem Gipfel des Mount Everest kein Gold finden, sagte er, und der Berg werde niemandem auch nur ein einziges Pfund Sterling einbringen – sondern vielen eine ganze Menge Geld aus der Tasche ziehen –, doch könne er seinen Zuhörern folgendes versichern:

Die Verwirklichung einer solchen Tat wird den menschlichen Geist erheben und der Menschheit, insbesondere jedoch uns Geographen, das Gefühl vermitteln, daß wir uns die Erde wirklich untertan gemacht und unsere Umwelt wirklich gemeistert haben. Solange wir ohnmächtig am Fuß dieser mächtigen Berge unherkriechen und zu ihren Gipfeln hinaufschauen ohne den Versuch, sie zu bezwingen, solange hegen wir ihnen gegenüber ein übertriebenes Gefühl der Ehrfurcht... [Doch] wenn der Mensch auf dem höchsten

Gipfel der Erde steht, wird dies seinen Stolz und sein Selbstvertrauen im Kampf um die Beherrschung der Materie mehren. Dies ist das unschätzbare Gut, das die Eroberung des Mount Everest erbringen wird.[3]

Die *Daily News* war nicht so überzeugt. »Es wird ein stolzer Augenblick sein für den Menschen, der zuerst auf dem höchsten Punkt der Erde steht«, stimmte ihr Korrespondent zu, »aber er wird sich des schmerzlichen Gedankens nicht erwehren können, daß er der Nachwelt die Tour vermasselt hat.« Der Kolumnist des *Daily Express* kommentierte die Tatsache, daß die Besteigung der höchsten Berge im Himalaja sich bis dahin eher als ein politisches denn ein technisches Problem erwiesen hatte: »Der Möchtegerneroberer muß entweder Lawinen ausweichen oder um Lord Morley herumkommen, und ich weiß nicht, was das unangenehmere Hindernis ist.« Vielleicht würde Morleys Nachfolger als Staatssekretär für Indien weniger unnachgiebig sein. Und Lord Curzon, der sich für das Everest-Projekt schon in seiner Zeit als Vizekönig von Indien stark engagiert hatte, war inzwischen Außenminister geworden und sollte sich als nützlicher Verbündeter erweisen.

Auch aus unerwarteter Richtung kam plötzlich unschätzbare Hilfe. Oberstleutnant Charles Kenneth Howard-Bury, ein politisch interessierter Himalaja-Reisender, plante einen Privatbesuch in Indien und bot seine Dienste als Vermittler an. Er war ein wohlhabender junger Mann, Mitglied der Familie Howard, der Earls of Norfolk, und er war bereit, seine Ausgaben selbst zu bestreiten. Er verhandelte fast sechs Monate lang, beförderte Botschaften zwischen dem Vizekönig von Indien (Lord Chelmsford), dem Gouverneur von Bengalen (Lord Ronaldshay), dem Oberkommandierenden (Lord Rawlinson) und dem politischen Offizier in Sikkim (Sir Charles Bell) hin und her und sorgte dafür, daß sie die geplante Expedition zum Everest unterstützten. Er führte auch Gespräche mit dem obersten Landvermesser, mit verschiedenen indischen Regierungsbeamten sowie tibetischen Behörden. Und er besuchte sogar das

Hauptquartier des Fliegerkorps in der Hoffnung, die Piloten für Aufklärungsflüge über dem Berg gewinnen zu können. Am Ende erhielt Bell vom Dalai Lama in Tibet die langersehnte Genehmigung für die Expedition. Es war ein bemerkenswerter Erfolg.

Younghusband erfuhr die Nachricht am 20. Dezember 1920 aus einem Brief des India Office und erhielt drei Wochen später die formelle Bestätigung. Er gründete sofort einen offiziellen Mount-Everest-Ausschuß, der einer Expedition mit zwei Stadien zustimmte: Erkundung im ersten Jahr und ein ernstzunehmender Besteigungsversuch im zweiten. Die Geographen waren besorgt, daß die Erkundung zu kurz kommen könnte, wenn die Bergsteiger erst einmal den Weg zum Berg gefunden hätten; sie sollten ihre Chance erst in der zweiten Phase der Expedition erhalten. Um jedes Mißverständnis auszuschließen, wurde der folgende formelle Beschluß verabschiedet:

Das Hauptziel in diesem Jahr ist die Erkundung. Dies soll die Gruppe der Bergsteiger nicht daran hindern, auf einer günstigen Route so hoch wie möglich zu steigen. Doch dürfen Versuche auf einer bestimmten Route nicht so lange dauern, daß sie den Abschluß der Erkundung behindern.[4]

Younghusband hatte schon immer vorgehabt, Bruce mit der Leitung der ersten Expedition zu betrauen. Er kannte den Himalaja wie kein anderer, und insbesondere sein Geschick im Umgang mit den Gebirgsbewohnern hätte ihn zu einem hervorragenden Expeditionsleiter und – nicht weniger wichtig – auch zu einem idealen Botschafter gemacht. Aber Bruce, der so lange auf das Unternehmen gewartet hatte, mußte auf die Teilnahme an der Expedition von 1921 verzichten. Er wußte, daß er nicht zwei Jahre hintereinander Urlaub bekommen würde, und überließ dem Everest-Ausschuß die Entscheidung bezüglich seiner Verwendung. Dieser wollte ihn lieber im zweiten Stadium der Expedition einsetzen und bot die Leitung der ersten Reise Howard-Bury an, der soviel für ihre Genehmigung getan hatte.

Howard-Bury nahm ohne Umschweife an. »Ich hoffe, daß Bruce die Expeditionsleitung für das Jahr 1922 erhält«, erklärte er großzügig. »Das ist nur gerecht. Und er sollte dann die Führung übernehmen, wenn wirklich ernsthaft versucht wird, den Berg zu besteigen.«[5] Howard-Bury bot erneut an, für seine eigenen Unkosten selbst aufzukommen. Der Rest der Expedition wurde größtenteils durch private Spenden von Mitgliedern der Royal Geographical Society und des Alpine Club finanziert. Auch der König und der Prince of Wales sowie der Vizekönig von Indien beteiligten sich in großzügiger Weise.

Howard-Bury hatte keine leichte Aufgabe vor sich. Der Berg war nur mittels einer mehrwöchigen, umständlichen Reise über die trockene Hochebene von Tibet zu erreichen. Über die nördlichen Zugänge zum Everest war so gut wie nichts bekannt, aber die indische Landvermessungsbehörde stellte der Expedition die beiden Beamten Major Morshead und Major Wheeler zur Verfügung, und das geologische Institut Indiens beorderte mit Dr. A. M. Heron einen Beamten ab. Ihre Kosten wurden von ihren jeweiligen Abteilungen getragen. Nun mußte nur noch das restliche Team zusammengestellt werden.

Bei der Teilnehmerauswahl für alle drei Expeditionen in den zwanziger Jahren standen Mallory und Finch immer ganz oben auf der Liste der Kandidaten. Schon im März 1918, als erstmals das Gerücht umlief, daß nach dem Krieg eine große Expedition zum Everest stattfinden könnte, schrieb Hauptmann Farrar (der Präsident des Alpine Club) seinem Freund Henry F. Montagnier, daß er eine Teilnahme von George Finch – und auch von Maxwell Finch, Georges Bruder und regelmäßigem Kletterpartner – stark befürworte:

Sie sind derzeit bei der Artillerie, aber ich glaube, wir könnten sie problemlos für das Unternehmen abstellen lassen. Ich kenne sie beide sehr gut, und sie sind meiner Meinung

67

nach zwei der hervorragendsten Bergsteiger, die wir je gesehen haben, und werden eine Aufgabe dieser Art wahrscheinlich sehr viel eher bewältigen als andere Bergführer oder Bergsteiger aller Nationen, die ich kenne. Beide sind unter 30 Jahre alt und die richtigen Männer für die Aufgabe.[6]

Er wiederholte diese Ansicht im folgenden Jahr, als er Montagnier von einem Treffen mit dem jungen George Finch berichtete. Dieser stehe kurz vor seiner Entlassung aus der Armee und werde vermutlich gerne an der Expedition teilnehmen. »Wenn er und sein Bruder Max und der junge Kurz die Aufgabe nicht bewältigen können, dann haben wir niemanden, der dazu fähig ist.«[7]

George Finch gehörte dem Alpine Club damals nicht an, genoß jedoch einen guten Ruf als Alpinist. Er hatte seine Bergsteigerlaufbahn im Alter von 15 Jahren begonnen, als er und sein Bruder zum Entsetzen der Küstenwache auf Beachy Head herumgeklettert waren. Noch im selben Sommer waren die abenteuerlustigen Brüder ihren Tutoren in Paris entflohen und hatten sich an den Mauern der Notre Dame versucht. Danach aber hatten sie sich mit konventionelleren Routen begnügt. Seit 1907 durchstreifte George die Alpen und Korsika, im Sommer und Winter, ohne Bergführer, aber meistens mit Max. Beide studierten an der Technischen Hochschule in Zürich, die Farrar als »die vermutlich beste Bergsteigerschule der Welt« bezeichnet hat. Die Studenten bildeten selbst Seilschaften mit unterschiedlichem Leistungsniveau und erlangten auf diese Weise im Rahmen vernünftiger Sicherungsmaßnahmen eine Erfahrung und ein Können, die für die damalige Zeit bemerkenswert waren. Heute scheinen die Vorzüge dieser Lernmethode offensichtlich, doch in den ersten Jahren des Jahrhunderts galt es noch weithin als notwendig, das alpine Bergsteigen allmählich und über mehrere Sommer mit ausgewiesenen Führern zu erlernen. Farrar schrieb über George Finch. »Außer bei den sehr wenigen Expeditionen, an denen Finch wegen einer Einladung oder aus anderen Gründen als

Mitglied einer geführten Gruppe teilgenommen hat, ist er schon seit einigen Jahren der anerkannte Führer seiner Karawane.«

Nicht jeder brachte Finch solche Achtung entgegen. Er war nicht durch die übliche soziale Mühle des britischen Public-School- und Universitätssystems gegangen und dank seiner etwas nomadischen Jugend von einer kosmopolitisch-unkonventionellen Haltung geprägt, welche die Konservativen im Alpine Club als entschieden liederlich empfanden. Finch war in vieler Hinsicht seiner Zeit voraus; er stimmte ganz gewiß nicht mit dem Denken seiner Zeitgenossen überein. Der selbstbewußte junge Mann, der seine Ansichten offen und kompromißlos äußerte, hatte klar erkannt, welchen Beschränkungen die britischen Bergsteiger wegen ihrer unflexiblen Einstellung unterlagen.

Er ließ sich ständig über das aufgeklärte Bergsteigerethos auf dem Kontinent aus, wo sich ein viel demokratischeres Vereinssystem entwickelt hatte und die Führer des Bergsports größtenteils junge, aktive Kletterer waren. Zwar traten in den britischen Provinzen allmählich ebenfalls jüngere Männer in Erscheinung, Finch jedoch wollte einen großen nationalen Verein, der Bergsteigern aus allen sozialen Schichten offenstehen würde – Ideen, die für die engstirnigen Mitglieder der älteren Generation arg nach Ketzerei rochen.

Der Alpine Club war stolz auf seine Exklusivität und wollte unter keinen Umständen dem gemeinen Volk Zutritt gewähren. Außerdem war ihm die unvermeidliche Erhöhung der Kletterstandards keineswegs willkommen, die eine solche größere Partizipation nach sich gezogen hätte. Nicht umsonst hatte ein altgedienter Sekretär des Clubs seinen Verein einmal als »einen Club für Gentlemen, die zufällig bergsteigen«, definiert. Finchs öffentliche Kritik, die er auch noch in einer landesweit verbreiteten Zeitschrift publizierte, bestätigte nur die herrschende Auffassung, daß es sich bei ihm um einen ungestümen, frechen Emporkömmling und ganz bestimmt um keinen Gentleman handelte. Er mochte zwar einige schöne neue Routen und Traversen erschlossen haben, wurde aber gleichwohl von vielen älteren Clubmitgliedern über Jahre hinweg mit einer Reserviertheit behandelt, die an Unhöflichkeit grenzte.

George Mallory dagegen war der Liebling des Establishments. Er war gesellschaftlich ehrgeizig und gab sich große Mühe, die guten Kontakte zu pflegen, die sich ihm durch das Bergsteigen boten. Er wurde 1909 im Climbers' Club aufgenommen und zwei Jahre später, mit 25 Jahren, in den Alpine Club. Er schrieb häufig für die Zeitschriften beider Vereine, wobei er in seinen ausgefeilten Artikeln eher die Gefühle und Gedanken beim Bergsteigen zu vermitteln suchte als technische Details. In seinem vielleicht berühmtesten Essay vergleicht er eine Klettertour in den Alpen mit einer Symphonie.[8]

In einem anderen Beitrag versucht er, sich eine fünf Jahre zuvor absolvierte Tour ins Gedächtnis zu rufen, indem er die Gedanken und Gefühle wieder heraufbeschwört, die ihn dabei beherrschten. »Was sind die Ereignisse des Lebens letztlich anderes als Augenblicke im Strom der Gedanken, aus dem die Erfahrung besteht?«[9] fragte er. Der spirituelle rote Faden, dem er in seinem Artikel zu folgen suchte, war durch einen verdorbenen Magen verfärbt, da er in der Nacht zuvor ein Übermaß an saurem Wein konsumiert hatte. Das Ergebnis war eine »wilde Vorstellung«, wie Mallory Geoffrey Young gestand. »Ich fürchte, der geneigte Leser wird sich womöglich fragen, ob meine Störung inzwischen geheilt ist.« Er wußte, daß seine Schriften die Leser oft verwirrten. Den erwähnten Artikel hatte er George Yeld, dem Chefredakteur des *Alpine Journal,* vorgelegt. Yeld hatte ihn ziemlich ratlos an Farrar weitergegeben. Und dieser hatte, wie Mallory Young mit einiger Belustigung berichtete, erklärt, er verstehe kein Wort von dem Artikel, und ihn H. V. Reade geschickt, »der sich vermutlich gerade überlegt, was er mir dazu sagen soll«.[10] Doch Mallory wurde mit jener Nachsicht behandelt, wie sie einem Lieblingskind zuteil wird, wenn es versucht, raffinierter zu sein, als es seinem Alter entspricht, und sich doch nur durch unbewußte Naivität verrät.

Mallory hatte sich vor allem durch seine Leistungen am Fels einen Namen gemacht. Finch dagegen war ein Meister auf Schnee und Eis. Er kletterte regelmäßig in den Alpen, während Mallory sich eher sporadisch dort aufhielt. Mallory fühlte sich erst nach dem Weltkrieg als gereifter Alpinist, als er in zwei guten Sommern in den Alpen einen Gipfelpunkt an Fitneß und Selbstvertrauen erreichte. Inzwischen hatte sich sein Urteilsvermögen soweit entwickelt, daß er ruhig und kompetent führen konnte und nicht mehr jeden Berg »im ersten Ansturm erobern« mußte, was laut Geoffrey Young zuvor seine Auffassung von Führung gewesen war.

Die Geschichte der frühen Erkundungsexpeditionen am Mount Everest läßt sich jedenfalls durchaus als die Geschichte der beiden Georges bezeichnen – jener von George Leigh Mallory und George Ingle Finch.

4

Die beiden Georges

Zweifellos besaß George Mallory großen persönlichen Charme, der lange mit einem unwahrscheinlich jugendlichen Aussehen einherging. Er galt als Inbegriff des jugendlichen Idealismus. Geoffrey Young bezeichnete ihn als »Ritter Galahad«, und Geoffreys Bruder Hilton stellte ihn bei einem Maskenspiel im Pen-y-Pass-Hotel mit liebevollem Spott als verklärten Pädagogen dar, der von Arkadien träumt.

Bei Mallorys frühen Bergtouren waren Ausrutscher und Fehleinschätzungen nicht selten. Nach einer Besteigung des Lliwedd über die Girdle-Traverse zusammen mit Mallory und H. V. Reade meinte der bekannte österreichische Bergsteiger Karl Blodig, der Winthrop Youngs Ostergesellschaft im Jahr 1911 besuchte: »Dieser junge Mann wird nicht lange leben!« Sein Urteil traf Mallory sehr. Cottie Sanders, eine gute Freundin Mallorys, berichtet, er habe sich stets heftig gegen jede Andeutung gewehrt, daß er kein umsichtiger Bergsteiger sei:

> Seiner eigenen Einschätzung zufolge war er umsichtig, doch diese Auffassung teilte kein durchschnittlich guter Bergsteiger. Schwierige Felsen waren für ihn etwas völlig Normales; seine außerordentliche Reichweite, seine enorme Kraft und seine bewundernswerte Technik verbanden sich zu einer Art katzenartiger Geschmeidigkeit. Dadurch fühlte er sich auch auf Felsen sicher, die so schwierig waren, daß weniger geübte Bergsteiger es mit der Angst zu tun bekamen.[1]

Wagemut und Gelassenheit angesichts großer Gefahren waren seit Mallorys Kindheit ein Teil seiner Persönlichkeit. Seine

Schwester Avie erinnerte sich, daß es stets verhängnisvoll gewesen sei, wenn man George sagte, auf einen bestimmten Baum könne keiner klettern, denn das forderte ihn erst recht heraus. Als Junge habe er einmal zu ihr gesagt, es sei ganz einfach, sich zwischen die Schienen zu legen und einen Zug über sich hinwegrollen zu lassen. Avie zufolge hangelte er sich als Kind an den Abflußrohren des Hauses hinauf und balancierte völlig trittsicher auf dem Dach herum.

Als George 1886 geboren wurde, war sein Vater Pfarrer in der Gemeinde Mobberley in Cheshire. Dort wohnte die Familie noch acht Jahre lang bis zu ihrem Umzug in die größere Gemeinde Saint John the Evangelist in Birkenhead. George, sein jüngerer Bruder Trafford und ihre beiden Schwestern blieben größtenteils sich selbst überlassen, während ihre Eltern sich um das Seelenheil der Gemeinde kümmerten. Ihr Vater, der ein Gutsherr in Cheshire gewesen sein soll, hielt sich an die Konventionen seines Berufes, ohne seinen Gemeindemitgliedern oder seiner Familie einen strikten Verhaltenskodex abzuverlangen. Nur zögernd beteiligte er sich an Diskussionen über die Feinheiten der christlichen Lehre und beschränkte sich normalerweise auf milde tadelnde Kommentare zu ausgefallener Kleidung oder den Manieren anderer. Er war ein freundlicher und gutherziger Mensch, und George war ihm sehr zugetan. Merkwürdigerweise sprach George nur selten von seiner Mutter. Sie vermittelte den Eindruck, daß sie von ihrer hingebungsvollen Frömmigkeit leicht in einen Zustand der völligen Entrücktheit gleiten könne. Ihre gesundheitlichen Beschwerden (die nie eindeutig diagnostiziert wurden) kamen und gingen anscheinend, wie es ihr gerade paßte. Bei Mallorys Frau weckte das düstere Pfarrhaus in Birkenhead später den Eindruck von einem unschönen Chaos, für das sich nur schwer Hauspersonal bekommen und noch schwerer halten ließ. »Ich kann mir nicht denken«, erklärte sie, »wie jemand in so einer Atmosphäre Erfolg haben kann.« Sie hielt die Ansichten von Georges Mutter über zwischenmenschliche Beziehungen und in Glaubensfragen für verworren. Gegenüber George bemerkte sie einmal: »Ich kann mir nicht vorstellen, daß dir in deinem Elternhaus viel mitgegeben wurde.«

Als kleiner Junge beschloß George einmal in den Ferien in Saint Bees, während der Flut auf einem großen Fels am Strand zu bleiben; er wollte wissen, wie es wäre, wenn man völlig vom Wasser eingeschlossen war. Dabei hatte er jedoch nicht bedacht, daß auch der Fels von der hereinkommenden Flut überspült werden würde. Scheinbar unbeeindruckt ließ er sich von einem Urlauber retten.

Mallorys Impulsivität schmälerte seinen Ruf als eleganter und schneidiger Bergsteiger nicht. In seinem Buch *Der Heldensang vom Everest* (1926 verfaßt) schrieb Sir Francis Younghusband, für die Mitglieder des Alpine Club stünde außer Frage, daß er »der unbedingt beste Alpinist« sei, den sie je hatten. Farrars Begeisterung für Finch teilten dagegen nur wenige. Younghusband konnte sich lediglich auf Finch beziehen, wenn er schrieb:

Die Aufnahme eines bestimmten anderen Mitglieds stand in Frage. Als Bergsteiger konnte man sich keinen besseren wünschen; doch er besaß Eigenschaften, die nach Ansicht mehrerer Mitglieder des Ausschusses zu Spannungen und Reibereien in der Gruppe führen und den Zusammenhalt zerstören konnten, der für eine Expedition zum Everest lebenswichtig ist. Es ist bekannt, daß der Mensch in großen Höhen reizbar wird. Am Mount Everest läßt sich diese Reizbarkeit vielleicht nicht mehr unterdrücken, und ein Mitglied, das sich nicht einfügt, gefährdet womöglich die ganze Gruppe. Die Angelegenheit drängte, und um die Sache zu Ende zu bringen, fragte der Vorsitzende Mallory, ob er es sich vorstellen könne, mit diesem Herrn in 8000 Meter Höhe einen Schlafsack zu teilen.

Mallory antwortete in der kurzen, raschen Art, die er immer hatte, wenn es ihm ernst um etwas war: »Es ist mir einerlei, mit wem ich zusammen schlafe, solange wir den Gipfel erreichen.«

Tom Longstaff zufolge stellten drei andere aussichtsreiche Kandidaten den Everest-Ausschuß bei der Frage, ob Finch an der Expedition 1924 teilnehmen sollte, vor das Ultimatum: »Wenn Finch mitgeht, bleiben wir hier!« Finch ging nicht mit. Farrar verließ den Ausschuß, weil ihn die schäbige Art abstieß, mit der man Finch über seinen Ausschluß im unklaren ließ. Erst als sein technisches Wissen, das für die Planung der Expedition dringend notwendig war, nicht mehr gebraucht wurde, teilte man ihm die Entscheidung mit.

Laut Longstaff zählte Mallory nicht zu denjenigen, die Einwände erhoben hatten. In seiner Version erklärte Mallory: »Ich teile gerne ein Zelt mit Finch – ich würde den Teufel in meinem Zelt schlafen lassen, wenn ich dadurch den Gipfel des Mount Everest erreichen könnte!« Die Witwe von Guy Bullock vertrat eine andere Meinung. Sie hatte den Eindruck, daß es 1922 zu ernsthaften Meinungsverschiedenheiten zwischen Mallory und Finch gekommen war, hauptsächlich über die Verwendung von Sauerstoff. Ihrer Ansicht nach – »laut Mallorys Äußerungen uns gegenüber« – lehnte er die Teilnahme an der dritten Expedition ab, wenn Finch ebenfalls dabeisein würde.

Mit Sicherheit gab es Auseinandersetzungen – wenn nicht auf dem Berg im Jahr 1922, dann nach der Rückkehr, bei denen es neben dem Sauerstoff auch um Fotografien ging. Es gibt Hinweise, daß Mallory diese Differenzen beilegen wollte. Die Witwe Mallorys äußerte Jahre später gegenüber der Familie von Finch, ihr Mann habe gehofft, daß Finch nach der Expedition 1924 die Ehrungen erhielt, die ihm zustanden. Mallory kam zwar nicht zurück, doch die Beschreibung seines letzten Aufbruchs in der Biographie *George Mallory* von seinem Schwiegersohn David Robertson bestätigt die von Ruth geschilderte Absicht:

Am 29. [Februar 1924] behinderte ein starker Wind die Schlepper und verzögerte das Ablegen der *California.* Ruth winkte noch ein letztes Mal und wollte zu den Kindern zurückgehen. George erinnerte Ruth daran, daß er Finch und seine Familie bei seinem ersten Wochenende zurück in der Heimat in Herschel House zu sehen hoffe.[2]

Es gibt nur wenige Hinweise darauf, wie »die beiden Georges« vor den Everest-Expeditionen miteinander zurechtkamen. Natürlich kannten sie sich, denn sie waren beide über Ostern 1912 im Hotel Pen-y-Pass. Sie waren einander auch in Zermatt 1920 begegnet und planten sogar einige gemeinsame Touren, doch das dauerhaft schlechte Wetter hinderte sie daran. Mallory berichtete in einem Brief, daß sie versuchten, durch ständiges Umherziehen den Stürmen auszuweichen:

Finch und [Guy] Forster besuchten uns an einem Ruhetag, und aus unserer Sicht war damit ein weiterer Tag vertan. Danach war das Wetter hoffnungslos. Wir übernachteten zweimal in der Bétemps-Hütte und planten eine Route auf den Monte Rosa; dann überquerten wir den Théodule und kamen... nach zahlreichen Mißgeschicken an nächsten Tag in der Dämmerung noch einmal zum Gamba...[3]

Wer war nun dieser Finch, der so kontroverse Reaktionen bei seinen Kameraden auslöste? Warum zögerten so viele, mit ihm eine Bergtour zu unternehmen? Führte die Antipathie gegen ihn schließlich dazu, daß er 1921 und 1924 aus dem Team ausgeschlossen wurde?

George Ingle Finch wurde im Jahr 1888 in Australien geboren. Sein Vater Charles Finch war Vorsitzender des Landgerichts von New South Wales. Georges Mutter Laura war deutlich jünger als ihr Mann und fühlte sich in Australien isoliert und in ihren Möglichkeiten eingeschränkt. Alles, was sie interessierte, spielte sich auf der anderen Seite der Erdkugel ab. Aufregende neue Ideen und Bewegungen eroberten die Hauptstädte Europas, hinterließen jedoch in New South Wales kaum Spuren. Im Jahr 1894 hörte Laura im Opernhaus von Sydney einen Vortrag von Annie Besant und begeisterte sich sofort für die Theosophie. Einige Jahre lang kompensierte sie ihre Frustration durch die Beschäftigung mit vergleichender Religionswissenschaft und Philosophie, bis ihr Mann, alarmiert über ihr Verhalten und vielleicht in einem letzten Versuch, die Ehe zu retten, 1902 beschloß, mit der ganzen Familie eine Europareise zu unternehmen.

Das Ehepaar Finch brachte seine Kinder nach England, ging auf Kreuzfahrt im Mittelmeer und übernachtete in vornehmen Hotels in ganz Europa. Letzte Station ihrer Reise war Paris, das Laura Finch ungemein faszinierte. Sie beschloß sofort, daß die Kinder dort ihre Ausbildung abschließen sollten. Hauslehrer wurden eingestellt, und der junge George, der eine beträchtliche naturwissenschaftliche Begabung zeigte, nahm ein Medizinstudium auf. Nach einem Jahr im Ausland mußte Georges Vater nach Australien zu seiner Arbeit zurückkehren, doch er ging allein. Laura und die Kinder blieben in der luxuriösen Wohnung mit Blick auf den Jardin du Luxembourg, die schon bald zu einem Salon für die Pariser Bohème wurde. Die Familie kam nie wieder zusammen, nur Georges Schwester Dorothy sah ihren Vater wieder. Noch nicht einmal ein Jahr nach der Abreise ihres Mannes brachte Laura einen dritten Sohn zur Welt, Georges Halbbruder Antoine Konstant Finch (Konstant hieß Lauras Geliebter, ein Maler).

George hatte in der Zwischenzeit beschlossen, daß seine Vorliebe doch nicht der Medizin, sondern der Chemie galt. Er dachte an einen Umzug nach England, doch ein Freund seiner Mutter riet ihm zu Zürich, denn das sei der einzig wahre Ort für das Studium der Chemie. Mit 19 Jahren nahm George sein Studium an der Eidgenössischen Technischen Hochschule in Zürich auf und wechselte später zur Universität von Genf. Der Umzug in die Schweiz bot ihm hervorragende Gelegenheit zum Bergsteigen. Zürich war zu der Zeit das bekannteste Alpinzentrum in der Schweiz mit den meisten Aktiven. Der italienische Bergsteiger Graf Aldo Bonacossa erinnerte sich an eine Begegnung mit George Finch in Zürich im Jahr 1909:

Bei dieser Gelegenheit machte ich Bekanntschaft mit der Bergsteigerelite Zürichs... Unter anderem erinnere ich mich an Heller, Keller, Marcel Kurz und Miescher... Der anerkannt beste Bergsteiger, der zugleich auch über die bemerkenswerteste Persönlichkeit von allen verfügte, war jedoch George Finch. Er war groß und trug sein Haar in einer langen, wilden Mähne. Damit hob er sich deutlich von den Schweizern ab, die meist sehr kurze Haare hatten und nie ihren Hut abnahmen, wie man auf alten Fotos von Bergsteigern und Bergführern sehen kann; sein Aussehen verlieh ihm einen Hauch von Exotik. Darüber hinaus kam er von der anderen Seite der Welt und hatte daher den Spitznamen »der Australier«. Er war es auch, der den Anorak als Ersatz für die übliche Joppe eingeführt hatte, die bei warmem Wetter sehr lästig gewesen war.[4]

Das war nicht das einzige Mal, daß Finch seine naturwissenschaftlichen Kenntnisse und seinen Einfallsreichtum zur Verbesserung der Bergsteigerausrüstung und -kleidung verwandte. Im Jahr 1921 entwickelte er in Erwartung seiner Teilnahme an der Erkundungsexpedition einen zweischichtigen Schlafsack aus Eiderdaunen, die möglichst dünn in Fallschirmseide eingenäht waren. Dieser Schlafsack war durch einen Überzug aus Duropren luftdicht und vor Feuchtigkeit geschützt. Sein Gesamtgewicht betrug nur etwas mehr als zwei Kilogramm. Finch verwendete die gleiche Kombination aus Fallschirmseide und Daunen für einen Anzug, der aus einem gefütterten Mantel, Hosen, Hut und Handschuhen bestand und nach seinen Entwürfen von S. W. Silver & Co. für die Everest-Expedition 1922 gefertigt wurde. Dieser Anzug war trotz des Spottes, den er erntete, ein großer Erfolg. (Er war das erste mit Daunen gefütterte Kleidungsstück, das auf dem Everest zum Einsatz kam, und seiner Zeit weit voraus.)

Finch wurde 1911 Vorsitzender des Akademischen Alpen-Clubs von Zürich. John Case, der ihn damals oft auf seinen Touren begleitete, bezeichnete ihn als intellektuellen Bergsteiger. Finch hatte den richtigen Riecher für neue Routen und ein gutes Auge für den Fels, war jedoch auch an den diversen Gesteinsarten, den Auswirkungen des Wetters auf Schnee und Eis sowie den Reaktionen des Körpers auf Kälte und große Höhe interessiert. Zudem besaß er eine ungeheure Vitalität.

Auf dem Berg vermittelte George den Eindruck, er sei stets Herr seiner Umgebung … Im Fels zeigte er mehr Kraft als körperliche Eleganz. Er kletterte sehr schnell, ging direkt von einem Stand zum nächsten, benutzte weit auseinanderliegende Tritte und Griffe, benötigte nie eine Pause, zögerte selten und mußte fast nie korrigieren. Er schien jeden Halt in der Bewegung überprüfen zu können, denn ich sah nie, daß er abrutschte.

Auf Eis war er hervorragend, er schlug mit einem Minimum an kräftigen Schlägen weit auseinanderliegende Stufen hinein. Auf steilem Eis nahm er gerne den direkten Weg, wobei sein Hintermann ihm mit nur einem Schritt Abstand folgte und jede Bewegung mitmachte. Seine Führung auf der Marinelli-Route auf den Monte Rosa 1911, bei der die Gruppe Stufen von den Imseng-Felsen zum Kamm des Grenzgipfels schlug, war ein perfektes Beispiel für diese Technik.[5]

Georges Bruder Max war sein häufigster Begleiter beim Bergsteigen. Ihm fehlte Georges Können, doch er war ruhig und ausgeglichen und bot damit ein ideales Gegengewicht zum Temperament seines Bruders, denn dieser konnte schon damals nach Bekunden von Case manchmal ein herrischer und schwieriger Partner beim Bergsteigen sein.

Finch zog schließlich nach England und arbeitete dort als Chemiker in der Forschung. Im Ersten Weltkrieg war er als Artillerist bei Mons und dann in Ägypten im Einsatz, wo er sich mit einer schweren Form von Malaria infizierte, die mehrere Jahre lang immer wieder Fieberanfälle bei ihm auslöste. Später war Finch einem Bombenräumtrupp zugeteilt. Er hatte großes Glück, denn einmal explodierte eine Bombe beim Entschärfen direkt vor ihm, doch er trug als einzigen Schaden nur die Schwächung eines Auges davon. Als Folge daraus mußte er ein Monokel tragen. Der Vorfall wurde in den Kriegsberichten erwähnt und brachte ihm den britischen Verdienstorden ein.

Nach dem Krieg ging Finch zurück ans Imperial College und widmete sich der Forschung und der Lehre, bis er 1921 für die Everest-Erkundungsexpedition nominiert wurde. Aufgrund seiner naturwissenschaftlichen Kenntnisse vertraute man bei der Zusammenstellung der Ausrüstung und der Kleidung auf seine Ratschläge.

Auch Mallory war im Ersten Weltkrieg bei der Artillerie. Er mußte allerdings fast zwei Jahre auf seine Einberufung warten, denn Lehrer galten als unabkömmlich, und sein Rektor weigerte sich hartnäckig, ihn freizustellen. Viele seiner Freunde waren Pazifisten und Kriegsdienstverweigerer. Obwohl auch Mallory den Krieg für »unbegreiflich und abscheulich« hielt, empfand er seine Zurückstellung zunehmend als »unerträgliche Schmach«. Geoffrey Winthrop Young war Kommandant einer Sanitätseinheit in Ypern, und Mallory hoffte, daß sein alter Freund dort auch einen Platz für ihn finden würde. Später erwog er, sich zum Fliegerkorps zu melden, schließlich kam er aber im Mai 1916 nach Frankreich und dort in einer Artillerieeinheit nördlich von Armentières zum Einsatz. Nach einem Jahr an der Front wurde er zurück nach England beordert, weil sich seine alte Verletzung am Knöchel wieder meldete. Es folgten Tage und Wochen, in denen er »die Zeit in England totschlug, wie man das nur beim Militär machen kann«, bevor er Ende September 1918 nach Frankreich zurückkehrte und die letzten Wochen des Krieges bei einer Batterie in der Nähe von Arras verbrachte.

Während seiner Zeit an der Front konnte sich Mallory von den Schrecken des Krieges fernhalten. Er schrieb regelmäßig zahlreiche Briefe an seine Frau Ruth, die er nach einer stürmischen Brautwerbung im Jahr 1914 geheiratet hatte, und an

seine Freunde, mit denen er philosophische Fragen, das Zeit-
geschehen und die Bücher diskutierte, die er gerade las. Er begann sogar mit der Arbeit an einem eigenen Buch. »Das Buch
Geoffreys« war als eine Art Tagebuch konzipiert, das die geistige und spirituelle Entwicklung eines Jungen darstellen
sollte, in erster Linie aber Mallorys zunehmende Desillusionierung über das Internatsschulsystem ausdrückte. Er litt
schrecklich, als er sich eines Tages einbildete, die kostbaren
Seiten verloren zu haben.

> Mein Zustand war sehr bemitleidenswert. Fast eine Stunde
> lang fürchtete ich, ja, war ich geradezu überzeugt, daß die
> Notizen für das Buch Geoffreys verlorengegangen waren.
> Eigentlich stand fest, daß Symons, dieser mustergültige Bur-
> sche, der die verabscheuungswürdige Angewohnheit hat,
> sämtliche Papiere in Ecken und Löchern und an anderen
> furchtbar ordentlichen Stellen zu verstauen, meine Sachen
> nie wieder anrühren sollte. Lieber wollte ich gar keinen Bur-
> schen haben, als seine sauberen Finger noch einmal mit teuf-
> lischer Gewandtheit über meine Sachen wandern zu lassen.
> Und dann zog ich vor wenigen Augenblicken das wunder-
> bare Papier zusammengefaltet aus einer Hosentasche, in der
> ich es nicht vermutet hätte.[6]

Im Februar 1921 wurde Mallory vom Everest-Ausschuß zu
einem Essen in Mayfair gebeten. Zu diesem Gremium gehörten
Hauptmann Farrar als Präsident des Alpine Club, Harold Raeburn, ein schottischer Alpinist, der trotz seines Alters von 56
Jahren mit der Betreuung der Bergsteiger der Erkundungsexpedition beauftragt worden war, und als Sprecher der Gruppe
der ruhige, überzeugende Präsident der Royal Geographic Society. Sir Francis Younghusband konnte die Aufmerksamkeit
jedes Gesprächspartners fesseln, indem er ihn unter einem
Schopf weißer Haare und üppig wuchernden Augenbrauen
hervor unverwandt ansah. Mallory hörte ihm geduldig zu, obwohl er sich bereits vor dem Gespräch entschieden hatte. Er

hatte zwei Wochen lang unentschlossen mit sich gerungen, nachdem Farrar ihm in einem Brief mitgeteilt hatte, daß im kommenden Sommer aller Wahrscheinlichkeit nach eine Besteigung des Mount Everest versucht werden würde. »Die Mannschaft würde Ende April aufbrechen«, schrieb Farrar, »und Ende Oktober zurückkehren. Interesse?«[7]

Schließlich sprach Younghusband eine förmliche Einladung zur Teilnahme an der Expedition aus. Mallory nahm ruhig an. Sein Benehmen überraschte Younghusband, der angesichts eines so aufregenden Abenteuers nicht mit einer derartigen Gelassenheit gerechnet hatte. Später konnte er sich jedoch davon überzeugen, daß in Mallory tatsächlich »die Glut schwelte«. Selbst wenn, wie er sagte, Mallory nicht der »zähe, entschlossene Typ« sei und keine überschwengliche Begeisterung zeigte, sei er im Grunde doch sehr angetan – mehr als andere, die sich wild entschlossen gaben. In seiner weder übertrieben bescheidenen noch allzu selbstbewußten Art hinterließ Mallory bei Younghusband den Eindruck eines Mannes, der »sich seiner Stellung als Bergsteiger bewußt ist. Er setzte berechtigten Stolz in sein selbsterrungenes Können«[8].

Für Mallory konnte es kaum eine aufregendere Einladung geben. Sie erfolgte zu einer Zeit, in der er den Wunsch verspürte, sein Leben zu ändern. Er unterrichtete – abgesehen von seinem Kriegsdienst – seit 1910 in Charterhouse und entfremdete sich seit Jahren zunehmend sowohl von den dort praktizierten Lehrmethoden als auch dem »geringen Verständnis« der Schüler. Das Bergsteigen war für ihn Abwechslung und Berufung.

Mallory hatte bereits mit dem Gedanken gespielt, daß er vielleicht in der Erwachsenenbildung besser aufgehoben wäre, doch sein eigentlicher Wunsch war das Schreiben. Ihm schwirrten so viele Gedanken im Kopf herum, die alle niedergeschrieben werden wollten. Die Expedition zum Everest würde ihm eine willkommene Abwechslung von seinem geruhsamen, aber unbefriedigenden Leben bieten, und er würde über seine Zukunft nachdenken können. Er mußte nur seinen Rektor einige

Monate früher als geplant über sein Ausscheiden informieren. Andererseits war er ein verheirateter Mann mit einer Frau und drei kleinen Kindern, von denen das jüngste erst wenige Monate alt war. Wie konnte er auch nur daran denken, sie allein zu lassen? Von was würden sie leben, wenn er seine Arbeit ohne Aussicht auf eine neue Stelle aufgab und für sechs Monate im Himalaja verschwand?

Das Angebot für die Expedition erfolgte nicht völlig unerwartet. Schon seit einiger Zeit war von einer Besteigung des Everest die Rede. Bereits während der Ostertage des vorherigen Jahres hatte Mallory mit seinem alten Freund Geoffrey Winthrop Young darüber diskutiert. Young hatte im Krieg ein Bein verloren und erlernte nun mühsam wieder das Bergsteigen. Als Mallory und Conor O'Brien ihn auf der Roof-Route zum Lliwedd in Nordwales begleiteten, bemühte er sich, Mallory von der Teilnahme an der ersten Expedition zum Mount Everest zu überzeugen. Young erinnerte sich später: »Die Hoffnung des Menschen läßt niemals nach. Wir überlegten sogar, ob ich nicht anbieten sollte, die Expedition zu begleiten, zumindest bis zum Fuß des Berges.«[9] Der Traum währte jedoch nur kurz, denn der große Felsüberhang, vor dem sie bald standen, überzeugte Young, daß die Natur den Halt am Fels für Kletterer mit vier und nicht mit drei Extremitäten geschaffen hatte.

Nicht nur beim Bergsteigen fragte Mallory Young um Rat. Young hatte Mallory die Mitgliedschaft im Climbers' Club und im Alpine Club vermittelt, hatte Empfehlungen für ihn bei der Arbeitssuche geschrieben, als sein Trauzeuge fungiert, ihn einflußreichen Freunden vorgestellt und sein Denken stark geformt. Mallory traf die wichtigen Entscheidungen seines Lebens selten ohne den Rat von Geoffrey Young, und die Teilnahme an der Everest-Expedition bildete da keine Ausnahme.

Young besuchte Mallory und seine Frau Ruth in ihrem Haus in Godalming und machte ihnen deutlich, wie nützlich die Berühmtheit, die Mallory durch den Mount Everest erreichen konnte, seiner Ansicht nach für dessen Karriere sein könnte – egal ob er sich nun als Erzieher oder als Schriftsteller betätigen wollte. Young muß sehr überzeugend aufgetreten sein. Nach 20 Minuten hatte er die Zustimmung von Ruth und Mallory. Vielleicht brauchte er bei Mallory kaum Überzeugungsarbeit zu leisten – die Versuchung muß in vielerlei Hinsicht überwältigend gewesen sein –, doch Ruths Zustimmung zu erlangen und ihr begreiflich zu machen, daß die Expedition ihnen beiden glänzende Chancen bot, sagt ebensoviel über ihre Großzügigkeit wie über Youngs Beredsamkeit aus.

»Ich vermute, daß ich keinen Grund haben werde, Deine Überzeugungskünste im Falle des Everest zu bedauern«, schrieb Mallory schon bald darauf in einem Brief an Young. »Im Moment bin ich von der Aussicht begeistert, und auch Ruth teilt meine Freude – dafür danke ich Dir.«[10]

Seinen anderen Freunden und Verwandten konnte Mallory weniger leicht erklären, daß sein Vorhaben dem vernünftigen Verhalten eines Familienvaters mit kleinen Kindern entsprach. »Ich hoffe, Dir erscheint die Idee nicht völlig verrückt«, schrieb er seiner Schwester Avie. »Als das Vorhaben vor einigen Wochen angesprochen wurde, hatte ich genau diesen Eindruck, doch jetzt erscheint es mir auch dank Ruths Begeisterung als die Chance meines Lebens.«[11] Dennoch konnte er sich erst von seinen Schuldgefühlen befreien, als er bereits in Tibet war und ihn das Abenteuer völlig gefangennahm. Auf der Überfahrt schrieb er seinem Freund und ehemaligen Schüler, dem Dichter Robert Graves, einen Brief, in dem er seine unsichere Zukunft sehr ernst nahm:

Gott weiß, was ich danach tun werde und wo ich dieser Tätigkeit nachgehen werde. Ich kann mir nicht vorstellen, daß ich ausreichend Talent besitze, um meinen Lebensunterhalt mit Schreiben zu verdienen, obwohl es viele Themen gibt, die danach verlangen, behandelt zu werden. Vielleicht finde ich eine Stelle an einer Universität auf dem Lande. Bevor ich Charterhouse verließ, beschloß ich, daß ich, wenn ich Lehrer bleiben sollte, lieber Erwachsene unterrichten möchte – falls ich nicht eines Tages zum allmächtigen Schulleiter gekrönt werde. Ruth ist tapfer und gibt sich damit zufrieden, eine Zeitlang relativ arm zu sein, doch eines Tages muß ich richtig Geld verdienen.[12]

5

Unvorbereitet in die Schlacht

Mit der Organisation der Everest-Expedition war ein acht-
köpfiger Ausschuß unter dem Vorsitz von Sir Francis Younghusband betraut. Die Mitglieder stammten von der Royal Geographic Society (RGS) und dem Alpine Club, die beide auch
Schriftführer für den Ausschuß stellten. J. E. C. Eaton vertrat
die Alpinisten, doch der Großteil der Arbeit fiel an den tat-
kräftigen, rechthaberischen Arthur Hinks von der RGS, dessen
Sachverstand als Geograph kaum seine Ignoranz hinsichtlich
der praktischen Schwierigkeiten vor Ort und sein mangelndes
diplomatisches Gespür aufwog. Viele Mitglieder des Alpine
Club empfanden seine schriftlichen Mitteilungen als flegelhaft
und beleidigend. Seine instinktive Antipathie gegenüber Bergsteigern störte von Anfang an sein Verhältnis zu den bekann-
teren Alpinisten der Expeditionen, darunter Finch und Mallory. Hinks faßte auch gleich zu Beginn eine Abneigung gegen
Farrar, und es war unvermeidlich, daß die Meinungsverschiedenheiten bei den ersten Ausschußsitzungen zu heftigen Zu-
sammenstößen führten.

Farrar war mindestens genauso rechthaberisch wie Hinks
und insbesondere bei Fragen des Bergsteigens nicht bereit,
gegenüber Hinks auch nur einen Zentimeter nachzugeben. Da
sich der Großteil der noch existierenden Korrespondenz im
Besitz von Hinks befindet, läßt sich heute kaum noch sagen,
inwiefern dieser die Ansichten des Ausschusses wiedergab.
Normalerweise war er darauf bedacht, Briefe mit heiklen Vor-
schlägen mit Sätzen wie »Im Auftrag des Mount-Everest-Ausschusses möchte ich Sie informieren« oder »Auf Wunsch des
Vorsitzenden« einzuleiten, doch es gibt Hinweise darauf, daß
spätere Vorsitzende (Hinks blieb bis zum Zweiten Weltkrieg

Schriftführer des Ausschusses) Hinks' Benehmen und seine extremeren Ansichten unerträglich fanden. Wenn nötig, wurden die aufgeregten Gemüter hinter den Kulissen beruhigt, doch ansonsten ließ man ihn unbehelligt.

Zu Hinks' Aufgaben gehörte die Leitung des »offiziellen Protokolls« der Expedition. Da er zu der Zeit auch als Herausgeber des *Geographical Journal* fungierte, war die Darstellung der Fortschritte der frühen Expeditionen und die damit verbundene Debatte oft stark von seinen persönlichen Ansichten und Vorurteilen geprägt. Farrar war Mitherausgeber des *Alpine Journal* – offensichtlich eine weitere Quelle der Rivalität zwischen den beiden Männern – und sorgte dafür, daß auch seine Ansichten veröffentlicht wurden. Zusammen bieten die beiden Zeitschriften die beste Quelle für die Geschichte der ersten Everest-Expeditionen und verschaffen uns Einblick in Meinungsverschiedenheiten wie zum Beispiel das umstrittene Thema der Verwendung von Sauerstoff.

Hinks katalogisierte die Fotos, die aus Tibet eintrafen, überwachte die Vortragsprogramme und verhandelte mit den Verlagen bezüglich Lizenzen für Bücher über spätere Expeditionen. Er beantwortete Anfragen aus der Öffentlichkeit und gab, wenn es sich nicht vermeiden ließ, Bulletins und Informationen heraus. Er besaß eine tiefe Abneigung gegen Öffentlichkeitsarbeit und hätte am liebsten auf jeglichen Kontakt zur Presse verzichtet.

Natürlich war das unmöglich; die Expeditionen zum Mount Everest boten reichlich Stoff für Nachrichten, und die Zeitungen hatten das Recht, darüber zu berichten. Außerdem brauchte man für die Expeditionen die Einnahmen aus dem Verkauf der Geschichte an die Presse. Über die Vermittlung von John Buchan wurde mit der *Times* und dem *Philadelphia Ledger* ein Vertrag über Informationsdepeschen ausgehandelt und mit dem *Graphic* über Fotografien. Alle anderen Zeitungen und Zeitschriften mußten 24 Stunden warten, bevor sie die Meldungen veröffentlichen durften. Diese Regelung bereitete Hinks viele Probleme. Bei einigen Zeitungen war man unzufrieden, weil man von der aktuellen Berichterstattung ausgeschlossen blieb. In einem Leitartikel verkündete der *Daily Telegraph*, ein Unternehmen, das so eng mit Indien zusammenhänge, dürfe nicht als »exklusiver Knüller« behandelt werden. Es gab auch Lecks, denn andere Zeitungen nahmen die Sache selbst in die Hand und verschafften sich gewitzt Informationen über die Expedition. Die Situation spitzte sich zu, als die indische Regierung das indische Landvermessungsamt um Berichte für die indischen Zeitungen bat. Hinks schrieb am 20. Juni 1921 in beleidigtem Ton an Colonel Ryder, den Leiter der Behörde:

Das ist die Folge einer Agitation, die offiziell von bestimmten indischen Zeitungen herbeigeführt wurde, in Wirklichkeit stecken meiner Ansicht nach aber die Indienkorrespondenten gewisser Londoner Zeitungen dahinter, die gegen die Vereinbarungen des Mount-Everest-Ausschusses mit der *Times* protestieren...

Der Umgang mit der Presse und den Fotografen ist mir persönlich sehr unangenehm, und ich bedaure, daß der Everest-Ausschuß es für nötig erachtete, sich in dieser Hinsicht zu engagieren, um damit die Arbeit des nächsten Jahres zu finanzieren. Da er sich jedoch dazu entschlossen hat, muß ich mich nach Kräften bemühen und dafür sorgen, daß die Vertragspartner des Ausschusses bekommen, was ihnen zusteht, und nicht durch das unerwartete Durchsickern von Informationen betrogen werden... Ich verdächtige vor allem den Korrespondenten der *Morning Post* in Kalkutta eines nicht ganz ehrenwerten Verhaltens. Er hatte irgendwie von Kellas' Tod erfahren, telegraphierte die Nachricht so schnell wie möglich und brachte sie in der *Morning Post* heraus, bevor wir auf anderem Wege davon gehört hatten. Vermutlich kaufte er die Information von einem Telegraphen entlang der Strecke. Das ist nur ein Beispiel für die Entwicklung, die wir fürchten müssen...[1]

Journalisten waren für Hinks ausnahmslos »Haie und Piraten«. Er setzte persönlich ein Schreiben auf, das von allen Mitgliedern der Expeditionen unterzeichnet werden mußte. Sie verpflichteten sich darin unter anderem, »keine Gespräche mit der Presse, Presseagenturen oder Herausgebern zu führen, keine öffentlichen Vorträge zu halten und ohne die Erlaubnis des Mount-Everest-Ausschusses keine Informationen oder Fotografien vor, während oder nach einer Expedition zu veröffentlichen«.[2]

Das Abkommen bot ständig Anlaß zum Streit zwischen Hinks und den Expeditionsteilnehmern. Mallory brachte als einer der ersten seine Bedenken zum Ausdruck, eine solche Verpflichtung zu unterschreiben. Am 11. März 1921 schrieb er an Hinks:

Ich weiß nicht so recht, was Sie von mir erwarten oder in welcher Lage ich mich befinde, wenn ich tue, was Sie von mir erwarten. Zweifellos brauchen wir klare geschäftliche Abmachungen; doch ich halte das Abkommen, das ich unterzeichnen soll (und das ich noch nicht unterzeichnet habe), nicht für befriedigend. Ich habe mich bereit erklärt, ein Abkommen zu unterschreiben, das meine Rechte über einen bestimmten Zeitraum nach der Veröffentlichung des offiziellen Expeditionsberichts einschränkt; doch ich bezweifle, daß ich das Abkommen in seiner jetzigen Form annehmen kann. Natürlich würde ich nichts veröffentlichen wollen, was dem Ausschuß mißfällt, und auch keine ... Maßnahme stören, die aus Gründen der Öffentlichkeitsarbeit zum Wohle der Expedition durchgeführt wird. Doch was bedeutet die »Billigung des Ausschusses«? Das könnte bedeuten, daß umfangreiche Manuskripte jedem Mitglied des Ausschusses vorgelegt werden müssen, der dann keinen anderen Aufgaben mehr nachgehen könnte – ein unpraktisches und mühsames Unterfangen. Praktisch würde ich mit dem Abkommen in seiner jetzigen Form mein Schicksal rückhaltlos in die Hände des Ausschusses legen. Ich habe zwar nicht die geringsten Zweifel, daß es sich dabei um hervorragende Hände handelt, doch bevor ich mich in dieser Weise verpflichte, sollte ich meiner Ansicht nach über die Absichten des Ausschusses umfassend informiert werden.[3]

Hinks reagierte ablehnend und wies Mallory kurzerhand an, »wie die anderen« zu unterschreiben und darauf zu vertrauen, »rücksichtsvoll behandelt zu werden«.

Hinks beging den Fehler, dem Abkommen keinerlei zeitliche Begrenzung zu geben. Die Teilnehmer rechneten vielleicht – wenn auch widerstrebend – mit einer Einschränkung über einen bestimmten Zeitraum, sie waren jedoch sicher nicht darauf gefaßt, daß diese Einschränkung ewig währen sollte.

Nach Hinks' Antwortschreiben im März 1921 entschloß sich Mallory allerdings, weitere Streitereien zu vermeiden, und unterschrieb. Es gab drängendere Probleme, die direkt mit der Expedition zusammenhingen.

Oberstleutnant Howard-Bury war als Expeditionsleiter darauf bedacht, daß seine Gruppe nicht zu umfangreiche Ausmaße annahm. Seiner Ansicht nach wußte man nichts über die Bedingungen vor Ort, die Transportmöglichkeiten oder die Vorräte, die dort zur Verfügung standen. »Neben den acht Europäern werden wir für Landvermesser, möglicherweise einen Assistenzarzt und die Kulis sorgen müssen.«

Zum Leiter des Bergsteigerteams war Harold Raeburn ernannt worden. Er konnte zahlreiche Besteigungen ohne Führer in den Alpen, in Norwegen, im Kaukasus und seiner Heimat Schottland vorweisen. Ein Jahr zuvor war er in 6400 Meter Höhe auf dem Kangchenjunga gewesen und hatte sich daher aus Sicht des Alpine Club bestens für die Expedition empfohlen. Vor der Abreise arbeitete er tatkräftig bei der Organisation der Vorräte und der Zusammenstellung der Ausrüstung mit und ließ sich sogar durch eine schwere Grippe nicht davon abhalten. Seine schlechte körperliche Verfassung wurde von niemandem bemerkt. Tatsächlich hatte sich Raeburn jedoch seit Jahren mehr abverlangt, als seiner Gesundheit zuträglich war, und zeigte bereits Alterserscheinungen, die über seine 56 Jahre hinausgingen. Bei der Erkundungsexpedition spielte er aufgrund seines schlechten Gesundheitszustands keine wichtige Rolle. Die Enttäuschung darüber führte schon bald nach seiner Rückkehr zu einem völligen Zusammenbruch. Er erholte sich nie wieder und wurde in den folgenden vier Jahren immer schwächer, bis er schließlich starb.

Dr. A. M. Kellas, der bereits sieben Reisen in den Himalaja unternommen hatte, wurde ebenfalls vom Alpine Club vorgeschlagen. Er war nur drei Jahre jünger als Raeburn, und Farrar gehörte zu jenen, die nicht allzu glücklich über seine Teilnahme waren. Einige Jahre zuvor, als Kellas als potentieller Leiter einer Everest-Expedition zur Diskussion gestanden hatte, hatte Farrar an einen Freund geschrieben: »Nun ist Kellas nicht nur 50 Jahre alt, sondern hat bisher auch noch nie einen Berg bestiegen. Er ist nur mit vielen Kulis auf Schneehängen gewandert. Bei der einzigen steilen Stelle sind alle gestürzt und wären fast ums Leben gekommen!!«[4] Trotz allem besaß Kellas jedoch einzigartige Kenntnisse über Reisen im Himalaja und war darüber hinaus ein Experte auf dem neuen Gebiet der Höhenphysiologie.

Damals wußte noch niemand, wie hoch der Mensch bei einem abnehmenden Sauerstoffgehalt der Luft klettern konnte. Bei Ballonfahrern war es in großen Höhen zu Bewußtlosigkeit und in einigen Fällen sogar zum Tod gekommen, doch die genaue Höhe ließ sich bei derartigen Vorfällen nur schwer bestimmen. Ballonfahrer konnten Sauerstoff in Flaschen mit sich führen. Ob es möglich war, dementsprechend auch Bergsteiger mit ausreichend Sauerstoff zu versorgen, mußte noch untersucht werden. Anhand seiner eigenen Beobachtungen glaubte Kellas, daß es keinen Grund gab, warum »ein Mann in ausgezeichneter körperlicher und geistiger Verfassung und richtig trainiert« nicht den Mount Everest ohne, wie er es nannte, »zusätzliche Hilfen« besteigen konnte, falls sich der Transport des Sauerstoffs als zu schwierig erwies. Doch selbst wenn der Everest für Bergsteiger in technischer Hinsicht anspruchsvoll war, sollte es nach Kellas' Ansicht möglich sein, ein Sauerstoffgerät zu entwickeln, mit dessen Hilfe sich der Berg besteigen ließ.

Mallory und Finch hielten sich mit ihren berechtigten Bedenken hinsichtlich der Zusammensetzung der Bergsteigergruppe und der Ausrüstung nicht zurück. Bereits im Februar hatte Mallory seinem Freund Geoffrey Young anvertraut, daß die Gruppe seiner Meinung nach über zu wenige Teilnehmer verfüge. »Wir haben keinerlei Spielraum«, erklärte er damals. »Raeburn meint, er rechne nicht damit, höher als 7300 oder 7600 Meter zu kommen; Dr. Kellas wird vermutlich auch nicht mehr schaffen, und damit liegt die Hauptlast bei Finch und mir. Eventuell besteht noch die Chance, daß Wheeler und Morshead [die beiden Beamten von der indischen Landvermessungsbehörde] Gefallen am Bergsteigen finden und sich einigermaßen geschickt anstellen. Vielleicht bin ja auch ich der Schwächste der Gruppe, doch momentan hege ich größere Zweifel über Finchs Zustand.«[5]

Finch litt immer noch an der Malaria, an der er während des Krieges in Ägypten erkrankt war, und unterzog sich einer drastischen Kur. Darüber hinaus mußte er das Scheitern seiner ersten Ehe verwinden.

Mallory schrieb Young wieder am 9. März: »Wir haben große Probleme mit der Ausrüstung. Raeburn wurde mit der ›Abteilung‹ der Bergsteiger beauftragt und erweist sich leider als inkompetent. Finch und ich mußten über Farrar Druck ausüben, nun hoffe ich, daß alles wieder in Ordnung kommt; doch so überlebenswichtige Dinge wie Zelte sind noch gar nicht richtig durchdacht worden, und auch ein geeigneter Schutz vor der Kälte in großen Höhen ist in Raeburns Plänen bisher nicht vorgesehen.« Heute erscheint uns Raeburn zumindest bei der Frage der Kopfbedeckung etwas moderner, doch auch damit verärgerte er Mallory: »Er hat uns sogar geraten, auf Tropenhelme zu verzichten, eine Maßnahme, die von Männern wie Meade oder Longstaff als schierer Wahnsinn bezeichnet wird. Du siehst also, die Schwierigkeiten setzen schon früh ein.« Mallory spricht auch von Momenten, in denen er die Chancen für eine Besteigung – oder eine Rückkehr mit Zehen an den Füßen – sehr pessimistisch sieht. »In der Nacht sind die Temperaturen niedrig, minus 50 Grad oder noch schlimmer... und nach wissenschaftlichen Erkenntnissen fühlt man das in der dünnen Atmosphäre wesentlich deutlicher, außerdem fällt es erheblich schwerer, jemals wieder warm zu werden, wenn man einmal ausgekühlt ist.«[6]

In fröhlicherer Stimmung beschreibt Mallory (im selben Brief) einen Empfang, der zwei Tage zuvor stattfand. Die angehenden Expeditionsteilnehmer waren zu Gast bei der Royal Geographic Society und hatten die Gelegenheit, sich gegenseitig einer genauen Musterung zu unterziehen:

Mir gefällt das Aussehen von Wollaston sehr gut, und Howard-Bury scheint ein netter, fröhlicher Mensch zu sein, obwohl ich ihn nicht vorbehaltlos akzeptieren kann. Finch und ich haben uns ganz gut verstanden; mich freut das Gefühl, daß er kompetent ist; seine naturwissenschaftlichen Kenntnisse werden uns gute Dienste leisten und erwiesen sich bereits bei der Diskussion über die Ausrüstung als nützlich. Ich bin sehr froh, daß Morshead mitkommt, ich kenne zwei seiner Brüder, seine Familie ist sehr nett; und nach allem, was ich gehört habe, muß er ein lieber Kerl sein... Aber Younghusband erfreut und amüsiert mich natürlich am allermeisten – dieser grimmige alte Apostel der Schönheit und des Abenteuers! In seinen Augen ist die Everest-Expedition zu einer Art religiösen Pilgerfahrt geworden. Vermutlich werde ich zu seinen Füßen sitzen und andächtig den Geschichten von Lhasa und Chitral lauschen.

Geoffrey Young hatte Mallory davor gewarnt, daß die Expedition auch von der Öffentlichkeit als eine Art romantische Pilgerfahrt angesehen werden würde, wenn erst einmal die Pressekampagne angelaufen sei. Mallory gab zu, daß ihn bereits Briefe ehrbarer Freunde überrascht und amüsiert hätten, die den Journalisten auf den Leim gegangen seien.

Es stellte sich bald heraus, daß die Party zum Kennenlernen der Teilnehmer etwas zu früh stattgefunden hatte. Das Team mußte noch medizinische Tests über sich ergehen lassen. Finch und Mallory hatten keine Bedenken, sich der Untersuchung durch die beiden Fachärzte in der Harley Street zu unterziehen, die für diesen Zweck ausgewählt worden waren. Sie betrachteten das medizinische Gutachten offensichtlich als reine Formalität, denn ihre Schiffsreise war bereits gebucht. Außerdem waren ihnen jeweils 100 Pfund für ihre »persönliche Ausstattung« ausgehändigt worden (mit der strengen Anweisung von Hinks, daß sie Meade zu Rate ziehen, Belege einreichen und die Ausgaben auf das Allernötigste beschränken sollten). Am 23. März scherzte Mallory in einem Brief an Hinks: »Ich habe noch nichts von Wollaston gehört und weiß nicht, ob ich die erforderliche Zahl an roten Blutkörperchen vorweisen kann.« Tatsächlich erhielt Hinks am selben Tag die Berichte (durch Wollaston, den Arzt der Expedition). Es war zu Verzögerungen gekommen, weil einer der Fachärzte geheiratet hatte.

Wie erwartet schnitt Mallory glänzend ab. Seine Reflexe waren normal, er hatte keine Herzgeräusche oder Unregelmäßigkeiten, keinen Eingeweidebruch, keine Hämorrhoiden, keine organischen Leiden oder Funktionsstörungen, und seine Gelenke ließen sich frei bewegen. »Größe 1,80 Meter, Gewicht 72 Kilogramm. Dieser Mann ist in jeder Hinsicht gesund«, hieß es in dem Bericht. Das Urteil über Finch fiel weniger überzeugend aus: Auch er hatte keine Herzbeschwerden und keine Krampfadern, keine Eingeweidebrüche und keine Hämorrhoiden und konnte alle Gelenke frei bewegen; außerdem war er, wie ein Arzt schrieb, ein entschlossener Mensch, und seine Reflexe seien »aktiv«; sein Aussehen wurde jedoch als blaß und müde beschrieben, zudem sei er »hager« und »schwammig« (merkwürdigerweise beides gleichzeitig). Er war leicht anämisch, hatte Gewicht verloren, und sein Urin wies reduzierenden Zucker auf. Wie um das Ganze noch schlimmer zu machen, erklärten die Ärzte außerdem, seinem Mund fehle es an Zähnen. Sein Gebiß könnte durch eine Gaumenplatte korrigiert werden, meinten sie weiter, und sein Allgemeinzustand würde sich vermutlich »durch Training« erheblich verbessern lassen.

Wollaston befand sich in einer Zwickmühle: Sollte er Finch aufgrund des Berichts die Teilnahme verweigern? Als Arzt der Expedition würde er verantwortlich sein, wenn Finch auf dem Berg zusammenbrechen sollte. Dieses Risiko wollte er nicht eingehen, daher empfahl er Hinks, einen Ersatz für Finch zu suchen.

Es gibt keine Unterlagen darüber, ob der Ausschuß gegen eine derart entscheidende Änderung seiner Pläne Einwände erhob. Obwohl noch kein geeigneter Ersatzmann in Sicht war, erklärte man Finch, daß er an der Expedition nicht teilnehmen werde. Eine Absage weniger als vier Wochen vor Beginn der Reise war ein schwerer Schlag, und Finch verhehlte seine Verbitterung nicht. Er wußte, daß er nicht sonderlich beliebt war, und konnte sich daher nicht von dem Verdacht befreien, daß seine Feinde ihn absichtlich loswerden wollten. Hinks' kleinliche Rückforderung des Geldes für die Ausrüstung verletzte seine Gefühle noch zusätzlich.

Finchs Befürworter reagierten nicht weniger skeptisch und argwöhnisch. Sie gingen sogar noch weiter und deuteten an, daß das Untersuchungsergebnis manipuliert worden sei. Als Wollaston davon hörte, erklärte er nachdrücklich: »Die beiden Mediziner kannten zum Zeitpunkt der Untersuchung nicht mehr als die Namen der beiden jungen Männer.« Dennoch wurde er von vielen als der eigentliche Übeltäter angesehen. Bei Hinks beklagte er sich: »Es heißt, ich würde hinter der Ablehnung von Finch stecken. Das habe ich zwar erwartet, gleichwohl trifft es mich sehr.«

Mallory war beunruhigt, als er die Neuigkeit vernahm, konnte sich jedoch »keinen Augenblick vorstellen, daß die Untersuchung unfair durchgeführt wurde«. Er war von Wollaston sehr angetan und schrieb an Geoffrey Young: »Ich kann mir nicht denken, daß er sich auf so etwas einlassen würde, auch wenn die Gegner von Finch große Hoffnungen in diese Untersuchung gesetzt haben. Wollaston sagte mir, daß eine Teilnahme Finchs nach dem Gutachten der Ärzte außer Frage stand.«

Diese Aussage ist jedoch zu bezweifeln. War das Gutachten wirklich so eindeutig? Eine Untersuchung Finchs in der Pathologie in Oxford, bei der seine Gesundheit und seine Fähigkeit zur Tolerierung von Sauerstoffmangel ermittelt wurden, kam zu dem Ergebnis, er verfüge über eine »ungewöhnliche Vitalität« und sei »besonders widerstandsfähig gegen Höheneffekte«. Dieses Gutachten stammte vom 28. März 1921, war also nur zehn Tage nach Finchs Besuch bei den Ärzten der Harley Street entstanden. Selbst deren Gutachten war nicht eindeutig, denn sie äußerten die Ansicht, daß Finch nur trainieren müsse. Während der einmonatigen Seereise nach Indien wäre dazu durchaus Gelegenheit gewesen. Außerdem gab es keinen Ersatzmann für Finch, der sofort dessen Platz hätte einnehmen können. Die Zusammenstellung der ursprünglichen Mannschaft war schon schwierig genug gewesen, und die Bewerber, die dem Auswahlkomitee nun zur Verfügung standen, waren alle deutlich weniger qualifiziert als Finch. Warum setzte man sich also nicht einfach über das medizinische Gutachten hinweg? Andere Teilnehmer dieser und späterer Expeditionen wurden mit wesentlich fragwürdigeren gesundheitlichen Referenzen angenommen. Daher läßt sich der Verdacht nur schwer von der Hand weisen, daß die starke Fraktion, die Finchs Ausschluß befürwortete, freudig die Gelegenheit ergriff, ihn loszuwerden, obwohl dadurch zu diesem späten Zeitpunkt der Erfolg der ganzen Expedition in Gefahr geriet.

Als Ersatz für Finch wurde zunächst William Ling vorgeschlagen, ein Freund Raeburns und Vorsitzender des Scottish Mountaineering Club. Raeburn hätte ihn von Anfang an gerne dabeigehabt, denn Ling gehörte zu den erfahreneren Bergsteigern. Allerdings war er bereits 48 Jahre alt. Damit wäre Mallory mit seinen 35 Jahren der einzige »junge« Bergsteiger der Expedition gewesen. Mallory überdachte die Situation sorgfältig. Seiner – Geoffrey Youngs – Ansicht nach ruhte dann die ganze

Verantwortung für das Gelingen der Expedition einzig und allein auf ihm, kein anderer war in entsprechender körperlicher Verfassung. Am 27. März teilte Mallory seine Bedenken Hinks mit:

Seit Erhalt Ihres Briefes, in dem Sie mich wissen ließen, daß Finch nicht an der Expedition zum Mount Everest teilnehmen würde, habe ich meine eigene Situation noch einmal gründlich überdacht. Ling als Ersatz für Finch würde vielleicht auf den ersten Etappen keinen großen Unterschied machen, doch dann könnte er die Gruppe deutlich schwächen. Meiner Ansicht nach haben wir die größten Erfolgschancen, wenn wir im letzten Abschnitt auf einfache Bedingungen treffen. Darauf können wir durchaus hoffen, denn alle Fotografien zeigen verhältnismäßig leicht geneigte Hänge auf der Nordseite. Sollte sich diese Hoffnung bewahrheiten, ist allein die Ausdauer ausschlaggebend und nicht die bergsteigerische Erfahrung hinsichtlich der Schneeverhältnisse etc., oder die Technik auf Schnee und Eis. Diese Eigenschaften spielen wahrscheinlich weiter unten eine Rolle, doch für den letzten Vorstoß brauchen wir Männer mit Durchhaltevermögen. Wir sollten uns selbst nicht den Weg verbauen, sondern zum entscheidenden Zeitpunkt eine solche Truppe zur Verfügung haben. Ich bezweifle nicht den Wert von Ling oder Morshead, doch in Hinblick auf diesen letzten Vorstoß spricht zuviel gegen sie – bei Ling das Alter (meiner Meinung nach paßt sich der Körper mit zunehmendem Alter nur schwer den dortigen Bedingungen an) und bei Morshead die Tatsache, daß er mit seinen Vermessungsarbeiten beschäftigt sein wird und daher nicht systematisch für die letzte Etappe trainieren kann; außerdem wissen wir ohnehin nur sehr wenig über seine bergsteigerischen Fähigkeiten.

Betrachtet man die Angelegenheit unter diesem Blickwinkel, so brauchen wir meiner Meinung nach einen weiteren Mann, der weniger aufgrund seines Könnens, sondern vielmehr einfach aufgrund seiner Ausdauer ausgewählt werden sollte. Ich hielt die Gruppe angesichts der enormen Anforderungen, die ein solches Unternehmen an Körper und Geist stellen wird, schon die ganze Zeit kaum für stark genug für ein solches Unternehmen. Ich teilte meine Ansichten Raeburn mit und sagte ihm, daß ich Finch dabeihaben wolle, weil wir ohne ihn nicht stark genug seien.

Sie werden sicher verstehen, daß ich in dieser Angelegenheit auch an mich denken muß. Ich bin ein verheirateter Mann und kann nicht unvorbereitet in die Schlacht ziehen.[7]

Mallory wollte Finch eindeutig wieder in der Mannschaft haben. Hinks war alles andere als erfreut. Der Brief war über Farrar zu ihm gelangt, daher war er überzeugt, daß Farrar in dieser Angelegenheit seine Hand im Spiel hatte. Herrisch teilte er Mallory mit:

Ich glaube nicht, daß Sie sich Gedanken über Ihre eigene Situation machen müssen, denn Sie werden sehr erfahrenen Bergsteigern unterstehen, die keine Aufgaben von Ihnen verlangen, denen Sie nicht gewachsen sind. Aufgrund Ihres ständigen engen Kontaktes zu Farrar haben Sie zweifellos seine Ansichten übernommen, die jedoch von niemand anderem geteilt werden. Das Ziel dieser ersten Expedition ist nicht die Besteigung des Mount Everest. Raeburn ist befugt, die Expedition so hoch wie möglich zu führen, wie sich das mit der völligen Erkundung des Berges vereinbaren läßt, und dabei belassen wir es. Was Morshead betrifft, so war dieser schließlich schon in größeren Höhen, als Sie es je gewesen sind, und das innerhalb kürzester Zeit. Ich vermute, daß Sie kaum mit ihm mithalten können, nachdem er einige Monate mit seinen Vermessungsarbeiten vor Ort beschäftigt war, was meiner Ansicht nach das bestmögliche Training ist…

Außerdem bin ich nicht der Meinung, daß Farrar die einzige Autorität ist. Wir kennen ihn von den Ausschußsitzungen gut genug und wissen, daß er häufig ins Blaue hinein redet. Da er in fast jeder Hinsicht eine andere Meinung vertritt als Collie und Meade, die beide über große Erfahrungen im Himalaja verfügen, ist sein Urteil in meinen Augen nicht das beste.

Mallory kochte natürlich vor Zorn. Seine erste Reaktion war, Hinks einen ähnlich anmaßenden Brief zu schreiben. Doch er zögerte. Mittlerweile war ihm selbst eine Idee gekommen, wen man als Ersatz für Finch nehmen könnte, jemanden, den er mehr mochte als Finch und mit dem er gerne das Abenteuer auf sich nehmen würde. Mallory hatte zuvor schon gegenüber Farrar den Namen Guy Bullocks erwähnt, und nun erfuhr er, daß sein alter Schulfreund auf Heimaturlaub war. Bullocks Teilnahme schien den idealen Ausweg aus der Zwangslage zu bieten. Rasch legte Mallory den Vorschlag dem Ausschuß vor. In einem Brief an Sir Francis Younghusband vom 31. März pries er Bullock in den höchsten Tönen:

Ich lernte ihn in Winchester kennen, wo er Stipendiat und ein sehr guter Läufer war, der beste Langstreckenläufer zu meiner Zeit, auch talentiert bei jedem Ballspiel und beharrlich, ein harter Kerl, der nie den Kopf verlor und keinem Gerangel aus dem Weg ging.

Er war eine Klasse unter mir und war zum ersten Mal 1905 mit R. L. G. Irving, einem Lehrer in Winchester, in den Alpen, während meines zweiten Aufenthalts dort. Ich hatte damals den Eindruck, er verfüge über ein außerordentliches Durchhaltevermögen, und rückblickend betrachtet fällt mir niemand ein, von dem ich in ähnlicher Weise das Gefühl hatte, er würde länger durchhalten als ich. Hinsichtlich seiner Qualifikation als Bergsteiger bat ich Irving, mit dem er sechs Jahre Touren ging, an Collie zu schreiben. Seit 1913 zieht er als Angestellter im Konsulatsdienst durch die Welt und war in New Orleans, Luanda, Fernando Poo, Marseille und Lima. Er hat sich selbst fit gehalten und bis vor sechs Monaten noch Fußball gespielt. Er ist mit großer Wahrscheinlichkeit sofort abkömmlich. Meiner Ansicht nach wäre er eine Bereicherung für die Expedition, denn er ist ausgeglichen und kompetent – ein Mann, in den man Vertrauen setzen kann, der sich jeder Notsituation gewachsen zeigt.[8]

Hinks hatte in der Zwischenzeit wohl eingesehen, daß er in seinem Brief an Mallory zu weit gegangen war, denn er wandte sich an Wollaston und bat ihn, die Wogen zu glätten. Wollaston zeigte sich entgegenkommend und führte mit Mallory ein Gespräch unter vier Augen, von dem er (am 30. März) berichtete: »Offensichtlich haben Sie mit Ihrem Brief seinen Stolz verletzt – was vielleicht ganz gut war –, und er sagte, er wolle Ihnen schreiben. Ich konnte ihn jedoch davon abbringen, zumindest wird er Ihnen nicht das schreiben, was er ursprünglich beabsichtigte, und ich glaube nicht, daß Sie oder wir noch einmal Schwierigkeiten mit ihm haben werden.«

Mallory schrieb entwaffnend an Hinks: »Ich glaube, wir haben an jenem Abend die Positionen geklärt. Ich erkenne den Menschen nicht, an den Sie den Brief geschrieben haben. Sprechen Sie mit Wollaston – er wird die Dinge richtigstellen.« Allerdings war er nicht bereit, bei der Zusammensetzung des Expeditionsteams nachzugeben.

Ich bleibe bei meiner Meinung, daß die Gruppe ihrer Aufgabe nicht gewachsen ist (wenn Ling mitgeht), egal ob es sich dabei um eine großangelegte Erkundung oder einen Vorstoß zum Gipfel handelt. Ich weiß nicht mehr als andere über die dortigen Bedingungen, und möglicherweise mache ich als erster »schlapp«, doch als Bergsteiger habe ich eine bestimmte Meinung über die Mannschaft; dieses Urteil ist vielleicht nicht viel wert, aber es beruht auf einem für mich wichtigen Instinkt, nach dem ich mich richten muß. Beim Bergsteigen hängt die Sicherheit völlig von den Reserven ab;

keine noch so große Erfahrung und kein noch so gutes Urteilsvermögen können sie ersetzen. Und ich wiederhole, daß der Gruppe in ihrer derzeitigen Zusammensetzung meiner Ansicht nach diese Fähigkeit fehlt.

Aus diesem Grund bat ich Sir Francis Younghusband, einen jungen Bergsteiger in Erwägung zu ziehen, der mit mir zur Schule ging und über ein enormes Durchhaltevermögen verfügt; und ich werde beiden Vorsitzenden weiter von ihm berichten.

Mallory beendet den Brief fröhlich: »Genug der Worte – der Herr möge uns vor einem Krieg der Briefe bewahren!« In nur drei Tagen war alles geregelt, und Mallory berichtete Geoffrey Young von der bisherigen Entwicklung. Sein Mitgefühl für Finch hielt sich dabei in Grenzen.

Bei der Sitzung des Ausschusses lag Lings Absage vor, und Finch wurde gar nicht mehr erwähnt. Ich habe Farrar nicht getroffen und weiß nicht, warum er Wakefield vorschlug. Auf jeden Fall gab Bullocks Anwesenheit und wahrscheinliche Verfügbarkeit den Ausschlag, sicher dachten alle, daß endlich etwas geschehen müßte …

Finch erschien mir immer als Risiko; er sah nicht gesund aus, und ich hatte kein Vertrauen in seine Ausdauer – wir werden wenig Gelegenheit zum Training haben …

Mir tut Finch leid, die medizinische Untersuchung hätte schon viel früher durchgeführt werden sollen. Doch er verscherzt sich mit seinem Verhalten viel Sympathie. Auf Eis und was die allgemeine Erfahrung als Bergsteiger betrifft, werden wir ohne ihn schwächer sein, aber wahrscheinlich stärker, was die rein körperliche Verfassung angeht, und wesentlich stärker bezüglich der Moral.[9]

Farrar war über die Entwicklung der Dinge nicht glücklich. Im Gegensatz zu Mallory teilte er dessen optimistische Ansicht nicht, daß Fußballspielen mangelnde alpine Erfahrung ersetzen konnte. Bei der Bekanntgabe von Bullocks Teilnahme an der Expedition distanzierte er sich im *Alpine Journal* zunächst von der Entscheidung und fügte entschuldigend hinzu: »Selbstverständlich wurden... mehrere bekannte Bergsteiger gefragt, ob sie an der Expedition teilnehmen könnten. Allerdings ist es nur wenigen möglich, England kurzfristig für sieben oder acht Monate zu verlassen.«[10] Im Ausschuß redete Farrar dann Klartext und beharrte darauf, daß seine Meinung zu Protokoll genommen wurde: »Aufgrund der Unabkömmlichkeit von Ling sind die verbleibenden Bergsteiger Mallory und Bullock, dessen Erfahrung als Bergsteiger begrenzt ist und schon längere Zeit zurückliegt, als Team nicht ausreichend qualifiziert, um eine Erkundung weiter fortzusetzen, als Raeburn sie führen kann.«[11]

Fünf Tage später befand sich Mallory mit einem Großteil der Ausrüstung an Bord der *SS Sardinia* und auf dem Weg nach Kalkutta. Er war der einzige Expeditionsteilnehmer auf dem Schiff, die meisten hatten sich für die Reise ab Marseille entschieden. Die Überfahrt war lang und einsam. Mallory fand für sich ein Plätzchen im Bug, wohin er sich (wie seinerzeit im Schützengraben) zurückziehen konnte, las, Briefe schrieb, ein Tagebuch begann und versuchte, sein »Buch Geoffreys« fertigzustellen.

Finch reagierte seinen Ärger in den Alpen ab. Zu den anspruchsvollen Touren, die er bewältigte, gehörte auch eine schwierige Route auf den Montblanc (die fast identisch war mit jener Route, die er ein Jahr zuvor mit Mallory in Angriff hätte nehmen wollen, wenn das Wetter mitgespielt hätte). Farrar konnte es sich nicht verkneifen, Hinks hämisch darüber zu informieren: »Unser Invalide Finch nahm an der größten Bergtour teil, die dieses Jahr in den Alpen unternommen wurde.« Im November untersuchten die beiden Ärzte Finch erneut, und diesmal konnte es keine Zweifel geben. Dr. Larkins: »Er ist jetzt absolut gesund, und sein Urin weist keinen Zucker mehr auf. In meinem ersten Gutachten stellte ich bereits fest, daß er meiner Meinung nach nur Training brauche.«

Das bedeutete, daß Finch für die nächste Expedition 1922 fit war, doch nichts konnte das ungute Gefühl beseitigen, das seinen Ausschluß von der ersten Expedition begleitete. Finch sollte das vor allem Hinks nie verzeihen.

6

Die erste Runde

Mallorys erste Bekanntschaft mit dem Bergsteigen im Himalaja hätte nicht günstiger ausfallen können. Der Anfang war allerdings alles andere als vielversprechend, mehrere Teilnehmer wurden schon bald nach der Ankunft in Tibet krank.

Von Norden her erreichte man den Everest erst nach einem vierwöchigen Marsch von Darjeeling aus, der zunächst durch den Dschungel von Sikkim und dann über die trockenen Hochebenen Tibets führte. Nach der Ankunft erkundete und kartierte das Team zunächst vier Monate lang das gesamte Gebiet rund um den Everest, drang in unbekannte Täler vor und überquerte viele Pässe, um die besten Routen zum Berg zu finden. Obwohl die Expeditionsteilnehmer nicht nach Nepal durften, konnten sie den Berg fast von allen Seiten betrachten, indem sie ihn zunächst von Westen, dann von Osten her umrundeten. Es war eine Phase ständiger körperlicher Arbeit, die größtenteils Mallory und Bullock zufiel, doch diese Zeit bot ihnen Gelegenheit zur Erkundung und Akklimatisierung, die Bergsteigern sonst selten in diesem Ausmaß zur Verfügung steht.

Die Expeditionsmannschaft war eine bunt zusammengewürfelte Truppe. Die Bergsteiger hatten eine kleine Summe für ihre Kleidung und Ausrüstung erhalten, doch die Auswahl war ihnen im großen und ganzen selbst überlassen worden. Als Schutz gegen den Wind und die ständige Kälte Tibets hatten sie ihre alten Tweedanzüge und Überzieher, Wollschals und Strickjacken mitgenommen. Außerdem trugen sie ihre Bergstiefel und Socken, die ihre Frauen gestrickt hatten. Wie es sich für einen gutsituierten Landadligen und Gutsherrn bei Mullingar in Irland gehörte, war der Expeditionsleiter Colonel Howard-Bury anfangs flotter gekleidet. Er trug Jacketts im Hahnentrittmuster und Hosen aus bestem Donegal-Tweed sowie sorgfältig gewickelte Kaschmirgamaschen. Nach einigen Wochen unterwegs sah er jedoch genauso derangiert aus wie die anderen. George Bernard Shaw war erstaunt, als er Bilder einer frühen Everest-Expedition zu sehen bekam, und meinte, die abgebildete Gruppe biete einen Anblick wie eine Picknickgesellschaft in Connemara, die von einem Schneesturm überrascht worden sei.

Mallory war auf der Reise nach Indien einsam gewesen und hatte Ruth sehr vermißt. Er führte verschiedene Übungen für den Muskelaufbau und zur Stärkung des Rumpfes durch, außerdem hielt er sich mit Schreiben bei Laune. »Ich unterhalte mich manchmal damit, daß ich düstere Bemerkungen über dieses dem Untergang geweihte Schiff mache«, schrieb er, »aber mittlerweile ist mir das Scherzen vergangen. In den beiden letzten Tagen mußten die meisten von uns, Passagiere und Mannschaft einschließlich des Kapitäns, mit schwerer Magenverstimmung das Bett hüten. Glücklicherweise läßt sich das Leiden anscheinend leicht mit Rizinusöl kurieren.«

Dem tatendurstigen Mallory erschien das Leben an Bord merkwürdig künstlich, man gab sich nach außen hin zivilisiert und war doch die ganze Zeit von der dunklen, bösen See umgeben. Er konnte diese düsteren Vorahnungen auch dann nicht abschütteln, nachdem er in Darjeeling wieder zu den anderen gestoßen war, wo alle als Gäste des Gouverneurs von Bengalen in dessen Palast untergebracht waren. Dort, so vertraute er Ruth an, fielen ihm das Verhalten und die Haltung des Expeditionsleiters bereits zum ersten Mal unangenehm auf, und er entdeckte die ersten Anzeichen für Unstimmigkeiten zwischen Howard-Bury und Raeburn.

Howard-Bury verfügt offensichtlich über ein gewisses Organisationstalent; ich persönlich empfinde jedoch keine besondere Zuneigung für ihn. Er ist zu sehr der Grundbesitzer, der nicht nur seine Tory-Vorurteile pflegt, sondern auch einen ausgeprägten Haß und eine bodenlose Verachtung für andere Leute als seinesgleichen an den Tag legt; er macht sich sehr bei Seiner Exzellenz beliebt – manchmal zu sehr für meinen Geschmack.[1]

Dieser erste Eindruck änderte sich in den kommenden Wochen nicht. Die Teilnehmer marschierten in zwei Gruppen, Mallory war mit Howard-Bury, Wollaston und Wheeler in der ersten Gruppe, und Raeburn folgte ihnen mit Kellas, Bullock und Heron in einem Tagesabstand. Mallory blieb nichts anderes übrig, als das Beste daraus zu machen, wie er Ruth am 24. Mai schrieb:

Ich hatte das Gefühl, daß ich mit ihm (Howard-Bury) nie richtig auskommen würde – und in gewisser Weise werde ich das auch nie. Er ist kein toleranter Mensch. Er ist gebildet, rechthaberisch und mag es überhaupt nicht, wenn jemand anderes etwas weiß, was er nicht weiß. Um des lieben Friedens willen meide ich bestimmte Gesprächsthemen; es gibt Bereiche, zu denen uns ein gemeinsamer Zugang versagt ist. Mittlerweile kommen wir jedoch ganz gut miteinander aus. Er weiß viel über Pflanzen und interessiert sich sehr dafür. Bei den Mahlzeiten gibt er sich meist umgänglich und ist manchmal sogar sehr amüsant.

Ich glaube nach wie vor, daß wir mit Raeburn noch große Schwierigkeiten haben werden. Er legt einige sehr lästige Eigenschaften an den Tag. Er ist sehr kritisch und weiß andere in gewisser Weise nicht zu würdigen – zum Beispiel in bezug auf unsere ganze Ausrüstung. Wheeler und Bullock ist das auch schon aufgefallen. Hinsichtlich seiner Position als Alpinchef ist er offensichtlich sehr empfindlich und will mit entsprechendem Respekt behandelt werden. In manchen Angelegenheiten ist er schrecklich herrisch, obwohl er meist nicht recht hat.

Schon in Darjeeling zeigte sich deutlich, daß er sich nicht mit Howard-Bury verstehen würde, von uns übrigen ganz zu schweigen. Unter diesen Umständen betrachte ich mich selbst als eine Art Vermittler. Zum Glück habe ich vor unserem Aufbruch in Darjeeling einen netten kleinen Spaziergang mit Raeburn unternommen. Ich bot ihm ausreichend Gelegenheit, gute Ratschläge zu geben, daher kamen wir bestens miteinander aus. Er hat einige sehr nette Eigenschaften und kann sehr väterlich und freundlich sein, aber sein völliger Mangel an *Gelassenheit* und sein fehlender Sinn für Humor sind eine sehr ungünstige Kombination. In gewisser Weise tut es mir leid, daß ich jetzt nicht bei ihm bin. Meiner Meinung nach ist er ein schwacher Mann, dem ich vielleicht helfen könnte.

Dr. Kellas hatte vor der Expedition einen Monat mit der Erkundung der Berge um den Kangchenjunga verbracht und war nicht in der besten Verfassung, als er sich der Gruppe in Darjeeling anschloß. Er platzte nach einem kilometerlangen Marsch von einem benachbarten Dorf aus verstaubt und zerzaust mitten in ein Bankett hinein, das der Gouverneur von Bengalen gab. Ein derart exzentrisches Verhalten entzückte Mallory. »Kellas habe ich bereits ins Herz geschlossen«, berichtete er Ruth. »Er ist über alle Maßen Schotte und nimmt kein Blatt vor den Mund. Sein Aussehen gäbe das ideale Vorbild für die possenhafte Darstellung eines Alchimisten in einem Bühnenstück ab. Er ist sehr leicht gebaut, klein, dünn, mit krummem Rücken und Trichterbrust; sein Kopf erhält durch seine dicke Brille und einen langen, spitzen Schnurrbart ein groteskes Aussehen. Er ist ein unvoreingenommener Mensch und dem Unternehmen fest verbunden.«[2]

Kellas war von Beruf eigentlich Chemielehrer und unterrichtete an der Middlesex Hospital Medical School in London, sein besonderes Interesse galt jedoch der Höhenphysiologie. Jedes Jahr verbrachte er mehrere Monate im Himalaja und wanderte dort mit einer kleinen Gruppe bewährter Träger über entfernte Pässe in abgelegene Täler. Er wurde immer von denselben Männern begleitet, die ihm treu ergeben waren. Kellas kommt auch das Verdienst zu, die hervorragende Eignung der

Bhotias und Sherpas als Begleiter von Expeditionen entdeckt zu haben. Er verlangte sich auf diesen Exkursionen sehr viel ab, wieviel wußte keiner genau, denn er ließ über seine Unternehmungen kaum etwas verlauten. Natürlich ahnte keiner der anderen Expeditionsteilnehmer, daß er sich in den Wochen vor ihrem Treffen in Darjeeling völlig übernommen hatte. Er hatte über sechs Kilogramm an Gewicht verloren und war erschöpft und unterernährt. Als er auf dem Marsch zum Everest Ruhr bekam, hatte er einfach nicht mehr genug Kraft, um gegen die Krankheit anzukämpfen.

Da Kellas so schwach war, daß er nur bis Phari gehen konnte, wurde er auf einer Behelfstrage von seinem persönlichen Träger und mehreren Tibetern transportiert, die eigens für diesen Zweck angeworben worden waren. Er folgte dem Haupttroß und traf normalerweise zwei oder drei Stunden nach den anderen im Lager ein. Trotz seines Zustands war er relativ fröhlich und vermittelte den Eindruck, er befinde sich auf dem Wege der Besserung. Nicht einmal Sandy Wollaston, der Expeditionsarzt, erkannte den Ernst der Lage. Als ein Träger am 5. Juni in das Lager bei Kampa Dzong mit der Nachricht gerannt kam, daß Dr. Kellas bei der Überquerung des letzten Passes (5200 Meter) gestorben sei, waren alle völlig überrascht und erschüttert. Wollaston eilte sofort zurück, um festzustellen, ob die Schreckensmeldung tatsächlich stimmte.

»Kannst Du Dir eine Gruppe vorstellen, die noch weniger einem Alpinteam ähnelt?« schrieb Mallory an David Pye von Tinki Dzong aus, das 48 Kilometer weiter auf der Strecke lag. »Diese Marschordnung gefiel mir gar nicht und erscheint mir jetzt im Lichte des Geschehens entsetzlich. Er starb, ohne daß jemand von uns auch nur in der Nähe war.« Dennoch konnte man laut Mallory nicht sagen, was sie sonst hätten tun sollen. »Der alte Herr (denn so wirkte er) mußte sich unterwegs immer wieder ausruhen und konnte es nicht ertragen, daß man ihn leiden sah, daher bestand er darauf, daß alle vor ihm gehen sollten.«[3]

Mallory berichtete seiner Frau Ruth, daß Bullock und er auf

der ersten langen Etappe von Phari Dr. Kellas am Abend ent-
gegengegangen seien und das letzte Stück mit ihm zusammen
im Dunkeln zurückgelegt hätten.

...Normalerweise sah ihn einer von uns unterwegs. Gestern
erlitt er unterwegs eine Art Kollaps, und Heron und ich
betteten ihn an einer geschützten Stelle nieder, während
Bullock davoneilte und Wollaston holte. Dieser verabreichte
Kellas Bovril und Brandy. Abgesehen von solchen Vorfällen
sah man Kellas jedoch selten, er ging zu Bett, sobald er das
Lager erreicht hatte, und nahm nie eine Mahlzeit mit uns
ein... Seine Leiche liegt jetzt in einem Zelt, morgen oder
übermorgen werden wir ihn begraben...

In meiner Trauer über diesen Vorfall fliegen meine Gedanken zu Dir... Ich weiß, daß es keinen Sinn hat zu sagen,
Du sollst Dir keine Sorgen machen, denn Sorgen sind kopf-
los und kommen ungebeten. Doch kann man sie mit Hilfe
des Verstandes verscheuchen. Du darfst nicht zulassen,
daß dieser Vorfall Deine Angst steigert... Du mußt den Fall
als große Ausnahme betrachten – andere hatten ebenfalls
Durchfall und haben ihn problemlos überstanden –, tatsächlich erkrankte außer mir bereits jeder daran... Eine lästige Angelegenheit.[4]

Mallory war klar, daß man in England Wollaston wahrscheinlich vorwerfen würde, er habe nicht genug zu Kellas' Rettung
unternommen. Er bat Geoffrey Young im Kampf gegen solche
Gerüchte um Hilfe. »Mit Wollaston bin ich enger befreundet
als mit jedem anderen aus der Mannschaft«, erklärte Mallory.
»Er ist über den Vorfall sehr erschüttert.« Anschließend beschrieb er Kellas' Begräbnis:

Die Beisetzung von Kellas an einem steinigen Hang wurde
von einer außerordentlich rührenden kleinen Zeremonie
begleitet. Das Grab liegt am Rande einer großen Ebene mit
Blick auf die drei großen verschneiten Gipfel, die er be-

zwungen hat. Ich werde wohl nicht so schnell vergessen, wie die vier Träger, seine von ihm ausgebildeten Bergleute, Kinder der Natur, voller Staunen auf einem großen Stein in der Nähe des Grabes saßen, während Bury den Text aus den Korintherbriefen las.[5]

Kellas' Tod blieb nicht der einzige Verlust unter den Teilnehmern. Raeburn war zweimal vom Pferd gefallen, dabei einmal von einem Huf am Kopf getroffen worden und ein anderes Mal unter sein Reittier geraten. Nun zeigte er Symptome, die denen von Kellas in alarmierender Weise glichen; vor allem litt er unter heftigem Durchfall. Diesmal wollte Wollaston kein Risiko eingehen. Er begleitete Raeburn zurück nach Lachen in Sikim, wo der Kranke der Pflege schwedischer Missionarinnen anvertraut wurde, bis er sich soweit erholt hatte, daß er sich wieder der Expedition anschließen konnte.

Mit einem Schlag und noch weit vom Mount Everest entfernt, hatte die Expedition zwei ihrer »Senior«-Bergsteiger und damit auch die einzigen verloren, die (abgesehen von den Männern der indischen Landvermessungsbehörde) über Erfahrung im Himalaja verfügten. Mallory erkannte, daß von nun an jede Besteigung in seiner Verantwortung lag und daß er relativ freie Hand in allen diesbezüglichen Entscheidungen hatte – jedenfalls bis Raeburn wieder zu ihnen stieß, wenn er überhaupt wieder richtig auf die Beine kam. Bis dahin hoffte Mallory, soviel nützliche Erkundungsarbeit geleistet zu haben, daß er auf Howard-Burys Unterstützung zählen konnte, falls sich Raeburn dann als hinderlich erweisen sollte. »Und Raeburns Fähigkeit, lästig zu werden«, vertraute er Geoffrey Young in einem Brief an, »ist, auch wenn ich mit ihm ganz gut zurechtkomme, zugegebenermaßen unbegrenzt.«

Mallory setzte große Hoffnungen in Bullock, »meinen Stallgefährten, ein sehr friedfertiger Mensch, der große Kraftreserven hat und sich in seiner ruhigen Art an der Natur freut; ich glaube, er wird sich als sehr nützlich erweisen. Schon bald, vielleicht in zwei Wochen oder so, werden er und ich die Kulis auf leichten Expeditionen bei der Erkundung des Geländes trainieren.« Auch Morshead, einen der Landvermesser, fand Mallory sympathisch. Er »ist von Darjeeling an überall in den Bergen bis zu 5500 Meter hoch gewandert und wirkt so gesund und stark wie nur möglich – ein sehr netter, kräftiger Mann.«

Über die Verfassung von Wheeler äußerte sich Mallory zurückhaltender. Wheeler war der andere Landvermesser der Expedition und hatte in seinem Heimtland Kanada schon einige Erfahrung als Bergsteiger gesammelt. Bei dieser Reise erwies er sich jedoch als »lahme Ente«, denn auch ihm machten Verdauungsprobleme zu schaffen. Wheeler war nicht der Typ, zu dem Mallory instinktiv Zuneigung fassen konnte, wie er Ruth anvertraute: »Du kennst meinen Kanadierkomplex; ich glaube, ich muß zuerst kräftig schlucken, bevor ich ihn mag. Gott gebe mir den Speichel dafür.«[6]

Heron, welcher der Expedition von der geographischen Landvermessungsbehörde Indiens beigestellt worden war, machte zunächst einen langweiligen Eindruck, erwies sich aber bei näherer Bekanntschaft als fröhlicher und gutgelaunter Mensch. »Ein Schatz, er trägt zu einer entspannten Atmosphäre bei«, schrieb Mallory, »aber aus ihm wird kein Bergsteiger.« Howard-Bury fand er immer noch nicht sympathischer. »Er ist kein freundlicher Mensch. Er nimmt ständig Schwächere unter Beschuß. Gott helfe ihm.« Mallory sah sein Verhältnis zu Howard-Bury jedoch von einer vernünftigen Warte: »Er ist ein guter Bergsteiger und liebt Pflanzen, etwas Gutes muß also doch in ihm stecken. Außerdem kann er den Everest nicht für sich allein beanspruchen.«[7] Trotz aller Fehler war Howard-Bury gut zu Fuß. Mallory gestand ihm zu, daß er der Vierte im Kletterteam sein konnte, daher war noch nicht alles verloren!

Wir sind gerade dabei, aus der Karte herauszumarschieren – der Übersichtskarte, die für die Lhasa-Expedition angefertigt wurde. Über Kampa Dzong hatten wir aus der Ferne einen guten Blick auf den Everest. Ich glaube nicht an die einfache

Nordseite. Hoffentlich sehen wir ihn nächste Woche aus einer Entfernung von 50 bis 60 Kilometern von einem Hang auf dieser (E) Seite des Arun-Tales. Jetzt wird es spannend, Geoffrey.[8]

Als sie das Arun-Tal erreichten, war ihnen der langersehnte Blick auf ihr Ziel aufgrund des Nebels verwehrt. In der Hoffnung, daß sich die Sichtverhältnisse besserten, ließen Mallory und Bullock ihre Ponys auf einem Grasflecken zurück und erklommen einen nahe gelegenen Hügel. Ihr Optimismus wurde belohnt:

Plötzlich sahen wir durch die Wolken einen Schneefleck aufblitzen; und allmählich, ganz allmählich, sahen wir die großen Bergflanken und Gletscher und Grate, erst ein Fragment, dann ein anderes. Formen, die für das bloße Auge meist nicht erkennbar oder kaum von den Wolken zu unterscheiden waren, erschienen durch die gelegentlich aufreißenden Wolken und hatten eine Bedeutung für uns – eine ganz eindeutige Bedeutung, die sich aus Bruchstücken formte. Denn wir hatten Stück für Stück eine Bergkette gesehen, bis dann, viel höher im Himmel, als die Phantasie anzunehmen gewagt hatte, der Gipfel des Mount Everest erschien.[9]

Als sie kurz vor Sonnenuntergang ins Lager zurückkehrten, ließ der Wind nach und sie wurden ein weiteres Mal mit einem Blick auf den Everest belohnt: »...absolut klar und phantastisch... Das Problem seiner großen Grate und Gletscher nahm Form an und setzte sich in unseren Köpfen fest, tauchte ab und zu vor unserem inneren Auge auf und führte zu konkreten Plänen. Von wo haben wir noch einen besseren Blick, der uns ein wenig mehr von dem großen Mysterium enthüllt?«[10]

Von da an beherrschte die ständige Gegenwart des Berges ihr Leben. Sie setzten ihren Weg durch Shekar Dzong fort, wo leuchtende Klostergebäude wie Schwalbennester an dem steilen Hang klebten, der von einer mittelalterlichen Festung gekrönt wurde. Hier verbrachten sie zwei Nächte und kampierten im Tal an einer geschützten Stelle, die von Weiden gesäumt war. In der ersten Nacht wurden sie gegen Mitternacht von Schreien und Hämmern aus dem Schlaf gerissen, als ein Eindringling sich an ihren Lebensmittelkisten zu schaffen machte. Bullock nahm im Mondlicht die Verfolgung auf, schwang seinen Eispickel und stellte den Übeltäter. Es stellte sich heraus, daß der Mann ein Geistesgestörter aus dem Dorf war, der am nächsten Morgen wohlbehalten seinen Eltern ausgehändigt wurde.

Mallory und Bullock trennten sich in Shekar von der Gruppe und gingen mit einigen Trägern voraus. Sie hofften, auf einem Abstecher einen besseren Blick auf den Everest zu erhalten. Unterwegs verpaßten sie die Brücke über den Bhong-chu und machten einen Umweg über einige Kilometer entlang eines Seitenarmes, bevor sie schließlich doch den Fluß durchwaten mußten und ordentlich naß wurden. »Karte hier nicht korrekt«, vermerkte Bullock in seinem Tagebuch und konnte sich die Bemerkung nicht verkneifen, daß Mallory beim Überqueren nasser geworden war als er. Am nächsten Tag gelangten sie ohne größere Anstrengung zur Paßhöhe und wurden mit einem grandiosen Blick auf den Makalu (8481 Meter) und das gesamte Everest-Massiv belohnt, bis nach einer Viertelstunde Wolken aufzogen.

Der Haupttrupp errichtete derweil am 19. Juni ein erstes Lager bei Tingri, einer kleinen Stadt mit etwa 300 Häusern am Berghang inmitten einer weiten Salzebene. Der Ort war von einer gewissen strategischen Bedeutung, denn er lag an einer alten Handelsroute, die über den Nangpa La, einen hochgelegenen eisbedeckten Paß, in das Sola-Khumbu-Tal in Nepal führte. Der Mount Everest lag etwa 50 Kilometer in südlicher Richtung und war von der Stadt aus deutlich zu sehen. Die Engländer konnten hier ein altes chinesisches Rasthaus mieten, von dem sich die Tibeter fernhielten, weil sie glaubten, es würde dort spuken. Das Haus wies drei Höfe auf: Den äußeren erhielten die Träger, den mittleren die Landvermesser und der innere Hof blieb den Alpinteammitgliedern vorbehalten. Ein Raum wurde schon bald gereinigt und als Dunkelkammer benutzt.

Die Reise von Darjeeling nach Tingri hatte einen Monat gedauert. Die Expeditionsteilnehmer waren die ersten Europäer, die sich bis zu diesem Teil Tibets vorgewagt hatten. Nun war es an der Zeit, ernsthaft mit der Erkundungsarbeit zu beginnen. Wheeler und Heron brachen Richtung Kyetrak auf und führten dort ihre Vermessungsarbeiten durch. Howard-Bury wollte ihnen eigentlich einen Tag später folgen, mußte seinen Aufbruch jedoch verschieben, weil er in der Dunkelkammer giftige Dämpfe eingeatmet hatte. Wollaston war mittlerweile von der Missionsstation in Lachen zurückgekehrt, zu der er Raeburn begleitet hatte. Kaum angekommen, mußte er feststellen, daß zwei Träger schwer an Unterleibstyphus erkrankt waren. Die hygienischen Bedingungen im chinesischen Rasthaus empfand er als abstoßend, er hielt das Haus für »den schmutzigsten Ort, den man sich für ein Lager vorstellen kann, bedeckt mit dem Staub der Jahrhunderte und dem Dreck des Alltags. Die Kulis haben üble Angewohnheiten, wenn nicht ohnehin viele von ihnen bald nicht mehr gebraucht werden würden, müßte ich darauf bestehen, daß sie alle im Zelt schlafen.« Wollaston war im Lager zwar unabkömmlich[11], doch schickte er zumindest alle verfügbaren Träger los und ließ sie naturkundliche Proben sammeln. Jeden Abend kamen sie mit einer großen Auswahl an Ratten, Vögeln, Eidechsen, Fischen, Käfern und anderen Trophäen für seine Sammlung zurück.

Mallory und Bullock hatten sich inzwischen mit 16 Trägern, einem Sirdar und einem Koch in Richtung Everest auf den Weg gemacht. Sie wollten zwei Wochen lang den Nord- und den Nordwesthang des Berges erkunden. Zwei Tage nach ihrem Aufbruch errichteten sie ihr erstes Lager im Rongbuk-Tal unterhalb des Mount Everest. Mallory schrieb an Ruth:

Kurz bevor wir diese Stelle erreichten, sahen wir den großartigen Berg von seinem Massiv am Ende [unseres Tales] aufragen, ein phantastischerer Anblick, als ich ihn je zu schildern in der Lage wäre. Es reicht wohl, wenn ich schreibe, daß er die steilsten Grate und furchterregendsten Abgründe hat, die ich je gesehen habe, und daß all das Gerede von einem einfachen Schneehang ein Märchen ist...

Liebling, das ist eine ganz und gar fesselnde Aufgabe, ich kann Dir gar nicht sagen, wie sehr sie von mir Besitz ergriffen hat und wie vielversprechend sie ist. Und die Schönheit von alledem![12]

Die Nordwand des Everest erwies sich am Fuß als außerordentlich steil. Damals vermied man beim Bergsteigen wenn möglich Steilwände und zog deutliche Gratlinien vor, doch auf den ersten Blick wirkten diese auch nicht sehr einladend. Bei der Erkundung wurde deutlich, daß eine Besteigung wahrscheinlich über einen Grat mit Sattel erfolgen würde, den sie als Nordsattel bezeichneten, denn dieser schien über den oberen Nordostgrat den einfachsten Zugang zum Gipfel zu bieten. Die Frage war nur, wie man auf diesen Nordsattel gelangte.

Mallory und Bullock erkundeten den Hauptarm des Rongbuk-Gletschers und hatten dabei einen guten Blick auf den Westgrat und den Nordsattel, allerdings sahen sie keine Möglichkeit, wie man leicht zum Sattel hinaufkommen konnte. Auf der Westseite steigen die Hänge zum Sattel hin steil an, sie sind langgezogen, windgepeitscht und von der Sonne abgeschirmt, außerdem für ihre häufigen Steinschläge und Lawinen berüchtigt. Die Route war zwar nicht völlig unmöglich, wies aber so viele Gefahren auf, daß sie rasch verworfen wurde. Kein Lastenträger konnte zu einem solchen Anstieg ermutigt werden. Vielleicht konnten sie sich dem Sattel von der anderen Seite nähern und dort auf eine einfachere Route hoffen.

Zunächst stiegen Mallory und Bullock jedoch zu einem kleineren Gipfel hinauf, zum Ri-Ring, um sich von dort einen besseren Überblick zu verschaffen. Von diesem Aussichtspunkt aus entdeckten sie das Western Cwm, ein Gletschertal, das versteckt hinter dem gewaltigen Westgrat lag. Einige Tage später sahen die beiden von dem Sattel aus, der die Gipfel Lingtren und Pumori voneinander trennte, in das Cwm hinunter – das Tal des Schweigens, wie Schweizer Bergsteiger diesen Abschnitt später tauften. Sie blickten direkt zum tückischen Khumbu-Eisbruch hinauf und weiter bis zu der fast senkrechten Lhotse-Flanke, die zum Südsattel des Mount Everest führte. »Noch eine Enttäuschung«, schrieb Mallory. »Hinunter zum Gletscher ist es ein ungangbarer Abbruch von etwa 450 Metern. Ich hatte gehofft, daß es links eine Passage mit Querung in das Cwm gibt, doch auch das erwies sich als völlig illusionär. Immerhin haben wir diesen westlichen Gletscher gesehen, und es tut uns nicht leid, daß wir ihn nicht hinaufgehen müssen. Er ist schrecklich steil und zerklüftet. Auf jeden Fall muß auf dieser Seite von einer Ausgangsbasis in Nepal gearbeitet werden. Somit ist die Westseite für uns abgehakt.«[13]

Sie umrundeten dann den Berg, um einen Blick auf die Ostwand (Kangshung-Wand) zu werfen und wurden nach dem Anstieg auf den Kangshung-Gletscher mit einem großartigen Panorama belohnt – dem Gipfeltriumvirat Everest, Lhotse und Makalu. »Mir fehlen völlig die Worte«, berichtete Mallory am 9. August in einem Brief an Ruth. »Die ganze Gipfelkette vom Makalu bis zum Everest übertrifft bei weitem jede Gebirgslandschaft, die ich je sah.«[14] Doch entgegen ihrer Hoffnungen entdeckten sie immer noch keinen geeigneten Zugang zum Nordsattel oder eine andere gangbare Route. Nun blieb ihnen nur noch der Weg über das Kharta-Tal.

Im Verlauf der Expedition hatten die Teilnehmer eine Karte der Umgebung erstellt. Offensichtlich mußte sich östlich vom Nordsattel ein Gletscher befinden, doch zu Mallorys und Bullocks Überraschung hatten sich weder der Kangshung noch der Kharta als dieser Gletscher erwiesen. Die beiden hatten jedoch zu Beginn ihrer Erkundungen nicht berücksichtigt, daß es sich bei dem engen Eisstrom, der von Osten her auf den Hauptarm des Rongbuk-Gletschers stieß, um den Abfluß des gesuchten Gletschers handelte. Dadurch hatten sie den East-Rongbuk-Gletscher völlig übersehen, der zwar östlich des Nordsattels lag, sich dann aber fast sofort nach Norden erstreckte und parallel zum Hauptarm des Rongbuk-Gletschers verlief. In Bullock kam ein entsprechender Verdacht auf, als sie den südlichen Arm des Kharta-Gletschers erkundeten. Da sie vom Tal aus keinen Weg zum Nordsattel fanden, ahnte er, daß sich der Gletscher nicht auffinden ließ, weil sich irgendwo sein Verlauf änderte. Etwa zur gleichen Zeit bestätigte Wheeler, der gewissenhaft die fotografische Erfassung im Rongbuk-Tal durchführte, die Existenz des Gletschers, der dann den Namen East-Rongbuk-Gletscher erhielt, und zeichnete seinen Verlauf in die Karte ein.

Der Gletscher im Kharta-Tal hat zwei Arme, einen nördlichen und einen südlichen. An der Stirnseite des südlichen Arms wölbt sich ein relativ sanft geneigter Schneesattel, der Lhakpa La (6858 Meter). Von ihm aus hofften Mallory und Bullock, einen Weg zum Nordsattel zu finden. Zusammen mit Morshead brachen sie am 18. August um drei Uhr morgens auf, um den Lhakpa La zu erreichen, bevor die Sonne den Schnee aufweichte. Doch der Schein trog. Für das mühselige Stapfen durch den weichen Schnee brauchten sie bis 12.30 Uhr. Mallory berichtete Ruth:

Die meiste Zeit hüllte uns ein dünner Nebel ein, der jede Sicht nahm, so daß sich Schnee und Himmel nicht mehr voneinander unterscheiden ließen – ein sengender Nebel, wenn Du Dir so etwas vorstellen kannst, der stärker brennt als heller Sonnenschein und unbeschreiblich atemlos macht. Manchmal schien es, als ginge man in einem weißen Ofen. Morshead, der die stärkste Hitze der Ebenen Indiens kennt, sagte, er habe noch nie eine so unerträgliche Hitze gespürt wie heute.[15]

Als Mallory, Bullock und Morshead zusammen mit ihrem Träger Nyima schließlich auf dem Lhakpa La standen, sahen sie durch die Wolken jenseits einer Bodensenke das, wonach sie so lange gesucht hatten: die andere Seite des Nordsattels.

Mallory erkannte sofort, daß eine Route über den Nordsattel gangbar war. Während sie gemächlich zum Lager zurückkehrten, schwirrte Mallory der Kopf, in Gedanken schmiedete er bereits Pläne für einen ernsthaften Vorstoß auf den Gipfel noch vor der Abreise. Um 14 Uhr stolperte die Gruppe müde in ihre Zelte. Morshead hatte sich völlig verausgabt, Mallory dagegen war von seiner Hochstimmung beflügelt. Er fühlte sich »so stark und gesund« wie sonst nach einem langen Tag in den Bergen und verzehrte in seinem trockenen und warmen Schlafsack eine herzhafte Mahlzeit, bevor er friedlich einschlief. Er konnte es kaum erwarten, Ruth die gute Nachricht mitzuteilen.

Auf dem langen und ermüdenden Rückweg konnte ich nur an diese Aussicht und diesen Erfolg denken [einen Weg zum Nordsattel] gefunden zu haben. Ich weiß nicht, wann ich mir selbst eine solche Freude über eine persönliche Leistung gestattete. Ich plusterte mich vor Stolz und dem Bewußtsein, etwas geleistet zu haben, richtig auf; eine Höchstleistung wurde vollbracht und entsprechend belohnt... Denn mit diesem Erfolg ist unsere Erkundung abgeschlossen, wir haben den Weg gefunden und planen jetzt den Angriff auf den Gipfel.[16]

Doch das sollte das letzte freudige Ereignis bei dieser Expedition sein. Mallory akklimatisierte sich weiterhin, allerdings auf Kosten seiner Kräfte, die aufgrund seines ausgedehnten Aufenthalts in großer Höhe allmählich schwanden. Er fühlte sich zwar immer noch stark, hatte jedoch beim Anstieg immer größere Schwierigkeiten. Das ist typisch für die Anpassung an große Höhen. Nur wenige Menschen können sich auf oder gar über 5000 Metern auf Dauer akklimatisieren, das heißt, dort oben ein dem Körper zuträgliches Leben führen. Es gibt keine ständig bewohnten Dörfer, die höher liegen. Die Akklimatisierung ist nur für eine begrenzte Zeit möglich, doch auch das muß mit einem rapiden Muskelschwund bezahlt werden.

Nachdem sich das Erkundungsteam wieder der Hauptgruppe im Kharta-Tal angeschlossen hatte, wo diese ein neues Basislager errichtet hatte, hörte Mallory zu seiner Überraschung, daß Wheeler den East-Rongbuk-Gletscher entdeckt hatte, der direkt zur Nordostseite des Nordsattels führte. Das war eindeutig der Zugang, den sie so lange gesucht hatten – eine direkte Route, relativ geschützt, die allmählich zum Fuße des Sattels anstieg. Die Entdeckung erfolgte jedoch zu spät, um sie 1921 noch nutzen zu können. Die Hauptgruppe, deren Kraftreserven zu diesem Zeitpunkt stark zur Neige gingen, konnte nicht noch einmal den Dreitagemarsch zum Rongbuk zurücklegen. Ginge es nicht schneller, wenn man noch einmal den Lhakpa La besteigen und zum Nordsattel über die beschwerliche, aber bekannte Route vordringen würde, wie Mallory es geplant hatte? Alle kamen überein, einen Versuch zu wagen.

Fast unmittelbar setzte eine zweiwöchige Schlechtwetterperiode ein und vereitelte den Versuch. Das war zwar ärgerlich, brachte jedoch eine willkommene Ruhepause, in der sich alle von den anstrengenden Bergtouren der letzten Wochen erholen konnten. Außerdem bot sich damit Mallory und Bullock (die seit zwei Monaten gemeinsam auf Erkundungstour waren) die Gelegenheit, ihre wachsenden Spannungen beizulegen. »Ich habe, wie ich hoffe, ein neues Verhältnis zu Bullock aufgebaut«, teilte Mallory Ruth mit:

Wir kamen nicht mehr besonders gut miteinander aus. Statt dessen nahmen wir beide die übliche oberflächliche Einstellung zweier Menschen an, die allein miteinander leben: rivalisierend und leicht streitsüchtig. Jeder ist darauf bedacht, daß er nicht in irgendeiner Weise schlechter wegkommt als der andere. Ich fand, daß B[ullock] bei vielen Kleinigkeiten, die erledigt werden mußten, faul war (tatsächlich war er das auch einmal), daher sorgte ich manchmal dafür, daß er sie erledigen mußte; er wiederum glaubte, daß ich ihm ständig die unangenehmen Aufgaben zuschieben würde. Daher haben wir beide unseren christlichen Anstand vergessen und uns sogar beim Essen mißtrauisch belauert, daß der andere nicht zuviel nimmt – ein schreckliches Geständnis! Doch wir haben einen Weg gefunden, das wieder in Ordnung zu bringen, zumindest hoffe ich das; wir haben heute viel freundlicher und fröhlicher, als in letzter Zeit üblich, miteinander gesprochen.[17]

Aus diesem Brief lassen sich zwei Lehren ziehen. Zum einen kommt es unweigerlich zu Spannungen, wenn man längere Zeit auf engem Raum miteinander lebt – je weniger Leute, desto mehr knistert es –, und solche Spannungen verschärfen sich in großer Höhe, egal wie gut man akklimatisiert ist. Selbst ausgeglichene Menschen und Freunde werden dann leichter reizbar. Unter Bergsteigern war diese Tatsache allgemein bekannt, aber vielleicht hatten Mallory und Bullock nicht damit gerechnet. Die zweite Lehre veranschaulicht etwas subtiler, daß sich dieser latente Konflikt in einer demokratischen Beziehung, in der jeder das gleiche Mitspracherecht hat und von jedem Partner erwartet wird, daß er seinen Anteil leistet, paradoxerweise noch verstärken kann. Dann wird viel Zeit und Energie darauf verschwendet, sich gegenseitig zu beobachten, damit keiner meint, er komme zu kurz.

Mallorys Gemütslage, die man als sprunghaft bezeichnen könnte, schwankte auf dem Everest genauso zwischen frenetischer Begeisterung und tiefsinnigem Grübeln wie sonst auch. An einem Tag schrieb er voller Überschwang über die Erregung, »aus der Karte herauszumarschieren«, und am nächsten Tag war er düsterer Stimmung und sah das ganze Unternehmen mit großer Skepsis, wie er am 12. Juli einem Freund anvertraute:

Manchmal meine ich, die ganze Expedition ist Betrug von Anfang bis zum Ende, Ausgeburt der wilden Begeisterung eines Mannes, Younghusband; aufgeblasen durch die Pseudoweisheit gewisser Experten im A.C. [Alpine Club] und dem jugendlichen Enthusiasmus Deines demütigen Dieners aufgedrängt. Natürlich muß sich die Realität vom Traum deutlich unterscheiden. Die ersehnten Schneehänge der Everest-Nordseite mit ihrer sanften und einladenden Neigung entpuppen sich als entsetzliche Steilhänge von über 3000 Meter Höhe... Die Aussicht auf eine Besteigung ist unabhängig von der Route so gut wie Null. Unsere derzeitige Aufgabe besteht darin, uns blutige Nasen zu holen und die Menschheit dadurch zu überzeugen, daß edles Heldentum wieder einmal scheitern mußte.[18]

Wenn Bullock ähnlichen Stimmungsschwankungen unterworfen gewesen wäre, hätten die beiden wahrscheinlich viel häufiger gestritten. Bullock legte jedoch während der gesamten Expedition eine bemerkenswerte Fröhlichkeit an den Tag; er war ausgeglichen, gelassen und offensichtlich mit der Gabe gesegnet, überall schlafen zu können – in den Bergen eine sehr nützliche Eigenschaft. Anders ausgedrückt: Er war bei einem solchen Unternehmen vermutlich der beste Partner für Mallory.

Nach einem Monat Erkundungsarbeit machte Mallory die bittere Entdeckung, daß fast alle seine Fotografien nutzlos waren, weil er die Platten falsch herum in die Kamera eingelegt hatte. »Ich habe keine Ahnung von Platten und hielt mich an die Anweisungen, die Heron mir erteilt hatte«, beklagte er sich bei Ruth. »Ich habe für diese Fotos enorme Anstrengungen auf mich genommen: Viele wurden bei Sonnenaufgang von Stellen aus aufgenommen, wo weder ich noch sonst jemand sich jemals wieder hinwagen wird – wie zum Beispiel die Aufnahmen von unserer Besteigung des Mount Kellas. Dennoch bin ich fest entschlossen, sie zu ersetzen, soweit das möglich ist... Das bedeutet zwei Tage ermüdenden Tuns, dabei dachte ich doch, unsere Arbeit in dieser Gegend sei abgeschlossen.«

Solche Fehler bei einfachen Aufgaben sind ein weiterer Effekt des Aufenthalts in großer Höhe – eine unmerkliche Verringerung der intellektuellen Fähigkeiten. Auch Bullock ruinierte die Aufnahmen eines Tages, weil er einmal die Platten falsch angebracht hatte und ein andermal den Film beschädigte.

Während Mallory zum Lingtrennup wanderte, um von dort eine Aufnahme von der Westseite des Everest zu machen, marschierte Bullock den Lho La hinauf und fotografierte den Khumbu-Eisbruch und den Nordsattel. Ihr Expeditionsleiter würdigte ihre Bemühungen jedoch kaum, der Vorfall bestätigte ihm nur ihre Nutzlosigkeit. Er beschwerte sich bei Hinks, daß keiner der beiden je die geringste Hilfsbereitschaft gezeigt habe, woraufhin er – in einer späteren Briefsendung – eine verständnisvolle Bestätigung erhielt. »Das Versagen von Bullock und Mallory beim Fotografieren ist bedauerlich – sie müssen geistig außergewöhnlich minderbemittelte Menschen sein, wenn sie sich die Grundkenntnisse nicht in ein oder zwei Tagen aneignen können«, meinte Hinks mitfühlend am 6. September.[19]

Es war nun mal eine traurige Tatsache, daß Howard-Bury und Mallory sich einfach nicht verstanden. Mallory deutete die Schwierigkeiten in einem Brief an Geoffrey Young an: »[Bury] ist ein merkwürdiger Kauz, wie ich Dir noch erzählen werde.« Vielleicht lag es auch daran, daß beide nicht viel miteinander zu tun hatten. Mallory und Bullock arbeiteten gezwungenermaßen als unabhängiges Team und hatten selten Kontakt zur Hauptgruppe. Mallorys Verstimmung nahm zu, als ständig zuwenig Nachschub für seine Gruppe geliefert wurde. Schwierigkeiten, die bei der Weiterleitung von Botschaften aufgrund der Entfernung und der Kommunikationsprobleme mit den Trägern entstanden, taten ein übriges.

Mallory hatte erwartet, daß für die Verständigung als Teil der Organisation gesorgt sei. Das wäre auch der Fall gewesen, wenn Kellas noch am Leben gewesen und mit dem Erkundungstrupp gereist wäre, denn er beherrschte mehrere einheimische Dialekte. Doch so wie die Dinge standen, mußte Mallory versuchen, mittels eines Grundwortschatzes von 150 tibetischen Wörtern, die er in sein Notizbuch gekritzelt hatte, mit seinem Sirdar zu kommunizieren. Und dieser ließ einiges zu wünschen übrig, denn er war ein »bleichgesichtiger, verräterischer Schurke, der in seiner gerissenen und berechnenden Art unseren Kulis oft das Essen vorenthielt, bis wir dahinterkamen«. Es stellte sich heraus, daß der Mann, ein gewisser Gyalzen, die Rationen der Träger mit großem Gewinn verkaufte und daß die Männer zu eingeschüchtert waren, um sich darüber zu beschweren. Mallory und Bullock hatten erstaunt bemerkt, daß die Träger ständig hungrig waren, und mit ihnen die Nüsse und die Schokolade geteilt, die sie mit den Essenspaketen von zu Hause bekamen. Selbst nachdem die Angelegenheit aufgeklärt war, gab die Frage der Vorräte für Mallorys Gruppe weiterhin Anlaß zu Reibereien zwischen ihm und Howard-Bury. Am 1. September schrieb Mallory an Ruth:

Offen gestanden war ich froh, daß Bury weg war. Ich kann meine Abneigung gegen ihn nicht überwinden und empfinde in seiner Gegenwart ein Gefühl der Beklemmung, das er ebenfalls verspürt, selbst wenn wir uns fröhlich unterhalten. Und nun habe ich auch noch Probleme mit ihm wegen der Vorräte – eine erbärmliche und banale Angelegenheit, so erbärmlich, daß ich die Sache gar nicht erklären will. Aber er beschuldigte mich schließlich der Gier, weil ich mehr nehmen würde, als wir für die höheren Lager brauchen würden; mittlerweile bezahlen B[ullock] und ich das Fleisch und den Tee für die Kulis aus eigener Tasche, weil wir wissen, daß wir sie gut verpflegen und ermutigen müssen, wenn wir sie den Berg hinaufbringen wollen; Bury dagegen genehmigt nichts, was über ihre Grundration hinausgeht. Er hat nur Einsparungen im Kopf, und ich kann seinen Geiz nicht ertragen.[20]

Am 1. September erschien zur Überraschung aller plötzlich Raeburn wieder im Basislager. Er hatte bei seiner Reise durch Tibet erhebliche Schwierigkeiten gehabt, und starke Überschwemmungen hatten die Bedingungen noch verschlechtert. Flüsse waren unpassierbar und Brücken von den Fluten mitgerissen worden, daher hatte er häufig kilometerlange Umwege in Kauf nehmen müssen. Sein Aussehen war erschreckend, seit seiner Krankheit schien er enorm gealtert. Die anderen Expeditionsteilnehmer begrüßten ihn herzlich und ließen ihn ihre gemischten Gefühle nicht spüren. Howard-Bury berichtete Hinks: »Raeburn kehrte gestern nach dreimonatiger Abwesenheit zurück. Er kam in Chushar in der Nähe von Tinki an fünf Säcken Post für uns vorbei und unternahm keinerlei Anstrengung, sie mitzubringen! Können Sie sich einen solchen Dummkopf vorstellen?«[21] Mallory schrieb Geoffrey Young, wie außerordentlich alt und grauhaarig Raeburn geworden sei – nicht nur vom Äußeren her, sondern auch vom Verhalten.

»Manchmal, wenn er nicht so schwierig ist, empfinde ich Mitgefühl, aber das kommt nicht oft vor«, räumte er ein. Gegenüber Ruth drückte er sich sogar noch deutlicher aus. Raeburn sei ein gebrochener Mann, schrieb er. Zumindest konnte er nicht wieder die Leitung des Bergsteigerteams übernehmen. Für Mallory war das natürlich ein Trost, Howard-Bury dagegen fand, Raeburn schulde ihnen eine Erklärung für seinen »merkwürdigen Mangel an Kooperationsbereitschaft«.

Die Briefe an die Familie und Freunde in der Heimat wurden gesammelt und alle zwei Wochen mit Boten zur Weitersendung nach Phari geschickt. Die Briefe aus England hatten dagegen meist längere Irrwege hinter sich. Da die Gruppe fast ständig unterwegs war, dauerte es stets einige Zeit, bis man sie einholte. Angesichts der Entbehrungen des Nomadenlebens wartete jeder sehnsüchtig auf Nachrichten aus der Welt, daher war Raeburns unerklärliches Versäumnis, die Postsäcke aus Chushar mitzubringen, auch so ärgerlich für Howard-Bury und die anderen. Als die fehlende Post nach einer Verzögerung aufgrund der Überschwemmungen wenig später in Kharta eintraf, war die Freude geteilt, denn sie brachte nicht nur Klatsch und gute Wünsche, sondern weckte auch das Heimweh. An H. V. Reade schrieb Mallory:

…von daheim nicht nur Briefe aus sieben Wochen, sondern auch sieben Wochen an Nachrichten aus der zivili-
sierten Welt, ausgewählt aus dem *Statesman* und *Friend of
India,* und wir haben Regentage, um alles zu lesen. Im *Statesman* liest man merkwürdige Neuigkeiten von daheim – wie
letzte Woche die Trockenheit endete und Urlauber in offenen Omnibussen auf nassen Plätzen sitzen mußten, wie
Lloyd George zusammen mit dem König Lord Northcliffe
zum zweiten Mal ein blaues Auge verschaffte – und schließlich, was de Valera gesagt hat; das ist die trostloseste Nachricht, daß Daíl Eirean das Angebot des Premierministers abgelehnt hat. Was bedeutet das, und was soll man davon
halten?[22]

Und in vertraulicherem Ton an Ruth:

Meine Liebste… Die Ankunft der Post ist immer ein wundervoller Augenblick. Die Liebe hält bei uns Einzug und
schmiegt sich in jedes Zelt; aber wenn wir sechs Wochen
oder länger auf Post gewartet haben und plötzlich die ver-
briefte Liebe von sechs Wochen in Händen halten – die wir
für eine lange, stille Lektüre in unsere Zelte tragen –, dann
ist das, als ob große Schleusentore geöffnet werden und die
ruhigen Wasser uns in ihrem weichen, erquicklichen Schoß
sanft davontragen.[23]

Ein Brief von Geoffrey Young, der das Ausmaß erkannt hatte,
mit dem das Abenteuer Mallory gepackt hatte, enthielt eine
Bitte zur Vorsicht: »Verliere nicht den Blick für ›den richtigen
Ansatz‹«, bat er Mallory, »und laß nicht zu, daß das Streben
nach Erfolg alle Mühen vergebens macht, indem ihr die Sicher-
heitsgrenzen überschreitet, innerhalb derer man sich bewegen
muß.«[24] Vielleicht könne der Gipfel diesmal nicht bewältigt
werden, meinte er, doch wichtig sei »der Entschluß, zurückzukehren, selbst wenn der Ehrgeiz dagegen spricht!« Mallory
wünschte sich sehr, daß Geoffrey Young bei ihm wäre, mit dem

er alles besprechen könnte – alle Bergkameraden, die er mochte, würden zur Not ausreichen, aber am liebsten wäre ihm Geoffrey. Er könne seine fundierten philosophischen Weisheiten gerade jetzt gut gebrauchen. Es sei aufregend gewesen, und der letzte Vorstoß zum Lhakpa La sei die größte Leistung gewesen, die je ein Berg ihm abverlangt habe, aber, klagte Mallory,

> auf mir lastet die ganze Verantwortung – Dir kann ich das sagen. Bullock folgt gut und ist sicher; aber Du weißt, was es bedeutet, wenn man bei einem langen, anstrengenden Anstieg die ganze Zeit führen muß… Geoffrey, wann soll ich aufgeben? Das wird eine furchtbar schwierige Entscheidung; die körperliche Verfassung anderer läßt sich nur schwer einschätzen, und noch viel schwerer unter diesen merkwürdigen Bedingungen. Ich hoffe beinahe, daß ich der erste bin, den die Kräfte im Stich lassen![25]

Nach der Entdeckung, daß es vom Lhakpa La einen Zugang zum Nordsattel gab, verspürte Mallory bei der Erkundung neuen Terrains nicht mehr dieselbe Aufregung. Auf eine Phase der Hochstimmung folgt fast unweigerlich ein Gefühl der Lustlosigkeit, vor allem dann, wenn die Begeisterung auf dem Höhepunkt körperlicher und geistiger Anstrengung eintritt. Untätigkeit und eine allgemeine Erschöpfung können diesen Zustand nur noch verstärken. Als auch der September keine Verbesserung der Schneeverhältnisse brachte, fiel es Mallory sehr schwer, tatenlos auf besseres Wetter zu warten und seine Niedergeschlagenheit abzuschütteln. Für einen erfolgreichen Versuch war es fast schon zu spät. An einen Freund schrieb er: »Je später im Jahr, desto kälter werden die Nächte, desto unwohler fühlen sich die Kulis, und desto weniger sind sie bereit, Lasten zu unseren höher gelegenen Lagern zu tragen.« Ruth vertraute er an, daß die »Chance seines Lebens« bis zu einer Wetterverbesserung derart dahingeschwunden sein werde, daß er die Wahrscheinlichkeit für einen Erfolg nicht höher als eins zu tausend einschätzte.[26]

Dann, am Morgen des 16. September: »Wunder, o Wunder!... Wir wachten auf und sahen, daß das Wetter sich geändert hatte.« Mallorys Optimismus war zurückgekehrt! Er und Bullock begannen sofort mit den Vorbereitungen für eine Expedition über den Lhakpa La oder Windy Gap, wie sie ihn nannten, zum Nordsattel. Am 20. September versammelte sich das komplette Bergsteigerteam – Howard-Bury, Raeburn, Wollaston, Mallory, Morshead, Bullock und Wheeler – zusammen mit den Trägern in einem höher gelegenen Lager, von dem aus Mallory und Morshead 14 beladene und zwei unbeladene Träger Richtung Windy Gap (Stürmische Schwelle) führten. Elf Lasten konnten zum Sattel gebracht werden, und zwei Tage später wurden in einer Senke am Gipfel Zelte aufgestellt und belegt. Auf dem Weg zum Gipfel sahen die Engländer zum ersten Mal Spuren im Schnee, von denen die Sherpas behaupteten, es seien die eines Yeti, des »Schneemenschen«. Bei diesen Abdrücken von der Größe eines Menschenfußes handelte es sich vermutlich um Tierspuren, die infolge der Sonneneinstrahlung in großer Höhe stark vergrößert worden waren.

Nach einer kalten Nacht stiegen Wollaston, Howard-Bury und Morshead wieder ab und kehrten zu Raeburn ins tiefer gelegene Lager zurück. Mallory, Bullock und zehn Träger blieben. Sie wollten den Paß überqueren, um in das Hochbecken des East-Rongbuk-Gletschers hinunterzugelangen. Nachdem sie den Berg vier Monate lang umrundet hatten, standen sie nun kurz davor, ihren Fuß darauf zu setzen.

In etwa 6700 Meter Höhe wurde ein weiteres Lager auf dem Gletscher errichtet. Von dort brach nach einer bitterkalten Nacht eine reduzierte Mannschaft auf, um den Firnbruch des Nordsattels zu besteigen. Selbst Mallory mußte sich mittlerweile eingestehen, daß die Gruppe keinerlei Aussicht auf eine Besteigung des Everest hatte, doch die Erkundung mußte in so große Höhen wie möglich vorangetrieben werden.

Zu dem Zeitpunkt wurde deutlich, daß wir dieses Jahr an den Nordhängen keinesfalls gute Schneeverhältnisse haben würden... Darüber hinaus war der Nordsattel ein größeres Hindernis, als wir... erwartet hatten. Wir waren auf eine steile Schneewand vorbereitet, doch die Höhe der Wand, die wir über dem Gletscher sahen, überraschte uns; wir schätzten sie auf 300 Meter. Es war zu bezweifeln, ob wir sie bezwingen könnten...

In diesen letzten beiden Tagen hatte ich das Glück, die Auswirkungen der Höhe nicht so stark zu spüren wie die anderen. Die übrigen Teilnehmer erweckten den Eindruck, als hätten sie nicht ein Quentchen wirklicher Kraft mehr. Dennoch meldeten sich drei Freiwillige,... als wir die Kulis fragten, wer mit uns zum Nordsattel kommen würde; und sie erwiesen sich als sehr tapfer. Zwei von ihnen übernahmen einen Großteil des Spurens im weichen Tiefschnee, eine sehr anstrengende Arbeit. Wir hatten keine ernsthaften Schwierigkeiten.[27]

Der Grat selbst war gestaffelt und bildete eine Art doppelten Sims. Der niedrigere Sims war relativ geschützt und diente in späteren Jahren als Lagerplatz. Erst auf dem Kamm des Sattels bekamen die Bergsteiger die volle Wucht des Windes zu spüren. Doch Mallory hatte nur Augen für eines: die Route zum Gipfel. Er blickte zum stumpfen Nordgrat hinauf, der sich in nicht allzu steiler Neigung mit dem Nordostgrat verband, und fühlte sich ermutigt: »Kein Hindernis zeigte sich, zumindest keines, das eine erfahrene Mannschaft nicht einfach überwinden oder umgehen könnte. Wenn man bisher noch Zweifel über diese Route hegte, so waren sie nun beseitigt.«[28]

Die technischen Schwierigkeiten waren demnach nicht groß, dennoch konnte man nicht umhin, wie Mallory es formulierte, die vor ihnen liegende Route mit Schaudern zu betrachten, denn der Grat war die ganze Strecke über der ganzen Stärke des Nordweststurms ausgesetzt. Nur mit Mühe vermochten sich die Männer auf den Beinen zu halten, um nicht vom Sturm umgerissen zu werden:

Und weiter oben sah es noch beängstigender aus. Der frische Pulverschnee an der großen Flanke des Everest wurde in gewaltigen Schneefahnen in die Luft geblasen. Und mit seiner ganzen Wut warf sich der Sturm auf den Grat, über den unser Weg hätte führen sollen. Wir konnten sehen, wie die Schneefahnen einen Augenblick nach oben gewirbelt wurden, als der Wind auf den Grat traf, und gleich darauf fegte der Orkan sie hinab in die Leeseite.[29]

Einen Augenblick zögerten sie und stemmten sich gegen den Wind. Sie machten einige unentschlossene Schritte im Sturm, dann verhielten sie erneut. Wheeler war von Anfang an gegen einen Vorstoß gewesen; er war nicht bereit, noch einen Schritt weiterzugehen, und wandte sich bereits wieder dem Weg zu, den sie gekommen waren. Bullock dagegen wußte, wieviel dieser Versuch Mallory bedeutete:

Ich war bereit, M[allory] zu folgen, wenn er es versuchen und weiter nach oben vorstoßen wollte, war aber froh, als er sich dagegen entschied. Zum Glück, denn es zeigte sich, daß ich fast am Ende meiner Kräfte war.[30]

Von einer Fortsetzung des Aufstiegs war keine Rede mehr. Jedes weitere Vordringen wäre Wahnsinn gewesen. Die Gruppe zog sich in den Windschatten zurück und machte sich wieder an den Abstieg über den Schneehang.

Auf dem Rückweg vom Nordsattel kam es zu zwei denkwürdigen Zwischenfällen. Mallory und Bullock bemerkten beide, daß sie beim Aufstieg eine kleine Lawine losgetreten haben mußten, die Mallory später im Buch zur Expedition beschrieb:

Das andere Mal trat uns die Möglichkeit einer Lahn [Lawine] in den Kehren unter dem Nordsattel entgegen. Hier griff der Fuß ganz einwandfrei in den verdeckten Firn ein, wohingegen die Oberschicht sehr verdächtig war. Ich meinte damals, daß wir mit gut eingerammtem Pickel vollkommen sicher seien. Beim Abstieg bemerkten wir aber, daß unter der Spur eine fünf Schritt breite Schneeschicht abgerutscht war. Seit dieser Entdeckung verfolgen mich immer noch Zweifel, ob wir damals zu viel gewagt haben oder nicht. In großen Höhen, oder überhaupt bei großer Kälte, muß man viel eher auf Neuschneelawinen gefaßt sein, weil die Vereinigung der Schichten nur langsam vor sich geht.[31]

Es war eine leider prophetische Beobachtung, die zeigt, daß Mallory sich der Lawinengefahr an den Hängen des Nordsattels bewußt war. Dennoch hatte er neun Monate später, als er die gleichen, unter einer Schicht frischen Monsunschnees gelegenen Hänge bestieg, völlig vergessen, wie gefährlich sie sein konnten.

Der andere beunruhigende Vorfall ereignete sich am Fuße des Nordsattels, als Bullock »auf seine eigene Bitte hin« zurückgelassen wurde. Er wollte ein wenig ausruhen und dann Mallory, Wheeler und den Trägern nach etwa 20 Minuten folgen. Mallory berichtete Younghusband später, daß Bullock erst zwei Stunden nach ihnen ins Lager gekommen sei. »Er sagte, er fühle sich sehr schwach und habe Schwierigkeiten gehabt, es bis zum Lager zu schaffen.«[32]

Mallory führte diesen Vorfall als Beleg dafür an, daß ihre Entscheidung zur Umkehr richtig war. Sie waren so weit gegangen, wie noch von der Vernunft zu vertreten war. Doch das Zurücklassen von Bergsteigern oder das Zurücksenden von Trägern aus den Hochlagern ohne Begleitung war ein brisantes Thema. Diese Praxis kam zwar am Everest in den zwanziger und dreißiger Jahren häufig vor, wurde jedoch nie gebilligt. Die Reaktionen der Mitglieder des Alpine Club variierten je nachdem, wer zurückgelassen wurde und welche Folgen die Entscheidung hatte. Sie konnten einen Vorfall völlig ignorieren (im Falle Somervells, der von Norton zurückgelassen wurde) oder heftig verurteilen (als Finch einmal einen Träger allein hinunterschickte). Mallory ließ den Vorfall mit

Bullock im offiziellen Expeditionsbericht wohlweislich uner-wähnt.

Abgesehen von Bullocks Schwäche gab es noch einen wei-teren Grund für die Umkehr am Nordsattel, denn Wheeler zeigte bereits erste Erfrierungssymptome. Mallory mußte ihm mehrere Stunden lang die Füße reiben, bis Wheeler in ihnen ein Gefühl verspürte. Im Rückblick erkannte Mallory, daß es nicht darum ging, »was oben hätte passieren können, sondern was mit absoluter Sicherheit passiert wäre«, wenn sie der Ver-suchung nachgegeben hätten und weitergegangen wären. Gott sei Dank waren sie umgekehrt. Gegenüber Geoffrey Young ge-stand er: »Wir waren ein trauriger Haufen zum Schluß, der sich auf keinem Berghang hätte aufhalten dürfen.«[33]

Während die Expeditionsteilnehmer für die Heimreise pack-ten, schrieb Mallory Ruth von der Ernüchterung, die er emp-fand:

Kurz ein paar Zeilen bei erster Gelegenheit, mitten im Packen und Organisieren, um Dir zu sagen, daß es uns gut-geht. Es ist eine Enttäuschung, das läßt sich nicht verleug-nen, daß das Ende soviel zahmer ist, als ich gehofft hatte … Aber: Wir haben den Weg zum Gipfel für jeden geebnet, der das höchste der Abenteuer gerne versuchen möchte; und ich bedaure es nicht allzusehr, keinen Rekord aufgestellt zu haben, denn mit ein bißchen Glück hätten wir es leicht schaffen können.[34]

Seine tapferen Worte sprachen der Enttäuschung hohn, die auf der langen Heimreise an Mallory nagte. Von Marseille schrieb er an seinen Freund David Pye:

Vergessen wir den Everest und seine abweisende Pracht. Ich habe genug vom Reisen und den Reisenden, von fernen Län-dern und unzivilisierten Menschen, von Schiffen, Zügen und glänzenden Mausoleen, fremden Häfen, dunkelhäuti-gen Gesichtern und einer grellen Sonne. Ich will bekannte

Gesichter sehen und mein eigenes schönes Zuhause; danach die grauen Fassaden der Pall Mall und vielleicht Bloomsbury im Nebel, und dann einen englischen Fluß, Vieh, das auf saftigen europäischen Wiesen weidet...[35]

Und an Geoffrey Young:

Ich glaube, es war vor allem die Enttäuschung, die mich davon abhielt, früher zu schreiben: die schreckliche Diskrepanz zwischen meinen Träumen und der Realität, wie ich mit einigen entschlossenen Geistern von unserem Hochlager zu diesem Paß aufbreche, zu einem viel höheren Punkt hinaufklettere, von dem aus der Gipfel fast greifbar nahe scheint, und dann absteige, müde, aber nicht entmutigt, eher zufrieden über die Leistung; all das, und andererseits das, was wir wirklich antrafen – der verwehte Schnee, der sich endlos über graue Hänge verteilt, nur dieser düstere Anblick, keine Ruhepause und keine Hoffnung.[36]

7

Eine verdammenswerte Ketzerei

Mallorys Depression nach der Expedition ist verständlich. Er wollte so vieles erreichen, wollte zeigen, was er konnte – vielleicht wollte er sogar den Gipfel bezwingen; auf jeden Fall wollte er die grandiose Nordwand so weit wie möglich ersteigen.

Die Erkundung des Massivs war jedoch äußerst erfolgreich. Das Gebiet um den Everest war nun kartiert, und die Bergsteiger hatten möglicherweise eine begehbare Route auf den Gipfel dieses abweisenden und scheinbar unbezwingbaren Berges gefunden. Die Erschließung hätte eigentlich von den älteren und erfahreneren Männern durchgeführt werden sollen, doch am Ende war diese Aufgabe in den Händen der jüngsten Expeditionsteilnehmer gelandet. Daß dieses Vorgehen richtig war, bestritt Mallory nie, doch er hätte es der Welt gerne durch ruhmreichere Errungenschaften vor Augen geführt.

Schon vor dem Aufbruch hatte sich Mallory bei Hinks beklagt, daß die Mannschaft zu alt sei. Hinks hatte ihm eine schroffe Abfuhr erteilt. Nun war ihm bewiesen worden, daß Mallory recht gehabt hatte. Das Alter war jedoch auch bei Mallory selbst ein heikler Punkt, zumal er mit seinen 35 Jahren die Blüte der Jugend schon hinter sich hatte. Bekanntermaßen sind Bergsteiger im Himalaja oft erst Mitte Dreißig in Höchstform, doch Mallory fürchtete, seine Kräfte könnten nachlassen, und mit jedem Tag, der verging, quälte ihn diese Angst mehr.

Unterdessen sah er auch die Kluft zwischen den Diskussionen in der Planungsphase und dem, was dann tatsächlich am Berg passierte, wo einer Gruppe von Menschen, die unter den entbehrungsreichen Umständen litten und deren menschliche Schwächen immer deutlicher zutage traten, oft blitzschnelle Entscheidungen abverlangt wurden. Er schrieb an David Pye:

Wenn ich an diesen tollen Everest-Ausschuß denke, an die Meinungsunterschiede, die feierlich ausgetragen, an die Fotos, die auf das sorgfältigste studiert, und die Briefe, die eingehend diskutiert wurden, bis der Ausschuß mal wieder eine Entscheidung abnickte, nicht ohne daß vorher aus schleimiger Kehle schwere Zweifel herausgehustet worden wären, ob die Mannschaft wirklich »auf dem richtigen Wege« sei. Und dann auch noch die ganze sensationsgierige Öffentlichkeit – mein Gott, wenn ich an all das denke, kocht es in mir. Natürlich unterdrücke ich ein Überschäumen meiner Gefühle und halte mich streng an wohlabgewogene Urteile. Doch dann löst sich plötzlich eine Blase und platzt.[1]

Vielleicht war Mallorys Unzufriedenheit weniger ein Resultat des enttäuschenden letzten Abenteuers als vielmehr seine Sehnsucht nach einer neuen Herausforderung. Der Mount Everest hatte George Mallory in seinen Bann gezogen. In diesem Berg hatte er eine Aufgabe gefunden, zu deren Lösung er physisch und psychisch bestens geeignet war und die ihm weitaus mehr innere Erfüllung versprach als sein Lehrerdasein.

Der höchste Punkt, der bei der Erkundungsexpedition erreicht wurde, lag bei 7000 Metern – höher als der höchste Alpengipfel. Während des fünfmonatigen Aufenthalts konnte Mallory sich hervorragend akklimatisieren, doch ihm wurde klar, wie schwierig und strapaziös das Klettern in der sauerstoffarmen, dünnen Luft war. In den Alpen gibt sich das nach ein paar Wochen, doch in solchen Höhen hört das verzweifelte Ächzen und Japsen unter extremen Anstrengungen auch nach monatelanger Akklimatisierung nicht völlig auf. Wenn Bergsteiger älter werden und ihre Kraft langsam nachläßt, können sie trotzdem ihr Niveau halten, indem sie ihre große Erfahrung geschickt einsetzen; am Himalaja wird das Klettern jedoch durch die Atmung grundlegend beeinträchtigt.

Also fing Mallory an, die verschiedensten Atemtechniken zu entwickeln, die ihm das Höhenklettern erleichtern sollten. Während der Expedition von 1921 experimentierte er mit einer von ihm so genannten »heimlichen« Atemmethode, die er, so versprach er Noel, nach seiner Rückkehr 1924 preisgeben würde. Aber Mallory kam nicht vom Everest zurück, und so glaubte man dieses Geheimnis für immer verloren. Im Expeditionsbericht von 1921 beschrieb er allerdings eine spezielle Technik, auf die er sich damals aller Wahrscheinlichkeit nach bezog:

Wir spürten wiederum, wie nötig es ist, viel und tief zu atmen. Ich hatte mir einen ganz bestimmten Atemdrill angewöhnt, der sich nach dem Gelände richtet, aber immer auf den gleichen Grundsätzen aufgebaut ist. Man muß das regelmäßige Atemholen dem Schrittmaße anpassen; man soll nicht nur mit der oberen Hälfte der Lunge arbeiten, nur die Brust einziehend oder weitend, sondern auch mit dem Zwerchfell; und das nicht nur zwischendurch, sondern andauernd, solange der Körper unter Hochdruck arbeitet…
Auf unseren Fahrten erfand ich zwei Arten der Beinbewegung im Gefolge der Lunge. Sobald planmäßiges Atmen notwendig wurde, holte ich mit einem Schritt Atem und atmete mit dem nächsten aus. In noch höheren Luftschichten oder bei hochgesteigerter Muskeltätigkeit atmete ich bei jedem Schritte ein und aus, indem ich das erste Beinheben sozusagen jedem Kolbenhube einer Atmung anpaßte.[2]

Mallory konnte diese Technik offenbar erfolgreich anwenden und hatte wahrscheinlich geglaubt, er könne es ohne Sauerstoffgerät schaffen, als sich diese Frage später für ihn stellte. Mit dieser Methode konnte er immerhin 1921 die mittleren Regionen des Everest begehen, doch je höher er bei den künftigen Expeditionen stieg, desto ernsthafter wurde seine Lunge auf die Probe gestellt. Sowohl 1922 als auch 1924 mußte er nach erfolglosen Versuchen ohne künstliche Sauerstoffzufuhr seine spezielle Technik aufgeben, den inneren Zwiespalt überwinden und als letzte Rettung für den weiteren Aufstieg zur Atemhilfe greifen.

Mallorys Beschreibung dieses verzweifelten Schnaufens und schrecklichen Ringens nach Luft bei seinen Begehungen am Fuß des Gipfels zogen die Frage nach sich, ob ein Mensch oberhalb des Nordsattels überhaupt überleben und gar weitersteigen könne.

Im Ersten Weltkrieg hatten die Piloten der britischen Armee in großer Höhe mit diesem Problem zu kämpfen. Professor Dreyer hatte der Luftwaffe damals geraten, Sauerstoffgeräte einzusetzen, und war schon vor dem Aufbruch des Erkundungsteams felsenfest davon überzeugt, daß der Everest ohne künstliche Sauerstoffzufuhr nicht zu bezwingen sei. Er warnte: »Ich glaube nicht, daß Sie ohne auskommen. Und wenn – dann kommen Sie wahrscheinlich nicht mehr runter.«[3]

Dreyer lieferte stichhaltige Gründe für den Einsatz von Sauerstoff und konnte Hauptmann Farrar leicht überzeugen. George Finch stellte sich für Experimente in Dreyers Unterdruckkammer zur Verfügung, wo die Bedingungen für das Klettern auf großer Höhe simuliert wurden. Doch für die Expedition von 1921 konnte kein zufriedenstellendes Höhenatemgerät entwickelt werden. Kellas wollte in Tibet Versuche mit künstlicher Sauerstoffzufuhr durchführen, doch nach seinem Tod lag dieses Feld brach, weil niemand ausreichende Kenntnisse (oder Interesse) hatte, seine Arbeit fortzusetzen.

Nach Rückkehr des Expeditionsteams wies Wollaston eindringlich darauf hin, daß die Forschung in diesem Bereich weitergehen müsse, und schlug Longstaff als geeigneten Sauerstoffbeauftragten vor. Longstaff war ohne übermäßige Erschöpfung über 7000 Meter geklettert und hegte wie die meisten Bergsteiger eine natürliche Abneigung gegen die Benutzung von Sauerstoffgeräten. Doch auch er bezweifelte, daß der Gipfel ohne Atemhilfe erreicht werden konnte. Als Wissenschaftler war er neugierig, ob es eine Grenze für Bergsteiger gab, wenn sie ohne Sauerstoffzufuhr kletterten. Farrar merkte bald, daß es in dieser Frage wenig Fortschritt geben würde, wenn man Longstaff damit betraute, der nur halbherzig an die Sache glaubte und außerdem weit von London entfernt lebte. Farrar sah also seine Chance, Finch wieder ins Spiel zu bringen, den der Auswahlausschuß damals unerfreulicherweise als Teilnehmer der Erkundungsexpedition abgelehnt hatte. Er schrieb an Younghusband:

In Finch haben wir einen Mann, der die Qualifikation besitzt, die ganze Sauerstoffangelegenheit in die Hand zu nehmen. Er ist Assistent von Professor Bone, dem Leiter der Forschungsabteilung für Brenn- und Treibstoffe, und er war außerdem, wie ich von Strutt weiß, in Thessaloniki Experte für Sauerstoff. Unser Risiko minimiert sich dadurch erheblich. Wir dürfen in keinem Fall aus dem Auge verlieren, daß die Begehung des Mount Everest ein sehr gefährliches Unterfangen ist – vielleicht weniger vom bergsteigerischen Aspekt als vielmehr wegen der Auswirkungen von Höhe und Kälte auf den Körper, über die wir, wie Professor Leonard Hill nicht oft genug betonen kann, keinerlei gesicherte Erkenntnisse besitzen.[4]

Farrar, Unna, Somervell und Finch bildeten daraufhin die Sauerstoffabteilung, beraten wurden sie von Dreyer und Hill von der Luftwaffe. Finch und Somervell führten weiterhin in Oxford ihre Versuche in den Unterdruckkammern durch, in deren Verlauf Somervell schließlich bewußtlos wurde. Nachdem ihm wieder Sauerstoff zugeführt worden war, behauptete er nachdrücklich, keinerlei Schmerzen oder Unwohlsein zu fühlen, was die Wissenschaftler in ihrer Auffassung bestätigte, daß Sauerstoffmangel vornehmlich geistige Verwirrung und eine Neigung zu unkontrolliertem Verhalten nach sich ziehe.

Die Testergebnisse wurden dem Everest-Ausschuß vorgelegt, der daraufhin eine Summe von 400 Pfund für den Kauf von zehn Atemgeräten (offene Systeme) und ausreichend Sauerstoffflaschen für die Expedition bewilligte.

Bei klinischen Versuchen an nicht akklimatisierten Testpersonen in Unterdruckkammern ist die Wirkung der Sauerstoffzufuhr wesentlich größer als bei akklimatisierten Menschen am Berg, die sehr viel weniger von der Atemhilfe profitieren und dadurch gegen diese auch eine natürliche Abneigung haben. Hätte man diesen physiologischen Zusammenhang damals schon erkannt, wären Atemgeräte womöglich nie eingesetzt worden.

Die meisten Bergsteiger waren also aus gutem Grund mißtrauisch gegenüber dem angeblichen Leistungsgewinn durch Sauerstoff, der sich außerhalb der Unterdruckkammern nur schwer nachweisen ließ. Allein das Gewicht und die unhandliche Größe dieses komplexen Geräts sprangen ins Auge, außerdem mußten Träger die Stahlflaschen auf der Route auswechseln, was bedeutete, daß sie als Verstärkung für Begehungsversuche ohne Atemhilfe nicht zur Verfügung standen. Darüber hinaus waren diese Geräte extrem unzuverlässig – warum, wurde nie ausreichend geklärt –, und die Bergsteiger hatten nicht die geringste Lust, sich einem solchen Ding auf Gedeih und Verderb auszuliefern.

Die Sauerstoffflaschen für die Expedition von 1922 waren, wie Finch berichtete, in gutem Zustand, doch »trotz der bewundernswerten Arbeit des Herstellers, den sicher keine Schuld trifft, waren die Geräte so leck, daß es vier Tage Schwerstarbeit kostete, sie mit Hilfe von Lötzinn, Bügelsägen, Kneifzangen und anderen Utensilien aus dem Werkzeugkasten einigermaßen zum Funktionieren zu bringen... Die Masken mit dem Einatmungsschlauch waren überhaupt nicht zu gebrauchen.«

Bald tat sich eine tiefe Kluft auf zwischen denen, die an den Nutzen glaubten, den die Sauerstoffzufuhr in der Theorie versprach, und jenen, die darin nur Nachteile für die Praxis sahen. Nachdem sich diese Spaltung schließlich vollzogen hatte, konnte keine Partei mehr irgendeinen Wert in den Aussagen der jeweils anderen Seite erkennen, so gerechtfertigt die Behauptungen oder Kritikpunkte beider Lager vielleicht auch waren. Die Diskussion wurde mit der Zeit so emotional, daß keiner mehr bereit war, seine Meinung zu ändern, und der Streit dauerte schließlich über 20 Jahre. Kernpunkt der Debatte war das »fair play« – ob es moralisch vertretbar sei, Atemhilfen zu benutzen, war für die Generation der Bergsteiger vor dem Zweiten Weltkrieg von übergeordneter Bedeutung. Durch wissenschaftliche Argumente ließ sich der Streit nicht beilegen, und die Physiologen konnten sich nicht erklären, warum selbst gesicherte Beweise, die sie immer wieder präsentierten, die Beteiligten nicht zu einer Meinungsänderung veranlaßten. Der Disput dauerte bis zum Ende der vierziger Jahre; in den letzten Jahren ist er sogar wieder aufgeflammt, nachdem sich gezeigt hatte, daß die Besteigung des Everest ohne Sauerstoff durchaus möglich ist.

Mallory, der das Bergsteigen von einem sehr idealistischen Standpunkt aus betrachtete und großes Vertrauen in eine erfolgreiche Akklimatisierung einerseits und in seine Atemtechnik andererseits hatte, lehnte anfänglich den Gebrauch von Sauerstoffgeräten kategorisch ab. Am 31. Januar 1922 führte Mallory mit Sir Walter Raleigh ein Gespräch über die Meinung der Physiologen, die eine Atemhilfe für unerläßlich hielten. Dabei soll Mallory erklärt haben: »Ich habe Sir Walter gesagt, die Physiologen sollten in ihren Teufelskammern zur Hölle fahren, und wir würden alles dransetzen, auch ihre verdammenswerte Ketzerei in den Höllenschlund zu befördern.« Von der Schiffspassage nach Indien schrieb Mallory 1922 an seinen Freund David Pye:

Daß ich wieder zum Everest gehen soll, ohne eine große Chance zu haben, den Gipfel zu erreichen, halte ich für eine ziemlich triste Angelegenheit, zumal es so viele Dinge im Leben gibt, die sinnvoller erscheinen. Und wenn ich dann auch noch daran denke, daß ich mit vier Sauerstoffflaschen auf dem Rücken und einer Maske vor dem Gesicht klettern soll – also dann verliert es wirklich seinen Reiz.[5]

Doch Mallorys Haltung sollte bald ins Wanken geraten. Es gab verschiedene Gründe, die ihn bewogen, eine langsame Wandlung zu vollziehen. Den größten Einfluß auf diese Meinungsänderung hatte jedoch George Ingle Finch.

8

Die Vorbereitung auf den Gipfelsturm

Mallory erhielt die Einladung zur Teilnahme an der zweiten Expedition, während er noch auf der Rückreise von der ersten war. Mit den Erfahrungen, die er bei der Erkundung gesammelt hatte, konnte er dem Everest-Ausschuß zwei wichtige Empfehlungen geben. Zum einen war sicher, daß die Expedition in der falschen Jahreszeit stattgefunden hatte und daß es auf jeden Fall besser wäre, den Berg vor den Monsunschneefällen, also im Mai oder Juni, zu begehen. Des weiteren vertrat er die Meinung, daß mindestens acht Bergsteiger teilnehmen sollten. Das öffentliche Interesse an der Sache war groß und die Beziehungen zu Tibet gut, und so wollte der Ausschuß das nächste Team baldmöglichst ausschicken. Doch wenn die Mannschaft schon im Frühjahr in Tibet sein sollte, blieben nur noch ein paar Monate für die Vorbereitungen. Mallory sah nur wenig Chancen, in so kurzer Zeit genügend geeignete Personen zu finden, und wollte sich daher nicht sofort für eine Teilnahme entscheiden. Er teilte Hinks mit, daß er ihn benachrichtigen werde, sobald er mit seiner Frau von einem Aufenthalt in Südfrankreich wieder zurück sei.

In einem Brief an seine Schwester Avie bemerkte er: »Ich werden ihnen sagen, sie sollen erst die anderen sieben finden. Ich stelle mir schon vor, wie sie über den Mitgliederlisten des A. C. brüten und Meinungen über die verschiedenen Kandidaten einholen! Ich gehe nächstes Jahr nicht schon wieder mit – nicht für alles Geld der Welt.«[1]

Doch Hinks wollte Nägel mit Köpfen machen. Mallory wisse doch, wieviel es zu organisieren gäbe. Warum er sich denn zu keiner klaren Antwort entschließen könne. Übrigens hatte Mallory einen wunden Punkt getroffen, als er in seinem letzten Brief die Kartenskizze kritisiert hatte, die Hinks für die *Times* als Illustration für die Berichte aus dem Himalaja angefertigt hatte. Hinks schrieb beleidigt zurück: »Es ist unerläßlich, daß wir uns baldmöglichst sehen. Auch wenn Sie im nächsten Jahr nicht teilnehmen – so werden es andere Leute tun.« Und das letzte Wort mußte er auch noch haben: »Ich wette mit Ihnen einen Schatzwechsel im Wert von einem Pfund Sterling, daß meine Skizze des Mt. Everest... genauer ist, als die, die Sie mir mit Ihrem Brief schickten.«[2]

Wie sich herausstellte, hatte Mallory den Ausschuß unterschätzt. Er bekam zwar nicht die geforderten acht Teilnehmer zusammen. Doch ein einigermaßen qualifiziertes Team von sechs Personen ließ sich schnell finden. Mallory sagte zu – auch ohne die Verlockungen allen Geldes der Welt. Schon zu Beginn der Zweiphasenplanung – Erkundung im ersten, Gipfelbesteigung im zweiten Jahr – hatten sich ein paar Mitbewerber für die ihrer Meinung nach interessantere zweite Phase vormerken lassen. Drei der beharrlichsten Anwärter auf einen Platz im Erkundungsteam waren ebenfalls mit von der Partie: Bruce, Longstaff und Noel.

Expeditionsleiter war General Charlie Bruce. Fast 30 Jahre hatte er auf diese Gelegenheit gewartet – und nun wäre es fast zu spät gewesen. Nach drei Jahren anstrengendsten Dienstes in Bannu, einem der heißesten Grenzgebiete, hatten drei aufeinanderfolgende medizinische Untersuchungen ergeben, daß er an Herzschwäche und Herzerweiterung litt. Er wurde 1919 als dienstuntauglich entlassen, und man legte ihm nahe, nach England zurückzugehen und dort ein ruhiges Leben zu führen. Damals war er Ende Fünfzig. Für einen von Natur aus aktiven Mann war das eine bittere Pille. Später scherzte er darüber und behauptete, daß kaum ein einziges Organ in seinem Körper noch normal war. »Sogar meine Leber war so groß, daß zwei Männer und ein Junge sie tragen mußten.«[3]

Bruce kehrte also in seine Heimat Wales zurück und haderte mit dem Gebot, sich zu schonen. Schon bald schloß er sich der Glamorgan Territorial Association an, was ihn sehr ausfüllte, seine Sehnsucht nach den Bergen jedoch nicht stillen konnte. Er begab sich bei Claude Wilson in Behandlung, einem Arzt und Bergsteiger, der ihm 1920 erlaubte, leichte Touren zu machen, was Bruces Gesundheitszustand sehr verbesserte. Schon 1921 durfte er wieder klettern, soviel er wollte, und er kam in bester Form aus den Alpen zurück. Und nun, 1922, sollte er eine Everest-Expedition leiten! Niemand erwartete von ihm, daß er höher stieg als bis zum Basislager, es gab sogar einige, die nicht mehr zuversichtlich waren, daß er es überhaupt bis dorthin schaffte.

Es war bekannt, daß Howard-Bury auch gern die zweite Expedition geleitet hätte. Nachdem er die Erkundung so erfolgreich durchgeführt und man ihm in den anfänglichen Verhandlungen auch entsprechende Hoffnungen gemacht hatte, hätten es viele für richtig befunden, wenn ihm die Möglichkeit geboten worden wäre, auch zu Ende zu bringen, was er begonnen hatte.

Howard-Bury machte sich berechtigte Hoffnungen, daß Hinks, der keineswegs ein großer Befürworter von Bruce war, sich für ihn einsetzen würde. In den Briefen, die Hinks ihm nach Tibet schrieb, erging er sich häufig in Andeutungen über Bruces fragwürdigen Gesundheitszustand. Nach Kellas' Tod schrieb ihm Hinks: »Ich frage mich, ob Dr. Wollaston Kellas in Darjeeling untersucht hatte. Das wäre ein gewagtes Unterfangen gewesen, denn Kellas war ein ziemlich halsstarriger kleiner Mann. Jedenfalls hat uns diese Erfahrung gelehrt, wie wichtig die medizinischen Untersuchungen sind, und ich will lieber nicht daran denken, welche Figur Bruce abgibt, wenn er im Herbst bezüglich einer Teilnahme an der nächsten Expedition untersucht wird.«[4]

Später schrieb er schon sehr viel freimütiger an Howard-Bury: »Meiner Meinung nach sollte Bruce auf keinen Fall fahren; ich glaube auch kaum, daß ein Arzt ihm das erlauben würde. Doch unsere diesjährigen Erfahrungen beweisen, welch einen lachhaften Standpunkt so ein Ausschuß einnehmen kann.« Hinks war sich bewußt, daß er zu dieser Bemerkung kein Recht hatte, denn er fügte hinzu: »Der Präsident ist ein wenig unnachgiebig, was Bruce angeht, und ich habe ihm mitgeteilt, daß ich Ihnen schreibe.« Natürlich war der Präsident unnachgiebig. Bruce war all die Jahre zuvor bei der Geburt des Projekts dabeigewesen, und Younghusband erachtete es als eine Frage der Ehre, daß er nun, wo das Unternehmen, wie man kühn annahm, endlich Wirklichkeit werden würde, mit von der Partie sein sollte.

Unter der Voraussetzung, daß er große Höhen mied, konnte Bruce die Expeditionsärzte von seiner Fitneß überzeugen; seine Narben und alten Schußverletzungen wurden als unerheblich abgetan, und seine leichte Arteriosklerose war nichts im Vergleich zu seinem guten Allgemeinzustand und seiner robusten Konstitution. Das war sowohl für Bruce als auch für Younghusband eine Erleichterung. »Ich freue mich sehr«, so Bruce. »Wenn der Vorstand mich will, so bin ich Ihr Mann. Diesen Job werde ich wohl kaum ausschlagen.«[5] Bruces Ernennung wurde noch vor der Rückkehr des Erkundungsteams der Presse mitgeteilt. Howard-Bury nahm heftigen Anstoß an der Tatsache, daß die Nachricht so schnell und mit solch einem Nachdruck verbreitet wurde, daß in der Öffentlichkeit der Eindruck entstehen mußte, er habe versagt. Er beklagte sich bitterlich, daß die Expedition zu einem bloßen Kletterabenteuer verkommen werde und niemand ein Interesse an etwas anderem als den Leistungen der Bergsteiger habe, »die wir ja leider nicht für Sie erbringen konnten«[6].

Bruces Stellvertreter sollte ab dem Basislager die Leitung übernehmen. Es war der 48jährige Oberstleutnant Edward Lisle Strutt, ein sehr erfahrener Alpinist, hervorragender Soldat und Diplomat und ein Mann mit bemerkenswertem Mut; 1919 konnte er die Kaiserin und den Kaiser von Österreich aus den Wirren der Revolution retten und sicher in die Schweiz bringen. Er war ein enger Vertrauter vieler Familien des europäischen Hochadels, eine Zeitlang war er sogar Hochkommissar in Danzig, mußte jedoch nach einem eher undiplomatischen Zusammenstoß mit Lord Curzon, dem damaligen

Außenminister, seinen Posten schnellstens räumen. Persönliche Auseinandersetzungen waren bei Strutt keine Seltenheit. Man erinnert sich an ihn als einen scharfzüngigen, starrsinnigen Mann mit einem Hang zu grotesken Ausbrüchen und übertriebenem Snobismus. Strutt überging jeden Fortschritt in Taktik und Technik des Bergsteigens und machte das *Alpine Journal* während der zehn Jahre seiner Herausgeberschaft dafür bekannt, daß es gerne die Rolle der »entrüsteten, kritteligen alten Jungfer« übernahm.[7]

Die aktiven Bergsteiger im Team waren George Mallory, George Finch, Howard Somervell, A. W. Wakefield und Major E. F. Norton; sie alle galten als durchaus fähig, den Gipfel zu erreichen. Somervell und Wakefield stammten beide aus Kendal im Lake District, beide waren Ärzte – Somervell war Chirurg, Wakefield hatte als Allgemeinarzt einige Jahre in Kanada praktiziert. Der 32jährige Somervell galt als besonders ausdauernd und genoß einen ausgezeichneten Ruf als Alpinist; seine beste Saison, in der er 32 Gipfel bezwang, sollte jedoch erst im Jahr darauf kommen. Sein Studium in Cambridge hatte er in zwei naturwissenschaftlichen Fächern mit besten Noten abgeschlossen, und er war auch musisch sehr begabt. Auf der Fahrt zum Everest sammelte er tibetische Volkslieder, die er später für europäische Instrumente transkribierte, und bei jedem Halt auf der langen Reise hockte er sich auf ein paar aufeinandergestapelte Packkisten und hielt die wechselnden Landschaften in lebhaften Pastellzeichnungen fest. Wakefield hingegen hatte sich als junger Felskletterer in Cumbria einen Namen gemacht; er war so versessen darauf, an der Expedition teilzunehmen, daß er seine Praxis in Kanada verkaufte.

Major E. F. »Teddy« Norton war die große Entdeckung des Ausschusses. Er war der Enkel des Bergpioniers Sir Alfred Wills, dem die Erstbesteigung des Wetterhorns gelungen war. Als Kind hatte er seine Ferien im Chalet der Familie bei Sixt im französischen Department Niedersavoien verbracht, wo er und sein Bruder sich auf der Jagd nach Gemsen darin geübt hatten, über steile Geröllfelder zu gehen und Wände zu bezwingen, an die sich nicht einmal die einheimischen Jäger heranwagten. Norton war groß und gelenkig und ein passionierter Reiter. Er hatte als Artillerist gedient, spielte Polo und ging gern auf Wildschweinjagd. Der zurückhaltende und kultivierte Mann war ein idealer Expeditionsteilnehmer, nicht zuletzt weil er verschiedene hindustanische Dialekte sprach. Bei einer späteren Expedition mußte er mitten in Tibet kurzfristig die Leitung übernehmen und zeichnete sich durch natürliche Autorität und Organisationsfähigkeit aus.

Als Expeditionsarzt fungierte Tom Longstaff. Wie Wollaston war auch er Naturforscher und kundiger Sammler. Als Bergsteiger verfügte er über mehr Erfahrung im Himalaja als alle anderen Teilnehmer, doch mit seinen 47 Jahren hatte er seinen Zenit schon überschritten. Nach der medizinischen Voruntersuchung urteilten die Ärzte gnadenlos: »Dieser Mann ist nicht sehr gut in Form.«

John Noel hingegen bekam attestiert, daß sein Gleichgewichtssinn gut und seine Höhentauglichkeit sogar sehr gut seien. Auch ihm wurde endlich die Möglichkeit geboten, sich seinen Traum vom Mount Everest zu erfüllen. Als Fotograf und Kameramann der Gruppe begann er umgehend mit den Vorbereitungen. Er rüstete seine Handkamera gegen die Kälte aus und besorgte ein licht- und staubundurchlässiges Zelt, das er im Basislager als Dunkelkammer benutzen konnte.

Zum Transportbeauftragten ernannte Bruce seinen Neffen, Hauptmann Geoffrey Bruce, und Hauptmann John Morris, die beide bei den Gurkhas dienten; Colin Crawford vom indischen Zivildienst, der auch ein bemerkenswerter Bergsteiger war, sollte ihnen assistieren. Bruce bat die indische Landvermessungsbehörde erfolgreich um die Freistellung von Morshead, den er diesmal als Bergsteiger und nicht als Landvermesser brauchte. Mit Morshead, Crawford und Geoffrey Bruce, der zwar kein Bergsteiger war, sich jedoch bald als sehr talentiert erwies, hatte Bruce sein Team raffiniert verstärkt, ohne mit dem Ausschuß Rücksprache zu halten. Im großen und ganzen war eine sehr gute Gruppe mit starkem Zusammenhalt entstanden.

Bruce reiste vor den anderen nach Indien und organisierte den Transport. Nach seinen Schätzungen brauchte er mindestens 500 Mulis, um die ganze Ausrüstung ins Basislager zu schaffen; außerdem wollte er unbedingt strapazierfähigere Tiere als das letztjährige Team. Der Großteil der wissenschaftlichen Geräte und Instrumente war zu empfindlich, um sie einem Mulirücken anzuvertrauen, und mußte von Trägern übernommen werden. Er zog Hinks damit auf, daß Noel mit einer zwölf Meter langen Kiste in Darjeeling ankommen würde und er gegenwärtig »das Land durchkämme auf der Suche nach einem entsprechenden Maultier.« Um sich die Reise durch Tibet zu erleichtern, besorgte Bruce Geschenke für die Dzongpeon und andere Beamte. »Dem Lama des Rongbuk-Klosters bringe ich Brokat«, berichtete er, »und dann habe ich noch zwei Dutzend Homburgs, damit gewinne ich die Herzen aller niederen Beamten.«

Am 23. März konnte er Hinks berichten, daß sie nun auf dem Weg seien. »Unsere Ausstattung ist wirklich enorm« – 40 Träger für die Kletterausrüstung, 8 Träger für die Fotoausrüstung, 10 Träger für die Sauerstoffgeräte, 1 Sirdar (Führer der Sherpas), 1 Dolmetscher, 1 Schuster, 1 Zeltflicker und ein paar erstklassige Köche.

Hinks bekam den Eindruck, daß die Dinge aus dem Ruder liefen. Bruce gab das Geld mit vollen Händen aus. Nach inoffiziellen Schätzungen betrugen allein die Kosten für den Transport der Atemgeräte von Kalkutta zum Nordsattel an die 600 Pfund. Hinks hatte immer das Gefühl gehabt, daß der Sauerstoff das ganze Projekt ein bißchen zur Farce machte. Nachdem er Zeuge der ersten praktischen Übung mit einem Sauerstoffgerät geworden war, schrieb er an Bruce, daß »ein toller Apparat« erfunden worden sei, bei dessen Anblick er sich gewiß totlachen werde. In den Medien hatte er die Empfehlungen der Sauerstoffabteilung sowie deren Rat, Sauerstoffflaschen am Berg zu deponieren, verächtlich kritisiert. Farrar tobte: »Ich sage Ihnen freiheraus, daß ich diesen polemischen Ton in Ihrem Artikel nicht mag. Man wird Sie für einen Zweifler halten.«[8]

Stein des Anstoßes war ein Bericht über die Fortschritte der Expedition, den Hinks für das *Geographical Journal* geschrieben hatte. Er hatte ihn aber nicht abgezeichnet, und außerdem verfiel er immer wieder in den Plural, so daß nicht unbedingt Hinks selbst als Zweifler erschien, sondern die Nomenklatura der Geographen. Was Farrar dermaßen in Rage brachte, war, daß Hinks den Eindruck erweckte, der Everest-Ausschuß sei dem Einfluß schrulliger Intellektueller und atypischer Bergsteiger erlegen.

Auf dringenden Wunsch einer Gruppe von Bergsteigern, die überzeugt sind oder sich haben überzeugen lassen, daß sie den Gipfel niemals ohne künstliche Sauerstoffzufuhr erreichen könnten, wurde das Expeditionsteam mit Atemgeräten ausgerüstet, denn der Ausschuß fühlte sich verpflichtet, alles zu besorgen, was noch irgendwie im Rahmen des Machbaren war, und kam bereitwillig für die Kosten auf…
Dabei ist es sehr viel wahrscheinlicher, daß manch ein Bergsteiger die Einschränkung der Bewegungsfreiheit durch das Gerät irgendwann nicht mehr aushalten kann und interessante neue Varianten der »Klaustrophobie« entwickeln wird, die Menschen in der Druckkammer oder im Taucheranzug erfaßt. Das ist gut so. Denn für uns ist es genauso wichtig herauszufinden, wie hoch ein Mensch ohne Sauerstoffgerät klettern kann, wie es natürlich ebenso von Bedeutung ist, unter Bedingungen, die nie als »richtiges« Bergsteigen akzeptiert werden können, an einen bestimmten Punkt zu gelangen, auch wenn es der höchste Gipfel der Welt ist.[9]

Hinks' Artikel war eine anmaßende Überschreitung seiner Kompetenzen, doch er entschuldigte sich keineswegs. Er ging sogar noch weiter und schrieb an Farrar: »Ganz besonders leid würde es mir tun, wenn die Sauerstoffgeräte die Bergsteiger so behindern, daß sie damit nicht so hoch aufsteigen können wie ohne. Dreyer rät unmißverständlich dazu, die Atemhilfe konstant über 7000 Metern zu benutzen. Ich halte das für kompletten Unsinn. Auch Wollaston ist meiner Meinung. Wenn einige Bergsteiger nicht ohne künstlichen Sauerstoff auf 7600 bis 8000 Meter gehen können, dann sind sie eben Versager.«[10]

Farrar entgegnete:

Genaugenommen halte ich die Sauerstoffzufuhr nicht für künstlicher als die Nahrungsaufnahme. Der menschliche Organismus ist nun einmal auf eine bestimmte Versorgung mit Sauerstoff ausgerichtet, und wir haben nicht mehr getan, als diese normale Menge bereitzustellen. Ganz sicher bin ich nicht der Meinung: »Wenn einige Bergsteiger nicht ohne künstlichen Sauerstoff auf 7600 bis 8000 Meter gehen können, dann sind sie eben Versager.« Da ich sehr große Erfahrung im Bergsteigen habe – jedenfalls mindestens soviel wie alle gegenwärtigen Teilnehmer – bin ich der festen Überzeugung, daß sie, egal, was sie tun, darin von keinem anderen Team unter ähnlichen Bedingungen übertroffen werden können.[11]

Eine Kopie von Hinks' Artikel fiel Finch im Basislager zu Beginn der Expedition in die Hände. Er sah darin einen hinterhältigen Versuch, die ganze Expedition zu untergraben. Doch was ihn noch mehr beunruhigte – er glaubte, daß Hinks damit schon in gewisser Weise Erfolg gehabt hatte.

Statt das Ziel im Auge zu behalten, den Mount Everest mit allen uns zur Verfügung stehenden Mitteln zu bezwingen, hatten die Gegner der Sauerstoffhilfe ... die Expeditionsteilnehmer erfolgreich beeinflußt und ihnen ein neues Ziel vor Augen geführt: nämlich auszuprobieren, wie weit sie ohne Sauerstoffgeräte aufsteigen könnten. Das Ganze wäre halb so schlimm, wenn der Verfasser dieses Artikels, der offenbar über ein mögliches Scheitern jubeln und den einzigartigen Zweck dieser Expedition einem neuen Ziel opfern würde, nicht selber Bergsteiger wäre.[12]

Die meisten Bergsteiger verließen England an Bord des Dampfers *Caledonia*. Finch wollte die Zeit nutzen und Übungen mit den Sauerstoffgeräten durchführen, doch niemand nahm das besonders ernst. In seinem Tagebuch klagt er: »Die meisten anderen meinen, alles sei so einfach, und man müsse nicht hart trainieren«, und er fügte mit einiger Genugtuung hinzu: »Heute machten einige einen ziemlichen Narren aus sich, weil Verwirrung über die Frage der Ventile bestand. Das nächste Mal kümmern sie sich vielleicht besser früher darum!«[13] Doch Mallory sorgte sich nicht wegen der Ventile – die waren »gut genug« – sondern wegen der erstickenden Enge unter der Gummimaske und vor allem wegen der ganzen Prozedur, die im Notfall durch ein Versagen der Atemmaske drohte. Dann hätte man nämlich den Gummischlauch in den Mund nehmen müssen: »Mir wird ganz schlecht bei dem Gedanken, daß dann da der Speichel heruntertropft. Ich hoffe, ich komme nie in eine solche Situation!« schrieb er an Ruth.[14]

Nach Mallorys Bekunden verlief die Reise friedlich. »Jeden Tag Sonnenschein, die Expeditionsteilnehmer sind zufrieden und fröhlich, die Gespräche ungezwungen.« Die meisten widmeten sich einer Art Kricket auf Deck, Wakefield und Somervell spielten mit Begeisterung Tennis, um sich fit zu halten, und Finch – von dem Mallory sagte, daß er sich »soweit sehr gut benommen« habe – bastelte einen Punchingball.

Es gab sehr viele wissenschaftliche Diskussionen, vor allem über das Thema Sauerstoff. Wakefield hält nicht viel von der ganzen Sache und bezieht Opposition zu Finch, der dogmatisch seinen Standpunkt pro Sauerstoff vertritt. Ich habe den Eindruck, Wakefield ist oft wütend auf ihn. Ich hingegen finde Finch amüsant und mag seine Gesellschaft. Am lustigsten finde ich seine Kopfform – sein Kopf wird an den Schläfen breit, wo er doch in die Höhe gehen sollte! Er ist ein Fanatiker, und er lacht nicht viel. Er beschäftigt sich dauernd mit seinem Sauerstoffzeug und redet immer davon, was er damit alles machen wird – als würde es ihm gehören!

Jedenfalls haben wir die Übungen abgeblasen, vielleicht wird dann nicht mehr soviel über dieses Thema gesprochen; trotzdem ist die Sache sehr interessant, und Finch kennt sich bestens aus.

Wie sehr der erste Eindruck doch trügen kann! Als ich Strutt bei einem kurzen Treffen des Alpine Club kennenlernte, dachte ich, er sei ein steifer, verknöcherter Soldat, doch nun stellt sich heraus, daß er alles andere ist als das … Er ist sehr unterhaltsam, eine richtige Plaudertasche – allerdings ohne Tiefgang … Er hat mir erzählt, daß ihn Curzon wegen Landesverrats vors Kriegsgericht stellen wollte – daraus schließe ich, daß er ein guter Mann ist.

Mein Leben war noch nie so kurzweilig. Wir führen wirklich eine Menge Gespräche. Noel mag ich besonders. Vor ein paar Tagen habe ich mich lange mit ihm unterhalten; er erzählte mir, daß der Everest-Film unabhängig vom Vortrag eine Sache für sich sein würde und allein an ausländischen Rechten 15 000 Pfund einspielen soll – Gott allein weiß, wieviel in England damit erzielt wird. Das macht mir Hoffnung, daß die Vortragenden ein großzügiges Honorar bekommen.[15]

An Bord traf Finch den Manager der Niederlassung der Lightfoot's Oxygen Company in Kalkutta; er erklärte sich bereit, die Sauerstoffflaschen bei der Ankunft in Indien zu überprüfen. Die Sauerstoffausrüstung lagerte inzwischen in einem anderen Schiff, der *Chicka,* die sie überholt hatten. Finch mußte also ungeduldig die Ankunft der *Chicka* abwarten, während die anderen nach Darjeeling zu General Bruce und jenen gingen, die direkt aus Indien gekommen waren.

Norton lag in Kalkutta im Krankenhaus, weil er sich bei der Wildschweinjagd verletzt hatte, doch eine Operation war nicht nötig, und so konnte er mit den anderen weiterreisen.

Bruce empfing das Team in überschwenglicher Manier auf der Straße nach Darjeeling und hatte die unterschiedlichen Fraktionen schon bald wieder zusammengeschweißt. »Ich bin so froh, meine Liebe«, schrieb Mallory an Ruth. »Das Team scheint ein prima Haufen zu sein – wenn ich schon an den Unterschied zwischen Bruce und Bury denke!« Er konnte nicht umhin, diesen Vergleich zu ziehen; eine seiner Aufgaben bei der Anreise war die Fahnenkorrektur für das Buch über die erste Expedition. Was Bury geschrieben hatte, war noch schlimmer, als er erwartet hatte: kindisch und langatmig, »schrecklich schlecht«, vertraute er Ruth an. Das war ausgesprochen schade, denn er hatte eine Menge interessanter Informationen gesammelt.

Nirgends eine Danksagung, nirgends eine Erwähnung der Errungenschaften und der Fähigkeiten der Expeditionsteilnehmer – nichts; auf den ganzen 180 Seiten nicht mal ein Hinweis, daß der Autor einen von uns gemocht hätte. Andererseits jedoch gibt es einige Bemerkungen, die unumwunden auf die Schwächen der Männer schließen lassen. So erwähnt er zum Beispiel, daß Wheeler bei der Entenjagd danebenschoß, daß Morshead und ich höhenkrank wurden, als wir Bury einen Berg hinaufführten, und daß ich von Shekar Dzong aus den falschen Weg nahm. Kein einziges Wort über den Erfolg unserer Expedition. Im Grunde kann es mir egal sein, und in den wichtigen Punkten der Erkundungsfahrt war er auch nicht unfair zu mir, aber ich habe trotzdem keine Lust, ein Buch mit so einem Menschen zu teilen.[16]

Finch stieß schließlich zu ihnen, doch er blieb der komische Kauz und Außenseiter. Seine Unbeliebtheit bei den Expeditionsteilnehmern war ein großes Problem. Hätte Strutt sich nicht für ihn eingesetzt, so hätte man ihn vielleicht übergangen, wie es 1921 der Fall gewesen war. Strutt schrieb an Younghusband: »Er [Finch] ist derjenige, dem ich zutraue, den Gipfel zu erreichen; das sollten wir nie vergessen.«[17] Er vertrat auch die Meinung, daß er und der General auf jeden Fall ernsthafte Reibereien verhindern könnten, wenn sie sich der Schwierigkeiten in der Gruppe bewußt wären. Trotz dieser edlen Worte war auch Strutt nicht frei von fürchterlichen Vorurteilen, wie sich John Morris erinnert:

> Strutts Vorbehalte beruhten auf Finchs ungewöhnlichem Hintergrund. Er war in der Schweiz zur Schule gegangen und hatte sich mit zahlreichen erfolgreichen Begehungen ohne Bergführer einen großen Ruf verschafft. Von Beruf war er außerdem Chemiker, was ihn in Strutts Augen gleich doppelt verdächtig machte, denn nach seinen altmodischen Ansichten war die Wissenschaft kein respektables Betätigungsfeld für einen Gentleman. Ein Foto verärgerte ihn am meisten; es zeigte Finch, wie er seine Stiefel reparierte. Dies bestätigte Strutt in der Meinung, daß ein Wissenschaftler eine Art Handwerker sei. Ich sehe immer noch vor mir, wie Strutt das Foto mit strengem Blick und höhnischem Grinsen betrachtete. »Ich habe immer gewußt, daß der Kerl ein Stück Scheiße ist«, sagte er. Uns verschlug es die Sprache.[18]

Morris hatte Finch selbst noch nicht getroffen und war gespannt, was ihn erwarten würde. Als Finch in Darjeeling für ein paar Tage zur Truppe stieß, war Morris angenehm überrascht von dem »ausgeglichenen« Mann mit ausgesprochen »professioneller« Einstellung, auch wenn ihm nicht entging, daß Finch sich in der Gruppe nicht besonders wohlfühlte. Morris schob das auf die Tatsache, daß Finch sich vollkommen darüber im klaren war, daß weder er noch seine Sauerstoffgeräte sehr willkommen waren. Während der ganzen Expedition blieb Finch die Zielscheibe sarkastischer Bemerkungen und grober Scherze.

Finch seinerseits vertraute seinem Tagebuch seine Eindrücke bezüglich der anderen Teilnehmer an. Er versuchte einzuschätzen, welche Höhe seine Kameraden auf dem Everest bewältigen könnten, und war gespannt darauf, inwieweit sich seine Vermutungen durch die Ereignisse bestätigen würden. Bruce, Longstaff und Noel hatten andere Verpflichtungen und sie räumten sich selbst keine großen Chancen ein, hoch hinaufzugelangen – wenngleich Noel insgeheim hoffte, sehr weit zu kommen und möglicherweise sogar den Gipfel zu erreichen. Finchs Meinung über die anderen beruhte auf deren körperlicher Erscheinung, ihren Ansichten und ihrer bergsteigerischen Erfahrung. Geoffrey Bruce zum Beispiel sei zu schmalbrüstig, um eine gute Kondition zu haben, Morris sei plump und sein Rumpf viel zu langgestreckt für seine kurzen Beine, außerdem war er Brillenträger. Beide betrachtete er nicht als Bergsteiger, auch Norton nicht, obwohl er eine gute Kondition hatte, und bei Wakefield bemängelte er, weitgehend ungerechtfertigt, dessen Alter und die Nervosität, die sich schon fast zur Hysterie steigern und seine Energie verzehren würde. In diesem Punkt lag Finch gewissermaßen richtig, denn Wakefield hatte Probleme mit der Akklimatisierung. Von Strutt dachte Finch, daß er höher steigen könnte, doch sein Mangel an Selbstvertrauen und seine schlechte Meinung von sich selbst sprächen gegen ihn. Der massige Somervell und vielleicht auch Norton könnten bis auf 7300 Meter gehen, Muskelverkrampfungen wären dabei aber nicht ausgeschlossen; außerdem war Norton in der Unterdruckkammer von Oxford nur auf 7000 Meter gekommen. Nur Mallory, den Finch »für den Kräftigsten von allen« hielt, rechnete er Chancen aus, 7600 Meter zu schaffen.[19] Für sich selbst hoffte Finch, daß er »mit Mallory mithalten« könne, doch sei keineswegs von ihm zu erwarten, daß er dies ohne Sauerstoffgerät versuchte. Die Atemhilfen waren ausgesprochen unbeliebt, und Finch bezweifelte, daß seine Gefährten sich auf die Geräte verlassen würden. Bruce und Longstaff hatten sogar mitgeteilt, daß der erste Aufstiegsversuch auf jeden Fall ohne Sauerstoffzufuhr erfolgen würde.

Finch bezweifelte nicht nur, daß der Everest ohne Atemgerät zu bezwingen wäre, sondern er war auch überzeugt, daß kein Mensch, der sich zum »Äußersten« trieb und versuchte, ohne Sauerstoffgerät den bestehenden Höhenrekord von 7498 Metern zu brechen oder gar den Gipfel zu erreichen, im selben Jahr noch einmal in der Lage wäre, selbst mit Sauerstoffhilfe ein solches Risiko auf sich zu nehmen. Sie hatten beschlossen, unter 7000 Metern keine Sauerstoffgeräte zu benutzen, und das konnte, wie Finch befürchtete, viel zu hoch sein für einen Mann, der sich schon bei einem früheren Versuch ohne Sauerstoff verausgabt hatte. Doch in diesem Stadium war alles noch Spekulation. Man würde ja sehen … In Darjeeling hatte Bruce 40 nepalesische Träger angeheuert, darunter 13, die schon im vergangenen Jahr dabeigewesen waren. Es waren weniger, als ihnen lieb gewesen wäre, aber sie hofften, daß später noch ein paar Tibeter dazustoßen würden. Der Großteil der Ausrüstung war schon lange auf dem Weg nach Tibet. Am 27. März schrieb Mallory aus Kalimpong an Ruth:

> Heute sind wir an der Endstation der Eisenbahn im Teesta-Tal angekommen – eine dreistündige Reise, doch sehr angenehm … Bruce streckte die meiste Zeit den Kopf aus dem Fenster, er schäumte über vor Freude und winkte den Leuten dauernd mit dem Taschentuch zu. Noel saß auf dem Dach des Waggons und filmte die Landschaft.[20]

Im Teesta-Tal war es sehr heiß. Wie die meisten war auch Mallory froh, daß die Reise ab Teesta Bridge mit Ponys weiterging. Nicht so der General. Er unterzog sich der »heldenhaften Strapaze, seinen Bauch loszuwerden«, und zog es vor, 1200 Meter zu Fuß aufzusteigen. »Die Erde auf seinem Weg war bestimmt getränkt von seinem Schweiß. Aber was für eine Energie!« bemerkte Mallory.

Die Sauerstoffflaschen waren noch nicht eingetroffen, als sich die beiden ersten Gruppen auf den Weg machten, Finch mußte zurückbleiben, Crawford wartete mit ihm. Das war ein schwerer Schlag für Finch, denn nun konnte er aller Wahrscheinlichkeit nach die Hauptgruppe erst wieder um den 20. Mai im Basislager treffen – zu spät, um das für die Anreise geplante Training mit den Sauerstoffgeräten durchzuführen. Zweifel befielen ihn, ob der Rest der Mannschaft ausreichend geübt – oder interessiert – wäre, die Geräte am Berg zu benutzen. Finch hatte mit dem General vor dessen Aufbruch darüber gesprochen, »aber ohne großen Nachdruck, schließlich will ich niemandem lästig fallen«. Nach Finchs Meinung konnten nur er und Somervell bisher mit den Geräten umgehen, und da man schon Anfang Juni mit dem Monsun rechnen mußte, würde kaum mehr Zeit für ein umfassendes Training bleiben, bevor man den Angriff auf den Mount Everest wagen mußte.

Frustrierend war auch, daß das Werkzeug schon mit der Vorhut unterwegs war, Finch konnte die Ausrüstung auf dem Weg also weder prüfen noch technisch überholen. Er hatte den Eindruck, die Sache mit dem Sauerstoff müßte auf jeden Fall schiefgehen, doch die Dinge standen gar nicht so schlecht, wie er glaubte. Die Stahlflaschen kamen eine Woche später an, und nach einem Gewaltmarsch stießen Finch und Crawford am 13. April bei Kampa Dzong zur Hauptgruppe. Der General ordnete zwei Tage Pause an, damit die beiden sich erholen konnten; die Mannschaft ging danach geschlossen weiter. So bekam Finch endlich Gelegenheit, seine Übungen wieder einzuführen.

»Ein gewohnter und inzwischen willkommener Klang an jedem neuen Ort ist Strutts Stimme, wie er Tibet und den gerade absolvierten Marsch verflucht; weil er noch viel trübseliger und widerwärtiger war als der letzte, und das gerade erreichte Dorf, weil es noch dreckiger ist als die anderen«, schrieb Mallory an Ruth. »Strutt ist eigentlich kein Miesepeter, aber er macht sich gerne mit Flüchen Luft, und ich hoffe, es geht ihm dann besser.«[21] Mallory, der das Land ja schon kannte, zeigte sich normalerweise unbeeindruckt von der Gegend, doch langsam schlug auch ihm die kahle Szenerie aufs Gemüt. Seit sie das Hochland von Tibet erreicht hatten, war es sehr winterlich geworden, und einige Männer zogen sich Erkältungen zu. Bruce ordnete einen zusätzlichen Ruhetag in Tinki Dzong an, damit Longstaff sich von einer Verkühlung auskurieren konnte. Mallory dachte an Kellas und Raeburn und fand es alarmierend, wie zerbrechlich der Expeditionsarzt plötzlich wirkte. Er schrieb an Ruth: »Ihm fehlt die Konstitution für diese Aufgabe, aber er hat einen eisernen Durchhaltewillen. Keiner in der Mannschaft ist lustiger und gesprächiger.«[22]

Longstaff und Mallory steckten die Köpfe zusammen und arbeiteten für den General, der den Berg ohne Verzögerung in Angriff nehmen wollte, eine Strategie aus. »Aus früherer Erfahrung weiß L. über solche Dinge natürlich weitaus mehr als jeder andere, und ich bin froh, daß wir uns in bezug auf die strittigen Punkte einig waren.«[23]

Das meistdiskutierte Problem war naturgemäß die Sauerstoffausrüstung. Alle hatten die Nase voll, weil die ganze Sache soviel Energie und Zeit kostete, und Mallory fand die endlosen wissenschaftlichen Dispute inzwischen keineswegs mehr so amüsant wie noch auf dem Schiff. »Es ist fast unmöglich, sich keinen Finch-Komplex einzuhandeln. Hoffentlich kommen wir dennoch voran«, schrieb er an Ruth. Finch war nicht davon abzubringen, daß zwei Wochen Training notwendig seien, um das Gerät sicher zu bedienen. »Völlig absurd – zwei Tage sind genug«, meinte Mallory. Hinzu kam, daß die ganze Ausrüstung, also alle Geräte und Stahlflaschen, an die 400 Kilo wogen – eine beängstigende Masse, die da den Berg hinaufgeschleppt werden mußte. Mallory erzählte, daß Longstaff felsenfest davon überzeugt war, daß die Ausrüstung niemals den Nordsattel erreichen würde, weil einfach niemand die Kraft hatte, sie dort hinaufzutragen. Doch es gab auch noch andere Bedenken: »Nach dem Tee führte Finch vor allem für die Neulinge vor, wie man die Geräte benutzte – eine sehr interessante und unterhaltsame Darbietung, die auch einige Schwächen der Geräte, die wir an Bord des Schiffes ausprobiert hatten, an den Tag brachte. Natürlich lassen sich diese Defekte beheben, aber es zeigt doch, wie wenig man sich auf ihre Funktionstüchtigkeit verlassen kann.«[24]

In seinem Buch *The Making of a Mountaineer* konnte sich Finch folgende sarkastische Bemerkung nicht verkneifen: »Diese Übungen erfreuten sich, wie es sich gehörte, allgemeiner Beliebtheit; sie wurden gewöhnlich am Abend abgehalten, wenn man den langen Tagesmarsch hinter sich hatte.« Wie er wußte, sah Longstaff es als einen großen Fehler an, die Geräte überhaupt mitgenommen zu haben, und alle Bergsteiger behandelten sie wie die kleine Schwester, die sie zum Rendez-vous mit der Angebeteten mitnehmen mußten – sie ertrugen sie zähneknirschend, weil Mutter es so befohlen hatte. Keiner der Höhenkletterer – Finch ausgenommen – sah in der Sauerstoffzufuhr den Schlüssel zur Besteigung des Everest, und niemand konnte sagen, ob sie sich mit den Geräten herumplagen würden, wenn der geplante erste Aufstieg ohne Sauerstoff scheiterte.

Der General stand der Ausrüstung mißtrauisch gegenüber, ließ sie aber gleich nach Mallorys und Somervells Rückkehr von einer Erkundungstour auf den Nordsattel nach Lager III an der Stirn des East-Rongbuk-Gletschers hinauftragen. (Die Expedition nahm damals den kürzeren Weg über die ganze Länge des East-Rongbuk-Gletschers.) So waren die Sauerstoffgeräte an einem Ort, wo sie funktionsbereit gemacht werden konnten und gegebenenfalls Mallory zur Verfügung standen.

Bruce schrieb an Hinks:

Finch beschäftigt sich sehr mit der Sauerstoffausrüstung und trainiert die Männer im Gebrauch von Primuskochern usw. Ich hingegen finde diese Sauerstoffgeräte eher zweifelhaft. Ich habe den Eindruck, daß sie sehr anfällig sind und leicht außer Funktion geraten oder beschädigt werden, wenn sie gegen Stein stoßen oder wenn die Gummischläuche am Fels reiben. Auch das Auswechseln der Flaschen im Steilhang erscheint mir sehr gefährlich, denn die müden, entkräfteten Männer müssen das Gerät ablegen und wieder neu einstellen. Der Druck bleibt bis zu 4500 Metern gleich, das Gerät wiegt 15 Kilo. Es ist eine ungeheure Anstrengung, dieses Gewicht den ganzen Tag, ohne zu essen und ohne zu trinken, herumzuschleppen, denn wenn die Maske erst einmal angelegt ist, kann der Einatmungsschlauch nicht mehr aus dem Mund genommen werden. Doch Finch ist zuversichtlich. Ich bin jedenfalls froh, daß sie auf einer Höhe trainieren, wo sie keinen Schaden nehmen können, wenn sie das Gerät ablegen.[25]

Neben den offenen Systemen war die Mannschaft auch mit »Oxylithe«-Beuteln ausgerüstet, einem System, das Professor Leonhard Hill entwickelt hatte. Dabei wird Sauerstoff durch die chemische Reaktion von Wasser (oder Urin) mit Natriumperoxidpulver gebildet. Auch dieses System war nicht gerade geeignet, Bruces Skepsis gegenüber den neumodischen Geräten zu zerstreuen, und er berichtete Hinks:

Dieser Oxylithe-Apparat von Hill ist eine Schande und eine Täuschung ersten Grades. Bei geringem atmosphärischen Druck entweicht eine große Menge des entstehenden Ätznatrons zusammen mit dem Sauerstoff, und die Ergebnisse sind alles andere als zufriedenstellend…

Das war fast untertrieben. Ein paar Tage zuvor hatte Noel bemerkt, daß sich die Luft in seinem festverschlossenen Dunkelkammerzelt schnell verbrauchte, und bat Finch um ein paar Oxylithe-Beutel, um Abhilfe zu schaffen. Er gab Natriumperoxid in eine Dose und die erforderliche Menge Wasser dazu. Zehn Minuten später gab es eine kleine Explosion und eine große Stichflamme, und das ganze Zelt füllte sich mit dem Dampf der Natronlauge. »Mir drängt sich der Eindruck auf, daß die Sauerstoffentwicklung bei dieser chemischen Reaktion einiger Beobachtung bedarf«, bemerkte Finch. »Morgen werde ich Hills Beutel mal ausprobieren, aber riskieren werde ich dabei weiß Gott nichts!«[26]

Die Mannschaft entschied, daß Mallory und Somervell den ersten Aufstieg ohne Atemhilfe angehen sollten, Finch und Norton sollten an zweiter Stelle mit Sauerstoffgeräten folgen. Doch als Finch am 14. Mai den Kopf aus dem Zelt streckte, sah er mit Entsetzen, daß Norton und Morshead sich schon mit dem ersten Team auf den Weg machten. Die Pläne waren über den Haufen geworfen und dafür ein Angriff mit vereinten Kräften angesetzt worden. Finch blieb außen vor. Ihm war klar, daß keiner der Männer ohne eine lange Regenerierungsphase wieder fit genug sein würde, einen zweiten Aufstieg zu unternehmen. »Bis dahin hatte ich fest daran geglaubt, daß der Everest besiegt werden würde; als ich aber jetzt die letzten Bergsteiger der Expedition das Ausgangslager verlassen sah, da sank mein Hoffnungsbarometer sehr tief. Ein Versuch meinerseits auf den Everest hätte nunmehr nur in Begleitung gänzlich untrainierter Gefährten ausgeführt werden können.«[27]

Während das erste Team am Berg war, prüften Finch und Geoffrey Bruce die Sauerstoffausrüstung. Sie experimentierten in den Steilhängen am Nordsattel und waren erstaunt, wie schnell sie die Sherpas abhängten, die ohne Sauerstoff gingen und auch kein schwereres Gepäck, ja in einigen Fällen sogar leichtere Rucksäcke trugen. »Unser Experiment mit den Sauerstoffgeräten war ein uneingeschränkter Erfolg«, schrieb Finch. »Der Aufstieg war wegen des Neuschnees und des Stufenschlagens beschwerlich, trotzdem brauchten wir bergauf nur drei Stunden, der Rückweg nach Lager III war leicht und dauerte lediglich 50 Minuten, wir kamen fit und frisch dort an. Jeder brauchte genau drei Flaschen Sauerstoff. Den Trägern, die soviel wie wir oder sogar weniger trugen, liefen wir mit Leichtigkeit davon.«[28]

Am 22. Mai trafen sie beim Aufstieg am Fuß des Nordsattels auf das erste Team, das wieder beim Abstieg war und sich in einem jämmerlichen Zustand befand. »Sie waren sichtlich von totaler Erschöpfung gezeichnet, was ganz normal ist, wenn man sein Bestes an einem Berg wie dem Everest gibt«, bemerkte Finch. Morshead, der beim Aufbruch vor Energie nur so gestrotzt hatte, hatte dermaßen schrecklich unter der Kälte und der Höhe gelitten, daß sie ihn in Lager V zurücklassen mußten, während sie weiter aufstiegen und es nach eigener Einschätzung bis auf 8225 Meter schafften.[29] Doch Morshead konnte sich bei seiner Rast nicht erholen; als die anderen ihn beim Abstieg abholten, hatte sich sein Zustand sogar noch verschlechtert. Er hatte kaum noch die Kraft, die sanften Hänge abzusteigen, und stützte sich schwer auf seine Kameraden. Kurz nachdem sie Finchs Team begegnet waren, gelangte die erste Gruppe zu einer Stelle, wo ein wenig Eis in der Mittagssonne geschmolzen war. Morshead legte sich lang auf den Bauch und schlürfte ein Viertel der Pfütze in sich hinein. »Sofort kam ich wieder zu Kräften«, schrieb er später, »und mir wurde klar, daß meine Beschwerden nur der Tatsache zuzuschreiben waren, daß ich auf diesen großen Höhen einfach nicht genügend Flüssigkeit zuführen konnte.«[30]

Bergsteiger brauchen bis zu sechs Liter Flüssigkeit pro Tag, um die Dehydration auf dieser Höhe auszugleichen. Durch das keuchende Atmen wird dem Körper eine große Menge wertvoller Flüssigkeit entzogen, die beim Ausatmen in die Luft entweicht. 1922 hatte man jedoch weder ausreichende Erfahrungen und grundlegende Erkenntnisse gesammelt, noch eine Form gefunden, sie weiterzugeben. Auch vor dem Ersten Weltkrieg wußten die Expeditionsteilnehmer natürlich, daß sie unter chronischer Dehydration litten, doch damals unternahmen sie nur wenig, um diesem Zustand abzuhelfen.

Alle vier Männer waren dem Zusammenbruch nahe, außerdem hatten sie Erfrierungen unterschiedlichen Grades. Finch hatte recht: Es sah nicht so aus, als könnte sich auch nur einer von ihnen ausreichend für einen erneuten Versuch erholen. In der Rückschau erscheint es verrückt, daß vier der besten Männer in einem einzigen, aussichtslosen Angriff auf den Gipfel verschlissen wurden. Und wie Finch schon geargwöhnt hatte, standen ihm für seinen Aufstieg nur noch Geoffrey Bruce und der Gurkha-Kämpfer Tejbir Bura zur Verfügung; beiden hatte er in einem Schnellkursus das Schnee- und Eisklettern beigebracht.

9

Eine bittere Niederlage

Die beim ersten Sturm auf den Gipfel gesammelten Erfahrungen hatten Mallory sicherlich bewogen, seine Haltung gegenüber der künstlichen Sauerstoffzufuhr zu überdenken. Trotz seiner Abneigung gegenüber der Atemhilfe war er bestimmt neugierig, inwieweit sie seine Leistung verbessert hätte. Schon auf dem Schiff waren ihm Finchs Argumente einleuchtend erschienen, und er hatte die Hoffnung ausgedrückt, »daß die Geräte von einem Lager in 7600 Meter Höhe aus guten Dienst tun würden, ohne körperliche Risiken zu verursachen«. Nun hatten sie ohne Atemhilfe fast 8230 Meter erreicht, aber schon beim Aufstieg zum Nordsattel (7010 Meter) am 17. Mai hinter Strutt, der den Aufstieg anführte, waren die ersten Auswirkungen der dünnen Luft spürbar.

> Der Anstieg auf den Nordsattel ist mir nur noch als recht stumpfsinnige Plage erinnerlich. Mein befangener Geist empfing lediglich einen beschränkten Kreis sinnlicher Wahrnehmungen. Die heißen und blendenden Sonnenstrahlen erhöhten die Eintönigkeit des windstillen Hangs.[1]

Die dünne Luft war nicht ihre einzige Sorge. Auch wußte niemand, ob die UV-Strahlung schädlich wäre. Es war also besser, wenn sie auf Nummer Sicher gingen: Mallory trug zwei Filzhüte, Strutt und Somervell Tropenhelme. Die anderen verzichteten auf solche Vorsichtsmaßnahmen, es schien ihnen aber auch nicht schlechter zu gehen. Sie stapften langsam und schweigsam bergan. Als Strutt sich den letzten Hang hinaufquälte, keuchte er: »Ich wollte, dieses verfluchte Kino wäre da! Wenn ich auch nur annähernd so aussehe, wie ich mich fühle, muß ich unbedingt für das britische Volk verewigt werden!« Als Mallory später von dieser Bemerkung erzählte, fügte er hinzu: »Wir sahen ihm ins fettgetränkte, aschengelbe Antlitz und antworteten: »Lieber Himmel, wie sehen dann wir erst aus! Und wozu treiben wir überhaupt diesen Blödsinn?«[2]

Am 19. Mai errichteten sie das Lager am unteren Sims des Nordsattels im Windschatten der Eispfeiler und schlüpften zuversichtlich in die Schlafsäcke. Mallory schreibt:

Die dunkle Nacht war klar. Die Zeltvorhänge standen noch offen, um die frische Luft hereinzulassen, die zwar spärlich, aber eben doch rein war. Wir lagen mit dem Kopfe gegen die Zelttür, und aus den Daunenschlafsäcken lugend, erblickten wir über uns den scharfen Grat. Alle Anzeichen waren günstig. Für den Bergsteiger gibt es ja keine bessere Vorbedeutung, als das bebende Feuer vieler Sterne am Himmel, wie Santayana sagt. Was die anderen wohl in den wachen Zwischenräumen ihres Schlummers gedacht haben mögen? Daß dies die Nacht vor unserem großen Abenteuer war, mußte sich wohl keiner ins Bewußtsein rufen. Ich weiß noch, wie mein Geist ohne Sorge und ohne Angst die verschiedenen Vorbereitungen überflog. So mußte Gott sich gefühlt haben, als er die Schöpfung betrachtete und sah, daß es gut war. Es war gut. Am schönsten blieb nun der Gedanke an das, was wir in den nächsten zwei Tagen tun wollten.[3]

Ein beredter Augenblick, wie Mallory dalag und auf den Grat vor den Sternen blickte. Vielleicht ist damals eine Idee in ihm gekeimt, die erst bei seinem letzten Angriff auf den Gipfel während der folgenden Expedition vollends reifte: der Nachtaufstieg.

Der nächste Tag war schön und klar wie vorausgesehen, aber sie brachen später als geplant gegen sieben Uhr auf, Morshead stapfte wieder als erster los. »Morgensonne – Mutter illusorischer Hoffnungen«, zitierte Mallory. »Die Luft blieb jedoch merklich kälter als gewünscht. Die Sonne brannte weniger heiß als gewöhnlich, und in der aufspringenden Brise, die von rechts her über den Kamm blies, argwöhnten wir den alten, bösen Feind, den unheilvollen Wind von Tibet.« Mallory zog ein zweites Hemd und eine zweite Strickjacke an, Morshead legte sich nur einen Schal um; ungeduldig warteten sie, bis auch die anderen sich entsprechend dick eingepackt hatten. Die Träger litten alle sehr unter der Kälte.

Die Krönung war, daß Mallory einen Augenblick lang nicht aufpaßte und nach einer Rast beim Öffnen des Seils den Rucksack von Nortons Schoß stieß. Norton griff noch nach ihm, verfehlte ihn aber, und so purzelte der Rucksack mit dem Proviant und den warmen Kleidern unrettbar von Sims zu Sims. Es sagt einiges über Nortons Gutmütigkeit und auffallende innere Trägheit aus, daß er Mallory nicht wegen dessen Unvorsichtigkeit anherrschte. Statt dessen sah er dem kostbaren Bündel nach, das auf immer verschwand, und brach das entsetzte Schweigen mit den Worten: »Jetzt ist mein Rucksack im *kudh* gelandet!«

Im Windschatten der Felsen auf 7620 Meter Höhe stellten sie zwei kleine Zelte im Abstand von 50 Metern auf und breiteten darin die zweischichtigen Schlafsäcke aus. Die Sherpas schickten sie hinunter. Somervell schmolz Schnee im Topf und bereitete mit großer Mühe eine »provisorische Mahlzeit« zu, dann schlüpften die vier ins Zelt und verbrachten auf einer Höhe, auf der vor ihnen noch niemand biwakiert hatte, eine kalte und unbequeme Nacht. Daß sie alle schon die ersten Anzeichen von Erfrierungen hatten, merkten sie nicht. Mallory hatte drei brandige Finger, Nortons Ohr war auf dreifache Größe angeschwollen, und Morshead ging es überhaupt nicht gut.

»Trotz des gelegentlichen Erschöpfungsschlummers war die Nacht kaum weniger endlos und beschwerlich gewesen als der vorhergehende Tag«, schreibt Mallory. »Über mich selbst war ich mir im klaren, … da ich kaum noch genug Kraft besaß, mit jedem Schritt mein eigenes Gewicht zu heben. Ich hoffte, daß die bloße Anstrengung des tiefen Einatmens bei den ersten

Schritten des Aufstiegs mich zur erforderlichen Leistungsfähigkeit antreiben und daß es uns allen bessergehen würde,
wenn wir erst einmal losmarschiert wären.«

Aus Versehen wurde noch ein weiterer Rucksack umge-
stoßen, doch durch einen glücklichen Zufall blieb er 30 Meter
weiter unten auf einem Sims liegen, und Morshead holte ihn
mutig wieder herauf. Doch die Anstrengung war zu groß für
ihn gewesen, und auf eigenen Wunsch blieb er in dem kleinen
Lager, während die anderen sich über die Felsplatten weiter-
mühten.

»Letzten Endes hing die Leistung beim Aufstieg von der
Lunge ab. Unsere Lungen gaben die Geschwindigkeit vor und
ließen uns jämmerlich den Berg hinaufkriechen ... Aber unsere
Lungen waren sich sehr ähnlich, uns ging es allen gleich.«
Doch wie auch so oft in seinen Briefen widerspricht sich Mallory gleich wieder selbst und fährt fort: »Ich selbst habe erreicht, daß meine Muskeln sich lockerten, und indem ich
leicht und tief einatmete, fiel mir das Weitergehen nicht so
schwer.« Mit anderen Worten: Die Lungen waren sich sehr
ähnlich – nur seine war eben doch anders!

Unter gelegentlicher Zuhilfenahme der Hände gelang es uns,
jeweils 20 oder 30 Minuten gehen, worauf eine Rast von fünf
Minuten folgte, die der Kraftsammlung für den nächsten
Ruck diente. Alle Kraft schien von der Lunge abzuhängen.
Was an Luft vorhanden war, wurde durch den Mund eingeatmet und dann im Einklang mit einer unbewußten Melodie
ausgestoßen, wobei die Lunge den Füßen das Schrittmaß an-
gab. Die Willenskraft war nicht so sehr auf die Gliedmaßen
gerichtet als vielmehr auf die Lunge, die man bewußt zum
Arbeiten anhalten mußte. Solange die Lunge gut und gleichmäßig funktionierte, schienen die Beine selbsttätig zu laufen, als ob sie einem geheimen Federdrucke folgten.[4]

Sie wollten die Nordostflanke erreichen, wo der Nordgrat auf
den Nordostgrat trifft, aber sie wußten, daß sie nicht viel spä-

ter als 14 Uhr umkehren sollten. Um 14.15 Uhr hatten sie das obere Ende einer tiefen Schneise in der Nordostwand gequert und waren immer noch 150 Meter unterhalb der Flanke. Sie kamen überein, daß es »das Vernünftigste war, den Rückzug anzutreten«. In Mallorys Augen waren sie noch nicht am Ende ihrer Kräfte, aber sie mußten auch an Morshead denken, der in Lager V geblieben war und den sie noch am selben Abend zum Nordsattel hinuntergeleiten sollten. Nur zögernd wandten sie dem gut sichtbaren Gipfel den Rücken zu.

Um 16 Uhr erreichten sie Lager V, wo sie Morshead, der immer noch geschwächt war und schwere Erfrierungen hatte, abholten und mit ihm ins Lager IV hinabstiegen. Der über Nacht gefallene Neuschnee hatte ihre Spuren verwischt, und die Landschaft sah so verändert aus, daß sie im ungewissen waren, ob sie den gleichen Weg wie zuvor zum Grat gegangen waren.

Überall mußte man den Neuschnee wegräumen, sei es von den Felsen, um Tritte frei zu machen, sei es vom Altschnee, um Stufen zu schlagen. Unsere Lage war weder besonders schwierig noch besonders angenehm. Der Hang unter uns bedeutete eine Gefahr, trotzdem er nicht übermäßig steil war. Die Steilheit genügte nicht, um erfahrenen Steigern Grauen einzuflößen oder sie vor den Folgen eines Fehltrittes zu warnen. Hier war einer von jenen Fällen, wo die Mahnung zur Vorsicht unauffällig blieb, gerade die richtige Stelle, um ermüdete Leute ins Garn zu locken.[5]

Ähnliche Bedingungen müssen auch 1924 geherrscht haben. Die Bergsteiger glitten bei ihrem fatalen Abstieg auf dem heimtückischen Grund aus, dabei wurden drei Männer umgerissen. Mallory konnte eine Tragödie gerade noch abwenden, indem er geistesgegenwärtig genug seinen Eispickel in den Schnee rammte und das Seil sicherte, das glücklicherweise ihr vereintes Gewicht hielt.

Es war schon dunkel, als sie den Eisbruch oberhalb des

Nordsattels erreichten. Zum Glück hatte sich der Wind gelegt, sie konnten die Laternen anzünden und sich vorsichtig ihren Weg zum Lager bahnen, wo sie nach 23 Uhr eintrafen. Für 600 Meter Abstieg hatten sie siebeneinhalb Stunden gebraucht. Doch damit waren die Schwierigkeiten noch nicht ausgestanden. Die Träger hatten in ihrem Eifer die ganze Kochausrüstung mitgenommen, und so mußten sie aus Erdbeermarmelade, Kondensmilch und Schnee »Speiseeis« improvisieren.

Erschöpfung und Sauerstoffmangel forderten ihren Tribut. Mallory konnte sich später dunkel erinnern, daß er Morshead gratuliert hatte, den Gewaltmarsch überstanden zu haben, doch er hatte ihn unablässig »Longstaff« genannt.

Schon mehrmals hatte ich die Namen verwechselt. Nun wurde ich auf den Irrtum aufmerksam gemacht, was aber nichts an der Sache änderte, da ich keinen anderen Namen behalten konnte. Es war ja gleichgültig. »Longstaff« hatte sich zu einer Zwangsvorstellung entwickelt. Obgleich Morsheads Gesamterscheinung unangetastet blieb – nicht einmal Longstaffs Bart teilte ich ihm zu – verharrte er doch unentwegt als Longstaff bis zum nächsten Morgen.[6]

(Diese Verwirrtheit ist ein typisches Symptom für Sauerstoffmangel. 1933 plauderte Smythe fröhlich mit einem netten Kameraden; er bot ihm sogar ein belegtes Brot an. Doch der »Kamerad« und möglicherweise auch das Brot waren eine Halluzination, wie sie in großer Höhe unter Sauerstoffmangel vorkommt. Smythe hatte zuvor auch schon seltsame runde, dunkle Objekte über dem Grat des Everest schweben sehen – zu einer Zeit, als fliegende Untertassen noch keine bekannte Erscheinung waren. Seine mitleidlosen Kameraden kolportierten diese Objekte als »Franks pulsierende Teekannen«.)

Mallorys Aneroidbarometer gab am höchsterreichten Punkt der ersten Gruppe 8168 Meter an, später wurde er mit dem Theodoliten auf 8225 Meter »korrigiert« – diese Zahl ging auch in die Geschichtsbücher ein. Doch 1925 schickte Norton eine

Skizze des Bergs nach Hause, auf der er die verschiedenen Stellen eingezeichnet hatte. Dabei liegt Lager IV im Jahr 1924 höher (und ein Stück weiter östlich) als der höchste Punkt, den Mallory, Somervell und Norton 1922 erklommen hatten. Norton ist der Meinung, daß die Stelle unter 8230 Meter lag, und bemerkt dazu: »Letztes Jahr haben wir mit dem Theodoliten wahrscheinlich den falschen Punkt gemessen.« Sie waren immer noch mehr als eine Meile Luftlinie und 600 Höhenmeter vom Gipfel entfernt.

Im Expeditionsbericht beantwortet Mallory die unausgesprochene Frage, warum sie damals umgekehrt seien – ein heikler Punkt, denn es schwingt die Unterstellung mit, daß die Bergsteiger zu früh aufgegeben hätten. Doch Mallory kommt unumwunden auf das Thema zu sprechen und gibt eine sehr vernünftige Antwort. Beim nächsten Mal, wenn der Aufstieg ohne Atemgerät mißlingt, wird er nicht so freiheraus sein, er wird im Gegenteil seine Meinung für sich behalten, sich auf dem Absatz umdrehen, den Berg hinuntereilen und sich den umstrittenen Sauerstoffapparat holen.

Was aber blieb uns zu tun, wenn der Gipfel unerreichbar war? Ich glaube, daß niemandes Ehrgeiz mit einem tieferen Ziele zufrieden war. In diesem Augenblicke war uns die Frage gleichgültig, um wieviel Meter wir die bergsteigerische Höchstleistung schlugen. Man bedenke, daß der Geist sich hier oben nicht leicht anregen läßt. Die Gedanken werden mit zunehmendem Luftmangel und wachsender Ermüdung immer träger. An mir konnte ich zwar keinen Irrsinn oder vollkommen Unlogisches feststellen, aber die Reichweite meiner Denkfähigkeit beschränkte sich in der Nähe von 8200 Metern auf einen einzigen Gedanken, neben dem mir kein anderer erinnerlich ist. Die Aussicht, für die ich meist empfänglich bin, ließ mich ganz kalt. Nicht einmal der vermutlich großartige Blick über den Nordostgrat lockte mich. Gerne hätte ich die Nordostschulter erreicht, da sie eben die Stelle war, die sich sozusagen als Pflichtziel darbot.

Aber kein starkes Wünschen trieb mich dorthin, und der märchenhafte Gedanke, dort oben gestanden zu haben, war mir gleichgültig. Die anderen blieben geistig vielleicht regsamer als ich. Als wir aber zur Beratung schritten, verlief die Wechselrede sehr flau. Ich meinte, daß wir zu Morshead zurückkehren sollten, um ihn womöglich noch heute ins Lager IV zu bringen. Dieser Vorschlag war nicht unvernünftig, und die meisten Bergsteiger werden zugeben, daß er an erster Stelle stehen mußte. Niemand erwähnte jedoch die Möglichkeit einer zweiten Nacht im höchsten Lager, nach der man zu Lager III hätte absteigen können. Vielleicht sträubte sich das Unterbewußtsein gegen die Wiederholung des beschwerlichen Nachtlagers. Ob diesem Gedanken nun ausgewichen, oder ob er einfach nicht geboren ward, bleibe dahingestellt. Jedenfalls arbeiteten unsere Gehirne nicht nach Wunsch. Das Vorstellungsbild eines Einzuges in Lager IV mit Morshead beherrschte uns vollkommen.[7]

Der Abstieg vom Nordsattel am nächsten Morgen dauerte wegen des vielen Stufenschlagens sehr viel länger als erwartet – vier Stunden statt nur einer. Die Sonne brannte vom Himmel, und sie litten inzwischen alle vier schwer unter der Dehydration. Am Fuß des Hangs trafen sie helfende Retter. Finch, Geoffrey Bruce und Wakefield kamen ihnen mit Sauerstoffgeräten entgegen und boten ihnen aus Thermoskannen Tee an, den sie dankbar hinunterstürzten.

Wakefield geleitete die geschwächten Männer ins Lager III, Finch und Bruce kletterten weiter Richtung Gipfel und testeten ihre Leistung mit der Atemhilfe. Mallory war überrascht über Finchs Energie, denn er hatte »bei unserem Abmarsche vom Standlager noch an der Ruhr gelitten«.[10]

Finch machte sich schnell bereit, mit Hilfe seines Sauerstoffgeräts den Gipfel in Angriff zu nehmen. Mit Geoffrey Bruce und Tejbir brach er am 25. Mai um 9.30 Uhr von Lager IV auf – anderthalb Stunden nach den Trägern, die ohne Sauerstoff gingen. Um elf Uhr trafen sie in einer Höhe von 7468 Metern auf die erschöpften Träger, die nach drei Stunden Marsch eine Pause eingelegt hatten. Finch schreibt:

> Somit hatten wir es auf 300 Meter in der Stunde gebracht und erreichten eine Höhe von 7772 Metern, wo wir wegen des schlechten Wetters lagern mußten. Die Träger, die nach-gekommen waren, stießen erst um 14 Uhr zu uns, obwohl wir durch Stufenschlagen aufgehalten worden waren.[8]

Die Träger legten ihre Lasten ab und waren froh, daß sie schnell wieder zum einigermaßen sicheren Nordsattel zurückkehren konnten, während sich die drei Bergsteiger in ihrem kleinen Zelt am First des Grats zusammenkauerten (150 Meter höher als Lager V des ersten Teams).

In jener Nacht fanden sie keinen Schlaf. Der Sturm schwoll zum Orkan an, sie mußten wach bleiben und die Zeltplane auf den Boden drücken, damit der Wind nicht darunterfuhr. »Wir kämpften ums Leben«, schreibt Finch, »denn bekam der Sturm das kleine Zelt in seine Gewalt, dann schleuderte er es samt seinem Inhalt auf den Rongbuk-Ostgletscher tausend Meter weiter unten.« Immer wenn der Sturm ein wenig nachließ, gin-gen sie abwechselnd vors Zelt und versuchten, die Schäden zu beheben. Drei Spannseile rissen, »die Zeltwände ratterten wie ein Maschinengewehr«, dann sauste noch ein Felsbrocken her-unter und riß ein riesiges Loch in die zum Wind gewandte Seite des Zelts.

Auch den Großteil des nächsten Tages mußten sie vor dem Sturm in Deckung bleiben. Das Zelt war inzwischen völlig ramponiert, die Klappe ließ sich auch nicht mehr schließen. Als der Wind schließlich am Nachmittag nachließ, beschlos-sen sie, nicht zum Nordsattel zurückzugehen, sondern noch eine weitere Nacht auszuharren und sich am frühen Morgen des folgenden Tages an den Aufstieg zu machen. Ihre Haupt-sorge war, daß die Lebensmittel ausgehen könnten. »Ein ge-wisser eleganter Herr«[9] hatte ihnen gesagt, daß man in großer Höhe nicht viel essen könne, und so waren sie mit knappen Rationen aufgebrochen. Doch die Höhe hatte keinerlei negative Auswirkungen auf ihren Appetit, im Gegenteil, sie verspürten einen richtigen Heißhunger. »Wirklich schade, daß kein einziger Wissenschaftler bei uns da oben war«, bedauerte Finch später. »Und je fetter er gewesen wäre, desto besser – wir hätten ihn nämlich aufgefressen!«

Am späten Nachmittag hörten sie plötzlich Stimmen vor dem Zelt. Zu ihrer Freude waren sechs Träger als Rettungsmannschaft von Lager IV ausgeschickt worden und brachten ihnen heißen Tee in Thermoskannen. Die Träger sollten die drei Männer noch am selben Abend ins Lager begleiten, und nur große Überredungskünste veranlaßten sie, schließlich allein ins Lager zurückzugehen.

Während des Aufenthalts im Hochlager war die gute Stimmung natürlich etwas erzwungen. Doch die Kälte, die ihnen in der zweiten Nacht in die Glieder kroch, schlug allen schwer aufs Gemüt. Sie waren erschöpft und von Hunger geschwächt. Dann erinnerte sich Finch plötzlich an den wohltuenden Sauerstoff. Er schleppte ein Gerät ins Zelt, drehte die Ventile auf und reichte das Mundstück herum. Abwechselnd inhalierten sie, aber alle hielten das Ganze für einen Witz. »Tejbir nahm die Arznei mit Widerstreben«, schreibt Finch, »aber bald sah ich sein Antlitz freudig erglänzen. Bei Bruce zeigte sich der Erfolg ebenfalls im raschen Wechsel des Gesichtsausdrucks. Einige Minuten nach dem ersten Atemzug fühlte ich das Prickeln wiederkehrender Lebenswärme in meinen Gliedern.«[10] Finch schloß das Gerät so an, daß jeder in der Nacht eine kleine Dosis inhalieren konnte. Er war überzeugt, daß das ihr Leben gerettet hatte.

Um sechs Uhr brachen die drei ausgehungerten Männer auf und gingen über den Grat zur Flanke. Finch und Bruce trugen 18 Kilo schweres Gepäck, Tejbir schleppte fast 23 Kilo. Er sollte nur bis zur Nordostflanke mitgehen, dann wollten die beiden anderen seine Last übernehmen, und er würde absteigen. Doch schon nach 150 Metern brach er zusammen. Nur mit großer Mühe konnten sie ihn wiederbeleben. Es war klar, daß er nicht weitergehen konnte, also überließen sie ihm ausreichend Sauerstoff, damit er allein zurückgelangen konnte, und stiegen ohne ihn auf. Finch wurde später heftig dafür kritisiert, daß er Tejbir allein zurückgeschickt hatte. Auf 8077 Meter mußten sie wegen des starken, eiskalten Windes den Grat verlassen.

> Die 300 Meter vom Lager bis hierher hatten anderthalb Stunden gekostet, wovon 20 Minuten abgingen, um Tejbirs Gepäck umzuladen.[11]

Am Hang machten sie nur wenig Höhe, aber bei ihrem Marsch über die unwegsamen Felsplatten, die mit einer dicken Neuschneeschicht bedeckt waren, verringerten sie stetig die Entfernung zwischen sich und dem Gipfel. Auf halbem Weg rafften sie sich noch einmal auf und stiegen Richtung Gipfelgrat. Kurz darauf prallte Bruces Sauerstoffgerät gegen einen Fels, ein Glasrohr brach. Vor dieser tödlichen Gefahr hatten die Wissenschaftler gewarnt: Wenn die künstliche Sauerstoffversorgung in großer Höhe plötzlich ausfiel, würde das den sofortigen Tod des Bergsteigers bedeuten.

> Wir hatten gerade unter dem Gipfel einen von einer steilen Felsplatte gekrönten, etwa zehn Meter hohen Vorsprung erreicht, da rief Geoffrey Bruce plötzlich: »Ich bekomme kein Gas mehr!« Blitzschnell drehte ich mich um: Bruce war unter mir, er tastete nach den Felsen und versuchte in verzweifelter Anstrengung, die paar Meter, die uns trennten, noch zu überwinden. So rasch, wie es mir möglich war, stieg ich über die Felsen zu ihm hinunter und stand gerade in dem Augenblick an seiner Seite, als er unter dem Schwinden seiner Kraft nach hinten zu stürzen drohte, wo haltlose, ewige Leere sich über entsetzlicher Tiefe auftat.
>
> Ein rascher Griff mit meiner freien Linken nach seiner rechten Schulter – nun hielt ich ihn. Mit dem Gesicht nach vorn riß ich ihn zum Fels und zog ihn, während er seine letzten Kräfte im langsam wiederkehrenden Bewußtsein sam-

melte, empor auf den Felsvorsprung, wo ich ihn umdrehen und in sitzende Stellung bringen konnte, mit dem Rücken an den Felsen.[12]

Finch gab Bruce sein Sauerstoffgerät und untersuchte Bruces Apparat. Dann spürte er auch selbst die Auswirkungen des Sauerstoffmangels. Er steckte eine T-Verbindung zusammen, so daß beide am selben Gerät atmen konnten. Er fand schließlich den Riß und ersetzte das Glasrohr. Bruces Gerät funktionierte wieder. Nach kurzer Pause gingen die beiden weiter, doch Finch beobachtete besorgt Bruces Zustand.

Aber jetzt sah ich mit einem Mal, daß auch Bruce ebenso wie früher Tejbir seinem Körper bereits das Äußerste zugemutet hatte. Noch ein Schritt mehr, und der Zusammenbruch war unvermeidlich. Diese Erkenntnis überkam mich plötzlich wie ein Schlag.

Meine Gefühle sind immer ein Stück meiner Selbst. Ich will hier nicht eine kaltblütige, psychologische Analyse des mich sintflutartig überstürzenden Wandels zu Papier bringen, in den mich diese Erkenntnis versetzte, sondern nur den Anfangs- und Endzustand meines Denkens und Fühlens andeuten: Wissen, Selbstvertrauen und die Hoffnung an die Möglichkeit der Durchführung – das hatte uns die Kraft gegeben, während wir uns selber einsetzten und höher und höher gipfelwärts stiegen. Der Kampf ums Leben während der zwei Nächte im Hochlager hatte unserer Begeisterung keinen Abbruch getan, und auch der Zusammenbruch von Tejbir, obwohl er ein harter Schlag war und schwere Gedanken ausgelöst hatte, konnte uns nichts von unserer Überzeugung und unserer Energie nehmen. Nicht einen Augenblick lang war mir der Gedanke gekommen, daß wir unser Ziel nicht erreichen könnten. Gut und rasch und stetig waren wir vorangekommen, der Gipfel lag vor uns: noch etwas weiter, und wir würden auf der Spitze stehen... Und nun plötzlich war diese Vision verschwunden.[23]

Finch wußte, daß ihnen keine andere Wahl blieb, als umzukehren und schnellstmöglich Höhe zu verlieren. Nahe dem Lager V sahen sie aufsteigende Träger, sie gaben Tejbir in deren Obhut und stiegen schnell nach Lager IV ab, das sie um 16 Uhr erreichten. Sie waren so erschöpft, daß sie am liebsten eine Pause eingelegt hätten, doch Wakefield und Crawford hatten dieses schon mit Beschlag belegt, und sie mußten nach einem kurzen Imbiß weiter hinunter zum Lager III. Noel, der während der vier Tage ihres Aufstiegs als Verstärkung in Lager IV die Stellung gehalten hatte, ging mit ihnen und führte sie sicher über die steilen Schneefelder und Eishänge. Als sie ankamen, waren sie »vollständig fertig«.

Seit Mittag waren wir mehr als 1800 Meter abgestiegen und fühlten uns vollkommen am Ende unserer Kräfte. Die klarste Erinnerung habe ich an das Abendessen: vier Wachteln in getrüffelter Gänseleberpastete, neun Würstchen – und ich war immer noch nicht ganz gesättigt! Als ich nach diesem langen Tage in den Tiefen des herrlichen Schlafsacks den Schlummer erwartete, hielt mein linker Arm noch liebevoll eine Schachtel Rahmbonbons umfangen.«[14]

Sie hatten 150 Höhenmeter mehr bezwungen als das erste Team, aber das hatte auch Folgen. Bruces Füße, vor allem der linke, hatten Erfrierungen. Trotzdem war Finch zufrieden, daß die Vorteile des Sauerstoffgeräts den Nachteil seines großen Gewichts weit ausglichen. Er war überzeugt, daß der Sauerstoff bei einem erneuten Angriff auf den Gipfel der wichtigste Teil der Bergsteigerausrüstung sein würde. Sein Nutzen war nun nicht mehr nur hypothetisch. Finch hatte mit seinem Aufstieg bewiesen, wie wertvoll der Sauerstoff war, und General Bruce, der dem Ganzen mit großen Bedenken gegenübergestanden hatte, war so beeindruckt, daß er dem Gebrauch der umstrittenen Atemhilfen zustimmte. Der General war auch überzeugt: Hätten Finch und sein Neffe nicht die Wand queren müssen, sondern direkt über den Grat aufsteigen können,

…wären sie sicher zum Hauptgrat des Everest gelangt, der dort 8347 Meter hoch ist. Von dort aus hätten sie leicht eine noch größere Höhe gewinnen können. Darüber habe ich nicht den geringsten Zweifel. Ihr Weg wäre nicht nur kürzer, sondern auch leichter gewesen. Bei gleicher Anstrengung wären sie viel weiter gekommen. Selbstverständlich ist damit nichts gegen ihre gewaltige Leistung gesagt.[15]

Nach der ganzen Anstrengung schlief Finch 14 Stunden durch. Als er aufwachte, war er »immer noch zu erledigt, um gehen zu können«. Geoffrey Bruces Zustand war noch schlechter. Die beiden wurden auf einem Schlitten den Gletscher hinuntergezogen und verbrachten die Nacht in Lager I, wo sie immer noch Schlaf nachholten und sich satt aßen. Am nächsten Morgen konnte Finch wieder auf eigenen Beinen gehen (»ich zuckelte daher wie ein Hundertjähriger«), Bruce mußte jedoch immer noch getragen werden. Zum Mittagessen waren sie im Basislager, dort erholten sie sich weitere vier Tage.

Das Basislager war ein trister Ort, die Leute mürrisch. Die älteren Bergsteiger hatten ihren Beitrag geleistet und waren froh, daß die Sache bald erledigt wäre, manche jüngeren jedoch bedauerten aufs heftigste, daß sie erfolglos zurückkehren mußten. Ihr Mißmut wurde angesichts der guten Wetterbedingungen nur schlimmer. Da keimte in Mallory die Idee auf, einen letzten Versuch zu wagen. Er verließ heimlich das Lager und schrieb an Ruth. Er wußte, sie sah es nicht gerne, daß er sich wieder in Gefahr begab, nachdem er ihr gerade entronnen war; doch er brauchte unbedingt ihre Zustimmung. »Ich weiß, daß Du es mir nachfühlen kannst, wie unerträglich es für mich wäre, außen vor zu bleiben.« In höhergelegenen Lagern, versicherte er ihr, würde er bei jeder wichtigen Entscheidung an sie denken. »Meine Geliebte, glaube mir, daß ich Deine wunderbare Haltung zu diesem Abenteuer nie vergessen werde.«[16]

Er versuchte natürlich, Ruth zu trösten, indem er mögliche Gefahren verharmloste. Doch er selber hatte keinerlei Illusionen. David Pye vertraute er an: »Es ist ein teuflischer Berg, kalt und heimtückisch. Ich sage ganz offen, daß es kein gutes Spiel ist; das Risiko ist zu groß und die Belastbarkeit des Menschen auf großer Höhe zu gering. Vielleicht ist es purer Wahnsinn, noch mal hinaufzugehen. Aber wie könnte ich der Versuchung widerstehen?«[17]

Am 2. Juni bekam Finch Wind von der Sache. Er lag in seinem Zelt und »hörte, wie im Zelt nebenan Pläne geschmiedet wurden«, schrieb er in sein Tagebuch. Wakefield sollte Mallory, Somervell und Finch untersuchen und sie für fit genug erklären, noch einen Versuch mit Sauerstoffgeräten zu unternehmen, Finch sollte die Gruppe führen. Finch wußte, daß er längst noch nicht ausreichend bei Kräften war – im Gegenteil: Er fühlte sich schwächer denn je. Den anderen waren wenigstens zehn Tage Pause nach ihrem Abstieg vergönnt gewesen. Doch auch bei Finch hatte sich bei seinem Scheitern das Gefühl des Versagens eingeschlichen, und er mußte nicht lange überredet werden, sich am dritten Versuch zu beteiligen.

Am 3. Juni brachen die drei Bergsteiger erneut über den Gletscher auf, Wakefield und Crawford begleiteten sie. Als sie Lager I erreichten, merkte Finch, daß er sich etwas vormachte; er hatte nicht die Kraft, weiterzugehen. Schwere Schneefälle in der Nacht kündigten den Monsun an – damit war die Sache für ihn entschieden. Er gab Somervell letzte Anweisungen für die Handhabung der Geräte und stieg zum Basislager ab, wo er sich Longstaff, Morshead und Strutt zur Heimreise anschloß.

Für Finch war dies das Ende seines Kampfes mit dem Mount Everest. Die anderen kämpften weiter bis zur Katastrophe. Am Nordsattel gerieten sie in eine Lawine, sieben Träger kamen ums Leben. Somervell, Mallory und Crawford führten 14 Träger an vier Seilen bergauf durch den Neuschnee, als die Lawine herabdonnerte und sie alle mitriß. Die neun Männer der beiden letzten Seilschaften wurden über 13 bis 20 Meter hohe Eisflanken geschleudert, nur zwei Träger überlebten. Die anderen wurden 60 Meter in die Tiefe gerissen, doch als die Lawine ausgerollt war, konnten sie sich ohne weiteres befreien.

Noel, der den Seilschaften mit seinen sperrigen Kameras folgte, hatte schon einige Zeit vorher aufgegeben, weil das Vorwärtskommen im weichen Schnee zu beschwerlich war. Als sich das Unglück ereignete, aß er gerade in Lager III mit Wakefield zu Mittag. Alle fünf Minuten spähten die beiden Männer hinauf zu den Bergsteigern, die am Hang nur langsam vorankamen. Plötzlich jedoch waren die schwarzen Gestalten auf der schneebedeckten Flanke verschwunden. Sie brauchten ein paar Sekunden, bis sie begriffen, was passiert war. Von Entsetzen gepackt, trommelten sie alle verfügbaren Träger zusammen, rüsteten sie mit Decken und Tee aus und leiteten eine Suche auf dem Gletscher ein. Sie hatten keine Ahnung, was sie vorfinden würden.

Im Lawinenfeld am Fuß des Nordsattels fanden sie niemanden. Dann aber entdeckten sie oben an der Flanke ein paar Gestalten, die sich an der Kante eines Steilabfalls ängstlich zusammenkauerten und sich nicht von der Stelle rührten. Sie stiegen höher und hörten Stimmen – Mallory, Somervell und Crawford, die wie wild mit dem Eispickel im lockeren Schnee gruben, der eine riesige Gletscherspalte füllte. Ein paar Männer waren bei dem starken Aufprall getötet worden, Leichen lagen im Schnee, und ein Kletterseil lugte aus der Spalte. Das verhieß nichts Gutes. Noel und Wakefield faßten sofort mit an. Den Sherpa Narbu hatte man bereits tot geborgen, vier Sauerstoffflaschen waren immer noch auf seinen Rücken geschnallt. Angtarkay zogen sie als zweiten heraus, er war bewußtlos, aber er atmete noch. Der dritte, der noch tiefer im Schnee lag, lebte ebenfalls nicht mehr. Das Seil, das um seine Taille geschlungen war, führte noch weiter hinein in die Spalte. Daran mußte noch ein weiterer Mann hängen, doch trotz aller Anstrengungen konnten sie ihn nicht bergen. Auf Bitten der überlebenden Sherpas wurden ihre sieben Brüder und Freunde an der Stelle im Schnee gelassen, wo sie ums Leben gekommen waren.

Ein niedergeschlagenes Grüppchen schleppte sich den Berg hinunter, die Expedition hatte ein jähes Ende genommen. Somervell gestand später, daß ihn bei dem traurigen Abstieg nur ein Gedanke gequält hatte: »Ausschließlich Sherpas und Bhotias sind verunglückt. Warum, o warum nur durfte nicht auch einer von uns Briten ihr Schicksal teilen?«[18] Gerne wäre er tot im Schnee gelegen, damit auch die Sahibs einen Verlust zu beklagen gehabt hätten.

Die Last der Verantwortung trug Mallory, das wußte er nur zu gut. Wieder und wieder überdachte er die Ereignisse und prüfte, ob er irgend etwas übersehen hatte, das die Tragödie angekündigt hatte. Am 9. Juni schrieb er einen langen Brief an Ruth. »Ich weiß, was Dein erster Gedanke war – ich bin noch mal davongekommen. Dafür sind wir beide bestimmt dankbar. Meine Geliebte, wenn ich daran denke, wie groß Deine Trauer gewesen wäre, kann ich nur Gott danken, daß ich noch am Leben bin.«[19] Zwei Tage später verfaßte er einen offiziellen Bericht für Sir Francis Younghusband. Auch an Strutt schrieb er, von Bergsteiger zu Bergsteiger, in der Hoffnung, dieser könne möglichen Anschuldigungen zuvorkommen, er sei leichtfertig mit dem Leben anderer Menschen umgegangen. Seinem vertrauten Freund Geoffrey Young schilderte er das Unglück in ganzer Länge, und nicht zum ersten Mal sehnte er sich nach Geoffreys tröstender Gegenwart.

Ich bin völlig am Ende wegen dieses Unglücks. Sieben dieser tapferen Männer kamen ums Leben. Sie hatten keine Ahnung von der Gefahr des Berges, sie waren wie Kinder, auf die man aufpassen muß. Ich bin an allem schuld, daher erwartest Du von mir sicher keine vernünftigen Äußerungen, aber ich möchte Dir etwas sagen.

Nachdem der Monsun sich mit heftigen Schneefällen angekündigt hatte, kann man den ganzen Plan, einen weiteren Aufstieg zu unternehmen, natürlich rundweg kritisieren. Als wir am 3. Juni vom Basislager aufbrachen, hing der Himmel noch voller bedrohlicher Wolken. In der Nacht und am nächsten Tag schneite es. Während des langen Tages in Lager I überdachte ich meine Situation. Wenn wir umgekehrt wären und behauptet hätten, die Schneefälle machten den

Everest unbezwingbar, und daß es nun, nachdem der Monsun da sei, Zeit wäre, nach Hause zu gehen, hätte kein Mensch etwas gegen unsere Entscheidung eingewandt. Doch es schien mir nicht sinnlos, darauf zu warten, daß der Himmel wieder aufriß, wie es auch im letzten Jahr der Fall war, bevor der Monsun dann endgültig hereinbrechen würde. Der starke Westwind würde den Monsun aufhalten, wir hätten einen ruhigen Tag gehabt und endlich unsere Chance ergreifen können. Wenn wir durch eine gefährliche Situation oder eine Schwierigkeit am Berg zur Umkehr gezwungen worden wären oder wenn uns die Höhe wieder zu schaffen gemacht hätte, wäre das auf jeden Fall ein normales Ende gewesen. Ich habe übrigens wenig Zweifel, daß Somervell und ich, wenn wir die Gelegenheit gehabt hätten, mit Hilfe des Sauerstoffs den Gipfel erreicht hätten – wofür auch immer das gut gewesen wäre.

Am 5. Juni stiegen wir unter einem wolkenverhangenen Himmel und durch immer wieder einsetzende Schneefälle zum Lager III auf, der 6. Juni bescherte uns allen dort wohlige Wärme und strahlenden Sonnenschein. Wie Du dich erinnerst, muß unterhalb des Nordsattelsimses, wo unser Lager ist, ein Steilhang gequert werden. Der Schnee backte mit rasender Geschwindigkeit zusammen, und ich nahm an, daß eine Querung am 8. Juni sicher wäre, wenn das Wetter hielt. In der Zwischenzeit konnten wir die Route abstecken und die Vorbereitungen treffen. Der erste Teil des Aufstiegs war früher ein steiler Eishang gewesen, am 7. Juni diente er uns gegen 10.30 Uhr, nach fünf Stunden Sonneneinstrahlung, als Testfeld – der Schnee war so fest, daß wir Spuren hinterließen, ohne einzusinken. Oberhalb des Steilhangs steigen die Hänge vergleichsweise sanft an, und bis auf eine Stelle, wo wir ein Dutzend Stufen schlagen mußten, war der Schnee beim letzten Mal hart gewesen. Nun ging er uns bis an die Knie, aber er war firnig und nicht pulvrig. Keiner von uns dreien hatte ein schlechtes Gefühl, keiner von uns rechnete an solch einem flachen Hang mit einer Lawine. Sie ging nicht weit links oberhalb von uns unter ein paar Eisflanken ab und war keine von der Sorte, die einen ganzen Hang überrollt. Als ich danach das Lawinenfeld betrachtete, vermutete ich, daß der Schnee unter der Flanke nicht genug Sonne gehabt hatte und pulvrig geblieben war. Auf jeden Fall lag er abschüssig und hatte solch ein Gewicht, daß er auf den Schnee unterhalb drückte. Die Lawine war im Schnitt nur etwa 60 Meter breit, eine ziemlich kleine Lawine mit fatalen Folgen. Das Problem war der Eishang. Bei dem Sturz aus 20 Meter Höhe waren die meisten Männer bestimmt sofort tot. Wenn ich die Sache im nachhinein und mit meinem jetzigen Wissen betrachte, muß ich immer wieder meine Ignoranz betonen. Ich habe Verallgemeinerungen aufgrund zu weniger Beobachtungen angestellt. Und um alles zu wissen, braucht man sowieso das ganze Leben. Aber ich denke auch an Donald Robertson und an alle die Fehler, die nur darauf warten, begangen zu werden. Vielleicht denkst du auch daran. Du glaubst bestimmt nicht, daß wir leichtfertig weitergegangen sind. Wie die Dinge liegen, kann man uns kaum anlasten, leichtsinnig das Leben der Kulis aufs Spiel gesetzt zu haben. Wir drei gingen abwechselnd an der Spitze, um die Route abzustecken.

Besonders bitter ist die Ironie des Schicksals, die darin liegt, daß Somervell und ich genügend Erfahrung am Mount Everest hatten, um zu wissen, daß man kein Risiko eingehen durfte. Ich war noch nie so zur Vorsicht entschlossen gewesen wie damals, und unsere Diskussionen drehten sich immer nur um die Sicherheit der Kulis. Vielleicht hast Du noch nicht bemerkt, daß bei Finchs Aufstieg die Kulis ungeführt und unangeseilt rauf- und runtergegangen sind; eine Gruppe kam sogar in diesem Zustand um 23 Uhr an die Spalten des Nordsattels. Vielleicht hatte uns dieses Beispiel abgeschreckt, und wir wollten alles ganz anders machen.

Kennst Du dieses quälende Gefühl, wenn es kein Zurück mehr gibt? Wenn Du es nicht mehr ungeschehen und nicht mehr gutmachen kannst?

Was die Leute sagen, ist mir egal, nur was Du und ein paar andere Menschen denken, das ist mir nicht egal ... Ich werde noch im August zu Hause sein. Ich habe natürlich keine Lust, mich in der Öffentlichkeit zu zeigen, aber Dich würde ich gerne bald nach meiner Rückkehr treffen.[20]

General Bruce war natürlich untröstlich über den Verlust so vieler guter Träger. Ihm oblag die unangenehme Aufgabe, vor der Rückreise für die Entschädigung ihrer Familien zu sorgen. Aus der öffentlichen Diskussion hielt er sich heraus, doch privat gestand er ein, daß das Unglück nie hätte geschehen dürfen. Und wenn Finch fit gewesen wäre, wäre es auch nicht passiert. »Finch und die anderen hatten nicht den geringsten Grund, Menschenleben aufs Spiel zu setzen, von ihrem eigenen ganz zu schweigen, nur um ein paar Zelte vom Nordsattel zu holen ... der Sattel lag in einer dichten Schneewolke.«[21] Für Bruce war der Ausgang der Expedition nicht nur tragisch, sondern auch besonders demütigend, denn in seinen Augen waren die Ereignisse, die zu diesem Ende geführt hatten »völlig unnötig«.

10

Vorwürfe

Da sie die Expedition vor der Hauptgruppe verlassen hatten, wußten Finch, Strutt und Longstaff nichts von dem tragischen Ausgang des dritten Versuchs und dem Verlust der sieben Träger, bis sie sechs Wochen später Dover erreichten und es aus der Sonntagszeitung erfuhren.

Die Nachricht traf sie hart. Insbesondere für Longstaff war es ein schwerer Schlag. Die Expedition war in vieler Hinsicht eine Enttäuschung für ihn gewesen, da er die große Höhe überhaupt nicht gut vertragen hatte – vielleicht überraschend bei einem Mann, der noch immer den Rekord für die bis dahin höchste Gipfelbesteigung hielt. Zweimal war er an einem »grippeartigen Zustand« erkrankt, und einmal war er so schwach gewesen, daß ihn einer der Träger auf seinem Rücken ins Basislager hatte tragen müssen. (»Oh, was für eine Schande«, hatte Longstaff gestöhnt.) Als Expeditionsarzt war Longstaff extrem besorgt gewesen, wenn er das Gefühl hatte, daß Bergsteiger unnötige Risiken eingingen, und er war entsetzt über die Risiken, welche die jüngeren Männer auf sich zu nehmen schienen. Am 28. Mai, als Finch und Geoffrey Bruce mit Erfrierungserscheinungen, aber sonst wohlbehalten von ihrem Besteigungsversuch zurückkehrten, hatte er folgendes in sein Tagebuch geschrieben: »Muß ein Machtwort sprechen: der Sicherheitsspielraum ist zu gering. Strutt ist der gleichen Ansicht.«[1]

Er setzte seinen Entschluß schon am folgenden Tag in die Tat um, als er Norton und Mallory untersuchte und sie in einem schriftlichen Bericht an General Bruce beide untauglich für weitere Besteigungsversuche erklärte. Finch untersuchte er am 2. Juni. Sein Herz war durch die Anstrengung vergrößert, und er hatte einen undeutlichen Herzspitzenstoß, so daß er Longstaffs Ansicht nach mindestens zwei Wochen Erholung brauchte. Longstaff tröstete seinen Patienten damit, daß Mallorys Zustand sogar noch schlimmer sei. Sein Herz schlage in einem beängstigenden »Beben«, und er habe an allen Fingern Erfrierungserscheinungen.

Nur Somervell war offenbar nicht beeinträchtigt. Wie Longstaff mit einiger Verwunderung bemerkte, schien er »körperlich nicht in der Lage, die Symptome zu zeigen, die seiner physiologischen Umgebung entsprochen hätten«. Er hatte zwar ein paar oberflächliche Erfrierungen an den Fingern, zeigte ansonsten aber keine Spur von Erschöpfung.

Longstaff übergab Bruce einen zweiten Bericht, in dem er auch Finch und Geoffrey Bruce untauglich für weitere Unternehmungen erklärte. Es war ihm wichtig, daß diese Diagnosen schriftlich vorlagen, denn er wollte ausschließen, daß später irgend jemand seine Kameraden der Feigheit bezichtigen würde, der über ihren Zustand nicht informiert war. Er erntete jedoch keine Dankbarkeit für seine Mühe, denn die Bergsteiger selbst waren noch nicht bereit, sich ihre Niederlage einzugestehen. »Zum Glück konnten weder Morshead noch Norton, noch Geoffrey Bruce laufen, also waren sie in meiner Gewalt«, schrieb er wehmütig. »Aber Mallory und Finch bestanden darauf, bei Somervells letztem Versuch mitzumachen.«[2]

Als die beiden »den hübschen kleinen Plan« ausbrüteten, daß Wakefield sie untersuchen und für einen letzten Versuch tauglich schreiben sollte, hatte Longstaff guten Grund, sich um ihre Gesundheit und ihre Sicherheit zu sorgen. Ja, er konnte sich eines Gefühls der Bitterkeit nicht erwehren, weil seine Autorität so unverhohlen in Frage gestellt wurde. Es gab offene Spannungen im Lager. »Longstaff ... hat einen dieser Anfälle zwanghafter Geschäftigkeit«, schrieb Mallory nach Hause an seine Frau. »Er wird dann lästig, mischt sich überall ein und spielt sich auf.«[3]

»Eins will ich klarstellen«, hatte Longstaff in glücklicheren

Tagen im Scherz verkündet, als das Team zu Beginn der Expedition erstmals zusammengekommen war. »Ich bin der offizielle medizinische Betreuer der Expedition. Und ich bin tatsächlich ein ausgebildeter Arzt, aber ich betrachte es als meine Pflicht, Sie daran zu erinnern, daß ich mein ganzes Leben nie praktiziert habe. Ich bitte Sie also, unter keinen Umständen meinen medizinischen Rat zu suchen, da er sich mit an Sicherheit grenzender Wahrscheinlichkeit als falsch erweisen wird. Ich bin jedoch gerne bereit, wenn nötig einen Totenschein zu unterzeichnen.«[4] Er hätte sicher nie gedacht, daß seine Worte einmal wörtlich genommen werden könnten, nun aber verschworen sich Wakefield und Somervell, um sich über seine Diagnosen hinwegzusetzen. Offensichtlich beteiligten sich zu viele Ärzte an dieser Expedition. Longstaff gab jede Hoffnung auf, die Bergsteiger von ihrem Ziel abhalten zu können. Statt dessen konzentrierte er sich voll auf Morshead, dessen Erfrierungen wirklich besorgniserregend waren. Bei ihm waren beide Hände und Füße so schwer betroffen, daß er wahrscheinlich mehrere Finger und Zehen verlieren würde. Er hatte ständig Schmerzen, und auch Opiate verschafften ihm keinerlei Linderung. Er versuchte zwar tapfer, ein fröhliches Gesicht aufzusetzen, aber Somervell war nicht der einzige, dem auffiel, daß er sich bei jeder Gelegenheit davonschlich und weinte wie ein Kind. Je länger eine ordentliche medizinische Behandlung ausblieb, desto schlimmer würden die Dauerschäden sein. Es war klar, daß er bald operiert werden mußte; aber niemand gefiel die Idee, daß dieser Eingriff im Basislager oder auf der Heimreise durchgeführt wurde. Bruce war sofort damit einverstanden, als Longstaff vorschlug, Morshead auf dem kürzesten Weg nach Indien zurückzubringen.

Sie brachen am 5. Juni auf, und angesichts der herrschenden Atmosphäre von Uneinigkeit und Mißtrauen dürfte Longstaff mit beträchtlicher Erleichterung den Staub des Basislagers von den Schuhen geschüttelt haben. Strutt und Finch nutzten die Gelegenheit, ebenfalls wegzukommen. Strutt hatte fast 14 Tage in einer Höhe von über 6400 Metern verbracht und zeigte merkliche Verfallserscheinungen, Gewichtsverlust und erhöhte Reizbarkeit. Finch war, wie Longstaff vorhergesagt hatte, wirklich nicht mehr fit genug für seinen letzten Angriff auf den Berg gewesen. Er war nun völlig erschöpft.

»Everest schneebedeckt«, schrieb Longstaff in sein Tagebuch, als er am folgenden Tag zum Bergriesen zurückblickte und ihn vom Gipfel bis zum Fuß mit frischem Schnee bedeckt sah. »Wird 3–5 Tage Sonne brauchen, bis wieder frei. Unmöglich jetzt.«[5] Er hoffte, der Schnee werde allen weiteren Besteigungsversuchen ein Ende setzen – so ehrgeizig einige der Bergsteiger auch sein mochten.

Es war eine fröhliche Gruppe, die da in Rekordzeit durch Tibet und Sikkim zurücktrabte und die Wiederkehr der Vegetation und ihres körperlichen Wohlbefindens genoß, während all die latente Angst sich in nichts auflöste. Morshead wurde in sichere Obhut gegeben, und Strutt schickte Hinks aus Darjeeling folgendes Telegramm:

22. 6. 22 LAGE BIS 6. JUNI WIE FOLGT. 21. MAI SEILSCHAFT OHNE SAUERSTOFF FAST 8180 METER ERREICHT. 27. MAI ANDERE SEILSCHAFT MIT SAUERSTOFF BIS ETWA 8320 METER GEKOMMEN. SCHLECHTES WETTER BEI BEIDEN VERSUCHEN. BEIDE SEILSCHAFTEN MIT MEHR ODER WENIGER SCHWEREN ERFRIERUNGEN, SONST WOHLAUF. WEITERER VERSUCH ZWISCHEN 6. UND 14. JUNI [GEPLANT]. MONSUN SEIT 3. JUNI. LONGSTAFF, FINCH UND ICH SOFORTIGE RÜCKKEHR NACH ENGLAND. REST DER GRUPPE AM 14. JUNI ZUR ERHOLUNG VOR HEIMREISE INS KHARTA-TAL. LAUT LONGSTAFF GANZE GRUPPE ERSCHÖPFT. STRUTT.[6]

Was für ein Schock, als die drei am 16. Juli nach England zurückkehrten, just an dem Tag, als dort die Nachricht von der Lawinenkatastrophe eintraf. Longstaffs erste Reaktion war Wut, und obwohl er Mallory und Somervell immer noch nachtrug, daß sie sich gegen ihn verschworen hatten, um den dritten Versuch möglich zu machen, war sein Zorn nun vor allem gegen Hinks gerichtet. Dieser hatte isoliert und sicher in seinem Büro bei der Royal Geographical Society gesessen und ständig bessere Ergebnisse von General Bruce verlangt.[7]

So hatte er unmittelbar nach dem Eintreffen von Strutts Telegramm an Bruce gekabelt: »Wenn Mallory und Somervell den Makalu ersteigen könnten, dann wäre das eine willkommene Neuigkeit für die Presse.« Dies war vermutlich ein kleiner Scherz von Hinks; über die frühe Rückkehr der drei Bergsteiger jedoch konnte er nicht lachen. Sie roch für ihn nach »Fahnenflucht«, insbesondere was Strutt betraf. Als Bruces Stellvertreter und Leiter der Bergsteigergruppe hätte Strutt seiner Ansicht nach bis zur Beendigung des Unternehmens auf dem Posten bleiben müssen.

Longstaff war fest davon überzeugt, daß Hinks den General durch seine überzogenen Erwartungen in jene Klemme manövriert hatte, in der er nun steckte. Daß seine Führung und Organisation in jeder Hinsicht überragend gewesen waren, daß seine Maßnahmen wie ein Uhrwerk funktioniert hatten, daß allein dank seiner persönlichen Ausstrahlung das Verhältnis zu den lokalen Dzongpens inzwischen hervorragend war und daß in der Gruppe meist gute Stimmung und ein guter Zusammenhalt geherrscht hatten – all dies war Longstaffs Ansicht nach durch die tragische Dummheit des dritten Besteigungsversuchs entwertet worden.

Hinks berief für den 17. Juli eine Sondersitzung des Everest-Ausschusses ein, um die Berichte der drei Heimkehrer zu hören. (Es wurde keine Zeit verloren, die drei hatten erst am Tag zuvor englischen Boden betreten.) Die Zusammenkunft verlief frostig. Younghusband hieß die drei in seiner Eigenschaft als Vorsitzender willkommen und beglückwünschte Finch zu seinem Höhenrekord, aber alle drei Bergsteiger hatten das Gefühl, vor Gericht zu stehen. Longstaff erklärte danach in einem Brief an seinen Freund Wollaston (der ein Mitglied des Ausschusses war), das Treffen sei deshalb so unangenehm gewesen, weil sie alle drei gefunden hätten, daß der Ausschuß (was vermutlich *Hinks* bedeutet) Bruce die ganze Zeit äußerst unfair behandelt habe. Er habe seine

Schwierigkeiten nicht zur Kenntnis genommen und ihn »völlig unnötig und absolut kleinlich« zu wiederholten Angriffen auf den Gipfel gedrängt, bis es zu dem Unfall gekommen sei, durch den sie sich alle schrecklich gedemütigt fühlten.

Laut Longstaff hatte Hinks einen »ziemlich kleinlichen und extrem unhöflichen Brief an Strutt geschrieben, in dem er uns beiden Vorwürfe machte, weil wir zurückgekehrt waren«, und während der Expedition hatten entweder er oder Bruce mit fast jeder Post einen unangenehmen Brief von Hinks oder Younghusband erhalten:

Wir hatten erst am Tag zuvor von dem Unfall gehört und kochten vor Wut. Sie meckerten darüber, daß Bruce nicht genügend Quatsch für die Presse abgesondert hatte – ich gebe zu, das liegt ihm nicht –, aber fast *jede* Presseerklärung, die sie selbst herausgaben, hat völlig absurde Lügen enthalten. Wir hatten alle drei Hinks und Y.-H. »auf dem Kieker«. Sonst haben wir gegen niemand etwas vorzubringen.

Bruce war ein hervorragender Leiter. Seine Organisation war perfekt. Er arbeitete hart. Wir waren eine Gruppe aus 13 sehr verschiedenen Persönlichkeiten, und dank Bruce fiel zwischen uns die ganze Zeit kein böses Wort. Wenn einmal gereizte Stimmung aufkam, löste sie Charlie immer mit irgendeinem verrückten, spontanen Witz in Gelächter auf. Er hielt sich wirklich bis zum Äußersten an seine Instruktionen, selbst dann, wenn sie seinem eigenen, viel besseren Urteil widersprachen. Sie wissen ungefähr, welche Ausrüstung uns geschickt wurde; wir benötigten 350 Lasttiere. Bruce schaffte es, daß alles bis zum letzten Rest am 1. Mai im Basislager war. Sie und ich hatten erwartet, daß das meiste in Darjeeling oder in Phari bleiben würde. Natürlich haben Geoffrey Bruce und John Morris die Fahrten absolviert, aber von Charlie Bruce war das Ganze organisiert worden.

Im selben Brief schilderte Longstaff seinen Eindruck vom Rest der Gruppe und legte dar, warum es aus seiner Sicht zu der Lawinenkatastrophe gekommen war.

Mallory ist ein wirklich gutes, furchtloses Baby, aber durchaus nicht geeignet, irgendwelche Verantwortung zu übernehmen, nicht einmal für sich selbst. Somervell ist der eleganteste und eitelste junge Mann, der mir je begegnet ist – und so ziemlich der härteste. Er war auf eine sehr höfliche Art erzürnt, als wir seine deutsch-alpinistische Laß-alle-Hoffnung-fahren-, Erfolg-um-jeden-Preis-, Tod-wo-ist-dein-Stachel-Einstellungen nicht guthießen. Er war ehrlich bereit, sein Leben für die geringste Erfolgschance wegzuwerfen. Wakefield vertrug die Höhe überhaupt nicht – eher noch schlechter als ich, und er ist in der Kunst des Bergsteigens nicht bewandert.

Norton war in jeder Hinsicht ein riesiger Erfolg. Gutes Auge für die Landschaft. Solider Kletterer. Vogelkenner. Pflanzenkenner. Immer zu jeder Aufgabe bereit und für jede Aufgabe geeignet. Er brachte Morshead lebend herunter. Letzterer sehr tapfer, litt entsetzlich, seine Schmerzen waren so stark, daß er auch mit zwei Gran Opium nachts nicht schlafen konnte. Aber Sie wissen, daß Erfrierungen immer auf Leichtsinn oder Unwissenheit oder beides zurückzuführen sind. Unsere Furcht vor Finch war so groß, daß wir erleichtert waren, als er mit durchaus passablen Manieren aufwartete: angenehmer Charakter, seine Kenntnisse als Bergsteiger wurden nicht überschätzt. Er hatte wirklich *sehr* großes Pech bei seinem Vorstoß. Unter vernünftigen Bedingungen hätte er den letzten Grat erreicht und es mit Glück auf den Gipfel geschafft. Aber er ist schon sehr australisch. Er muß sich wirklich angestrengt haben, um nett zu uns zu sein!!

Was den Unfall betrifft, so ist er (1) darauf zurückzuführen, daß Charlie wegen des ständigen Drängens von Hinks und Y.-H. einen dritten Versuch nicht unterband, wie Strutt

188

und ich ihn dringend baten und er selbst es wollte. (2) darauf, daß Mallory und Somervell sich mit Schnee nicht auskannten. Ich wäre nicht überrascht, wenn sich herausstellte, daß der alte Crawford versuchte, sie zurückzuhalten. Mallory nimmt nicht einmal die Bedingungen wahr, die er unmittelbar vor sich hat. Im Himalaja bei Neuschnee eine solche Tour zu unternehmen, ist idiotisch. Was zum Teufel dachten sie, daß sie *auf dem Everest* bei solchen Bedingungen hätten tun können, selbst wenn sie es auf den Nordsattel geschafft hätten? Die Route da oben ist von Felsplatten bedeckt, die in die falsche Richtung geschichtet sind, und extrem gefährlich bei Neuschnee. Bruce hatte sie gewarnt, lieber die Ausrüstung in Lager IV und V zu opfern, als Menschenleben zu riskieren, um sie herunterzubringen. Aber wegen ihrer Unwissenheit und weil sie keinen Rat annahmen, haben Mallory und Somervell den alten Bruce diskreditiert – und das ist der Grund, warum wir neulich so wütend waren.[8]

Danach teilte Longstaff mit, daß er Finch für die Mitgliedschaft im Alpine Club vorschlage. »Wenn sie ihn durchfallen lassen, werde ich nicht toben und Strutt auch nicht. Aber ich werde versuchen, ihn reinzukriegen, obwohl ich glaube, es wäre unklug von mir, allzu offen für ihn zu werben.« Strutt hatte sich auf der langen gemeinsamen Heimreise offenbar der letzten Vorbehalte entledigt, die er zu Beginn der Expedition gegen Finch gehegt hatte. Bei Bruce mußte noch einige Überzeugungsarbeit geleistet werden, aber am Ende warf auch er sein Gewicht für Longstaffs Vorschlag in die Waagschale. Farrar hatte sich natürlich schon seit langem für Finch eingesetzt, also wurde der Vorschlag mit denkbar starker Unterstützung vorgebracht. Es gab tatsächlich einen Versuch, Finch durchfallen zu lassen, getragen von einer Fraktion, die seine Verbindungen zum Anglo-Swiss Club mißbilligte. Doch diese Intrige wurde vereitelt, als Finch durch Sir Douglas Freshfield Wind von der Sache bekam. Finch wurde wie geplant zu einem Mitglied des Alpine Club gewählt. Doch es sollte nicht lange dauern, bis einige dies bitter bereuten – ganz gewiß jedenfalls General Bruce.

Nach einer gescheiterten Expedition entwickelt sich immer eine Phase gegenseitiger Beschuldigungen, insbesondere wenn es Tote gegeben hat. Nachdem die Bergsteiger grüppchenweise heimgekehrt waren, wurde klar, daß Longstaff nicht als einziger Mallory und Somervell für den Lawinenunfall verantwortlich machte. So schrieb Hinks am 19. Juli an Norman Collie, den Präsidenten des Alpine Clubs:

Die Rückkehrer neigen dazu, böse Dinge zu sagen: über Howard-Bury letztes Jahr und über Mallory dieses Jahr. Wakefield war ein totaler Versager. Ich glaube, sie sind, genau wie letztes Jahr, alle verärgert und nervös und müssen vorsichtig behandelt werden.[9]

Und in einem zweiten Brief am 21. Juli:

Sämtliche Rückkehrer finden, daß Mallorys Urteilsvermögen in rein alpinistischen Angelegenheiten nicht gut war und schlechter als Nortons, von dem alle mit großer Hochachtung sprechen. Sie hatten offensichtlich böse Meinungsverschiedenheiten, wie der Nordsattel richtig zu erklimmen sei; Finch und Mallory gingen unterschiedliche Wege.[10]

Collie hatte in dieser Sache keinen Zweifel; er hatte bereits eine sehr hohe Meinung von Finchs bergsteigerischer Kompetenz und vertrat die Auffassung, daß Mallory an jenem schicksalhaften Tag die völlig falsche Route gewählt hatte. »Einen beschneiten Hang zu queren ist immer gefährlich«, sagte er. »Es ist immer am besten, *direkt hinaufzugehen*. Es sieht aber so aus, als seien sie im Zickzack gegangen. Offensichtlich ist der Mount Everest ein Berg, der nicht mit sich spaßen läßt; und es wird ein sehr erfahrener Mann notwendig sein, der einen sehr mutigen jungen Bergsteiger anführt, um schließlich auf den

Gipfel zu gelangen.«[11] (Diese Idee, einen älteren, erfahreneren Mann mit einem jungen, kräftigen zusammenzuspannen, ist besonders interessant und sollte in der Debatte immer häufiger auftauchen.)

Du tust mir schrecklich leid und ich weiß genau, wie sehr Dir die Katastrophe nahegeht... Ich will Dich nicht aus der Ferne kritisieren. Als Longstaff, Finch und ich Charlies Bericht auf dem Weg von London nach Dover in der Zeitung lasen, sagte ich: »Wir haben auf dem Berg nie eine Lawine gesehen, und daraus zog Mallory den Schluß, daß der Schnee verdunstet statt abzurutschen« ... Wenn Du erlaubst, möchte ich gern hinzufügen, daß nach den starken Schneefällen 17 Personen auf dem Nordsattel 15 zuviel waren, auch nach zwei Tagen hervorragenden Wetters. Ich bitte Dich, dies nicht als Kritik aufzufassen. Wer vor Ort ist, muß allein die Entscheidungen treffen, und er bekommt die Belohnung oder muß die Strafe bezahlen.[12]

Geoffrey Young schrieb an Mallory, er solle völlig aus seinem Kopf verbannen, »daß überhaupt jemand auf die Idee gekommen ist, Dich oder die Bergsteiger in irgendeiner Weise für den Unfall verantwortlich zu machen«.

In diesem Fall habe ich keine Zweifel. Du hast im Rahmen Deiner Erfahrung alles berücksichtigt, um die Sicherheit Deiner Gruppe zu gewährleisten... Der gewaltige Prozentsatz von »Zufall« – wir können es auch das »Unbekannte« nennen –, der in diesem bisher noch unerprobten Berggebiet eine Rolle spielt, ist diesmal gegen Dich ausgeschlagen. Na und? Was soll's? Du hast Deinen Teil des Risikos voll getragen, den größten Teil. Im Krieg waren wir zu Schlimmerem gezwungen: Wir mußten manchmal Männern *befehlen,* sich in Gefahr zu begeben, ohne sie mit ihnen zu teilen. Und wir haben auf jeden Fall daraus gelernt, daß man sich hinterher nicht für ihren Tod verantwortlich machen und endlos mit sich selbst über das »Was-wäre-gewesen-wenn« debattieren darf, weil dies geradewegs in den Wahnsinn führt.[13]

Younghusband schrieb einen Brief ähnlichen Inhalts an Mallory: »Auch wenn Sie sich vielleicht große Vorwürfe machen, mir steht es nicht zu, Ihnen welche zu machen, habe ich doch im Himalaja genau das gleiche getan, und lediglich reines Glück hat mich und meine Gruppe vor der Katastrophe bewahrt.«[14]

Bruce war über den dritten Versuch nie glücklich gewesen. »Um eine Prognose zu wagen: Ich erwarte nicht, daß er besser ausgeht als die anderen beiden«, hatte er am 1. Juni geschrieben. »Die Männer haben konditionell ihren Höhepunkt überschritten, und das Wetter ist entschieden rauher geworden. Und wenn es am Mount Everest rauh ist, dann ist es wirklich rauh; und wenn man dem einmal richtig ausgesetzt ist, raubt einem das für sehr lange Zeit die Kraft.«[15] Inzwischen bedauerte er natürlich zutiefst, daß er dem dritten Versuch, wenn auch widerstrebend, seinen Segen gegeben hatte. Aber auch er gehörte nicht zu denen, die Mallory (und Somervell) für den Unfall verantwortlich machten. Im Gegenteil: In dem vertraulichen Bericht über die Expeditionsteilnehmer, den er (am 4. Juli) für Hinks schrieb, kamen beide ziemlich gut weg, auch wenn er es sich nicht verkneifen konnte, sich über Somervells Eitelkeit und Mallorys Zerstreutheit lustig zu machen:

SOMERVELL – einzigartig hinsichtlich seiner Leistung im Himalaja. Er ist ein absoluter Vielfraß, was Arbeit betrifft. Nicht so sehr, weil er an bestimmten Tagen besonders gut wäre, sondern weil er jeden Tag außerordentlich leistungsfähig ist. Er ist ein wundervoller Bergsteiger und Kletterer. Nur manchmal sieht er seine Füße nicht, weil er die Nase zu hoch trägt, das ist sein einziger Nachteil.

MALLROY – der zweitbeste Bergsteiger nach Somervell. Wirklich besorgt um seine Leute. Sonst wissen Sie ja alles über ihn. Er ist ein sehr liebenswerter Mensch, aber er vergißt bei jeder Gelegenheit seine Stiefel.

NORTON – der große Erfolg der Expedition. Ein erstklassiger Allround-Bergsteiger mit einer Vielfalt von Interessen. Erholt sich jetzt, hat sich aber sehr verausgabt.

MORSHEAD – ein erstklassiger Bergsteiger, absolut selbstlos. Genau der richtige Mann für eine solche Expedition, unabhängig von seinen beruflichen Qualifikationen.

FINCH – wahrscheinlich der beste Mann auf Eis und Schnee in dieser Expedition, aber mit einer seltsamen Konstitution. An einem guten Tag steht er vermutlich ganz normal seinen Mann, hat jedoch anscheinend sein Pulver oft sehr schnell verschossen. Ich würde sagen, er ist nicht robust genug für Dauerbelastungen, und er hat ein empfindliches Innenleben. Er ist außerordentlich geschickt mit allen möglichen Dingen, zusätzlich zu seinen wissenschaftlichen Leistungen. Kann mit großer Überzeugungskraft die unglaublichsten Erlebnisse erzählen. Putzt am 1. Februar die Zähne und nimmt am selben Tag ein Bad, aber nur wenn das Wasser sehr warm ist, sonst verschiebt er es auf nächstes Jahr. Nach sechs Wochen als Schüler in einem lamaistischen Kloster wäre man in der Lage, ein Whymper-Zelt mit ihm zu teilen.

CRAWFORD – technisch hervorragender Kletterer. Eigentlich als Transportbeauftragter vorgesehen und als solcher absolut nutzlos. Sehr fröhlich. Verträgt sehr große Höhen nicht gut. Wie ich zugeben muß, die Niete, die auf mein Konto geht.

WAKEFIELD – ein vornehmer, ehrenwerter alter Herr. Assistenzarzt. Teilnahme als Bergsteiger. Schlechte Höhenverträglichkeit. Totalausfall. Bitte zu beachten, daß diese Niete der Ausschuß zu verantworten hat. Trotzdem, wirklich ein lieber alter Mann, obwohl ich ihm nie verzeihen werde, daß er mir beide Trommelfelle durchlöchert hat.

NOEL – Stupor mundi. Der heilige Noel der Kameras. Er ist ein Katholik. Bitte setzen Sie sich beim Papst der Bergsteiger dafür ein, daß er noch zu Lebzeiten selig gesprochen wird.

G. BRUCE/MORRIS – zu beiden werden ich mich erst äußern, wenn ich zurück bin und Sie unter vier Augen sprechen kann. Beide würden nämlich erröten.

Der gute alte T. L[ongstaff] und Strutt haben ihre Aufgaben natürlich erstklassig erfüllt. Strutt verfügt über ein hervorragendes Urteilsvermögen als Bergsteiger, und ich wünsche bei Gott, daß er die letzte Gruppe, die hinaufging, geleitet hätte. Ich hoffe, Sie werden die beiden sehen und ausführlich mit ihnen reden.[16]

In einem früheren Bulletin für Hinks hatte Bruce berichtet, Strutt habe »die Welt satt«, und es sei »gut möglich, daß wir ein bißchen zu jung für ihn sind – trotzdem ist sein Urteil als Bergsteiger hervorragend, und er war sehr nützlich als Vermittler zwischen den extremen Antreibern und den Intellektuellen«.[17]

Wie man sieht, lauerte Bruces unbezähmbarer Sinn für Humor immer dicht unter der Oberfläche. Er ist mindestens so überzeugend im Erzählen von unglaublichen Geschichten, wie er dies von Finch behauptet. Es ist ein Vergnügen, heute seine Briefe und Berichte zu lesen, aber sie waren eine schwere Prüfung für Hinks, der die sachlicheren Berichte von Howard-Bury oder später von Norton vorzog. Am 10. April 1922 schrieb er an Mrs. Bruce: »Ich habe einen sehr vergnügten Brief von Ihrem Gatten erhalten ... Er endet mit der Bemerkung, daß er in der ersten Woche in einer Sänfte schlafen wird, teilt uns jedoch nicht mit, ob die Sänfte mit ihm drin über den Jela-Paß getragen wird. Ich fürchte, er nimmt manchmal bewußt in Kauf, daß er uns mit seinen gutgelaunten Berichten in Verwirrung versetzt.«[18]

Wie sich zeigen wird, ließ sich Bruce in seinem Buch zu Scherzen auf Finchs Kosten hinreißen, auch wenn er ihn als einen »extrem geschickten und gebildeten Menschen« charakterisierte. Interessant ist, daß Bruces skurrile Bemerkung über

Finchs Körperhygiene ihre Parallele in einer Anekdote hat, die Finch in keinem seiner Vorträge zu erzählen versäumte – ein Umstand, der die Vermutung nahelegt, daß sie beide zu ihren eigenen Zwecken auf einen Witz zurückgriffen, den sie anderswo gehört hatten. Finch warnte sein Publikum, daß man beim Gespräch mit einem Tibeter immer den Wind im Rücken haben müsse. Ein sehr vornehmer Tibeter habe ihm einst erzählt, er habe zweimal in seinem Leben gebadet, einmal nach seiner Geburt und einmal an seinem Hochzeitstag. »Da ich nicht darauf geachtet hatte, den Wind im Rücken zu haben«, sagte Finch, »konnte ich ihm das kaum glauben. Bei Priestern oder Lamas sollte man natürlich darauf achten, daß man einen besonders starken Wind im Rücken hat – sie heiraten nämlich nicht.«[19]

Nach der Rückkehr des Hauptteils der Expedition begann die Auswertung der Erfahrungen. Bruce war sehr darauf bedacht, die Sache in Bewegung zu halten, insbesondere da die Tibeter sich so freundlich verhielten. Angesichts der schwierigen politischen Verhältnisse im asiatischen Hochland wußte man nie, wie lange ein solcher Zustand andauern würde. Trotzdem herrschte allgemein die Ansicht, daß die Zeit für einen neuen Versuch im Jahr 1923 zu knapp sei und alle Anstrengungen auf eine große Expedition im Jahr 1924 konzentriert werden sollten.

Vier Aspekte bedurften besonders sorgfältiger Vorbereitung, und sie waren sämtlich Gegenstand scharfer Auseinandersetzungen. Erstens galt es, die notwendigen Finanzmittel für einen rückhaltlosen Angriff auf den Gipfel aufzutreiben. Die Erfahrung hatte gezeigt, daß pro europäischem Teilnehmer mindestens 1000 Pfund Sterling benötigt wurden. 1922 hatte die Expedition im Ausland ein Defizit von 3000 Pfund auflaufen lassen (2000 Pfund wurden von der Royal Geographical Society übernommen, aber es bedurfte eines scharfen Briefes von Hinks an den Alpine Club, damit dieser für den Rest geradestand. »Wenn Sie beim Alpine Club nicht irgendwie 1000

Pfund des Defizits abdecken können«, hatte Hinks geschrieben, »dann fürchte ich, daß einige Ihrer herausragenden Mitglieder in Indien bleiben und sich ihre Heimfahrt selbst verdienen müssen«).[20]

Die Zusammensetzung der Teilnehmer mußte ebenfalls sorgfältig erwogen werden, um nicht wieder Leute mitzunehmen, die sich nicht akklimatisieren konnten und zu »Totalausfällen« wurden. Man ging davon aus, daß idealerweise acht Bergsteiger mit von der Partie sein sollten, die in der Lage wären, den Gipfel zu erreichen, und daß ihr Durchschnittsalter beträchtlich niedriger sein sollte als bei den beiden vorherigen Versuchen. Longstaff und Strutt hatten erstaunt festgestellt, daß die besten Träger alle um die 22 Jahre alt waren, und daraus den Schluß gezogen daß 25 bis 30 Jahre vermutlich das beste Alter für Europäer wäre, obwohl, wie sie versicherten, in dieser Hinsicht beträchtliche individuelle Unterschiede bestünden.

Drittens mußte man über die Taktik reden – ein unerschöpfliches Thema. Finch, Longstaff und Freshfield schrieben Artikel für das *Alpine Journal.* Nachdem die allgemeine Öffentlichkeit mit den genaueren Details vertrauter geworden war, interessierte auch sie sich für das Problem und betrachtete den geplanten Gipfelsturm in gewissem Ausmaß als ein Thema von nationaler Bedeutung. Das Unternehmen wurde in der Presse recht ausführlich kommentiert und beraten. Enorme Meinungsverschiedenheiten gab es etwa über die Definition der annehmbaren Risiken. Traditionelle Alpinisten wollten sicher sein, daß der Mount Everest auf eine hinreichend sportliche und umsichtige Weise angegangen würde. Sie lehnten die neue, aggressive Haltung einer wachsenden Gruppe von Kletterern auf dem europäischen Festland ab, die den Bergen mit einem neumodischen Sortiment von Metallwaren und ausgeklügelten neuen Seilsicherungstechniken zu Leibe rückten und eine Vielzahl neuer Routen durch bisher unberührte Wände in den Alpen erschlossen. Aus der Sicht der Traditionalisten drohte diese ungesunde Entwicklung nicht nur den

Klettersport zu pervertieren, sondern bedeutete auch eine Entwürdigung der Berge, die solchermaßen »bearbeitet« wurden.

Finchs Bemerkung in dem Buch über die Expedition von 1922, daß man am Everest den Sicherheitsspielraum verringern und wenn nötig auf Null reduzieren müsse, schien diesem alarmierenden Trend zu entsprechen. Die Bergsteiger der alten Garde beklagten den scheinbaren Nihilismus von Finchs Auffassung, daß der Bergsteiger seinen Körper immer weiter treiben muß, gleichgültig wie intensiv die Schmerzen der Erschöpfung sind, ja sogar »bis zur Zerstörung«, wenn es denn die Situation erfordert. Finch war fest davon überzeugt, daß der Schlüssel zum Erfolg in dem unerschütterlichen Glauben an die Möglichkeit des Erfolgs lag. Und er glaubte, daß das natürliche Warnsystem des Körpers, die Schmerzen, mit denen er auf extreme Belastung reagiert, für einen großen Sicherheitsspielraum sorgt, den ein erfolgsorientierter Bergsteiger zu verringern bereit sein muß.

Schließlich war da noch die heiß umstrittene Frage des Sauerstoffs − sollte künstlicher Sauerstoff benutzt werden oder nicht, wenn ja, konnte man seinen Einsatz verbessern? Finch und Farrar waren verblüfft über die Leidenschaft, mit der die Verwendung von Flaschensauerstoff immer noch abgelehnt wurde − eine Ablehnung, die ihrer Ansicht nach völlig irrational war. Es wurden jedoch leichte Verschiebungen in der Debatte erkennbar.

Freshfield beispielsweise konnte nicht erkennen, was der ganze Streit eigentlich sollte. »Wenn der Gipfel des Mount Everest erobert wird, dann ist doch völlig egal, ob mit oder ohne Sauerstoff. Man könnte auch Anerkennung verlangen, wenn man das Matterhorn ohne Seil oder Eispickel bezwingt, oder gar in Halbschuhen und Hemdsärmeln.« Er trat dafür ein, aus der »tragischeren Parallele« des verhängnisvollen Vorurteils eine Lehre zu ziehen, das die britischen Expeditionen in der Antarktis gegen die Verwendung von Schlittenhunden gehegt hatten.[21]

Auf dieses Thema ging Finch in seinen Vorträgen und

Schriften ausführlicher ein. Daß man Flaschensauerstoff als »künstlich« bezeichnete (und damit andeutete, daß seine Verwendung unsportlich sei), war seiner Meinung nach eine schlampige Verwendung des Begriffs »künstlich«. Im aufgeklärten 20. Jahrhundert, argumentierte er, hätte die Mehrheit der Menschen gelernt, den Fortschritt zu respektieren und Anpassung an die Verhältnisse zu begrüßen. Niemand habe etwas gegen heißen Tee in Thermosflaschen einzuwenden oder gegen warme Kleidung – es sei nur vernünftig, sie zu tragen.

Ganz unbekümmert und ohne Furcht vor Kritik doktert [der Bergsteiger] an sich herum, indem er insbesondere wärme- und energieerzeugende Nahrungs- und Aufputschmittel zu sich nimmt. Vor den ultravioletten Strahlen der Sonne und dem bitterkalten Wind wagt er seine Augen durch Crookes' Schneebrillen zu schützen; zudem trägt er Stiefel, die für den durchschnittlichen Laien völlig lächerlich aussehen. Am Einsatz von Koffein, um einem fast völlig erschöpften Körper noch ein Quentchen mehr Energie zu verleihen, wird ebenfalls nicht herumgekrittelt, obwohl es sich um eine in einem komplizierten industriellen Verfahren synthetisch hergestellte Droge handelt.[22]

Wäre man fähig, Sauerstoff in Tablettenform herzustellen oder ihn in Thermosflaschen zu füllen und zu trinken wie Tee, dann hätte er, wie Finch glaubte, das Stigma der »Künstlichkeit« für immer verloren. Nur weil er in Behältern transportiert werden mußte, sahen manche durch seine Verwendung das Bergsteigen in seinem Wesen bedroht. Letztlich – und hier sprach der Wissenschaftler und Logiker Finch – war die Inhalation einer geringen Menge lebenspendenden Gases nicht geeignet, rauhe Felsen aus dem Weg zu räumen oder den Sturm zu beruhigen, noch ließ sie den Bergsteiger wie durch Zauberei zum Gipfel emporschweben. »Sauerstoff macht die Energiereserven des Bergsteigers besser verfügbar und beschleunigt seinen Schritt, aber – leider – verleiht er ihm nicht die geflügelten Sandalen des Merkur. Die Argumentation der Sauerstoffgegner ist also gewiß nicht logisch.«

Farrar äußerte sich ähnlich, als er die Leser des *Alpine Journal* daran erinnerte, daß Dr. Collie (»dessen Autorität niemand bestreiten wird«) die Frage ein für allemal geklärt habe, und zwar mit dem Satz: »Was ist Sauerstoff anderes als Luft?« Laut Farrar war es ziemlich sicher, daß ein Bergsteiger mit Sauerstoff auf den Gipfel gelangen konnte, aber keineswegs ohne. »Wollen wir relativ sichergehen«, fragte Farrar seine Leser, »oder sollen wir weitere Tausende von Pfund auf ein ganz unwahrscheinliches Ereignis setzen?«[23]

11

Briefliche Kriegführung

Um Geld für den nächsten Versuch aufzutreiben, sollte eine Vortragsreihe über die Expedition jenes Jahres gehalten werden. Außerdem hatte Hauptmann Noel mit dem Kinematographen einen Film gedreht, der gerade geschnitten wurde. Longstaff war zuversichtlich, daß allein der Film, richtig vermarktet, die Kosten für eine weitere Expedition einspielen würde. Der stets unternehmerisch denkende Noel entwarf Pläne für die Verwertung des Films und beantragte, diese ihm und Hinks zu überlassen. Dem stimmte der Ausschuß unter der Bedingung zu, daß er auf dem laufenden gehalten werde. Noel war persönlich davon überzeugt, daß nur der Verkauf der Auslandsrechte 15 000 Pfund einbringen würde. Es handelte sich um den allerersten Film dieses Genres, und Noels Hoffnungen waren eigentlich nicht unbegründet. Trotzdem wurde sein Optimismus böse enttäuscht. Der Film war in der ersten Spielzeit ein Flop. Zudem hatten es Noel und Hinks in ihrer Naivität geschafft, die Rechte gleich zweimal nach Deutschland zu verkaufen, was zu einem kostspieligen Rechtsstreit führte.

Wegen der geplanten Vortragsreihe setzte sich Hinks mit Gerald Christy in Verbindung, dessen Agentur bereits nach der Erkundungsexpedition Vorträge organisiert hatte. Hinks wollte, daß von der Expedition des Jahres 1922 so viele Teilnehmer wie möglich ihre Erlebnisse schilderten, doch Christy gab ihm in einem Brief vom 17. Juli 1922 einen anderen Rat:

Ich denke, es wäre am klügsten, wenn der Ausschuß nur ein oder vielleicht zwei Mitglieder der eigentlichen Bergsteigergruppe sozusagen als »Stardozenten« für die großen Städte bestimmt, statt daß vier oder fünf Expeditionsteilnehmer mehr oder weniger gleichberechtigt Vorträge halten, was der Sache einen eher billigen Anstrich verleihen würde. Es mag ungerecht erscheinen, wenn man Unterschiede macht, doch meiner eigenen Ansicht nach und aus meinen Gesprächen mit anderen Leuten zu schließen, gelten Mr. Mallory und Hauptmann Finch in den Augen der Öffentlichkeit als die beiden überragenden Persönlichkeiten, und sie sind es, die wir nach meinem Dafürhalten zu »Stars« machen sollten.

Wir alle wissen, daß Mr. Mallory ein guter Redner ist, und ich weiß zufällig, daß auch Mr. Finch auf dem Podium eine sehr gute Figur macht und eine Geschichte wunderbar erzählen kann.[1]

Handschriftlich hatte Christy dem Brief folgende Notiz hinzugefügt: »Mr. Mallory könnte auch in Amerika viel erreichen. Unser dortiger Vertreter würde ihn sehr gerne so bald wie möglich nach Weihnachten dort begrüßen.«

Während man diesen verführerischen Vorschlag zunächst auf sich beruhen ließ, fand die Vortragsreise in Großbritannien, ganz ähnlich wie von Christy vorgeschlagen, statt. Shackletons Tournee von 1909/10 wurde zum Vorbild genommen (Christy hatte eine ganze Reihe berühmter Entdecker auf seiner Liste). Städte und Institutionen konnten zwischen den beiden Hauptsprechern Finch und Mallory wählen, und als die Buchungen eingingen, mußte Hinks widerstrebend zugeben, daß Christy recht gehabt hatte – beide Männer waren gleich stark begehrt. (»Inzwischen ist es ziemlich klar, daß kaum ein Unterschied zwischen ihnen besteht.«)

Als Mallory seinen Vortrag vorbereitete, bat er Finch, einige seiner Fotos verwenden zu dürfen, traf damit bei diesem jedoch einen wunden Punkt. Finch hatte zuvor mit Hinks einen Konflikt über das Urheberrecht an seinen Bildern ausgefochten und Hinks' selbstherrliche Antwort noch immer nicht ganz verdaut. Finch war ein sehr guter Fotograf – mindestens so gut wie Noel, der offizielle Kameramann der Expedition –, und er hatte in jenem Jahr einige der besten Fotos am Mount Everest gemacht. Vor allem solche Bilder, auf denen Menschen im Mittelpunkt standen, ungestellte Schnappschüsse, welche die Expeditionsteilnehmer bei ihren alltäglichen Verrichtungen zeigten. Finch war nicht bereit, Mallory bei seinen Vorträgen von diesen Aufnahmen profitieren zu lassen, und beantwortete seine Anfrage wie folgt:

> Wie Sie vielleicht wissen, habe ich einen ganz anderen Vortragsstil als Sie, und er ist unter anderem so angelegt, daß meine Dias optimale Wirkung entfalten. Jeder andere Vortragsstil würde nicht nur verhindern, daß die Bilder angemessen zur Geltung kommen, sondern sie in den Augen der Öffentlichkeit auch plagiieren. Dies kann ich nicht gestatten, da ich die Dias auch später noch verwenden will, wenn ich wieder frei bin, selbständig Vorträge zu halten.[2]

Mallory könne ja aus dem gesamten Bilderfundus des Everest-Ausschusses wählen, fügte Finch hinzu, da er selbst davon höchstens vier verwenden werde.

Wie alle anderen Expeditionsteilnehmer hatte auch Finch eines von Hinks' Formularen unterzeichnen müssen, mittels dessen er alle auf der Expedition erzielten Ergebnisse der Kontrolle des Ausschusses unterstellte und sich verpflichtete, keinen unabhängigen Umgang mit der Presse zu pflegen. Wie Mallory hatte er versucht, sich dagegen zu wehren, aber ohne Erfolg. Ja, in Finchs Fall hatte Hinks sogar ausdrücklich betont, daß in der Presse »nichts erscheinen darf, was wie Werbung für eine Einzelperson aussieht«.

»Es stört Sie doch hoffentlich nicht, wenn ich darauf hinweise«, hatte Hinks geschrieben, »daß letztes Jahr, als Sie bereits als Teilnehmer der Expedition in Betracht gezogen waren, gewisse Fotos in Illustrierten erschienen, [was] einen unvorteilhaften Eindruck machte.« Dem fügte Hinks in einem recht seltsamen Gedankensprung hinzu, daß das Erscheinen der Bilder »natürlich überhaupt nichts damit zu tun hat, daß Sie letztes Jahr wegen Ihres Gesundheitszeugnisses nicht akzeptiert werden konnten«.[3] (Hinter dieser Beteuerung kann nur der eine Grund vermutet werden, daß ein weitverbreiteter Verdacht in dieser Hinsicht bestand, den Hinks ausräumen wollte.)

»Ich will gerne glauben«, hatte Hinks weiter geschrieben, »daß das Vorkommnis des letzten Jahres die unkluge Handlung eines Freundes war, der mit Ihren Bildern vielleicht sogar selbst Geld verdienen wollte, aber ich bin mir sicher, daß Sie dieses Jahr Ihr Möglichstes tun werden, um solchen Dingen einen Riegel vorzuschieben.«

Dieser Brief muß Finch geärgert haben, aber er befand sich in einer delikaten Position. So kurz vor dem Aufbruch der Expedition von 1922 wollte er seinen Platz nicht erneut gefährden. Er unterzeichnete wie verlangt und ergänzte die Erklärung nur mit den Worten: »Ich gehe davon aus, daß ich nicht der offizielle Fotograf der Expedition bin und alle Schnappschüsse, die ich mache, in meinem persönlichen Besitz bleiben, auch wenn sie der Kontrolle des Ausschusses unterliegen.«[4]

Hinks mußte zugestehen, daß alle Privataufnahmen letztlich zweifellos ureigenster Besitz des Fotografen waren, erläuterte jedoch erneut (und sehr langatmig), daß die Fotos, solange der Ausschuß die Kontrolle zu behalten wünscht, nicht ohne dessen Zustimmung durch Einzelpersonen verwertet werden dürften. Finch dachte nicht daran, dem Ausschuß freiwillig irgendwelche Negative auszuhändigen, ließ die Sache jedoch zunächst auf sich beruhen.

Daß nun auch noch Mallory von seinen Fotos profitieren wollte, war zuviel für Finch. Die Expedition war vorbei, und es schien nun nicht mehr so wichtig, den Mund zu halten. Er schrieb am folgenden Tag an Hinks und teilte ihm mit, er habe für die Fotos über 200 Pfund von seinem eigenen Geld investiert und durch seine Teilnahme an der Expedition das Gehalt für ein halbes Jahr und mehrere Aufträge als Berater verloren. Zudem müsse er nun wegen der Vortragsreihe über den Everest sein eigenes Vortragsprogramm einschränken. Deshalb sei es ganz bestimmt nicht unmäßig, wenn er eine etwas bessere Entschädigung für seine Bemühungen erwarte. Er meine, daß ein Drittel der Nettoeinnahmen aus den Everest-Vorträgen – plus Reise- und Unterhaltsspesen – bei einem garantierten Mindestsatz von 25 Pfund pro Vortrag angemessen wären.

Der Ausschuß trat nicht zusammen, um über Finchs Bitte zu entscheiden. Statt dessen antwortete Hinks schroff, »Sir Francis findet« 30 Prozent angemessen, und ein Mindestsatz könne nicht garantiert werden. Damit schien die Sache erledigt, und die Vortragsreihe fand statt wie geplant.

Ab Mitte Oktober und den ganzen November und Dezember hielten Mallory und Finch über 50 Vorträge in Rathäusern, Ballsälen, Schulen und Konzertsälen, beginnend mit der gemeinsamen Versammlung des Alpine Club und der Royal Geographical Society am 16. Oktober, wo beide sprachen. Mallory legte großen Wert darauf, daß zumindest bei diesem Ereignis Norton ebenfalls eine Rede hielt. »Er wird seine Sache gut machen – er macht alles gut«, versicherte Mallory in einem Brief an Hinks, wobei er die Tatsache, daß Norton eine Aversion gegen öffentliche Auftritte hatte, leichthin abtat:

Ich finde, wir sollten Ihnen zu diesem Anlaß alle zur Verfügung stehen. Ich kann mir keine Person von normaler Bescheidenheit vorstellen, die bei einer solchen Gelegenheit unbedingt sprechen wollte. Die instinktive Reaktion eines Löwen auf eine Vorstellung von Löwen besteht darin, daß er sich schmollend in eine Ecke legt und nicht brüllen will. In diesem Fall müssen wir aber brüllen, und damit hat sich's.[5]

Hinks wollte über den Inhalt der geplanten Vorträge unbedingt vorher Bescheid wissen. Mallory hatte am Schluß des obigen Briefes eine Notiz angefügt, daß sein Vortrag bei Farrar liege. Er enthielt offensichtlich einige »eindeutig negative Bemerkungen« über die Verwendung von Flaschensauerstoff, von

denen Mallory gewußt haben muß, daß sie Finch wahrscheinlich ärgern würden – was sie auch taten. Farrar las den Vortrag
und bat Mallory dringend, sie zu ändern. Als er das Manuskript an Hinks weitergab, konnte er sich einen gutgelaunten
Seitenhieb nicht verkneifen:

Ich wußte nicht, daß es zu Ihren Pflichten gehört, die Vorträge zu kontrollieren, die [vor der Geographical Society] gehalten werden. Ein Glück, daß ich keinen halte, sonst würden Sie auch mich kontrollieren! ... Tut mir leid, aus Ihrem
Brief zu ersehen, daß Sie mit Finch nicht zurechtkommen.
Vielleicht muß man ein bißchen anders mit ihm umgehen,
aber wenn Sie erst in meinem Alter sind, werden Sie vermutlich gelernt haben, wie. Ich gebe jedenfalls die Hoffnung
nicht auf.[6]

Angesichts des anstrengenden Programms, das er absolvierte,
fragte Mallory am 22. Oktober an, ob er zu seinen Vorträgen erster Klasse reisen könne, um frisch vorbereitet anzukommen.
Hinks antwortete, das sei seine Entscheidung, drang jedoch,
wie zu erwarten war, auf »angemessene Sparsamkeit«. Es ist
interessant, daß Hinks und Mallory inzwischen ein herzliches
Verhältnis zueinander hatten, trotz des rauhen Beginns bei der
Vorbereitung der Erkundungsmission von 1921. Wir wissen
nicht, was Mallory von Hinks als Persönlichkeit hielt, aber er
konnte ihn jetzt einschätzen und wußte, wie man eine gute
Arbeitsbeziehung mit ihm herstellte. Er setzte seinen charakteristischen Charme ein, um Hinks zu entwaffnen, und das
funktionierte offensichtlich. Finch dagegen hatte für solch tak-
tisches Geplänkel nicht viel übrig. Er gab sich keine Mühe,
seinen Ärger über Kränkungen und Beleidigungen zu verheh-
len, die ihm der Ausschuß und insbesondere Hinks seiner Ansicht nach zufügten. Es gibt keinen Zweifel, daß er von Hinks
absichtlich gepiesackt wurde, denn dieser konnte ihn von Anfang an nicht leiden und säte nun mit Genuß Zwietracht zwischen ihm und Mallory.

Jahre nach Mallorys Tod bedauerte Finch öffentlich die Rivalität und die Animositäten, die zwischen ihm und Mallory im Zusammenhang mit dem Mount Everest bewußt herbeigeführt worden seien. Sie seien damals beide jung und dumm gewesen und hätten sich nie auf diese Weise benutzen lassen sollen.

Das Geplänkel über den Sauerstoff setzte sich noch mindestens ein paar Wochen lang fort. Am 31. Oktober berichtete Mallory Hinks, daß die Vorträge ganz gut liefen, auch wenn der Zustrom nachmittags deprimierend gering sei, und er fuhr fort: »Es gibt Dinge, die einem Mann einfach über den Verstand gehen, und diese Sache geht ganz gewiß über meinen Verstand. Ich kann Finchs Geschichte nicht in jeder Einzelheit wiedergeben, weil ich nicht zu seiner Seilschaft gehörte, aber ich erzähle sie auf eine Weise, daß meine Zuhörer seiner Leistung immer sehr herzlich applaudieren.« Er wollte gerne wortgetreue Berichte über Finchs Vorträge sehen, wenn Hinks welche besitze, fügte jedoch in einem versöhnlicheren Ton hinzu: »Jedenfalls kann man dazu immer sagen, daß das Ergebnis nicht nur davon abhängt, was man sagt, sondern wie man es sagt.«[7]

Hinks war nicht geneigt, solche Milde walten zu lassen, und antwortete ziemlich giftig: »Natürlich habe ich keine wortgetreuen Berichte von Finch. Und ich würde sie nicht anrühren. Es geht ihm schlecht, weil Howard-Bury Sie als den größten Kletterer der Expedition bezeichnet hat, und das sogar zweimal. Er [Finch] fragte mich, wie ich eine solche Aussage des Obersten rechtfertigen wolle.«[8]

Mallory wollte sich nicht weiter in die miese Schlammschlacht hineinziehen lassen, die Hinks so offensichtlich genoß, und versuchte ihm in einer Antwort vom 2. November etwas den Wind aus den Segeln zu nehmen: »Die Sache mit Finch langweilt mich. Vielleicht interessiert es Sie, daß ein Scheck, den er über eine Summe von weniger als zwei Pfund für mich ausgestellt hat, von meiner Bank mit dem ominösen Vermerk ›keine Deckung‹ abgelehnt wurde. Er hat die Sache inzwischen in Ordnung gebracht... Aber der Vorfall könnte sein Verhalten teilweise erklären.« Und tatsächlich, wenn Finch wegen seiner Teilnahme an der Everest-Expedition wirklich in finanziellen Schwierigkeiten steckte, war es kein Wunder, daß er für seine Vorlesungen ein besseres Honorar brauchte. Zur Frage des Sauerstoffs setzte Mallory hinzu:

Am Sonntag habe ich in Oxford gegenüber Dreyer öffentlich Abbitte geleistet, sagte allerdings auch, daß ich keinen Grund sehe, warum die Akklimatisierung kurz vor dem Gipfel aufhören sollte. Das hat Haldane gefallen, mit dem ich hinterher sprach und der Dreyer gefressen hat. Haldane war sehr interessiert, und ich erinnere mich, daß Somervell sagte, er wisse mehr als jeder andere über die ganzen physiologischen Auswirkungen usw.[9]

Inzwischen nahmen die Pläne für Mallorys Vortragsreise in den USA Konturen an. Christy empfahl in einem Brief an Hinks Lee Keedick von der Fifth Avenue in New York als Manager der Tournee. Am 23. September drängte er Hinks noch einmal, Keedick zu engagieren, da dieser, wie er sagte, »der einzige Mann in Amerika ist, der die Vorträge auf die taktvolle und würdige Art organisieren wird, wie sie dem Ausschuß gefallen würde. Mr. Keedick ist ein Mann mit Geschmack und Feingefühl und in einer recht guten gesellschaftlichen Position.« Ein Brief, in dem Keedick seine Geschäftsbedingungen formulierte, war beigelegt:

Ich erkläre mich bereit, die Vorträge von Mr. G. L. Mallory über die Everest-Expedition oder von irgendeinem anderen Redner oder mehreren Rednern Ihrer Wahl in den Vereinigten Staaten für 45 Prozent der mit den Vorträgen erzielten Nettoeinnahmen zu organisieren. Die Nettoeinnahmen werden ermittelt, indem man die Spesen oder Istkosten von den Bruttoeinnahmen abzieht, die ich bei den Vorträgen erziele. Die Kosten für die Hin- und Rückfahrt mit dem Dampfer sowie Hotel- und Eisenbahnkosten gehören zu den Istkosten der Vortragsreise.

Ich gehe davon aus, daß Mr. Mallory am 1. Februar in New York eintreffen wird, um mit seiner Tournee zu beginnen.[10]

Der Everest-Ausschuß fand das Honorar des Agenten zu hoch und zögerte. Christy verlangte für die Vorträge in Großbritannien nur ein Drittel der Einnahmen, und der Everest-Ausschuß bekam zwei Drittel. Der Redner wurde aus dem Anteil des Ausschusses bezahlt und der Rest zur Finanzierung der nächsten Expedition eingesetzt. Christy schrieb am 13. Oktober einen Brief an Hinks, in dem er Keedick überschwenglich lobte.

Ich bin ziemlich sicher, daß es in den Vereinigten Staaten niemanden gibt, der sich mit Mr. Keedicks Wissen, Kompetenz und Erfahrung im Vorbereiten von Vortragsreisen messen könnte. Er ist ein Mann von absoluter Integrität und, wie Sie vielleicht wissen, all die berühmten Leute, die er engagierte, um Vorträge in seinem Teil der Welt zu halten, waren völlig zufrieden mit seiner Leistung. Er ist ein Gentleman, der überall gern gesehen ist und genau weiß, was wann zu tun ist. Ich habe keinerlei Bedenken, was ihn betrifft, denn ich kenne ihn schon lange, und immer wenn ich mit ihm zu tun hatte, merkte ich, wie hart er arbeitet und wie wichtig es ihm ist, gute Ergebnisse zu erzielen.[7]

Christy versicherte Hinks, die von Keedick angebotenen Bedingungen seien genausogut oder besser als bei anderen wohlbekannten Männern und Frauen, die er zu Keedick geschickt habe. Die Organisation einer Vortragsreise in den Vereinigten Staaten, behauptete Christy, sei eine sehr teure Angelegenheit für den Manager und mit einem beträchtlichen Risiko verbunden. »Ich bin zuversichtlich«, schloß er, »daß Keedicks Angebot so gut ist, wie er irgend kann.«

Doch der Ausschuß zögerte immer noch. In Telegrammen aus Übersee wurde auf einen Abschluß gedrängt, da eine weilere Verzögerung die Werbung für die Tournee erschwere. Dies leuchtete Hinks ein, und er empfahl Younghusband, Keedicks Bedingungen sofort anzunehmen. »Ich glaube nicht«, sagte er, »daß wir bei irgend jemandem sonst in Amerika einen besseren Vertrag bekommen können.«

Also wurde der Plan in die Tat umgesetzt. Um Anfang Februar in New York zu sein, konnte Mallory entweder für 57,10 Pfund eine Überfahrt auf der *Olympic,* einem Dampfer der vornehmen White Star Line, buchen oder für 31 Pfund mit einem kleineren Schiff der Cunard Line fahren. Mallory überließ die Entscheidung Hinks, da die Überfahrt zu den Tourneekosten gehörte, sagte aber, Christy habe »als eine Art Werbung« die *Olympic* empfohlen, und er meinte etwas sehnsüchtig: »Vielleicht ist da was dran.«

Wieder beugten sie sich Christys Ansicht. Mallory fuhr auf der *Olympic* zu seiner dreimonatigen Vortragsreise. Hinks hoffte, er werde danach noch zum Bleiben eingeladen, um in den USA und Kanada für Noels Film zu werben.

Es war bitterkalt, als Mallory am 17. Januar 1923 in New York von Bord ging und von dem berühmten Mr. Keedick empfangen wurde. Er war einigermaßen schockiert, als er erfahren mußte, daß Keedick trotz seiner beispiellosen Kenntnis der amerikanischen Vortragsszene noch kaum Auftritte fest vereinbart hatte und daß sein erster Vortrag erst zehn Tage später in Washington stattfinden sollte. Für die Zwischenzeit wurde Mallory – wahrscheinlich ebenfalls zu Werbezwecken – im luxuriösen Waldorf Astoria Hotel untergebracht und nutzte die Zeit, um an den Notizen für seine Vorträge zu arbeiten, an seinen Kapiteln für den Expeditionsbericht zu schreiben und mit einer Reihe von Zeitungsreportern zu sprechen.

Er hatte noch nie in der zwölften Etage eines dreizehnstökkigen Hotels gewohnt – in Großbritannien gab es damals noch keine Wolkenkratzer – und scherzte in einem Interview, daß er sich für den Everest fit halte, indem er auf die Benutzung des Aufzugs verzichte und »ohne Sauerstoffbehälter« zu seinem

Zimmer hinaufsteige. Bevor er heimfahre, hoffe er auch noch den Gipfel des Mount Woolworth zu erobern.

Anfang 1923 begann man ernsthaft zu diskutieren, wer an der Expedition des folgenden Jahres teilnehmen sollte. Bruce wollte Somervell, Mallory und Norton wieder dabeihaben, doch er war bei letzterem nicht sicher, ob er ein weiteres Mal zur Verfügung stehen würde. Widerstrebend hatte er sich auch dazu durchgerungen, Finch erneut einzuladen, weil er ihn für unersetzlich hielt. Oder wie er es gegenüber Sidney Spencer, dem Sekretär des Alpine Club, formulierte: »Es sind diese wissenschaftlichen Erfordernisse.« Natürlich war Finch auch als Experte für Schnee gefragt. Mit Finch und Norton würde die Expedition nach Bruces Einschätzung zwar über zwei exzellente Schneekenner verfügen, doch sie brauchte mehr. Noch dringender aber wurden ein paar junge Bergsteiger um die fünfundzwanzig gebraucht. »Gibt es denn keinen, der schon früh mit dem Bergsteigen begonnen hat?« klagte Bruce.[12]

Auch Longstaff hatte klare Vorstellungen, wen er dabeihaben wollte, vor allem aber legte er Wert darauf, daß die Auswahl nicht hinter verschlossenen Türen stattfand. Die letzten beiden Male hatte man die Entscheidung dem Everest-Ausschuß überlassen, und es bestand der Verdacht, daß bei der endgültigen Wahl Patronage eine Rolle gespielt hatte. Die normalen Mitglieder des Alpine Club waren mit der Verkündung der Namen vor vollendete Tatsachen gestellt und ihre Ansichten und Erfahrungen nicht mehr berücksichtigt worden.

Longstaff schlug vor, für die Auswahl der Expeditionsteilnehmer einen vom Club vorgeschlagenen oder zumindest abgesegneten offiziellen Unterausschuß zu bilden, der Empfehlungen berücksichtigen sollte. Spencer stand dem Vorschlag skeptisch gegenüber: »Es gefällt mir nicht besonders, daß der Club auf die Sache losgelassen werden soll«, protestierte er in einem Brief an Longstaff. »Sie gehen damit das Risiko ein, daß ziemlich ungeeignete Leute ausgewählt werden.«[13] Es verletzte sein Gerechtigkeitsempfinden, daß damit vielleicht auch uninteressierte Mitglieder mitbestimmen konnten. Wer die Sache nicht durch einen Beitrag zur Finanzierung der Expedition unterstützte, konnte seiner Meinung nach auch nicht erwarten, bezüglich der Teilnehmer konsultiert zu werden.

Einige Tage später hatte sich Spencer jedoch zu Longstaffs Auffassung bekehrt: »Wenn Sie den Vorschlag machen und dafür sorgen, daß ihn jemand unterstützt, dann geht er durch«, schrieb er ihm. Und so geschah es. Auf der Clubversammlung am 10. April wurde das Auswahlkomitee gebildet. Es bestand aus G. Solly (dem Vizepräsidenten des Alpine Club), Mallory, Noel Odell, G. Sang, Strutt, Longstaff, R. P. Bicknell und W. M. Roberts sowie aus Bruce, Collie, Farrar und Spencer, jenen Clubmitgliedern, die bereits im Everest-Ausschuß saßen.

Ihre erste Aufgabe bestand darin, einen Leiter des Bergsteigerteams zu bestimmen. Es herrschte allgemeine Einigkeit, daß General Bruce wieder die Gesamtexpedition leiten sollte, doch mußte noch ein fähiger Stellvertreter gefunden werden. Finch wurde vorgeschlagen, aber schnell abgelehnt. Longstaff wollte, daß Strutt es wieder würde, oder jemand, »der fast sein Spiegelbild wäre«. Die beiden Alternativen, die das Komitee schließlich empfahl, waren jedoch Major E. F. Norton von der vorangegangenen Expedition oder dessen Bruder Major J. H. Norton. Am Ende wurde der altbewährte E. F. Norton, der »große Erfolg« der Expedition von 1922, eingeladen und stand auch zur Verfügung.

Über die Bedeutung von Nortons Ernennung ist viel diskutiert worden. War sie, wie manche behaupten, eine absichtliche Brüskierung Mallorys? Schließlich war Mallory als einziger zweimal am Everest gewesen, und zumindest in den Augen der Öffentlichkeit war sein Name am stärksten mit dem Berg verbunden. Er galt als der führende Bergsteiger in dem Sinne, daß ihm allgemein die größten Chancen zugeschrieben wurden, den Gipfel zu erreichen – nicht so sehr wegen seines überragenden Könnens, denn darin waren ihm Finch und Somervell wahrscheinlich ebenbürtig –, sondern wegen seines starken Erfolgswillens. Sein unstillbarer Ehrgeiz war unübersehbar, und er ist, mehr als bloßes Können, das Kennzeichen der erfolgreichsten Himalaja-Bergsteiger. Es war jedoch genau dieser nagende Ehrgeiz gewesen, der vielleicht den katastrophalen dritten Versuch von 1922 motiviert hatte. Nicht nur Longstaff war der Ansicht, daß der Unfall am Nordsattel zumindest Mallorys Kompetenz auf Schnee in Frage stellte.

Der Leiter eines Bergsteigerteams muß nicht unbedingt ein überragender Alpinist sein. Er hat ab den Hochlagern die taktische Verantwortung für alle Aktivitäten am Berg und braucht deshalb mehr als alles andere organisatorisches Geschick. Selbst Mallorys entschiedenste Anhänger konnten jedoch nicht behaupten, daß Organisationstalent zu seinen Stärken gehörte. Seine Ungeschicklichkeit in praktischen Dingen und seine Zerstreutheit waren allgemein bekannt, und allein deshalb war er weit weniger zum Leiter der Bergsteigergruppe geeignet als Norton. Auch seine Impulsivität und sein großer Tatendrang sprachen gegen ihn; um sie positiv einzusetzen, bedurfte es der Lenkung von außen.

Ein sehr wichtiges Thema wollte niemand ansprechen, obwohl es allen Mitgliedern des Auswahlkomitees bewußt gewesen sein muß. Man durfte nicht unbekümmert davon ausgehen, daß der General bei guter Gesundheit bleiben würde. Sein Herz gab wieder Anlaß zur Besorgnis. Es war durchaus möglich, daß, wer auch immer zum Stellvertreter gewählt werden würde, zu irgendeinem Zeitpunkt die Gesamtverantwortung für die Expedition übernehmen müßte. Dies bedeutete, daß er nicht mehr nur für die Bergsteiger verantwortlich sein würde, sondern auch für den Hin- und Rücktransport des gesamten Gepäcks. In einem solchen Fall würde sich Nortons militärische Ausbildung als äußerst wertvoll erweisen, während Mallorys Zerstreutheit katastrophale Folgen haben konnte.

Das wirklich entscheidende Argument gegen die Behauptung, daß Nortons Wahl Mallory brüskiert haben soll, ist jedoch der Umstand, daß Mallory selbst ein – einflußreiches –

Mitglied des Auswahlkomitees war und daß für ihn selbst, als die Entscheidung fiel, noch gar nicht feststand, ob er an der dritten Expedition teilnehmen würde.

Wie der Zufall es wollte, wurde der General auf der dritten Expedition tatsächlich krank, und Norton mußte das Kommando übernehmen. Er erfüllte die in ihn gesetzten Erwartungen und löste die Aufgabe bewundernswert, und seine erste Tat als Expeditionsleiter bestand darin, daß er Mallory (sehr zu dessen Begeisterung) zum Leiter des Bergsteigerteams ernannte.

Beide Männer hatten große Achtung voreinander. Tatsächlich waren sie durch Heirat sogar weitläufig miteinander verwandt; Mallorys Frau Ruth war die Nichte von Mrs. Rosamund Wills, die auch Nortons Tante war. Es war schwer, mit Norton nicht auszukommen, dem einzigen Mann auf diesen frühen Everest-Expeditionen, über den niemand ein böses Wort sagte. Er war der geborene Führer und sich seiner Fähigkeiten sehr sicher, suchte jedoch trotzdem Rat bei seinen Männern und befolgte ihn, wenn er vernünftig war. In seinen Befehlen nannte er freimütig die Namen jener, deren Ideen er übernommen hatte, und wenn er einmal einen unbequemen Kurs einschlagen wollte, tat er dies aus Gründen, die für alle zumindest einsichtig waren. Er war ein Militär im besten Sinne. Die Achtung vor seinem Urteilsvermögen war so groß, daß niemand seine Autorität in Frage stellte.

Während Mallory in den Vereinigten Staaten wohlwollende Kritiken, aber keinen finanziellen Erfolg erntete, lief das britische Vortragsprogramm allmählich aus. Noels Film war in London einigermaßen erfolgreich, fand jedoch ein enttäuschendes Echo in der Provinz.

Finch hatte den Kontakt zu den Schweizer Bergsteigern aufrechterhalten, die er während seines Studiums kennengelernt hatte, und erhielt die Einladung, in seinen Sommerferien ein paar Vorträge in der Schweiz zu halten. Er sah keinen Grund, in dieser Sache den Everest-Ausschuß einzuschalten, und war inzwischen ohnehin darauf bedacht, sich aus dem Würgegriff des Abkommens zu befreien. Er fragte sich, wie bindend es eigentlich sei, und konsultierte einen Anwalt. Dieser erklärte, das Abkommen sei »weder zumutbar für die Beteiligten noch im Interesse der Öffentlichkeit« und deshalb rechtlich überhaupt nicht bindend. Mit diesem Gutachten im Rücken teilte Finch am 26. Juni 1923 Hinks schriftlich mit, daß er sich ab Mitte des folgenden Monats an keine moralischen und legalen Beschränkungen mehr gebunden fühle und wieder auf eigene Rechnung Vorträge halten werde.

Hinks war nicht da, als der Brief im Büro der Royal Geographical Society eintraf, doch er verursachte trotzdem großen Wirbel. Er wurde Sydney Spencer vom Alpine Club als dem gemeinsamen Sekretär beider Organisationen vorgelegt, und dieser rief General Bruce an, der von Younghusband den Vorsitz des Everest-Ausschusses übernommen hatte. Zusammen beschlossen sie, eine außerordentliche Versammlung einzuberufen. Nur vier Mitglieder des Ausschusses waren in der Lage teilzunehmen, und sie konnten sich auf keine Vorgehensweise einigen. J. J. Withers, ein prominentes Mitglied des Alpine Club und Rechtsanwalt, hielt es für sehr zweifelhaft, daß sich eine einstweilige Verfügung erwirken ließ, um Finch an seinem Vorhaben zu hindern. Die damit angedeutete Möglichkeit, daß die Sache vor Gericht kommen könnte, entsetzte Bruce und einige andere, obwohl alle darin übereinstimmten, daß Finch sich nicht wie ein Gentleman verhalten und hinsichtlich der geplanten Expedition einen schlechten Zeitpunkt für seine Erklärung gewählt hatte. Bruce schrieb am 30. Juni an Spencer:

Nun ja, jedenfalls hat er das Tischtuch nun zerschnitten. Alles hat seinen Preis, und ich denke, weil er das getan hat, kommt er für die nächste Expedition auf keinen Fall mehr in Frage. ... Was für ein absolutes Schwein dieser Mann ist. Ich bedaure inzwischen, daß ich darauf bestand, daß er für die Mitgliedschaft im AC nominiert wurde.[14]

Vielleicht hatte Finch den Braten gerochen und seine Einstellung erst geändert, als er erkannte, daß er zu der nächsten Everest-Expedition ohnehin nicht mehr eingeladen würde. Wenn sich der Everest-Ausschuß schon zuvor gegen Finch entschieden hatte, würde dies Farrars Rücktritt Ende Mai erklären. Und es würde zweifellos auch erklären, daß Finch keine Hemmungen mehr hatte, sich noch unbeliebter zu machen, indem er das von ihm unterzeichnete »Abkommen« in Frage stellte und ein Gerichtsverfahren riskierte. Wie dem auch sei, Farrar sprach jedenfalls Anfang Juli mit Finch über dessen Ultimatum und berichtete Spencer am 5. Juli folgendes über die Unterredung:

Ich bestellte Finch zu mir, weil es sehr schade ist, daß ein so fähiger Mann, welcher der Everest-Expedition gute Dienste leistete, sich in eine falsche Position bringt. Ich befragte ihn sehr eingehend. Wie ich erwartet hatte, gab es ständige Spannungen mit Hinks, einem Mann mit großen Fähigkeiten und einer starken Persönlichkeit, der jedoch im Umgang mit einem unabhängigen Geist über ein vergleichsweise unterentwickeltes Taktgefühl verfügt.

Ich machte Finch gegenüber sehr deutlich, daß sein Brief nicht in Ordnung war. Danach war er bereit, ihn zurückzuziehen, und sein Ersuchen auf eine gemäßigtere Art vorzubringen – ich habe den neuen Brief gesehen und würde sein Anliegen, wenn ich zum Everest-Ausschuß gehörte, sehr sorgfältig wägen.[15]

Er fügte hinzu, daß »der einzige Nutzen des älteren Mannes darin besteht, das Ungestüm des jüngeren zu bremsen«.

Auf Anraten Farrars bot Finch an, die angedrohte Aufkündigung des Abkommens auf den Herbst zu verschieben, und er erinnerte zu seiner Verteidigung den Everest-Ausschuß daran, daß er für ihn 80 Vorträge gehalten, drei Kapitel des Buches über die Expedition geschrieben sowie Abzüge von Fotos zur Verfügung gestellt und Negative verliehen hatte, die er mit seinem eigenen Apparat aufgenommen hatte. Die Reaktion war ziemlich unfreundlich, und Farrar versuchte noch einmal, die harte Linie zu mildern, die der Ausschuß in dieser Angelegenheit verfolgte. Er schrieb am 10. Juli:

Auch ich bin der Ansicht, daß ein Mann durch die Unterzeichnung eines Abkommens moralisch gebunden ist, auch wenn dieses vielleicht willkürlich und rechtlich nicht bindend ist. Ich meine jedoch auch, daß die andere Seite ebenso moralisch verpflichtet ist, nicht das Äußerste zu verlangen... Natürlich war die Teilnahme an der Everest-Expedition eine großartige Sache, aber wir sollten nicht annehmen, daß beliebig viele Männer dafür zur Verfügung stehen, und wir sollten nicht vergessen, daß Finch der Expedition hervorragend gedient hat und seine Seilschaft sicher von einem höchst gefährlichen Unternehmen zurückbrachte. Mit einem weniger kompetenten und einfallsreichen Führer als Finch hätten wir vielleicht nicht nur Träger verloren – ich nominierte ihn im vollen Bewußtsein seiner Kompetenz als Alpinist, damit der Name des Clubs keinen Schaden erlitte. Denn das ist stets mein Anliegen gewesen. Das Ergebnis vom letzten Jahr gibt mir recht.[16]

Der Brief hatte praktisch keine Wirkung. Hinks antwortete Finch am 26. Juli, der Ausschuß sehe sich nicht in der Lage, seinen Vorschlag zu akzeptieren. Denn es sei »zum Schutz der Interessen der Expeditionen sowohl von 1921 als auch von 1922 sowie aller künftiger Expeditionen notwendig, daß sämtliche Fragen der Veröffentlichung und der öffentlichen Vorträge als Teile eines gemeinsamen Ganzen behandelt werden«. Finch müsse sich ehrenhalber immer noch an das von ihm unterzeichnete Abkommen gebunden fühlen.

Es ist zweifelhaft, ob dieser Brief Finch erreichte, bevor er in jenem Sommer in die Alpen aufbrach, und die ganze Geschichte hat ein merkwürdiges Postskriptum, denn keine anderthalb Wochen später schrieb Hinks an Spencer (der ebenfalls in den Alpen Urlaub machte): »Ich habe mit Interesse vernommen, daß Sie, der General und Finch im Hotel Monte Rosa Tür an Tür miteinander wohnen.«

Tür an Tür oder nicht – der Umgang kann nicht besonders freundschaftlich gewesen sein. Spencer berichtete, er habe einen Vortrag besucht, den Finch dort gehalten habe, und fügte mit einer gewissen Schadenfreude hinzu, daß er nicht sehr gut besucht gewesen sei. Inzwischen beschwerte sich Hinks auch bei Christy über Finch und berichtete Spencer: »Ich glaube nicht, daß er Finch noch für Vorträge buchen wird.« Finch selbst sah sich finanziell in die Enge getrieben und schrieb Anfang September an Hinks, er sei »absolut bereit, den kommenden Winter weiterhin im Namen des Ausschusses Vorträge zu halten«, und werde ein vermindertes Honorar von 10 Pfund plus 2 Pfund 10 Schilling für Spesen akzeptieren. Dem Ausschuß war dies zuviel. Er forderte Finch auf, eine Aufstellung über seine Vorträge in der Schweiz vorzulegen, und ließ dem drei Wochen später den Brief eines Rechtsanwalts folgen.

12

George und Ruth

»Liebes Mädchen, in diesem Land ist es viel schwieriger, ohne Dich zu sein, als es je in Indien war«, schrieb Mallory im Februar 1923 während seiner Vortragsreise in den Vereinigten Staaten ziemlich niedergeschlagen an Ruth. »Ich weiß nicht, warum, aber ich habe das Gefühl, daß ich ohne Dich gar nicht wirklich glücklich sein kann. Ich habe die meiste Zeit so ein trübes mechanisches Gefühl, als ob ich das Leben einfach nur herumbringen müßte, bis wir wieder zusammensein können.«[1]

Nicht, daß es für die beiden ungewohnt gewesen wäre, getrennt zu sein; lange Trennungsphasen waren schon immer ein Muster in ihrer Ehe gewesen. Sie hatten in der Woche geheiratet, als der Krieg ausbrach, in einer Zeit, als es unmöglich und unangebracht schien, sich niederzulassen und den häuslichen Frieden zu genießen. Freunde zogen in den Kampf, viele starben, und es dauerte nicht lange, bis auch Mallory darauf brannte, eine Uniform anzuziehen. Schließlich, Ende 1915, kam er zum Heer, unmittelbar nach der Geburt seiner ältesten Tochter Clara. Nach dem Ende des Krieges hatten Ruth und er zwei mehr oder weniger seßhafte Jahre, und dann begann das Everest-Abenteuer. In den fast zehn Jahren ihrer Ehe verbrachten George und Ruth Mallory weniger als die halbe Zeit zusammen.

Daß Mallory Ruth in den USA so schmerzhaft vermißte, war vielleicht überraschend. Natürlich hatte er, wenn er weg war, immer wieder einmal großes Heimweh. In diesen Augenblicken sehnte er sich verzweifelt nach Ruths Ruhe und ihrem überwältigend nüchternen Verstand, aber meistens war es ihm Trost genug, daß sie existierte. Die Abwesenheit eines gemeinsamen Alltags mit all seinen kleinen Reibereien sorgte dafür, daß er das idealisierte Bild seiner Frau rein und unversehrt bewahren konnte. Ruth war seine wichtigste Inspiration, der Dreh- und Angelpunkt seiner Träume. »Was die Art betrifft, wie Du mir erscheinst«, hatte er 1918 aus Frankreich geschrieben, »so mache ich mir wenig Gedanken über die körperliche Form. Du bist mehr wie eine Atmosphäre, zu der ich einen zärtlichen Bezug habe, wie ein wunderbarer unsichtbarer Geist.« Und vom Everest schrieb er 1922: »Ich bin mir bewußt, daß Du am anderen Ende stehst, und sehr oft, meine Liebste, beschwöre ich Dein Bild herauf und habe Dich irgendwie sehr nahe bei mir.«

Warum machte ihm die Trennung ausgerechnet in New York so viel mehr zu schaffen, wo es doch soviel zu tun und zu sehen gab? Wie er schrieb, mußte Mallory kaum einmal allein essen, da er, wenn er einmal nicht Ehrengast bei irgendeiner Dinnerparty war, in der Regel von Freunden oder Freunden von Freunden eingeladen wurde. Besuche in Oper und Theater, in Konzerten oder in der Morgan Library, wo er die Sammlung von Boswell-Briefen las, ließen ihm nur wenig Zeit für das viele Schreiben, das er sich für den Aufenthalt in den USA vorgenommen hatte, und schon gar nicht zum Grübeln.

Höchstwahrscheinlich läßt sich Mallorys Einsamkeit in dieser Trennungsphase nicht auf einen einzigen Grund zurückführen. Er war damals bereits drei Monate lang fast ununterbrochen unterwegs, und obwohl er gerne im Scheinwerferlicht stand, war sein normales Leben doch unterbrochen. Er hatte seit seiner Heimkehr vom Mount Everest nur sechs Wochen zu Hause verbracht und würde früher oder später entscheiden müssen, ob er weiter Lehrer bleiben oder versuchen sollte, als Schriftsteller zu reüssieren. Seine Niedergeschlagenheit hatte sicher auch mit einem Gefühl der Entfremdung in den USA zu tun, denn trotz all der hektischen Aktivitäten – oder vielleicht gerade deshalb – gelangte er zu der Feststellung, daß er New York nicht mochte. Die Stadt war anregend, gewiß, doch oberflächliche gesellschaftliche Begegnungen hatten ihn nie interessiert. Er wollte sich über wichtige Dinge unterhalten – über die französische Politik im Ruhrgebiet, über die besorgniserregende Lage in der Türkei –, doch er konnte nur wenige New Yorker finden, deren Kenntnisse in dieser Hinsicht ausreichten. Einige gaben bereitwillig zu, daß es keine Kontinuität in der amerikanischen Außenpolitik gebe und alles ganz durcheinander sei, doch wie Mallory gegenüber Ruth urteilte, »nehmen sie die Fehler in ihrer eigenen Politik so leicht, daß man jede Hoffnung aufgibt, daß sie es je besser hinkriegen.«

Er war zugleich fasziniert und entsetzt über die Unverhohlenheit, mit der die Damen der Gesellschaft in der Oper ihren Reichtum zur Schau stellten. Es erinnerte ihn an den Hof Ludwigs XIV. und erschien ihm vulgär. »Die ganze gesellschaftliche Atmosphäre ist munter und oberflächlich«, klagte er, »zumindest immer dann, wenn Frauen anwesend sind.« Für Mallory waren die amerikanischen Frauen sehr ungebildet und wirkten nur bei der ersten Begegnung intelligent durch den Trick, »alle interessanten Waren ins Schaufenster zu stellen«. Doch »sie sind überhaupt nicht in der Lage, bei einem Thema zu bleiben. Sie kommen einfach alle Augenblicke mit einer neuen gängigen und oft völlig irrelevanten Idee daher«. Diesen negativen Eindruck fand er jedesmal bestätigt, wenn er nach New York zurückkehrte. Er fühlte sich sehr viel wohler auf seinen Reisen in andere Städte.

Seine ersten Auftritte in Washington und Philadelphia waren insgesamt ermutigend. Mallory hatte sich Sorgen gemacht, daß er ein amerikanisches Publikum mit seiner ungewohnten Art zu sprechen vielleicht nicht packen könnte. Er hatte auf der Fahrt über den Atlantik sogar einen amerikanischen Akzent geübt, allerdings laut seiner eigenen Aussage nur, um sich damit bei Gepäckträgern und anderem Personal verständlich zu machen, nicht jedoch, um ihn bei seinen Vorträgen zu benutzen.

Am 26. Januar kurz vor Mitternacht, als seine Koffer für einen frühen Aufbruch am folgenden Morgen schon gepackt waren, schrieb er aus Washington an Ruth, wie die ersten beiden Vorträge verlaufen waren:

Heute nachmittag hatte ich das teilnahmsloseste Publikum, vor dem ich je sprach – niemand rührte eine Hand, wenn ich wollte, daß sie applaudierten, und fast nie lachte jemand. Sie fühlten sich nicht wohl mit mir. Ich weiß nicht, warum. Aber sie blieben am Ball, mit knapper Not. Und danach gab es ein großes Händeschütteln und nette Worte, als ob es ein großer Erfolg gewesen wäre. Ich glaube, sie waren genau wie das Publikum in Torquay, nur freundlicher.

Und an diesem Abend zündete es dann richtig, vom ersten Wort bis zum letzten. Ich machte mit ihnen, was ich wollte; sie reagierten auf jede Pointe; der Vortrag war technisch besser als alle, die ich je hielt, und trotzdem war noch viel Raum für Spontaneität. Na bitte! Wenn es jetzt nicht »einschlägt« – nun, dann kann ich nichts mehr tun und komme heim.[2]

Am folgenden Tag in Philadelphia kam der Vortrag sogar noch besser an. Über 1000 Zuhörer füllten die Witherspoon Hall, und die Abendzeitungen brachten ganzseitige Berichte über Mallorys Besuch. Er verbrachte die Nacht als Gast des Präsidenten der Geographical Society, eines lokalen Geschäftsmanns und Großwildjägers, der 16 Kilometer außerhalb der Stadt wohnte, und am folgenden Tag sprach er – nach dem Mittagessen und mehreren Teegesellschaften – vor einem weiteren großen und begeisterten Publikum von über 2000 Personen. Sehr zufrieden kehrte er nach New York zurück, wo er noch eine Woche auf sein großes Debüt am 4. Februar im Broadhurst Theater warten mußte. Eine positive Reaktion des New Yorker Publikums und der New Yorker Presse würden zu weiteren Buchungen führen, die, wie Mallory zu seiner Besorgnis erfuhr, noch immer sehr zögerlich eingingen.

Mallorys Eindruck von Lee Keedick, seinem amerikanischen Impresario, fiel zunächst recht positiv aus, und er war gerne bereit, Keedick zu glauben, daß sich bald alles zum Besseren wenden würde. Immerhin gab Keedick sich große Mühe mit der Werbung. Als er mit Mallory zwei Tage nach dessen Ankunft eine Show im Broadhurst Theater besucht hatte, lag auf jedem Sitz ein Faltblatt, das Mallorys Vortrag ankündigte. Weitere Flugblätter hatten den Rauchersalon geschmückt. Auch beschäftigte Keedick einen Presseagenten, der dafür sorgte, daß Mallory in seinem Hotel von zahlreichen Reportern interviewt wurde – aber immer erst, wenn genau geprobt war, was er sagen sollte. »Ich glaube nicht, daß das einen großen Unterschied machte«, schrieb er sarkastisch an Ruth.

Auch das Waldorf Astoria hatte seinen eigenen Presseagenten, der über die berühmten Gäste des Hotels schreiben mußte. Er führte ein langes Gespräch mit Mallory und erklärte ihm, daß er hinter einem »Wertekonflikt« her sei, denn das wecke immer Interesse. »Der junge Mann«, berichtete Mallory Ruth,

wollte von mir hören, daß die großen Bergsteiger der Expedition allesamt Männer mit einer naturwissenschaftlichen Ausbildung waren oder daß geistiges Training mehr mit der Sache zu tun hat als der Körper. Kannst Du Dir etwas Kindischeres vorstellen? Aber vermutlich ist gerade dies typisch für die Amerikaner – das Jungenhafte.[3]

Einen wichtigen Auftritt mußte er noch vor dem großen Vortrag absolvieren, und zwar als Gast des American Alpine Club bei einem Dinner für ungefähr 40 Personen. Mallory saß zwischen dem Präsidenten, einem leutseligen presbyterianischen Pfarrer, und einer Dame, die er für teilweise ausländischer Abstammung hielt. Sie erzählte ihm, daß sie »einen Berg in Alaska bestiegen und eine Temperatur von minus 60 Grad ausgehalten« hatte. Offensichtlich machte sie auf Mallory keinen besseren Eindruck als andere vornehme New Yorker Damen, denn er sagte später, ihr Verstand sei anscheinend nach der Besteigung nie wieder aufgetaut. Der Präsident stellte Mallory vor, indem er Auszüge aus dem Buch über die Expedition von 1921 vorlas.

Nach ihm sprachen noch drei weitere, ziemlich gut, und dann erhob ich mich. Alle anderen erhoben sich ebenfalls, wie es hier Sitte ist, applaudierten ein bißchen – setzten sich wieder. Ich hatte zunächst mehrere Fragen zu den Reden meiner Vorredner zu beantworten und hielt dann einen ernsthaften Vortrag über das Problem einer Everest-Besteigung. Die Begeisterung hielt sich in Grenzen, aber es lief doch recht gut. Danach saßen wir noch um den Tisch herum, und ich wurde mit Fragen bombardiert. Insgesamt war es eine angenehme, freundliche Gesellschaft.[4]

Die Veranstaltung dauerte vier Stunden, und am Ende war Mallory »sehr durstig«. In den USA herrschte damals noch die Prohibition, und es hatte den ganzen Abend über nichts Stimulierenderes gegeben als Wasser. Mallory war recht überrascht und entzückt, als er nach dem Dinner in einen der »tollsten« New Yorker Clubs entführt wurde. »Wir gingen hinunter in den alten Weinkeller, in dem nun lauter Schränke an den Wänden stehen; sie schlossen einen davon auf und entnahmen ihm eine Flasche Gin. Diese wurde dem Barkeeper übergeben, und er mixte damit drei Longdrinks, die man Tom Collins nennt.« Mallory kannte den Drink noch nicht, doch er schmeckte ihm sehr, und so gestärkt führte er mit seinen neuen Freunden ein angenehmes Gespräch bis in die frühen Morgenstunden. »Quelle vie!« schrieb er in dieser Nacht.

Am Tag seines New Yorker Vortrags mußte Mallory wütend erkennen, daß dieser sehr schlampig vorbereitet worden war. Der Techniker war nicht früh genug erschienen, um alles richtig herzurichten, und entdeckte erst jetzt, daß »sein Draht nicht lang genug war, um ein elektrisches Signal zu installieren«. Mallory war nicht überrascht, als der Mann auch die Diapräsentation verpfuschte.

Obwohl das Broadhurst Theater nur etwa 1100 Personen faßt, war es nur halb voll; das war ebenfalls deprimierend. Ich hatte jedoch Freunde im Publikum, darunter alle Mitglieder des American Alpine Club, die bei dem für mich veranstalteten Dinner gewesen waren. Also brauchte ich mir keine Sorgen zu machen. Sie waren sofort hingerissen und erwiesen sich als ein recht angenehmes, dankbares Publikum – sie gingen wirklich sprühend vor Begeisterung nach Hause, und man hat mir nette Sachen berichtet, die beim Hinausgehen gesagt wurden. Das war also in Ordnung.[5]

Das wichtigste Lob bekam Mallory von Reginald Poel, einem alten Freund aus Cambridge, den Mallory unerwartet in New York getroffen hatte. Poel war wie Mallory ein Mitbegründer der Marlowe Dramatic Society gewesen und hatte eine kleine Rolle als der Geist in einer Broadway-Produktion von *Hamlet* bekommen. Mallory sah sich das Stück an und fand es »größtenteils schlecht«, aber er respektierte Poels Fachwissen über Bühnenwirkung und war daher begeistert, als dieser ihm sagte, sein Auftritt könne kaum mehr verbessert werden.

Am folgenden Morgen blätterte Mallory die Zeitungen gierig nach Kritiken durch und war bitter enttäuscht, da sie nur sehr wenig enthielten. Die *New York Times* hatte es geschafft, aus ihrem knapp einspaltigen Bericht »Anti-Prohibitions-Propaganda« zu machen. »Brandy half Seilschaft am Mount Everest – ein Schluck in 8200 Meter Höhe ›munterte uns alle wunderbar auf‹, erzählte Mallory seinen Zuhörern«, lautete die Überschrift. Die *Tribune* (»eine sehr wichtige, mehr oder weniger liberale Zeitung«) kam erst später am selben Tag heraus. Sie zeichnete ein sehr viel sympathischeres Bild von dem Vortrag und lobte »Mallorys ungekünstelte Art zu sprechen, mit der er das Publikum sofort gewann«. Das war schon eher, was er lesen wollte. »Immerhin hat der zweite Mann in Keedicks Büro 100 Exemplare gekauft, um sie zu verschicken«, erstattete er Ruth Bericht. »Und ich hoffe, daß sich daraus ein paar Engagements ergeben.«

Zunächst jedoch gab es keine Verbesserungen, sondern weitere Enttäuschungen. Zwei Tage nach seinem New Yorker Auftritt traf Mallory in Kanada ein, wo er zwei Vorträge halten sollte. Erst dort erfuhr er, daß die Veranstaltung in Toronto abgesagt worden war. Wie er Ruth berichtete, hatte ein lokaler Agent durch »irgendeine Idiotie«, ein »furchtbares Durcheinander« angerichtet. Er bekam erste Zweifel an der Effektivität von Keedicks Organisation. In Montreal gab es erneut technische Probleme mit dem Diaprojektor – mit denen Mallory inzwischen schon rechnete –, aber der Vortrag selbst kam gut an. Danach gab es bis zu einem Auftritt am 17. in Detroit keine festen Buchungen mehr.

Mallory hatte gehofft, auf seiner Vortragsreise viel von den Vereinigten Staaten zu sehen, doch er sah viel weniger, als er erwartet hatte. Sein großer Traum war es gewesen, quer durch die USA nach Kalifornien zu fahren, aber das erschien inzwischen sehr unwahrscheinlich. Die geringe Zahl der Buchungen war doppelt frustrierend, weil er inzwischen entdeckt hatte, daß er die Vorträge sehr genoß und sie als eine große Chance betrachtete, die ihm durch den Everest eröffnet worden war. Mallory war offensichtlich ein geborener Redner und hatte keine Angst mehr, sein Publikum nicht »fesseln« zu können. Er hatte eine gute Rednerstimme und eine angenehm lockere Art auf der Bühne. Die amerikanischen Kritiker äußerten sich positiv über die Bescheidenheit, mit der er seinen persönlichen Anteil an der Geschichte im Hintergrund hielt.

David Pye war beeindruckt, wie schnell Mallory die neue Fertigkeit erlernte. Schon seine Vorträge im Jahr zuvor waren durchaus lebhaft gewesen, hatten aber noch etwas bruchstückhaft gewirkt und stark zum Metaphysischen und Poetischen tendiert. Mallory war sehr um eine bildhafte Wirkung bemüht gewesen, die er nicht »vermitteln« konnte. Er selbst hatte dazu geschrieben:

Ich bin sehr fasziniert von der Kunst, ein Publikum in Bann zu schlagen; es ist ein ziemliches Vergnügen, sie an 2000 oder 3000 erwartungsvollen Personen zu üben, aber ich frage mich, ob diese Erfahrung künftig einmal mit etwas Nützlicherem in Verbindung stehen wird.[6]

Der Everest hatte Mallory, wie Pye sagte, »eine viel größere Bühne verschafft als ein Klassenzimmer«. Trotz all seiner großartigen Ideen für eine Erziehungsreform gibt es nämlich kein Anzeichen, daß Mallory sich nach dem Beruf als normaler Lehrer zurückgesehnt hätte. Es war nun zwei Jahre her, daß er die Arbeit an der Schule aufgegeben hatte, doch er konnte jede Entscheidung über seine Zukunft problemlos weiterhin verschieben, solange noch Buchungen für seine Vorträge eingingen.

Als Mallory nach einem vergnüglichen Wochenende in den Laurentian Hills, wo er mit dem sechzehnjährigen Sohn seines kanadischen Gastgebers Skifahren lernte, nach New York zurückkehrte, war die Lage nicht besser geworden. Keedick hatte nur für drei weitere Auftritte feste Zusagen und ein oder zwei weitere standen vage in Aussicht. Die Vortragsreise hatte nicht »eingeschlagen«, wie er gehofft hatte. Es ist schwer zu sagen, wie sehr dies an mangelndem Publikumsinteresse lag und wie sehr daran, daß Keedick sich weigerte, sein Buchungshonorar zu senken, damit sich mehr Clubs und Organisationen einen Auftritt Mallorys leisten konnten. Keedick sagte, durch eine solche Preissenkung würde er nur mit denen Probleme bekommen, die bereits einen höheren Preis bezahlt hätten. Und es war ihm zu riskant, selbst Säle anzumieten. Der Vortrag in New York hatte Verluste gemacht, und der in Montreal hatte nur 48 Dollar abgeworfen.

»Was für ein Reinfall«, schrieb Mallory wütend an Ruth. »Sei nicht allzu enttäuscht. Wir werden eine Weile ärmer sein, als ich gehofft habe.«

Zu Hause wurde Ruth tatsächlich das Geld knapp. Sie hatten sich erst vor kurzem ein Auto angeschafft und ließen nun eine Garage dafür bauen, und das war teurer, als sie gedacht hatten. Obendrein machte das Auto Schwierigkeiten, und Ruth bedauerte bereits, es überhaupt gekauft zu haben. Mallory widersprach ihr nicht, bat sie aber, nicht zu verkaufen, bevor er wieder zu Hause war.

Unter den gegebenen Umständen schien es Mallory nicht

mehr angebracht, daß er zu »Werbezwecken« im Waldorf Astoria wohnte, und er zog zu seinem Freund Reginald Poel in das Flanders Hotel an der West 47th Street, wo er nur zwei statt acht Dollar pro Nacht bezahlen mußte. Bei diesem Preis mußte er allerdings zwischen einem Zimmer mit Bad und einem Zimmer mit Aussicht wählen. Es gefiel ihm nicht besonders in seinem neuen Quartier, und er ging immer noch zum Tee ins Waldorf, wenn er jemanden von Bedeutung traf. Inzwischen hatte er eine befristete Mitgliedschaft bei zwei Clubs erhalten, in denen er schreiben, lesen und essen konnte, so daß er nicht viel Zeit im Hotelzimmer verbringen mußte.

In Boston war Mallory bei Mr. und Mrs. Alston Burr zu Gast, die er außerordentlich charmant und kultiviert fand. Auch die Stadt gefiel ihm sehr, und ihre Bewohner kamen ihm »viel mehr wie Engländer« vor als die New Yorker. Er hatte sogar eine ganze Reihe »annehmbarer Gespräche«. Sein erster Vortrag fand in Harvard statt, und 80 Prozent seiner Zuhörer waren Studenten. Die Studentenzeitung *The Harvard Crimson* brachte einen ausführlichen Bericht unter dem Titel »Mallory fasziniert studentisches Publikum«:

Im vollbesetzten Aufenthaltsraum des Students' Union schilderte Mr. George Leigh Mallory heute die versuchte Besteigung des Mount Everest, die im letzten Mai stattfand ... »Welchen Sinn hat es, den Mount Everest zu besteigen?« lautete die einleitende Frage in Mr. Mallorys Rede. Auf diese Frage gab er die scherzhafte Antwort, daß es nur darum gehe, den Geologen den gewünschten Stein vom Gipfel zu liefern und den Physiologen zu zeigen, in genau welcher Höhe der Mensch nicht mehr überleben kann.[7]

Bemerkenswert an dem Vortrag in Harvard ist, daß Mallory versuchte, die Studenten zu überzeugen, daß »die 15 Kilogramm schweren Sauerstoffbehälter sich wegen ihres Gewichts nicht bewährt« hätten, obwohl er einräumte, daß bei dem Besteigungsversuch mit Sauerstoff die »Rekordhöhe von

8301 Meter« erreicht wurde – beträchtlich mehr als bei seinem eigenen Versuch ohne Sauerstoff. Mallory unterließ jegliche Andeutung, ob er bei dem geplanten dritten Versuch Sauerstoff zu verwenden gedachte. Seine Haltung zum Sauerstoff bei diesem Vortrag ist um so seltsamer, da er bei seinen Vorträgen in New York und andernorts etwas anderes verkündet hatte; nämlich:

Die Aufnahme des Sauerstoffes beschleunigte anscheinend die körperlichen Prozesse so stark, daß sehr viel Gewebe verbrannt wurde. Trotzdem scheint die Verwendung von Vorteil zu sein, und wir werden die Behälter beim nächsten Unternehmen vermutlich alle benutzen.[8]

In seiner Biographie Mallorys schreibt David Robertson, daß es wegen der sauerstoffeindlichen Bemerkungen, die Mallory in seinem ersten Vortrag geplant hatte, zu einem Streit mit Finch gekommen war. Als Mallory daraufhin von Farrar ermahnt worden war, hatte er nur bemerkt, daß ihm »Unbesonnenheiten unterlaufen könnten«, und Farrar hatte ihn gedrängt, sich zu beherrschen. Mallory hatte sich daraufhin auf ein Plädoyer für die Akklimatisierung und ein paar plumpe Seitenhiebe gegen die Sauerstofforscher beschränkt:

Ich ziehe natürlich immer den Hut vor den Wissenschaftlern, diesen Olympiern von heute, die eine andere, wenn auch nicht unbedingt reinere Luft atmen als gewöhnliche Sterbliche. Jedoch ist die Luft auf dem Olymp (der realistisch gesehen nur ein mickriger Hügel ist) nicht die gleiche wie auf dem Mount Everest, und Experimente, die man auf dem Olymp mit einem ausgepumpten Tank vornimmt, können nicht beweisen, wo genau auf jenem anderen Berg von unübertroffener Höhe beharrliche Männer nicht mehr weiterkommen. Es muß nämlich davon ausgegangen werden, daß sich diese beharrlichen Männer in der dünnen Luft akklimatisiert haben, während die Olympier und andere Opfer jener Experimente nur an die Atmosphäre des Olymp akklimatisiert waren, und die gilt, wie ich gehört habe, als besonders dicht.[9]

Robertson gibt keinen Hinweis, welche »Unbesonnenheiten« Mallory aus seinem ersten Vortrag tilgte, doch der Harvard-Vortrag läßt in dieser Beziehung einige Schlüsse zu. Kein Wunder, daß Finch es »sehr ungezogen von George« fand, wenn dieser seine Sauerstoffflaschen als einen Mißerfolg abtat, obwohl Finch mit ihnen eine neue Rekordhöhe erreicht hatte.

Mallory schrieb an Ruth, kein Publikum sei bisher besser gewesen als das in Harvard. »Sie haben mich sehr gut empfangen und waren offensichtlich gefesselt und amüsiert. Es besteht kein Zweifel, daß die Leute hier wirklich beeindruckt von der Geschichte sind, und ich werde immer darauf bestehen, daß meine Vortragsreise richtig war, selbst wenn die Zahl der Vorträge für die Zeit, die ich im Lande bin, gering bleibt.[10]

Nach einem weiteren Auftritt im Bostoner Appalachian Mountaineering Club, »einer Kombination des Rucksack Club und des Pinnacle Club«, reiste Mallory zu einem zweiten Vortrag nach Philadelphia und dann weiter nach Toledo. Im Anschluß an diesen Auftritt unternahm er auf eigene Kosten einen Abstecher und sah sich die Niagarafälle an.

Es herrschte denkbar schlimmes Wetter, als ich dort war. Ostwind mit schwarzen Wolken und dann ein Schneesturm. Trotzdem, die tosenden Wasser, die oberhalb des Falls über Meilen eine Stromschnelle nach der anderen hinabrauschen, und dann der apfelgrüne Strudel, wenn sie über den Rand kommen, das alles ist einfach wunderbar eindrucksvoll.[11]

Dann ging es weiter nach Chicago und von dort aus nach Iowa City, der westlichsten Stadt, die Mallory erreichte (»noch ein weiter Weg bis zu meinem Traum von der pazifischen Küste«). Das Land war noch immer mit Eis und Schnee bedeckt, wie er es bei seiner Ankunft angetroffen hatte. Der Vortrag in Chicago war einer von denen, aus denen nichts wurde, die Geographical Society hatte 200 Dollar angeboten, und Keedick hatte abgelehnt. Der einzige Lichtblick an der ganzen Sache war, daß Mallory sich berechtigt fühlte, eine vorläufige Buchung für seine Rückfahrt zu tätigen. »O meine Liebste«, tröstete er Ruth. »Du mußt nicht mehr lange warten, wenn Du diesen Brief bekommst. Wie schön wird es sein, und was für einen herrlichen, langen Frühling können wir miteinander verbringen! Ich werde wütend sein, wenn er zu früh ist.«

In den verbleibenden 14 Tagen besuchte Mallory seinen Onkel in Toronto und kehrte noch einmal für einen weiteren, letzten, Vortrag nach Boston zurück. Dann begab er sich an Bord der *Saxonia,* die am 31. März in New York auslief, auf die Heimreise.

Daß Mallory unbedingt rechtzeitig zurück sein wollte, um den Frühling mit Ruth zu erleben, hatte zwei Gründe. Er war sein ganzes Leben ein leidenschaftlicher Naturliebhaber gewesen und hatte den Frühling schon immer als eine sehr beglückende Jahreszeit empfunden. Dieses Gefühl hatte sich noch verstärkt, seit er Ruth kannte. Sie hatten sich im Frühjahr ineinander verliebt. Und nun erschien es George, wenn es wärmer wurde und die ersten duftenden Blüten erschienen, jedes Jahr wie eine Bestätigung ihrer Liebe. Dann mußte er Ruth bei sich haben, um etwas von der Magie der ersten Verliebtheit wiederzuerleben.

Sie hatten einander 1914 gefunden, als Mallory auf Einladung der Familie Turner die Wochen vor Ostern in Venedig verbrachte. Thackeray Turner lebte mit seinen drei unverheirateten Töchtern – Majorje, Ruth und Mildred – in Westbrook, einem großen Haus auf einem Hügel am Stadtrand vom Godalming und lernte Mallory kennen, als dieser in einer lokalen Theaterproduktion auftrat. Es dauerte nicht lange, und Mallory wurde ein häufiger Gast in Westbrook, wo er mit Thackeray Billard spielte. Kurz bevor er nach Italien aufbrach, schrieb er ganz überrascht an Geoffrey Young, wie sehr er sich auf den

Besuch freute: »Es täte mir leid, einen Freund solchen Risiken auszusetzen, wie ich sie jetzt eingehe.«[12] Wenn es Risiken gab, so erlag er ihnen ohne Gegenwehr. Ruth, die scheue und kluge mittlere Tochter, bezauberte ihn eines idyllischen Tages inmitten der Bergblumen über dem Asolo so sehr – und er bezauberte sie so sehr –, daß sie wenige Wochen später beschlossen zu heiraten.

»Was für ein Segen! Und was für eine Revolution!« schrieb Mallory am 1. Mai an seine Mutter, als er ihr die Verlobung mitteilte. »Ruth Turner – sie lebt gleich drüben über dem Fluß in einem schönen Haus und mit lieben Leuten, und sie ist herzensgut und tapfer und treu und süß. Was kann ich mehr sagen!«[13]

Es hatte junge Frauen in Mallorys Leben gegeben, bevor er Ruth getroffen hatte. In seiner Studentenzeit meinte er, unsterblich in die Tochter eines Arztes verliebt zu sein, die in der Nähe seines Hauses in Birkenhead wohnte. Sie war erst 16 Jahre jung, aber er versprach ihr, sie eines Tages zu heiraten. Die Mutter des Mädchens lachte über seinen jugendlichen Eifer. Später pflegte er während mehrerer Jahre eine enge und angenehme Freundschaft mit Cottie Sanders (der Romanautorin Ann Bridge), die ebenfalls zu Geoffrey Youngs »Hill Company« gehörte. Die beiden hatten einen liebevollen und inhaltsreichen Briefwechsel, und auch als sie – ein Jahr bevor Mallory Ruth kennenlernte – einen Diplomaten heiratete, blieben sie gute Freunde. George Mallory hatte sich jedoch noch nie so radikal verliebt wie nun in Ruth. Ihr Vater wollte wissen, ob er sich Gedanken gemacht habe, wovon er seine junge Frau zu ernähren gedächte. Ob der junge Lehrer etwa vom Einkommen seiner Frau leben wolle. Mallory war empört.

»O nein, ich könnte unmöglich eine Frau heiraten, die ihr eigenes Einkommen hat!«

»Sie könnten sie unmöglich heiraten, wenn sie keines hätte«, erwiderte sein künftiger Schwiegervater trocken.

Alle drei Töchter wurden schnell zum Fischen nach Donegal in die Ferien geschickt. Es würde den jungen Liebenden nichts schaden, wenn sie ein paar Tage getrennt wären, um sich über ihre Gefühle klarzuwerden.

Die drei Wochen schienen eine Ewigkeit zu dauern. George und Ruth schrieben einander fast jeden Tag und träumten, wie es sein würde, wenn sie erst zusammen wären. Es war zu schade, daß all die Koseworte, mit denen Mallory sie überhäufen wollte, zuvor schon so oft benutzt worden waren.

»Manchmal fürchte ich, daß die Worte, die aus meinem Kopf kommen, nur ein literarisches Echo sind«, klagte er. »Ich hätte gerne einen neuen Wortschatz der Liebesworte. Können wir keinen erfinden?«

Sie sollte sich beim Lesen seiner Briefe vorstellen, daß »alle Schleifen in der Schrift Küsse sind und die Auf- und Abstriche lauter Arme, die Dich umarmen.« Es war ihr Geheimcode. »Soll ich meinen Brief durchgehen und sie alle verlängern?« fragte er.

Ruth trug das kostbare Bündel Briefe in der Rocktasche, wohin sie auch ging, um sie in jedem ruhigen Moment wieder und wieder zu lesen. »Sie passen bald nicht mehr in meine Tasche«, schrieb sie, »es werden zu viele.« Und: »Das Leben mit Dir wird sehr perfekt sein.«

Erschrocken über die Verantwortung, die ihm damit aufgebürdet wurde, warnte Mallory, daß sie auch mit ein paar Wermutstropfen rechnen müsse; sie solle immer kritisch auf seine Fehler reagieren. »Ich kann sehen, meine liebste Ruth, daß Du einen gefährlich selbstlosen Charakter hast, aber Du sollst Dein Leben nicht damit verbringen, daß Du kleine Aufgaben für mich erledigst; ich hoffe, daß ich nicht entsetzlich selbstsüchtig sein werde – und daß Du es manchmal sein wirst.« Obwohl er auf ihr Wachstum Einfluß nehmen könne und sie auf das seine, müßten sie doch zugleich auch getrennt und als Einzelpersonen wachsen.

Am 16. Mai schrieb Mallory:

Der wirklich ideale Liebhaber hätte Dir bestimmt schon gestern geschrieben, aber ein idealer Liebhaber hat natürlich immer Zeit, und es ist leicht, auf dem Papier treu zu sein. Ich schrieb nicht, weil ich zu einem Tennisturnier und einer Dinnerparty ging – also überhaupt keine Zeit hatte! Tennis beim Rektor – das Freitagsaufgebot, wenn ungefähr ein Dutzend Pädagogen sich miteinander messen. Mrs. F[letscher, die Frau des Rektors] wollte besonders nett zu mir sein und sagte, sie fände Dich sehr *hübsch*. Das hat bei mir einen fürchterlichen Schock ausgelöst, und ich wußte nicht, was ich darauf sagen sollte. Also reagierte ich nur mit einer Art vager Zustimmung. Seither ärgert es mich, und ich möchte gerne noch einmal zu Mrs. F. hingehen, die so nett sein wollte, und ihr erklären…wie furchtbar irrelevant dieses dumme Wort *hübsch* ist, wenn man es auf Dich anwendet.[14]

Ruth war tatsächlich mehr als nur hübsch. Mallory hatte gerade erst eine Reihe von Kunststunden für die älteren Jungen an seiner Schule vorbereitet und dabei festgestellt, daß Botticelli einer seiner Lieblingsmaler war. Und als eine Botticelli-Schönheit hätte er auch Ruth beschrieben. Seltsamerweise wurde auch er oft mit einer Botticelli-Figur verglichen, und zwar nicht nur von Lytton Strachey und Geoffrey Keynes, sondern auch von seinem alten Lehrer und Bergkameraden Graham Irving.

»Hast Du schon irgendwelche Hochzeitsgeschenke bekommen?« fragte er zwei Tage später, als er selbst gerade einen Scheck über 100 Pfund erhalten hatte. »Bah!… Ich glaube, es macht mir wirklich zu schaffen, daß Du, meine Liebste, reich bist und ich arm. Mach Dir nichts draus – Du mußt behalten, was Du hast. Das wird Deine Aufgabe, und meine wird es, nicht mehr Geld zu verdienen, als wir wollen.«

Ruth antwortete ernst, sie glaube, er sei zu vernünftig, um sich über Geld und wem es gehöre, den Kopf zu zerbrechen, und sie fügte hinzu: »Ich bin froh, daß Geld da ist: Es macht Dich freier und ermöglicht Dir, weniger daran zu denken.«

Er versicherte ihr, daß ihm Geld »völlig unwichtig« sei. Vielleicht müsse er eines Tages ein paar Gedanken mehr darauf verschwenden, aber hoffentlich nie so viel, daß es ihre Existenz beeinträchtige. »Besitztümer interessieren mich nur, wenn ich sie zur Herstellung einer herrlichen Ganzheit brauche, an der ich beteiligt bin und die auf einer zuvor gefaßten Idee beruht.«

Laut David Pye lebte Mallory, bis er Ruth traf, ziemlich in den Wolken, und es waren ihm nur literarische oder geistige Dinge wichtig. »Praktische Anliegen behandelte er entweder mit einer Lässigkeit, die fast schon erhaben war, oder wenn sie ihm bedeutsam genug schienen, indem er mit großer Ausführlichkeit über sie diskutierte.« Als verheirateter Mann jedoch war er gezwungen, sich um eine Reihe von materiellen Dingen und ein paar gesellschaftliche Feinheiten zu kümmern. Er hatte Glück, daß Ruth praktisch veranlagt war. Ihr Vater war Architekt (stark beeinflußt von William Morris), und ihre Mutter war eine begabte Näherin gewesen. Daher hatte man in ihrer Familie, soweit sie zurückdenken konnte, immer großen Wert auf Gestaltungsfähigkeit und handwerkliches Geschick gelegt. Sie hatte Freude an schönen Sachen und eine besondere Schwäche für Porzellanmalerei. Zusammen mit ihren Schwestern hatte sie die von Julia Huxley gegründete avantgardistische Mädchenschule Prior's Field besucht, in der die Schülerinnen ermutigt wurden, sich auszudrücken, und Julia Huxleys eigene Liebe zur Literatur und den Geisteswissenschaften in einer freundlichen und ruhigen Atmosphäre weitervermittelt wurde. Weniger Aufmerksamkeit wurde so profanen Fächern wie Arithmetik und Rechtschreibung gewidmet, so daß Ruth sich ihr Leben lang einer sehr phantasievollen Rechtschreibung befleißigte. Mallory war darüber entzückt und zog sie in seinen Briefen regelmäßig damit auf. »Die Rechtschreibung«, erklärte sie, »mußt Du wohl bei der Bewertung meiner ehelichen Dienste als eine der Schattenseiten verbuchen.« Aber sie legte großen Wert darauf, in anderen Bereichen von ihm zu lernen. So schrieb sie etwa:

Weißt Du, mein Lieber, ich fürchte, ich bin eigentlich nur halb erwachsen. Ich habe nicht annähernd genug nachgedacht. Ich bin zu dem Schluß gekommen, daß dies das größte Laster in meinem Leben ist. Mir wurde es erst kürzlich bewußt ... Natürlich weiß ich, daß wir in Wirklichkeit unser ganzes Leben weiterwachsen, doch trotzdem meine ich, ich müßte in meinem Alter schon weitergekommen sein. Aber ich bin froh, daß man mit Dir viel wachsen kann. Von allen Menschen auf dieser Welt möchte ich am liebsten mit Dir wachsen. Ich glaube, Du hast mich schon ein ganz schönes Stück wachsen lassen.[15]

Ruths Tante, Rosamund Wills, schrieb folgendes an Mary Ann O'Malley (Pseudonyme: Cottie Sanders, Ann Bridge), offensichtlich ohne zu wissen, daß Mallory mit ihr befreundet war:

Meine Nichte Ruth Turner ist verlobt und wird bald heiraten. Sie ist eine »Zweimalgeborene«: eine Seele von kristallklarer Weisheit, Einfachheit und Güte – reines Gold, durch und durch. Sie wird einen jungen Lehrer von Charterhouse heiraten, George Mallory – ich hoffe, er ist gut genug für sie, aber das ist kaum möglich.[16]

Mary Ann antwortete amüsiert, daß Rosamunds Nichte einen der edelsten Geister seiner Generation heiraten werde und es alles in allem so klinge, als sei sie fast gut genug für *ihn!*

Das junge Paar mußte zunächst in einer gemieteten Unterkunft wohnen, wollte aber schon bald in ein eigenes Haus ziehen. Die Frau des Rektors fragte Mallory aus reiner Neugier, welche »Zukunftspläne« er habe.

... zu viele Fragen, dachte ich, aber Frauen können vermutlich gar nicht anders, egal wie nett sie sind. Sie fragte, welche Farben unsere Zimmer haben würden – Schwarz oder Purpurrot oder etwas in der Art? Das war wahrscheinlich ein Bezug auf meinen postimpressionistischen Geschmack, ziemlich typisch dafür, wie die Welt solche Dinge einordnet. Wie fast jeder teilt auch Mrs. Fletcher die Dinge in korrekt und extravagant ein; und meine Dinge sind extravagant, also mag ich wahrscheinlich schwarze Zimmer. Tatsächlich weiß ich es gar nicht, weil ich nie daran gedacht habe, mir ein schwarzes Zimmer zuzulegen, und ich muß sagen, es wäre vielleicht wirklich ganz hübsch, aber ich hasse es, wenn die Leute so verdreht denken ... Laß uns wirklich vornehm sein und uns ein smaragdgrünes Zimmer zulegen und ein saphirblaues Zimmer und ein amethystrotes Zimmer! Oder wir sind wirklich romantisch und schaffen uns ein Zimmer an wie Monte Cristos Höhle und ein Zimmer wie auf dem Grund der tiefen, grünen See, mit Meerjungfrauen auf dem Kaminsims, einem Kraken in der Ecke und Sesseln aus Schwämmen und Korallen! Oder soll ich Geistlicher werden, und wir machen auf hochviktorianische Kultur und sorgen dafür, daß ich in kürzester Zeit Pfarrer werde und dann Bischof? Wenn das Leben zum Genießen da ist, möchte ich gerne Bischof sein – wenn auch nur eine Woche oder zwei.[17]

Ruth antwortete, ein Alpenzimmer erscheine ihr passender als ein Tiefseezimmer. »Und die Stühle könnten einfach Fels- blöcke sein, das wäre billig. Und dann laden wir Mrs. Fletcher zum Dinner ein.« Sie hatte Whympers *Scrambles Amongst the Alps* gelesen, um Mallorys Leidenschaft für die Berge besser zu verstehen, und ihre Schwestern überredet, mit ihr die Berge jenseits des Sees, an dem sie wohnten, zu besteigen. Es war eine zehnstündige Expedition, und Mallory war beeindruckt. »Zehn Stunden in diesem Klima«, erklärte er ihr, »entsprechen für die meisten Leute etwa fünfzehn oder mehr Stunden in den Alpen. Also habt ihr alles andere als eine gewöhnliche Expe- dition gemacht und mit der Zeit – wer weiß?«

Er erwog, einen Teil der Hochzeitsreise zum Bergsteigen in die Alpen zu fahren. Geoffrey Young war entsetzt. Der Tod von H. O. Jones und seiner jungen Frau in den Alpen zwei Jahre zu- vor war ihm immer noch frisch im Gedächtnis, und so schrieb er Mallory einen strengen Brief.

Sie waren beide in die doppelte Liebe füreinander und für die Berge versunken. Und der Unfall passierte wegen seiner übertriebenen Sorge um sie, weil er nicht mehr die unverzichtbare Konzentration des Bergsteigers aufbringen konnte, die man verliert, wenn man sich in das Wesen, Aussehen und Verhalten einer anderen Person vertieft.

Nun – verzeih mir, daß ich weitermache, aber es ist mir wirklich wichtig –, wenn Du in den Bergen überhaupt eine Schwäche hast, dann die, daß Du Dich manchmal hinreißen läßt... Ich meine, Deine außerordentliche körperliche Leistungsfähigkeit beim Klettern und die Tatsache, daß Du Dich von dem Vorgang geistig völlig absorbieren lassen kannst, führt manchmal dazu oder hat zumindest dazu geführt, daß schwächere Kameraden, weil sie an Dich glauben, Risiken eingehen oder Anstrengungen auf sich nehmen, für die sie nicht tauglich sind. Und das würde im Krisenfall zu einer Situation führen, die weder Du noch irgendein anderer Bergsteiger für beide Beteiligten bewältigen könnte...[18]

Mallory war niedergeschlagen. Es war nicht die Angst, Ruth in Gefahr zu bringen, die ihm zu schaffen machte, sondern die Sorge, wie sie mit körperlichen Anstrengungen zurechtkäme. Er begann ziemlich ernsthaft, Informationen über den körperlichen Zustand junger Frauen unmittelbar nach der Hochzeit zu sammeln. »Meine Mutter, die es mit solchen Dingen sehr genau nimmt, sagte, daß Frauen in dieser Zeit mehr körperliche Betätigung brauchen als gewöhnlich, und sie war mit den Alpen ganz einverstanden.«

Der Ausbruch des Krieges, unmittelbar nachdem sie Ende Juli geheiratet hatten, machte alle Hoffnungen auf eine Auslandsreise zunichte. Statt dessen gingen sie in Somerset und Hampshire wandern und übernachteten unter dem Sternenhimmel. In dem aufgeheizten politischen Klima wurden sie eines Nachts an einem Strand in der Nähe des New Forest festgenommen, weil man sie für deutsche Spione hielt.

Ruth hatte in der dreiwöchigen Trennungsphase während

der Verlobungszeit geschrieben, sie könne sich nicht vorstellen, wie Paare damit fertig würden, lange getrennt zu sein... »Es muß entsetzlich trübsinnig und beängstigend sein, der Austausch von Ideen, die Beantwortung von Fragen, das alles geht schriftlich so langsam.« Solche Trennungsperioden sollte sie später häufig zu bewältigen haben, und zwar nicht nur die Einsamkeit, sondern auch die Sorge um Georges Sicherheit. Der eigentliche Moment des Abschieds war für sie immer schmerzhaft, auch wenn sie mit der Zeit lernte, ihren Kummer zu verbergen. »Meine Niedergeschlagenheit und Traurigkeit wurden, wie Du zweifellos ahntest, etwas abgemildert, als ich in York das Münster besichtigte«, schrieb sie ihm, als er im September 1918 wieder nach Frankreich zurückgekehrt war. »Ich habe mich doch fröhlich von dir verabschiedet, wie es sich für eine Britin gehört, oder nicht? Ich werde allmählich stärker, als ich früher war. Vermutlich stärken die Widrigkeiten des Krieges den Charakter.«

Wann immer sie getrennt waren, korrespondierten sie fleißig und teilten ihren Tagesablauf miteinander, die Bücher, die sie lasen, und ihre tiefsten Gedanken. Mallory hoffte, daß seine Briefe an sie nicht zu »literarisch« waren, worauf Ruth antwortete, sie sei vielleicht nicht die richtige, um dies zu beurteilen, doch: »Ich weiß, daß sie sehr schön sind und viel sagen, was ich wissen will. Wenn sie aber wirklich... sind, dann sind sie in irgendeinem Weltgleichgewicht vielleicht der Ausgleich zu meinen.« Im Lauf der Zeit schienen sie brieflich offener zu kommunizieren als im direkten Gespräch. »Was kann schöner sein«, schrieb ihr Mallory aus Frankreich, »als wenn Du diesen Brief liest und meine Worte sorgfältig wägst und prüfst, um alles herauszufinden, was in mir vorgeht, weil Du mich liebst. Und wenn Du dann alles um der Wahrheit willen vor den Spiegel deiner eigenen Erfahrung hältst und ich Dir glaube, daß Du es so machst.«[19]

Wie alle Soldaten fragte sich auch Mallory, wie er unter Feuer reagieren würde. »Seltsam, daß ich mich dabei ertappt habe, wie ich in der Erinnerung an meine alten Fußballertage in Winchester Sicherheit suchte.« Er versprach, ihr immer genau zu schildern, wie stark er gefährdet sei. Doch er brachte es mehrere Monate lang nicht über sich, ihr zu gestehen, daß eine Kugel zwischen ihm und dem einen Meter vor ihm gehenden Mann hindurchgepfiffen war, als er das erste Mal auf dem Weg zu seinem Beobachtungsposten war. »Nie bin ich knapper davongekommen, aber wir haben ja schon vor langer Zeit festgestellt, daß sich der Tod nicht berechnen läßt. Jeder hier draußen, der sich irgendwo in der Nähe der Front bewegt, entrinnt immer wieder einmal knapp dem Tode, und das kann ein Dutzend Mal oder eine Million Mal sein.« Es habe keinen Sinn, sich über »imaginäre Übel« Sorgen zu machen, erklärte er ihr. Sie müßten auf Gott vertrauen.

»Manchmal habe ich ein schreckliches Gefühl von Vergeblichkeit, wenn ich für Dich bete, und daß Du nicht getötet wirst«, gestand Ruth. »Jeder da draußen hat jemanden, der leidenschaftlich betet, daß er nicht getötet wird, und doch weiß man genau, daß einige sterben müssen und ganz bestimmt sterben werden. Ich glaube, Du würdest sagen, daß man sich, wenn man um etwas so Spezifisches betet, automatisch in eine solche Lage bringt und es deshalb nicht tun sollte. Aber ich muß. Es ist alles, was ich tun kann. Und ich muß es tun.«[20]

In dem Versuch, sie zu beruhigen, schrieb ihr Mallory im Juli 1916:

Die Redensart von der absoluten Sicherheit des eigentlichen Frontgrabens, die ich Dir zitierte, hat sich voll bestätigt. Und ich hatte auch das Glück, einen sehr sicheren Hin- und Rückweg zu finden – einen ziemlich grausigen Weg allerdings, weil man unterwegs auf einen stocksteifen Posten trifft. Es ist halt doch alles recht grausig. Ein Glück, daß meine Nerven die Schrecken ganz gut vertragen – nicht jedoch meine Nase. Aber was für eine Tragödie! Das muß ich oft rufen, wenn ich die Toten da draußen liegen sehe; und manchmal überfällt mich auch die Wut, wenn ich Leichen sehe, bei denen es einfach unentschuldbar ist, daß sie nicht beerdigt wurden.[21]

Zwei Tage später wurden zwei seiner Kameraden auf dem »sicheren« Wege zurück von den Gräben getötet. Sie waren ein Stück hinter Mallory gegangen und hatten zwischen sich eine Drahtrolle an einem Stock getragen, als sie eine Granate heranpfeifen hörten. Mallory vermutete, daß sie sich wegen der Last nicht schnell genug hinwerfen konnten. Nach der Explosion reagierten sie nicht auf den Pfiff, mit dem er sie zum Aufschließen aufforderte, und als Mallory zurückging, fand er sie mit dem Gesicht nach unten tot im Schlamm.

Körperliche Unbequemlichkeit machte Mallory nie etwas aus. Schon als kleiner Junge hatte er im Winter nur unter einer einzigen Decke geschlafen, um sich gegen Kälte abzuhärten. Er konnte es nie ertragen, wenn Häuser – oder Zelte – hermetisch von der frischen Luft abgeschlossen waren. Das Leben in einem Unterstand verursachte ihm keine zusätzliche Qual.

»Ich bin ganz gut geschützt in meinem kleinen Loch, und es ist der größte Trost meines Lebens, daß ich so ein kleines Privatgemach besitze.« Wenn er auf seinem Beobachtungsposten Dienst tat, war sein Bett nichts weiter als ein verbogenes Drahtgestell in einem feuchten Lehmloch, aber er fand das Leben nicht schlecht und fühlte sich, wie er Ruth schrieb, sehr fit.

»Ich bin sehr froh, daß Du Dein gegenwärtiges Leben ›verjüngend‹ findest, Liebling«, antwortete sie, »und daß Du gut und glücklich aussiehst, selbst wenn es Dir nicht immer gutgeht. Als ich den anderen erzählte, daß Dein Leben verjüngend sei, sagte Vater, er habe keine Ahnung, was geschehen würde, wenn Du noch jünger würdest, und Marjorie sagte, ich könne dich dann ja zusammen mit Claire auf den Arm nehmen. Sie sind albern.«

Ruth konnte auch von entwaffnender Offenheit sein. »Deine Mutter ist eine verrückte Person«, schrieb sie Mallory über das Leben im Pfarrhaus seiner Eltern in Birkenhead. »Ist es nicht komisch, wie sie die Augen schließt, wenn sie von religiösen

Familienmitglieder bei der Silbernen Hochzeit der Eltern
George Mallorys. George (hinten Mitte) ist flankiert von
seinen Schwestern Mary (links) und Avie. Sein Bruder
Trafford (später Air Chief Marshal) sitzt links vorne neben
dem Hund.

Vorhergehende Seite:
Andy Politz von der Mallory-und-Irvine-Expedition im
Mai 1999 mit der Leiche Mallorys im Vordergrund und
dem Gipfel des Everest dahinter. © Thomas Pollard

Vor dem Pen-y-Pass, Ostern 1919, George Mallory (am Steuer), Winthrop Young (auf dem Beifahrersitz), hinten im Wagen Cecil Slingsby und Eleanor Winthrop Young. Ruth Mallory steht ganz links.

Oben: A. R. Hinks vor der Royal Geographical Society.

Links: John Percy Farrar vom Alpine Club.

Die Nordwand des Everest von der Stelle aus, wo sich 1920 das Basislager befand.

Oben: Geoffrey Winthrop Young als Sonderkorrespondent im Krieg, 1914.

Links: Dr. A. M. Kellas, der vor Kampa Dzong starb, im Jahr 1921.

George Ingle Finch (rechts vorne) überwacht am Ende eines langen
Tagesmarschs eine seiner »beliebten« Übungen mit den Sauerstoffgeräten.

Oben: Zeit für ein Pfeifchen, Lager III, 1922 – von links nach rechts: Strutt, Wakefield, Morshead, Norton, Somervell und Mallory.

Oben rechts: Die Seilschaft des zweiten Angriffs auf den Gipfel 1922, Geoffrey Bruce (links) und George Ingle Finch.

Links: Captain Noel und sein »verdammtes Kino«.

George und Ruth.

Rechts: Andrew »Sandy« Irvine.

Geoffrey Bruce, von klirrender
Kälte und Erschöpfung
gezeichnet, wird zum
Lager III geleitet, 1922.

Oben: Mallory und Irvine verlassen das Lager IV zum letzten Angriff auf den Gipfel, 6. Juni. – *Unten:* Die schockierten Überlebenden bei ihrer Rückkehr nach Darjeeling: Hingston, Hazard, Norton, Beetham, Geoffrey Bruce, Somervell und General Bruce, der die Gruppe empfing.

Howard Somervell

Noel Odell

Teddy Norton

Die Zweite Stufe in 8605 Meter Höhe mit der Leiter, die chinesische Bergsteiger 1975 dort zurückließen. Die Spalten unterhalb und rechts der Leiter sind oft mit Schnee zugeweht.

Jon Tinkers Foto. Blick den Nordostgrat hinunter aus etwa 8750 Meter Höhe. Sein
Lager III (eingezeichnet) liegt auf der Terrasse in 8100 Meter Höhe, wo der »englische Tote« liegen soll.

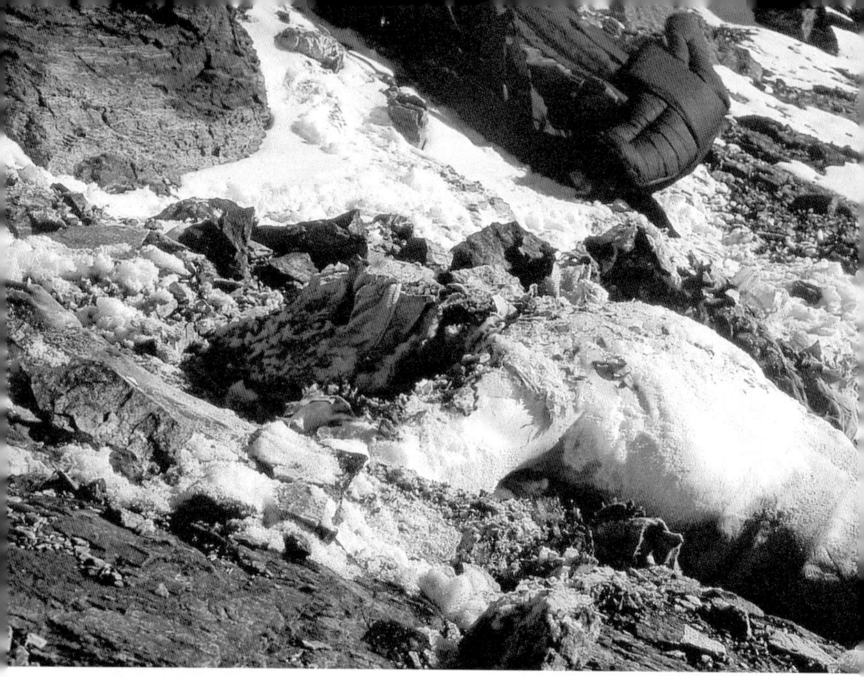

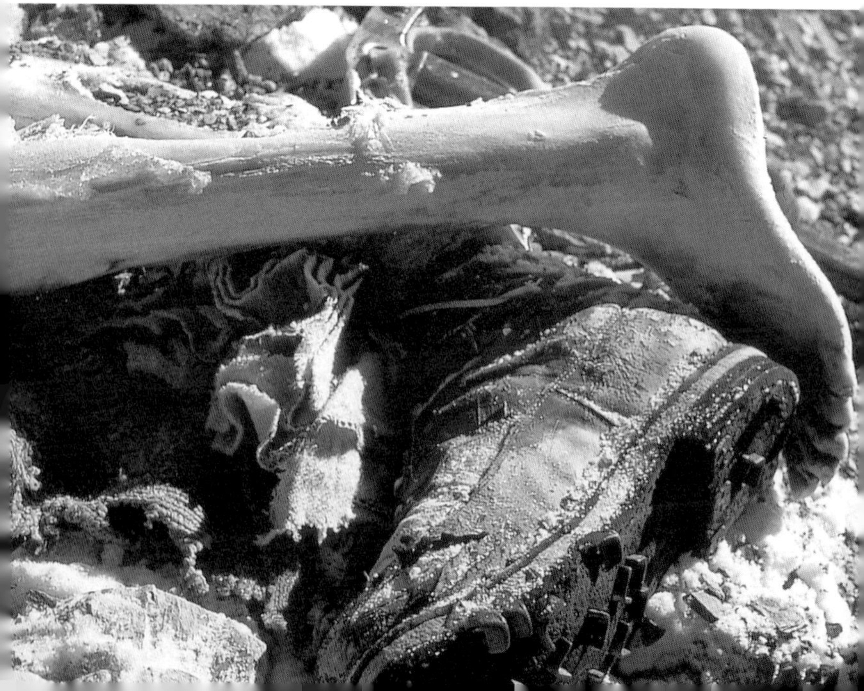

Dingen spricht?« Ruth erlaubte sich sogar die Bemerkung, daß Mallorys Mutter nicht gerade »Liebe für ihre Mitmenschen ausstrahlt und leidenschaftliches Mitleid, wenn sie in Schwierigkeiten stecken«. Mallory räumte einmal ein, er wünsche sich den gleichen Mut wie Ruth, damit er, statt »wie ein bäuerlicher Sklave« vor irgendeinem VIP zu kriechen, ihm einen »direkten Schlag« verpassen könnte.

Im Winter offenbarten die Unterstände ihre Nachteile. Im November 1916 wurden die Männer durch schwere Regenfälle aus ihren Löchern geschwemmt, und das ganze Grabensystem drohte einzustürzen. Die Männer mußten fieberhaft schaufeln, um zu retten, was zu retten war. Die Szene erinnerte Mallory an ein Bauernbild von Millet, nur war es »gegenwärtiger«. Mallory organisierte einen Ofen für seinen reparierten Unterschlupf und bat zu Hause um seine Wanderstiefel und warme Kleidung.

»Ich bin mit mir selbst in jüngster Zeit nicht besonders zufrieden gewesen«, klagte er. »Man beginnt so viel zur Vermeidung von Unbequemlichkeiten zu tun, daß man überhaupt zuviel über Bequemlichkeit nachdenkt und auf spirituellem Gebiet träge wird.« Nach seinem ersten Urlaub zu Weihnachten 1916 waren beide begeistert, daß Ruth wieder schwanger war. Es herrschte bittere Kälte, als er nach Frankreich zurückkam, und er war aus dem schlammigen Unterstand seiner Batterie in einen neugebauten Kalkstollen verlegt worden, der erheblich komfortabler war, auch wenn er ihn mit anderen teilen mußte. »Was für ein wunderbares Glück ich habe ... Ich habe fast vergessen, daß es Schlamm gibt, und kann mich kaum noch erinnern, wie es war, einen kalten Tag in einem nassen Graben zu verbringen.«

Er begann ein »literarisches Notizbuch« zu führen, um spontane Gedanken gleich festzuhalten, wenn sie ihm einfielen, und um sein philosophisches Denken zu ordnen. »Seit ich nach Frankreich gekommen bin«, lautet eine frühere Eintragung, »betrachte ich Ineffektivität bei mir selbst als unverzeihliche Sünde. Tatsächlich hatte ich bei ein oder zwei Gelegenheiten ein Gefühl zu sündigen, das in seiner Intensität fast neu für mich war.« Er war zutiefst aufgewühlt, als er Thomas Hardys *Tess von d'Urbervilles* las:

Ich fühle mich auf eine Weise gestoßen und gebrochen und durchbohrt, daß ich über die Tragödie, deren Zeuge ich gerade wurde, nicht mehr hinausdenken kann. Kein anderer als Thomas Hardy kann je eine solche Macht besessen haben, das menschliche Herz zu erschüttern. Wäre er nicht so ein großer Künstler, dann wäre es unmöglich, eine solche Geschichte wie Tess zu lesen, aber er hat diese Qualität, daß man wie bei *König Lear* immer weiterliest, weil man gar nicht anders kann, und daß man anscheinend das Leben selbst dabei erfährt durch die menschliche Tiefe der Geschichte. Es ist keine nutzlose Trauer, die man fühlt, wie bei irgendeinem schmutzigen Zola oder Balzac oder Flaubert, sondern es ist eine große spirituelle Erfahrung, wenn auch unangenehm, so großes Mitgefühl zu fühlen. Ich denke, daß dem Geist aus einer Vertiefung dieses Gefühls vielleicht mehr Gutes erwächst als auf jede andere denkbare Art. Was ich jetzt Dir gegenüber fühle, Liebste, ist, daß es mir das Herz brechen würde, Dir auch nur den geringsten Schmerz zuzufügen. Und ich habe eine zitternde Sehnsucht, Dich sanft zu küssen, um mich zu vergewissern, daß zwischen uns alles gut ist.[22]

Mallory bekam einen Burschen zugeteilt, wußte jedoch nicht genau, wie er ihn beschäftigen sollte. Im Februar bezogen sie bei eiskaltem Wetter gemeinsam den Beobachtungsposten, und Mallory schrieb nach Hause, er habe fast nichts für den Mann zu tun, »nur daß er meinen Teller und meine Pfanne abspült. Ich wasche und rasiere mich hier oben nicht, und ich schlafe in den Kleidern, aber ich bin sehr froh, daß ich ihn hier habe, und er wird lernen zu beobachten. Er macht einen sehr netten Eindruck, ist Friseur von Beruf.« Das war wenigstens ein praktischer Vorteil, denn er rasierte Mallory jeden zweiten

Morgen im Bett, was dieser gegenüber Ruth als »einen Luxus« bezeichnete, »der fast einen Krieg wert ist«.[23]

Später wurde Mallory mit einem Mann namens Dunbar einquartiert, einem »ziemlich unglücklichen kleinen Burschen mit lauter kleinen Beschwerden und Nörgeleien« und mit wenigen Ideen, wie er sich beschäftigen sollte. Mallory versuchte ihn aufzumuntern, indem er ihm Gedichte vorlas, wenn sie gemeinsam beim Feuer saßen. »Er schien Shelley zu mögen, aber Keats gefiel ihm nicht besonders«, schrieb Mallory an Ruth. »Aber es freut mich, daß er sich das Buch jetzt geholt hat und es liest.« Als der Frühling kam, stellte Mallory eine von Ruth bemalte kleine Schale voller Blumen auf seinen behelfsmäßigen Tisch.

Ein immer wiederkehrendes Thema in Mallorys Briefen war der Wunsch, zwischen Blumen zu liegen. Er liebte den Garten in The Holt, ihrem Haus in Godalming, der mit seinen strengen Beeten das unberührte Unterholz des Wey-Tales überschaute. Manchmal, wenn Mallory sich nach Hause sehnte, war dies in seiner Korrespondenz nur daran zu erkennen, daß er sich von ferne als Gärtner betätigte. Ruth erhielt dann seitenlange Anweisungen, welche Samen sie wie ausbringen sollte, wie welche Pflanzen zu gießen waren und wie sie andere wichtige Aufgaben erledigen sollte. In einem seiner früheren Briefe aus Frankreich bat Mallory Ruth, ihm ein paar Setzlinge für den überwucherten Garten des Landhauses zu schicken, in dem er einquartiert war. Die praktische Ruth schickte ihm sofort eine Auswahl per Post, aber Mallory wurde bald darauf abkommandiert, und sie erfuhren nie, ob die Setzlinge gediehen oder nicht.

Mallory wurde in Frankreich mit den unwahrscheinlichsten Paketen beglückt. Ruth schickte ihm Kuchen, Käse, Würste und, später im Krieg, jede Woche anderthalb Kilogramm Mehl. Im Juli 1916 überlegte er, wie Butter die Reise wohl überstehen würde, weil »uns vor dem Dosenzeug, das wir hier kriegen, plötzlich alle der Ekel ergriffen hat. Kannst Du versuchsweise mal ein Pfund schicken? Ich glaube, wenn man die Butter gut in Papier einwickelt und in einer Holz- oder Blechschachtel verstaut, könnte sie ganz frisch ankommen.« Ruth hatte wegen des Nahrungsmittelmangels in England Butter gemacht und verschickte sofort eine Portion in der empfohlenen Verpakkung. Dies tat sie in der Folge regelmäßig, bis es so heiß wurde, daß sie nicht mehr glaubte, daß die Butter in genießbarem Zustand ankommen konnte.

»Unser zweites großes Bedürfnis ist Gemüse«, schrieb George, »vor allem Kartoffeln – sie sind hier draußen zunehmend schwerer zu beschaffen und ziemlich mies, wenn wir doch welche bekommen. Ich glaube, es würde sich wirklich lohnen, eine größere Menge mit der Bahn zu schicken – 30 Kilogramm neue Kartoffeln würden uns einen Monat oder länger glücklich machen, und ich könnte die Kosten der Messe berechnen. Bitte versuch's, meine Liebe … Die Eisenbahner sagen Dir, wie man's am besten macht.«

Ruth erfüllte seinen Wunsch.

»Es kommt so oft vor«, schrieb er, »daß ich einige Tage lang nichts als die *Daily Mail* zu Gesicht bekomme, und Harmworths Boulevardpresse ekelt mich an mit ihrem rasenden Chauvinismus und dem ständigen Gefasel vom großen Durchbruch.«

Ruth sorgte dafür, daß er jede Woche ein Bündel mit der *Times* erhielt, einschließlich der Literaturbeilage. Auch als Rattengift benötigt wurde, versorgte ihn Ruth damit. Und er schickte ihr seine Schmutz- und Flickwäsche zum Waschen und Ausbessern.

»Du wirst sehen, was mit der Unterhose passiert ist. Meine dumme Eule von einem Burschen hat gestanden, daß er sie am Feuer trocknete und dabei aus dem Fenster sah. Meinst Du, man kann vielleicht Flicken draufnähen?«

Gegen Ende des Krieges, als Mallorys Einheit keine Feindberührung mehr hatte und nicht mehr so häufig verlegt wurde, waren es »Samtvorhänge für die Offiziersmesse«, die Ruth schickte.

Im April 1917, unmittelbar bevor Mallory zu seiner Knöcheloperation nach Hause geschickt wurde, schrieb er Ruth, er habe ein geheimes Codebuch verloren und werde wahrscheinlich im Morgengrauen erschossen. Sie antwortete ihm, so etwas dürfe er nicht einmal im Scherz sagen. Lieber solle er ihr schreiben, was ihm wirklich geschehen könne. Doch er fuhr fort, sie aufzuziehen. »Leider ist das Urteil noch nicht gesprochen, aber eigentlich muß nur noch über den Zeitpunkt entschieden werden. Ich tippe eher auf Abenddämmerung als auf Morgengrauen.«

Als er wegen des lädierten Knöchels nach Hause beordert und in Winchester, nur 50 Kilometer von Godalming entfernt, stationiert wurde, konnte er einige Zeit mit Ruth verbringen, bevor am 16. September ihre zweite Tochter, Beridge, geboren wurde. Es dauerte ein ganzes Jahr, bis er schließlich in den letzten Kriegsmonaten wieder nach Frankreich mußte. Da man täglich mit dem Waffenstillstand rechnete, wurde kaum mehr gekämpft, und er hatte viel Zeit nachzudenken. Wenn ihm irgend etwas leid tat, dann, daß er zuwenig im Gefecht gestanden hatte. »Ich wäre gerne, wenn schon nicht als Held, so doch etwas kampferprobter zurückgekehrt.«[24]

Er wußte aus Ruths Briefen, daß auch sie sich fragte, ob man das Leben auf einer persönlicheren Ebene nicht besser gestalten könne. Wenn nun wirklich der »Frühling im Himmel« anbrechen würde, wie er versprochen hatte, warum war da eine gewisse unbehagliche Spannung zu spüren?

»Komme ich Dir vor wie ein Haustyrann, gereizt und unfreundlich?« fragte er sie. »Aus dem, was Du sagst, muß ich das schließen – hoffentlich bin ich nicht immer so.«

»Du kritisierst mich ganz schön viel«, schrieb sie ihm. »Und das macht mir nichts aus. Es tut mir nur leid, daß ich Deinen Erwartungen nicht entspreche.«

Mallory überlegte, »wie man jene kleinen Augenblicke des Widerstands vermeidet, die dem Eheleben seinen Glanz nehmen«. Er gab offen zu, daß er sich nie für einen guten Lebenspartner gehalten hatte und es, wenn Ruth wieder einmal »nicht so freundlich gestimmt«, sondern wütend war, durchaus an einem gewissen Mangel an Zärtlichkeit seinerseits liegen konnte.

»Ich vermute«, sagte Ruth zu ihm, »kein Mensch kann immer offen sein – selbst Du hast manchmal verschlossene Phasen, in der Regel wenn Du viel zu tun hast.«

Mallory versuchte, sie zu beruhigen. »Die einzig mögliche Gefahr für unsere Ehe nach dem Krieg wird mein persönlicher Ehrgeiz sein, also mußt Du mir helfen, ihn in die richtigen Bahnen zu lenken. Du mußt Geduld mit mir haben, meine Liebste, und nie vergessen, daß ich Dich sehr zärtlich liebe.«

Ruth: »Ich will, daß wir einander geistig immer nahestehen, Liebster, daß wir unsere Gedanken miteinander teilen können und einander immer näher- und näherkommen. Ich will Dir helfen können, indem ich Dir zeige, wie Du eine Barriere aufbaust, wenn Du eine benötigst. Aber das kommt bei Dir äußerst selten vor, vermutlich, weil Dir Freundschaft immer so wichtig war, daß Du Deinen Geist darauf getrimmt hast, sich zu öffnen, statt sich zu verschließen.«

Kurz bevor spät in der Nacht des 10. November die Nachricht vom Waffenstillstand eintraf, neckte er sie mit folgendem Vorschlag: »Ich glaube, es ist notwendig für mich, den ganzen praktischen Teil unseres gemeinsamen Lebens Dir zu überlassen, damit ich mein spirituelles Leben stärker intensivieren kann. Ist das nicht wunderbar selbstlos von mir?«

In den letzten Wochen konnte er es kaum mehr erwarten heimzukommen. »Ich freue mich auf ein Leben mit Dir und den Kindern in The Holt oder wo auch immer; es wird eine Wonne.« Er mietete ein Zimmer, in der Hoffnung, ohne die Ablenkung der Offiziersmesse besser schreiben zu können, fand es jedoch zu schwierig, mit einer ernsthaften Arbeit zu beginnen, solange er täglich nach Hause geschickt werden konnte. Im Frühjahr 1919 waren er und Ruth dann endlich wieder vereint und konnten mit den Kindern zurück nach The Holt gehen. Sie waren glücklich, wieder zusammenzusein, und hielten das Haus offen für ihre Freunde. Doch Mallory wollte nicht, daß das Leben so einfach weiterging wie zuvor. Der

Krieg hatte sein Denken und insbesondere seine pädagogischen Ansichten stark verändert. Er hoffte, daß er Geoffrey Young und David Pye vielleicht dafür gewinnen könnte, mit ihm zusammen eine neue Art von Schule zu eröffnen. Als er die Einladung für die Erkundungsexpedition von 1921 erhielt, gab er seine Lehrerstelle an der Charterhouse School ohne großes Bedauern auf. Ruth hatte recht gehabt, als sie ihm in ihrer Verlobungszeit schrieb, es sei ein Glück, daß Geld da sei, denn das werde ihm eine gewisse Freiheit verschaffen. Und es war auch ein Glück, daß sie in seiner Abwesenheit gelernt hatte, den Haushalt und die Kinder (nach der Geburt ihres Sohnes John im August 1920 waren es drei) allein zu versorgen, denn das gemeinsame Leben der Mallorys sollte durch zahlreiche Unterbrechungen gekennzeichnet sein.

Es geschah auf seiner Amerikareise, daß Mallory der berühmte Ausdruck: »Weil er da ist!« zugeschrieben wurde, der später zu seinem Nachruf werden sollte. Er soll die rätselhafte Antwort nach einem seiner Vorträge in den USA gegeben haben, als ihm immer wieder die Frage gestellt wurde: »Warum sollte man den Mount Everest besteigen?« Die Antwort wurde Legende. Jahrelang zerbrach man sich darüber den Kopf, was er mit der Bemerkung gemeint haben konnte. War es eine tiefgründige metaphysische Erkenntnis, wie einige glauben und wie viele den Satz seither gebraucht haben, oder war es nur die genervte Abwehr eines zudringlichen Fragers. Vieles von dem, was Mallory schrieb, zeichnet sich durch Mehrdeutigkeit aus. Kürze jedoch war nicht typisch für ihn.

Warum den Everest besteigen? Mallory stellte diese Frage bei seinen Vorträgen rhetorisch und beantwortete sie in der Regel selbst, und zwar ganz ähnlich, wie er es in Harvard getan hatte: mit dem Stein vom Gipfel für die Geologen und der Erkenntnis über die Grenzen der menschlichen Leistungsfähigkeit für die Ärzte, vor allem jedoch damit, daß der Geist des Abenteuers die menschliche Seele lebendig erhalte. Diese Gründe sind in ihrem Kern der Erklärung so ähnlich, die Sir

Francis Younghusband 1920 anläßlich der Verkündung des Everest-Projekts abgab, daß man sie fast als das »Manifest« der »Everester« bezeichnen kann.

»Weil er da ist!« Unter welchen Umständen wurde dieser Satz geäußert? Und: Wo wurde er geäußert? Offenbar nicht nach einem jener Vorträge, bei denen Mallory zufrieden feststellte, daß seine Zuhörer »sprühend vor Begeisterung« nach Hause gingen. Zitiert wurde der Satz in der *New York Times* vom Sonntag, dem 18. März 1923, lange nachdem Mallory in dieser Stadt aufgetreten war. (Er war damals auch nicht in New York, obwohl er zwischen den Vorträgen später noch einmal kurz in der Stadt weilen sollte.) Zitiert wurde der Satz im ersten Abschnitt eines halbseitigen Features mit dem Titel »Die Besteigung des Everest, eine Arbeit für Supermänner«:

Warum wollten Sie den Everest besteigen? Diese Frage wurde George Leigh Mallory gestellt, der an den beiden Expeditionen teilgenommen hatte, die 1921 und 1922 versuchten, den Gipfel des höchsten Bergs der Erde zu erreichen, und der jetzt in New York weilt. Er plant 1924 erneut zum Everest zu gehen und als Begründung, warum er immer wieder versucht, den Gipfel zu erreichen, sagte er: »Weil er da ist.«

Ausgehend von der Frage des Reporters: »Aber hat die Expedition nicht wertvolle wissenschaftliche Resultate erbracht?«, gibt der zweite Abschnitt des Artikels Mallorys Standardbemerkungen über die Geologie und das Abenteuer wieder:

Die Geologen wollen einen Stein von der Spitze. Dann wissen sie, ob der Gipfel die Spitze oder der Boden einer Erdfalte ist. Aber solche Dinge sind Nebenprodukte. Glauben Sie, Shackleton ging zum Südpol, um sich mit wissenschaftlichen Beobachtungen zu beschäftigen? Er nutzte seine Beobachtungen, um einen Teil seiner nächsten Reise zu finanzieren. Manchmal dient die Wissenschaft als Vorwand für die Erkundung.

Auf den ersten Blick sieht diese Antwort viel mehr nach Mallory aus, obwohl die Sätze immer noch erheblich kürzer sind als sein normaler Stil. Zusammengenommen sprechen die beiden Abschnitte eher gegen die Vermutung, daß die Wendung »Weil er da ist« mystisch gemeint war. Der Verdacht liegt sogar sehr nahe, daß der Journalist (oder sein Redakteur) im Bewußtsein, daß eine Zeitung kurze Abschnitte und knallige Aufmacher braucht, an einer viel wortreicheren Erklärung Mallorys herumschnippelte, um sie auf das gewünschte Maß zurechtzustutzen. Oder daß er Mallory im Interview darauf »hinführte«, das zu sagen, was er brauchte. »Manchmal dient die Wissenschaft als Vorwand für die Erkundung« hat einen ähnlich verdächtigen Klang, auch dieser Satz ist guter provokativer Zeitungstext.

Der Journalist der *New York Times* fuhr fort:

Es ist reine Abenteuerromantik, oder nennen Sie es, wie Sie wollen, und jeder Mann kennt ihre Verlockung. Sie führt in den Dschungel und weit über tiefe Gewässer und hoch hinauf in die dünne Luft. Sie entfaltet ihre magische Anziehungskraft in den Filmpalästen und einen Stock höher im Chinarestaurant. Sie verlockt zu allem, was fremd ist. Sie steckt in den »Wagnissen« der Kindheit. Wegen ihr vollführt der ängstliche Junge einen Kopfsprung vom Pier. Und sie führte die Expedition der britischen Royal Geographical Society und des britischen Alpine Club näher zum Himmel, als je ein Mensch gekommen ist, ohne Flügel zu verwenden.

Dies ist wirklich reine Abenteuerromantik, aber jene eines Reporters, der in sein Thema verliebt ist. »Mr. Mallory sagt, er könne auf einem über 1000 Meter hohen Felsen oder Eisturm mit Gleichmut jeden Tritt benutzen, der ihm auch in niedrigeren Höhen genügt.« Auch das hört sich nicht gerade nach Mallory an. Nachdem der ungenannte Reporter die Geschichte der Expedition von 1922 in einer Reihe hochdramatischer Bilder erzählt hatte – »Der wahnsinnige Sturm drohte jede Minute, sie und ihr kleines Zelt aus der Wand zu reißen, und eine tödlich betäubende Kälte kroch in ihre Glieder« –, beendete er den Artikel in einem wilden Crescendo:

Denn die nüchternen Erläuterungen dieses ruhigen jungen Mannes wecken den Geist eines so gewaltigen Abenteuers, daß es für den Stubenhocker vor seinem warmen Kamin kaum vorstellbar ist: sich auf einem messerscharfen Grat gegen einen unbarmherzigen Sturm voranzukämpfen; Stufen zu hauen in eine Wand aus Eis; Wege zu gehen, auf denen jeder Schritt der letzte sein kann, und trotzdem unbeirrt einen Fuß vor den anderen zu setzen; immer weiter zu steigen, obwohl das Herz rast und die Lungen zu bersten scheinen, bis man den sicheren Tod vor Augen hat, und dann genauso unbeirrt wieder abzusteigen und auf die nächste Gelegenheit zu warten.

Hier ist ein Verstand am Werk, der eine Begabung für einprägsame Formulierungen hat. Könnte nicht er es gewesen sein, der Mallory ein heroisches Epigramm in den Mund legte, das gut zu seinem dramatischen Stil paßte? Trotzdem wäre der Satz vielleicht wieder vergessen worden, wenn nicht Mallory und Irvine im folgenden Jahr den Tod gefunden hätten. Nun stieß ein Journalist, der eine Würdigung Mallorys schreiben wollte und in alten Zeitungsausschnitten nach Stoff suchte, erneut auf den eingängigen Satz »Weil er da ist«, und er wurde erneut gedruckt. Dagegen hatte der *Philadelphia Public Ledger* für seinen ausführlichen Artikel über Mallory keinen derart kernigen Spruch im Archiv und beantwortete die Frage »Warum den Everest besteigen?« mit dem Mallory-Zitat, über das er verfügte:

Wenn man mich fragte, welchen »Nutzen« das Bergsteigen hat oder der Versuch, auf den höchsten Berg der Welt zu klettern, dann müßte ich sagen: »keinen«. Es gibt keinen wissenschaftlichen Zweck; es geht nur um die Befriedigung einer Sehnsucht, um das unbezwingliche Bedürfnis, zu sehen, was auf der anderen Seite liegt, eine Sehnsucht, die seit jeher im Herzen der Menschen schlägt. Nachdem beide Pole erobert sind, ist der mächtige Gipfel im Himalaja die größte Eroberung, die ein Entdecker noch machen kann.

Wenn der Satz »Weil er da ist« so gut, wie er offenkundig ist, wirklich von Mallory stammt, ist es seltsam, daß er ihn in seinen Briefen an Ruth nicht erwähnt. Auch in der nur drei Jahre nach Mallorys Tod erschienenen liebevollen und unkritischen Biographie seines langjährigen Freundes David Pye wird die Wendung nicht erwähnt. Wenn die Worte von einer anderen Person stammen, ist eine gewisse Neugier bezüglich ihres Urhebers verzeihlich. Und zu diesem Aspekt findet sich tatsächlich ein Hinweis in Mallorys Briefen. Er schrieb am 1. Februar an Ruth:

Heute suchte mich Mr. Carson auf, ein merkwürdiger, verschrumpelter, respektabler, desillusionierter, scharfblickender Journalist, der früher für Northcliffe arbeitete und eine Biographie über ihn geschrieben hat und jetzt als Sensationsreporter und teilweise für Keedick arbeitet – wir hatten ein sehr langes, recht interessantes Gespräch.

Könnte Carson unser anonymer Journalist sein? Anfang Februar bis 18. März ist ein langer Zeitraum zwischen Interview und Artikel. Wenn jedoch der gewiefte Werbestratege Keedick den Zeitpunkt bestimmte und für seinen Kunden vielleicht doch noch ein letztes Engagement ergattern wollte, dann mußte der Artikel unmittelbar vor Mallorys Ankunft oder in diesem Fall vor seinem erneuten Eintreffen in New York erscheinen. Wenn man sich einmal mit der Möglichkeit abgefunden hat, daß die Wendung »Weil er da ist« in diesem Wortlaut nicht von Mallory stammte, dann fällt auf, daß auch andere, die Mallory gut kannten, ihre Zweifel hatten. »Bei der vielzitierten Äußerung meines alten Freundes George Mallory«, ärgerte sich Howard Somervell in seinem Abschiedsschreiben an den Alpine Club im Jahr 1964, »daß er den Everest besteigen wollte, ›weil er da ist‹, ist es mir immer kalt den Rücken hinuntergelaufen. Sie riecht überhaupt nicht nach George Mallory.« Ob es nun Mallory war oder Carson oder ein unbekannter Journalist, der die Worte fand, die so eng mit Mallory assoziiert werden, daß sie für viele überhaupt das Denkwürdigste an seiner Persönlichkeit sind, darauf kommt es letztlich nicht an. Auch wenn die Redewendung nicht von ihm persönlich ist, entspricht sie doch genau dem Mann und seinem leidenschaftlichen Streben, den Everest zu erobern. »Weil er da ist« wird für immer Mallorys Grabinschrift bleiben.

Auf der Rückreise über den Atlantik wurde Mallory von Gefühlen der Desillusionierung und Frustration geplagt. Seiner Vortragsreise war kein rauschender Erfolg beschieden. Und geschrieben hatte er nur seine Kapitel für den Expeditionsbericht – nicht gerade das, was er in seinen Schriftstellerträumen vorgehabt hatte, und leider auch finanziell nicht lohnend. Die finanzielle Misere belastete seine Beziehung zu Ruth. In seinem Beitrag für den Expeditionsbericht von 1922 mußte er sich erneut mit den fürchterlichen Folgen seines unglücklichen letzten Versuchs konfrontieren. Alles in allem schien es in seinem Leben damals wenig zu geben, auf das er wirklich hätte stolz sein können. Er war an allen Fronten gescheitert, und er hatte keine Ahnung, was er nach seiner Heimkehr anfangen sollte.

Er konnte nicht wissen, daß Hinks eines Tages im Zug nach Cambridge auf D. H. S. Cranage gestoßen war, einen alten Bekannten, der inzwischen Sekretär des »Board of Extra Mural Studies« an der Universität geworden war. Cranage erzählte Hinks, daß er auf der Suche nach einem Assistenten und Dozenten sei. Damals bestand die Erwartung, daß Fortbildungskurse außerhalb der Universität im Großbritannien der Nachkriegszeit eine wichtige Rolle spielen würden, und dies insbesondere für die Arbeiterklasse. Hinks nannte sofort George Mallory als möglichen Kandidaten, und dieser stellte bei seiner Rückkehr fest, daß er für einen Posten in Erwägung gezogen wurde, der wie auf ihn zugeschnitten war. Es gab noch andere Kandidaten, aber er mobilisierte die größtmögliche Unterstützung seitens seiner Freude. Arthur Benson, Frank Fletcher, F. E. Hutchinson – sie alle legten ein gutes Wort für ihn ein, und am 18. Mai konnte er Hinks folgendes berichten:

> Am Ende gab es einen ziemlich harten Kampf zwischen mir und einem anderen Mann mit sehr guten akademischen Qualifikationen, und ich befürchtete schon, abgelehnt zu werden. Daß Sie Cranage zuvor meinen Namen genannt hatten, war nur einer der Gründe, warum sich die Waage schließlich zu meinen Gunsten neigte. Ich bin sehr froh, daß Sie mir zu dieser Stelle verholfen haben.[25]

Er fügte hinzu, daß er von nun an keine Vorträge mehr für den Everest-Ausschuß halten könne, da er mit seiner neuen Arbeit »mehr oder weniger sofort« beginnen müsse, und fuhr fort:

> Eine noch ernstere Sache ist die stark verringerte Wahrscheinlichkeit, daß ich auf der nächsten Expedition dabeisein werde. Ich wagte zu keinem Zeitpunkt, diese Frage aufzuwerfen, weil ich fürchtete, meine Chancen damit zunichte zu machen; und es wird schwierig sein, die Sache nun noch vorzubringen. Ich werde jedoch mit Jim Butler sprechen und sehen, was sich machen läßt.

Jedoch wurde anscheinend in diesem Punkt weitere fünf Monate lang fast nichts unternommen. Mallory verbannte den Everest weitgehend aus seinen Gedanken und stürzte sich begeistert in sein neues Leben. Er zog sofort nach Cambridge, wo er eine Wohnung mietete, und zugleich nach etwas Dauerhaftem suchte. Ruth und die Kinder blieben in The Holt, bis er sie nachkommen lassen konnte. Mallory war glücklich, wieder unter seinen vielen akademischen Freunden zu sein. Hin und wieder wird die Ansicht vertreten, daß der neue Posten eher weniger war, als ein Mann von Mallorys Ehrgeiz erhofft haben dürfte. In Cambridge zu sein, aber nicht »an der Universität«, war für manche, als hätte man gar nichts zuwege gebracht. Dies scheint mir zu hart. Vermutlich hätte Mallory tatsächlich eines Tages gerne einen Forschungs- oder Lehrauftrag bekommen, und es ist gar nicht auszuschließen, daß dies dank einflußreicher Freunde an den richtigen Stellen auch geschehen wäre. Vorläufig jedoch unterrichtete er immerhin Erwachsene, genau wie er es gewollt hatte, und daß er damit Männern und Frauen aus der Arbeiterklasse eine Bildungschance bot, entsprach durchaus seinen Überzeugungen als Fabier. Er dachte nicht daran, eine solchen Posten durch eine verfrühte Diskussion über die Everest-Expedition zu gefährden.

Als das Auswahlkomitee schließlich am 16. Oktober zusammentrat, um die Teilnehmerliste zu beschließen, mußte Mallory seinen Namen mit einem Fragezeichen versehen. Man sagte ihm, daß insbesondere Bruce und Norton ihn unbedingt wieder dabeihaben wollten und daß Hinks im Namen des Everest-Ausschusses Cranage schriftlich um eine Beurlaubung ersuchen würde. Zwei Tage später schrieb Mallory an Ruth, er habe die Sache selbst bei Cranage angesprochen, obwohl Hinks' Brief noch nicht eingetroffen sei. »Er [Cranage] hat nicht definitiv abgelehnt, aber ich glaube nicht, daß ich gehen werde. So oder so wird es ein großes Opfer für mich sein. Es ist ein Elend, daß ich das Ganze nicht mit Dir besprechen kann, Liebling. Du mußt mir sagen, wenn Du den Gedanken nicht ertragen kannst, daß ich wieder gehe, das würde die Sache sowieso entscheiden.«[26]

Er wollte, daß ihm die Entscheidung abgenommen würde. »Ich fühle mich schrecklich hin- und hergerissen«, schrieb er noch am selben Tage an Hinks. »Ich nehme an, Bruce ist es wirklich so wichtig, wie Sie gesagt haben. Es würde für mich einen großen Unterschied machen, wenn dem nicht so wäre.« Hinks reagierte sofort. »Wenn es für Sie von Nutzen ist, darf ich Ihnen sagen, daß nicht nur Bruce, sondern alle Mitglieder des Komitees großen Wert darauf legen, daß Sie mit von der Partie sind. Ich habe von allen Seiten nur die Befürchtung gehört, daß die Universität vielleicht nicht auf Sie verzichten könnte.«[27]

Als Cranage schließlich Hinks' Brief erhielt, reifte in ihm die Einsicht, daß er seine Bitte nicht gut abschlagen konnte, da ihm Hinks geholfen hatte, Mallory zu finden – und dieser sich als genau der richtige Mann für die Stelle erwiesen hatte. Er erklärte sich widerstrebend bereit, Mallory bei halbem Gehalt für die Expedition zu beurlauben. Für Mallory war damit der Zeitpunkt verstrichen, wo er noch hätte nein sagen können. Wieder einmal hatte er andere eine wichtige Entscheidung für sich treffen lassen. Sobald sie jedoch gefallen war, ließ er alle Bedenken fallen. So schrieb er an Geoffrey Young:

> »Ein paar Zeilen, damit Du weißt, daß ich noch einmal gehe. Nicht der geringste Widerstand vom Everest-Ausschuß. Aber ein ganz schöner Kampf für mich, weil ich ja die neue Stelle habe; und für Ruth wird es auch schwerer dieses Mal.[28]

Seinem Vater schrieb er, daß es ihm zwar furchtbar schwerfalle, erneut wegzukommen, anstatt seßhaft zu werden und mit Ruth ein neues Leben in Cambridge zu beginnen, aber:

> Wir dachten beide, daß es doch recht schlimm wäre zuzusehen, wie andere versuchen, ohne mich den Gipfel zu erobern; und nun, da die Aussicht wieder besteht, möchte ich beim Endspurt dabeisein … Ruth ist einverstanden, natürlich. Sie schrieb, sie wolle, daß ich gehe, und wir werden dieses Wochenende darüber reden. Nachdem das alles soweit geklärt ist, habe ich das Gefühl, daß ich die Sache als eine Loyalitätsfrage betrachten muß und als eine begonnene Aufgabe, die man zu Ende führen muß.[29]

Geoffrey Winthrop Young, der Mallory zur Teilnahme an der ersten Expedition überredet hatte und es sehr schätzte, Mitglieder der Everest-Expeditionen zu seinen Freunden zu zählen, hat geschildert, wie er versuchte, Mallory die Beteiligung an der dritten Expedition auszureden. »Doch er sagte, er müsse gehen, es sei denn, der Everest-Ausschuß würde Einspruch erheben. Und ich habe ihn eindeutig so verstanden, daß er auf den Widerspruch hoffte«, erinnerte sich Young. Seine Frau Eleanor wußte zu berichten, daß Mallory, bevor er aufbrach, noch mit Scotts Witwe Kathleen sprach, die inzwischen mit Geoffrey Youngs Bruder Hilton verheiratet war. »Als wir mit dem Taxi zurückfuhren«, sagte sie, »gestand uns Mallory, daß er nicht mehr zum Everest zurückkehren wollte.«[30] Geoffrey Keynes rief sich ein ähnliches Gespräch ins Gedächtnis:

Er sagte zu mir, was ihm bevorstehe, sei mehr wie ein Krieg als wie ein Abenteuer, und er glaube nicht, daß er lebend zurückkehren werde. Er wußte, daß ihn niemand kritisieren würde, wenn er nicht ginge, aber es war wie ein Zwang für ihn. Die Situation hat ihre literarische Entsprechung in Melvilles Kapitän Ahab und seiner Jagd auf den weißen Wal, Moby Dick.[31]

Wie man sehen wird, wurden diese düsteren Ahnungen Mallory von seinen Freunden erst nach seinem Tod zugeschrieben. Und es läßt sich heute schwer sagen, ob sie lediglich vorübergehenden Schuldgefühlen entsprangen, die Mallory empfand, weil er Ruth und seine Stelle verließ, oder ob sie eine tiefere Ursache hatten.

Inzwischen waren Ruth und die Kinder für die wenigen gemeinsamen Monate, die der Familie noch blieben, zu Mallory nach Cambridge gezogen. Sie hatten ein schönes, großes Haus in der Herschel Road erworben und planten begeistert seine Renovierung. »Sie werden eine Menge Geld ausgeben müssen«, sagte Benson, als ihm das neue Domizil gezeigt wurde.

»Es war voll mit interessantem, verrottetem Gerümpel – Vo-
gelkäfige, Damenkleiderständer… Sie sprechen davon, zah-
lende Gäste hereinzunehmen.«[32] Später, nach einem Abendessen bei den Mallorys, schrieb er etwas verdrießlich: »Sie haben
das Haus ziemlich großartig hergerichtet, aber mit etwas zuviel
kalkulierter Einfachheit.« Benson war überglücklich, Mallory
wieder in Cambridge zu haben, doch er hatte zu lange als Junggeselle gelebt, um Ruth oder ihre schockierende Direktheit wi-
derstandslos zu akzeptieren. »Sie ist schön, unsicher, schroff
und extrem unaufmerksam«, schrieb er in sein Tagebuch. »Sie
hält sich für eine anregende und humorvolle Gesprächspart-
nerin, aber was sie sagt, ist eher dürftig und primitiv.« (Um ein
Bild von seiner generellen Giftigkeit zu liefern: Der andere
Dinnergast war für ihn ein »gedrungener, blasser Fisch in
Stahlblau«.) Zum Glück für Ruth hießen Mallorys andere
Freunde sie wärmer willkommen und unterstützten sie nach
Mallorys Aufbruch. »Ich glaube, sie sind noch freundlicher als
in Godalming«, schrieb sie unmittelbar nachdem ihr Mann
seine Schiffsreise angetreten hatte. Mallory riet ihr, das Leben
zu genießen, und sich nicht allzusehr mit häuslichen Angele-
genheiten zu belasten.

Ich hoffe sehr, daß Du diesen Sommer etwas Zeit für die Porzellanmalerei findest, Liebes; sie tut Dir so gut und macht
Dich so lieb. Glaube nicht, daß Du Deine Zeit damit verbringen mußt, Schlüpfer für John zu stricken etc. Finanziell
gesehen könntest Du das Porzellan wahrscheinlich für das
Geld verkaufen, das Du ausgeben müßtest, um einen großen
Teil der Arbeit von jemand anderem machen zu lassen oder
um Konfektionsware zu kaufen… Du mußt den spirituellen
Dingen den ersten Platz einräumen.[33]

Es waren gutgemeinte Ratschläge, aber nicht so leicht zu realisieren für Ruth. Sie mußte The Holt verkaufen, und Herschel
House konnte im Sommer vermietet werden, sobald der Garten
angelegt und die Bauarbeiten beendet waren. Sie fiel von einer

Leiter, als sie Mallorys Kletterutensilien auf dem Dachboden verstauen wollte; ihre Bank teilte ihr mit, daß ihr Konto überzogen sei; und ein Schneesturm kurz nach Mallorys Abfahrt zwang sie, eine Tonne Koks zu verheizen, um das Haus warm zu halten.

Trotzdem entschuldigte sie sich für die Spannungen, die es kurz zuvor zwischen ihr und George gegeben hatte. »Ich weiß, ich war ziemlich oft böse und gar nicht nett, und es tut mir sehr leid, aber der eigentliche Grund war fast immer, daß ich mich unglücklich fühlte, weil ich so wenig von Dir hatte. Ich weiß, daß es ziemlich dumm ist, wenn ich die Zeit, in der ich Dich habe, wegen der verderbe, in der ich Dich nicht habe... Ich vermisse Dich sehr.«[34]

13

Völlig unverhofft

Im Sommer 1923 nahm Andrew Comyn (Sandy) Irvine, ein Ingenieursstudent im vierten Semester am Merton College in Oxford, an einer Expedition der Universität nach Ostspitzbergen teil. Er gehörte zu einer vierköpfigen Schlittengruppe, die von dem Geologen Noel Odell angeführt und dem Landvermesser R. A. Frazer begleitet wurde. Sie verließen das Versorgungsschiff der Expedition am Kap Dyum an der Nordostküste der Hauptinsel und durchquerten das unbekannte und bergige Festland. Nachdem sie das Gebiet einen Monat lang erforscht hatten, trafen sie auf der anderen Seite der Insel wieder auf ihr Schiff. Odell und Frazer hatten bereits an der ersten Unternehmung der Universität im Jahr 1921 teilgenommen, doch Irvine und das vierte Expeditionsmitglied, Irvines enger Freund Geoffrey Milling, hatten keinerlei Erfahrung in der Arktis oder bei anderen Expeditionen. Sie waren einzig und allein aufgrund ihrer Muskelkraft und hervorragenden körperlichen Verfassung mitgenommen worden, über die sie als Ruderer verfügten. Beide waren Mitglied der Rudermannschaft von Oxford. Die Spitzbergen-Expedition wurde von mehreren Mitgliedern des Alpine Club finanziell unterstützt, daher war der Club auch gut vertreten: Neben Odell und Frazer war Tom Longstaff als Naturforscher mit von der Partie.

Odell hatte 1921 eine Teilnahme an der Everest-Erkundungsexpedition absagen müssen, da er sich bereits zu einer Fahrt nach Spitzbergen im selben Jahr verpflichtet hatte. Diesmal überlagerten sich die Termine nicht; bevor er in den Norden aufbrach, wußte er bereits, daß er 1924 mit zum Everest reisen würde. Er und Longstaff waren natürlich beide im Auswahlkomitee und hielten vermutlich unter den Universitätsmitgliedern Ausschau nach geeigneten Himalaja-Kandidaten. Der Everest wird an Bord des Schiffs und auch beim Zelten im Landesinneren ein beliebtes Gesprächsthema gewesen sein.

Im Rahmen der Schlittentour bestiegen Frazer und Milling den Mount Newton, den höchsten Berg des Spitzbergen-Archipels. Odell und Irvine wanderten derweil auf Skiern nach Westen über den Lomme-Bay-Gletscher zu einer Berggruppe, die etwa 20 Kilometer entfernt lag. Sie erwies sich als eine Ansammlung von Felsgipfeln »von so alpinen Ausmaßen«, wie Odell schrieb, »daß ihre Existenz in einem Gebiet, in dem große Schneekuppen und breite Grate dominieren, völlig überraschend war«[1]. Die beiden Männer folgten dem Südostgrat auf einen eleganten Gipfel, den Odell später Mount Irvine nannte. Er bot auf 900 Metern Klettermöglichkeiten auf hartem metamorphen Gestein an, das nach Ansicht Odells dem Tower Ridge vom Ben Nevis, dem höchsten Berg Großbritanniens, ähnelte, allerdings einen größeren Maßstab aufwies.

Es war einer dieser perfekten, gottgegebenen Tage, die in Erinnerung blieben. Der Ausflug bestätigte Odell (falls er überhaupt noch einer Bestätigung bedurfte), daß Irvine der ideale Begleiter für ein derart rigoroses Unternehmen war. Neben seiner körperlichen Kraft legte der junge Irvine besonders eine Eigenschaft an den Tag, die ihm auf zukünftigen Expeditionen sehr zugute kommen würde: seine nie versiegende gute Laune. An Irvines Einfallsreichtum zweifelte Odell schon lange nicht mehr. Einige Jahre zuvor hatte Odell zusammen mit seiner jungen Braut während der Flitterwochen in Nordwales eine merkwürdige Begegnung gehabt. Nach einer Wanderung über Carnedd Llewellyn näherten sie sich gerade dem Gipfel des Foel Grach, als ihnen zu ihrem großen Erstaunen ein junger Mann auf einem Motorrad mit Beiwagen entgegenkam. Er hielt an und fragte höflich: »Bin ich hier richtig nach Llanfairfechan?« Odell war fasziniert, erfuhr aber erst vier Jahre später, wer dieser »verrückte Motorradfahrer«, wie er ihn nannte, gewesen war. Es war kein anderer als Irvine, damals noch ein Schuljunge. Die beiden begegneten einander noch einmal in

Putney, wo Irvine mit der Oxford-Mannschaft für das Boots-
rennen 1923 trainierte und Odell über die Zusammenstellung
seiner Schlittengruppe nachdachte. Als er Irvine so voller Energie und mit ungeheurem Siegeswillen sah, war Odell überzeugt,
daß er genau den Geist verkörperte, den er sich für die Expedition wünschte.

»Von Natur aus abenteuerlustig, war er sofort von der Idee
begeistert«, berichtete Odell später, »obwohl ich vor allem die
Arbeit und die Mühen beim Schlittentransport betonte und die
Freuden des Skifahrers über jungfräuliche Gletscher und die
Erkundung unbekannter Gipfel kaum erwähnte.«[2] Irvine bereitete sich voller Elan auf das Unternehmen vor. Über Ostern
reiste er mit Odell nach Nordwales und führte auf Sicht den
Great Gully of Craig yr Ysfa hinauf, für jeden Neuling eine beeindruckende Leistung. In Spitzbergen gefiel ihm das Expedi-
tionsleben so gut, daß er es kaum erwarten konnte, sich in ein
weiteres Abenteuer zu stürzen. In seinem Tagebuch notierte er
einige praktische Überlegungen, die das Leben auf zukünftigen
Reisen angenehmer gestalten sollten. Dazu gehörten: »Socken,
die nicht eingehen«, und »ein Schlafsack, der keine Federn
verliert«. »Taschen im Schlittenanzug«, war eine weitere Emp-
fehlung, die er sich zu Herzen nahm. Auf den Gruppenauf-
nahmen von der Everest-Expedition 1924 ist Irvine der einzige
mit nützlichen Reißverschlußtaschen an den Vorderseiten seiner Jacke.

In der ersten Septemberwoche kehrte die Spitzbergen-Expedition aus der Arktis zurück. Einen Monat später sollte das
Auswahlkomitee endgültig die Namen der Teilnehmer für die
Expedition 1924 festlegen. Bereits zuvor war im Ausschuß betont worden, daß junge, starke Bewerber gebraucht wurden.
Nachdem Finch nicht mehr dabei war, war auch jemand mit
technischer Begabung unerläßlich, der sich um die tägliche
Wartung der Geräte kümmerte. Offiziell war Odell mit der Verantwortung für den Sauerstoff betraut worden, doch er hegte
eine große Abneigung dagegen, und die alte Everest-Mannschaft – Mallory, Norton, Somervell – erwiesen sich bei sol-

chen Aufgaben als völlig untalentiert. Irvine galt als praktisch veranlagt und erfinderisch. Sein Name fiel im Komitee genau im richtigen Moment. Mit seiner jugendlichen Energie und seinem technischen Geschick muß er den Ausschußmitgliedern wie die Antwort auf all ihre Gebete erschienen sein. Freilich gab es auch Einwände: Die Tatsache, daß seine Erfahrung auf Eis auf nur eine Reise nach Spitzbergen begrenzt war, sprach ebenso gegen ihn wie seine Jugend. Irvine war zu der Zeit erst 21 Jahre alt, jünger also, als das Komitee empfohlen hatte.

Irvine selbst lag sehr viel an der Expedition, daher sah er sich nach jemandem um, der ihm ein Empfehlungsschreiben anfertigen würde. Er wandte sich an George Abraham, einen Fotografen der Lakelands und Pionier des Bergsteigens, der auch umgehend (am 10. Oktober) an Charles Meade vom Everest-Hauptausschuß schrieb – nicht an das Auswahlkomitee, von dessen Existenz er vermutlich nichts ahnte. Abraham erklärte, Irvine sei seiner Meinung nach der »ideale Junge für diese Aufgabe«, und fügte hinzu, daß auch Odell ihn gerne dabeihätte. »Er ist jetzt wieder in Oxford, wo er sich im Sport bestens bewährt, ein verträglicher junger Mann von wunderbarer Statur.«[3] Meade reichte das Empfehlungsschreiben an Hinks weiter (21. Oktober) und meinte dazu nur, daß »Abrahams Meinung größtmögliches Gewicht bei mir hat«, aber (um sich selbst bedeckt zu halten): »Sie wissen, daß ›größtmöglichst‹ nicht bis Indien reicht.«[4]

Das Auswahlkomitee des Alpine Club war bereits am 16. Oktober zusammengetreten. Dabei wurde Irvine an zweiter Stelle auf einer Auswahlliste mit fünf Namen geführt, die für die beiden letzten verfügbaren Plätze (oder letzten drei Plätze, falls Mallory nicht mitkommen konnte) in Frage kamen. Am 24. Oktober war die Angelegenheit entschieden, und Irvine wurde offiziell mitgeteilt, daß man sich für ihn entschieden hatte. Die notwendigen medizinischen Untersuchungen bereiteten ihm keine Probleme, und sein College gewährte ihm zwei Freitrimester. Mallory meinte zu Geoffrey Young: »Irvine ist unser Versuch, einen Übermenschen mitzunehmen, allerdings spricht seine mangelnde Erfahrung gegen ihn.«[5]

Irvine tat alles, was ihm möglich war, um in der kurzen Zeit vor dem Aufbruch seine mangelnde Erfahrung auszugleichen. Er entschloß sich für Gletscherskifahren auf dem Aletsch-Gletscher und wandte sich an Arnold Lunn, einen früheren Verfechter des Wintersports und »Erfinder« des Abfahrtsskifahrens. Weihnachten 1923 verbrachte Irvine drei Wochen als Gast bei den Lunns in Mürren und lernte einige grundlegende Skischwünge, die es ihm ermöglichen sollten, die höher gelegenen Schneefelder zu erkunden. Arnold Lunn erinnert sich an ihn als einen äußerst vielversprechenden Anfänger:

Nach einigen Tagen meldete er sich zur Grundprüfung... bei der die Kandidaten zeigen mußten, daß sie einen steilen Hang in mehreren Schwüngen hinunterfahren konnten. Der Kurs begann direkt über der Station auf halber Höhe des Allmendhubel. Als Sandy an der Reihe war, richtete er seine Ski talwärts und schoß los. Wie durch ein Wunder konnte er sich die meiste Zeit aufrecht halten, doch dann stürzte er bei Höchstgeschwindigkeit schwer und verschwand in einer Wolke von Schnee. Zur Verblüffung der Zuschauer (die alle dachten, er habe sich schwer verletzt) war er sofort wieder auf den Beinen, schüttelte sich und fuhr weiter ... [Für die ganze Strecke brauchte er nur] 40 Sekunden. Die nächstbeste Zeit an jenem Tag betrug fünf Minuten.[6]

Am Ende der drei Wochen nahm Irvine an einem Wettkampf teil und gewann trotz starker Konkurrenz den Slalom. Einige Tage später bestand er die Skiprüfung zweiter Klasse. So vorbereitet, brach er zu einer Überquerung der Oberland-Gletscher auf. Angesichts der Ereignisse am Everest wirken die Zeilen, die er Arnold Lunn schrieb, besonders ergreifend: »Wenn ich einmal alt bin, werde ich an Weihnachten 1923 als den Tag zurückdenken, an dem ich im Grunde geboren wurde. Ich glaube nicht, daß jemand wirklich lebt, bevor er auf Skiern stand.«[7]

Irvines Familie fragte sich oft, was er aus seinem Leben gemacht hätte, wenn er vom Everest zurückgekehrt wäre. Vor allem sein Bruder Hugh konnte sich kaum vorstellen, daß er ein geregeltes Leben mit einem konventionellen Beruf geführt hätte. Herbert Carr, der Herausgeber von *The Irvine Diaries*, glaubt, daß Irvine während der Everest-Expedition bereits eine Karriere in der kanadischen Arktis in Erwägung zog. Zwei seiner Kameraden von der Spitzbergen-Expedition, Geoffrey Milling und George Binney, arbeiteten später für die Hudson Bay Company.

Irvine war in der Everest-Mannschaft für die Ausrüstung zuständig und machte sich sofort mit den Vorräten und Geräten vertraut, die mitgenommen wurden. Er beschaffte sich ein Sauerstoffgerät der Expedition von 1922, damit er es auseinanderbauen und in seiner Werkstatt zu Hause untersuchen konnte. Schon da war er mit der Konstruktion nicht zufrieden und schickte dem Hersteller, Siebe Gorman, eine Liste mit Verbesserungsvorschlägen. Diese wurden jedoch nicht ausgeführt. Heute läßt sich nicht mehr sagen, ob eine Änderung aus Zeitmangel unterlassen wurde oder ob der Hersteller nicht bereit war, die Ratschläge eines Studenten zu akzeptieren. Als Odell und Irvine schließlich unterwegs in Tibet die gelieferten Sauerstoffgeräte überprüften, machten sie eine unangenehme Entdeckung. Irvine schrieb Geoffrey Milling:

Das Sauerst.ger. ist stümperhaft gefertigt. Der Hersteller hat sich nicht an meinen Entwurf gehalten, sondern ein hoffnungsloses Gerät geliefert, das schon beim Anfassen kaputtgeht, leckt und lächerlich sperrig und schwer ist. Von 90 Flaschen waren 15 leer und 24 leck, als sie in Kalkutta eintrafen. Mein Gott! Heute ging eine Flasche kaputt, als ich sie aus der Transportkiste nahm.[8]

Vor seiner Abreise hatte Irvine eine Liste mit Werkzeugen erstellt, die seiner Meinung nach unterwegs für die Wartung der Ausrüstung gebraucht wurden. Während der gesamten Expedition glich sein Zelt einer Werkstatt. Er kümmerte sich nicht nur um die Sauerstoffgeräte und Öfen, sondern reparierte auch die verschiedensten persönlichen Gegenstände, die unterwegs nicht mehr funktionieren wollten: Beethams Kamera, Odells Stativ, der Tisch von Geoffrey Bruce, ein Lagerschemel, die Expeditionstaschenlampen, Noels Spezialkamera, Mallorys Bett, Sattel, Eispickel und Steigeisen; außerdem bastelte er Blechschirme für die Faltlaternen, deren ursprüngliche Schirme aus Karton ständig Feuer fingen, und fabrizierte eine über 18 Meter lange Strickleiter für den Aufstieg zum Nordsattel. Sein Einfallsreichtum und Fleiß schienen unbegrenzt. Selbst an Tagen, in denen er in seinem Tagebuch vermerkte, er fühle sich sehr »flau«, arbeitete er unermüdlich weiter, oft bis spät in die Nacht, wenn die anderen Bergsteiger schon längst in ihren warmen Schlafsäcken lagen oder in ihren Zelten über Lyrik und Philosophie diskutierten.

Von Anfang an wurden die Namen Mallorys und Irvines in der Presse miteinander in Verbindung gebracht. Bei der Bekanntgabe der Teilnehmer brachte *The Liverpool Post* die Schlagzeile: MOUNT-EVEREST-EXPEDITION: ZWEI MÄNNER AUS BIRKENHEAD DABEI. Mallory schrieb seiner Mutter: »Irvine ist der Star unter den neuen Teilnehmern. Er ist ein feiner Kerl, hat sich bis jetzt hervorragend bewährt und ist sicher ein ausgezeichneter Begleiter auf dem Berg. Ich glaube, die *Birkenhead News* – heißt sie so? – hätte einiges zu berichten, wenn er und ich den Gipfel zusammen erreichen würden.«[9]

Niemand kann genau sagen, wann Mallory Irvine zum ersten Mal begegnete. Man weiß, daß Mallory Vorträge vor dem Oxford University Mountaineering Club hielt, doch sie können auch stattgefunden haben, bevor Irvine Interesse am Bergsteigen zeigte. Sicher hätte ein derartiger Anlaß auch kaum Gelegenheit geboten, richtig miteinander bekanntzuwerden. Als feststand, daß beide zusammen mit J. de V. Hazard und Bentley Beetham an Bord der SS *California* nach Indien reisen würden, schlug Mallory in einem Brief an Hinks vor, daß er und Irvine eine Kabine teilen könnten, da sie beide zusammen von

Birkenhead anreisen würden. Hinks hatte mehr als genug zu organisieren und antwortete brüsk, daß Mallory das selbst mit dem Zahlmeister regeln könne. Weiter wurde nichts unternommen. Mallory hatte zusammen mit Hazard eine Kabine, nahm jedoch die Mahlzeiten mit Irvine im Speisesaal ein. Er schrieb in einem Brief nach Hause, er halte Irvine für vernünftig und überhaupt nicht nervös. Er wirke wie jemand, auf den man sich in jeder Hinsicht verlassen könne – außer vielleicht in der Konversation.

Die vier Bergsteiger reisten am 29. Februar von Liverpool ab. Am Vorabend hatte der Wayfarers Club ein Abschiedsessen für sie veranstaltet, zu dem auch die Väter von Mallory und Irvine als Ehrengäste eingeladen waren.

General Bruce und Norton waren zu dem Zeitpunkt bereits in Indien; sie waren am 16. Februar mit dem Postdampfer in Bombay eingetroffen. Alle Expeditionsteilnehmer sollten sich in der dritten Märzwoche im Mount-Everest-Hotel in Darjeeling treffen. Odell reiste von den persischen Ölfeldern an, und Somervell kam aus Travancore, wo er seit kurzem als Missionsarzt arbeitete. Geoffrey Bruce war von seinem Regiment an der Nordwestgrenze freigestellt worden und fungierte wieder als Transportbeauftragter. Bei dieser Expedition stand ihm zusätzlich noch E. C. Shebbeare von der indischen Forstverwaltung zur Seite, ein weiterer fähiger Sprachforscher. Als Arzt beziehungsweise Naturforscher fungierte Major R. W. G. Hingston, ein Ire, der 1913 bei der indorussischen Kartierungsexpedition dabeigewesen war und dann als Stabsarzt bei der Royal Air Force im damaligen Mesopotamien arbeitete.

Hauptmann John Noel war wieder der Fotograf und Kameramann der Expedition, doch diesmal mit deutlich anderen Befugnissen. Anfang Juni 1923 hatte er dem Expeditionsausschuß den erstaunlichen Vorschlag unterbreitet, daß er für 8000 Pfund alle Bildrechte erwerben würde; als Alternative bot er allein für die Filmrechte 6000 Pfund. Er würde im voraus noch vor der Abreise zahlen. Der Ausschuß mußte nicht lange überlegen und nahm das erste Angebot an. Er hätte kaum ablehnen können: Damit waren nicht nur alle finanziellen Sorgen mit einem Schlag behoben, sondern auch einige verwaltungstechnische Probleme gelöst. Durch die Streichung aller mit dem Fotografieren verbundenen Kosten konnte der Ausschuß weitere 2000 Pfund einsparen.

Noel stellte seine eigene Ausrüstung und das Filmmaterial, kam für dessen Transport nach Tibet auf und bestritt die Entwicklungskosten und die Assistenten, die er benötigte, aus eigener Tasche. Für die Finanzierung gründete er eine Firma, Explorer Films Limited, und trieb mit dem Versprechen hoher Rendite Gelder auf. Er konnte Sir Francis Younghusband überreden, als Vorsitzender der neuen Firma zu fungieren. Selbst der Aga Khan kaufte Anteile.

Hauptmann Noel setzte darauf, daß der Everest diesmal bezwungen werden würde und daß dann ein Film darüber auch in die großen Kinos kommen würde. Auf dieser Annahme gründete Noels Hoffnung auf Einnahmen, denn eine traditionelle Vermarktung bot wenig Aussicht auf Gewinn. Der Verkauf der Fotos von früheren Expeditionen war nicht besonders erfolgreich verlaufen, und die Vermarktung des ersten Films – die von Hinks und Noel übernommen worden war – hatte einer Katastrophe geglichen. Noel ging mit seiner Firma ein hohes Risiko ein, doch offensichtlich waren die Erfolgsaussichten für ihn hoch genug. Ihm mangelte es ohnehin nie an Ideen, mit denen er Aufmerksamkeit erregte. Unter anderem entwarf er seine eigenen Everest-»Briefmarken« und eine Frankiermethode für Expeditionspostkarten.

Bei der Expedition 1922 hatte Noel sämtliche Filme in einem speziellen Dunkelkammerzelt im Basislager entwickelt, das mit einem Yakdungofen beheizt wurde. Für den Entwickler mußte Eis gehackt und geschmolzen werden, und trotz des Ofens fror der Film aufgrund der großen Kälte häufig ein. Nicht einmal ein spezielles Innenzelt aus Musselin konnte den Staub abhalten, den der heftige Wind von der Moräne aufwirbelte. Dieses Mal ließ Noel eigens ein Labor in Darjeeling einrichten. Der belichtete Film wurde von Reiterstaffeln in versiegelten, luft- und wasserdichten Behältern dorthin befördert. Noels Fotografieassistent Arthur Pereira und ein weiterer junger Assistent entwickelten dort die Filme und Dias an sieben Tagen in der Woche über einen Zeitraum von vier Monaten und kamen so den Verpflichtungen der Expedition nach, Bilder an die *Times* und andere Zeitungen zu liefern.

Auf dem Weg nach Indien schrieb Bruce in seiner üblichen gutgelaunten Art: »Da sind wir nun mit Puste und Saft. Ich schreibe eigens ein paar Zeilen, weil mir zwei Dinge am Herzen liegen, nämlich: (1) das Buch der Lagerbestände und (2) die Schreibmaschine. Ohne sie bin ich keinen Heller wert.«[10]

Man versicherte ihm rasch, daß beides unterwegs sei. Das Lagerbuch besaß zweifellos großen praktischen Wert, doch die Schreibmaschine war eine Klasse für sich und ihr Gewicht in Gold wert! Bruce war noch nie ein guter Schreiber gewesen, er haßte diese Tätigkeit. Schreiben war eine viel zu einsame Beschäftigung für einen Geschichtenerzähler wie ihn, der erst vor Publikum richtig in Schwung kam. Die handschriftlichen Briefe von Bruce waren stets zusammengestückelte und kaum lesbare Armutszeugnisse – gab man ihm jedoch eine Schreibmaschine und einen wohlwollenden Zuhörer (in Form eines seiner Transportbeauftragten), der alles tippte, so sah die Sache ganz anders aus. Bruce lief zu voller erzählerischer Größe auf, schweifte ab, flocht Klatschgeschichten ein und beschrieb mit einem sicheren Gespür für Situationskomik die Marotten und Schrullen seiner Mitmenschen. Man kann sich vorstellen, wie aus der Pflicht des Verfassens regelmäßiger Expeditionsberichte eine willkommene Abwechslung wurde, bei der die beiden Männer unter schallendem Gelächter die richtige Formulierung suchten, um den armen Hinks zu schockieren oder zu verblüffen. »Bitte bedenken Sie, daß ich für die Expedition mein Bestes gebe«, hatte Bruce gedrängt, als 1922 die Mittel knapp wurden. »Ich habe den Vizekönig interviewt, vor Pfadfindern gepredigt, und ich habe die Nachttöpfe in einem Rasthaus geleert. Das ist die Bedeutung des Begriffs General. In der Heimat sind sie billig, aber im Ausland sind sie teurer. Also beeilen Sie sich bitte mit den tausend [Pfund]!«[11] Und 1924 meldete er: »Sie werden sicher mit Vergnügen hören, daß die Tibeter die Silbermünzen aus dem Verkehr gezogen haben und wir nun über fünf komplette Maultierladungen Kupfermünzen verfügen.«[12] Zuvor hatte er geschrieben: »Wie gut, daß die Sauerstoffausrüstung zur Überholung zu Lightfoot geschickt wurde, denn elf Flaschen sind leer und weitere elf nur halb voll. Wie schon der Oberbefehlshaber der Rawalpindi-Division bemerkte, als ihm ein Maultier einen Tritt in die Magengrube verpaßte: ›Das darf nicht wieder vorkommen.‹«[13]

Bei der Auswahl der einheimischen Helfer stellte sich im Jahr 1922 als einer der ersten wieder Gyalzen vor, Mallorys »bleichgesichtiger, verräterischer Schurke«, der im Vorjahr die Essensrationen der Träger verkauft hatte. Anstatt ihn abzulehnen, engagierte Bruce ihn als Sirdar. Gegenüber Hinks begründete er sein Vorgehen: »Er ist zwar kein Engel, doch nachdem ich genügend Bemerkungen gemacht habe, die ihn an den empfindlichsten Stellen trafen, erweist er sich als sehr wertvoller und nützlicher Mann. Möglicherweise hat auch die Tatsache, daß ich mit den kleinen Ausrutschern in seinem Leben vertraut bin, unter anderem auch mit dem Giftmord an einem Lama im oberen Kosi-Tal, mit seinem derzeit mustergültigen Verhalten zu tun.«[14] Zum Thema Träger: »Dieses Jahr haben wir keinerlei Probleme mit dem Alkohol, schon gar nicht bei den Köchen. Ein oder zwei Schluck wurden in Phari konsumiert, aber alle konnten bequem auf dem Boden liegen, ohne sich festhalten zu müssen.«[15]

Bruce berichtete, daß einmal eine tibetische Frau nach ihm schicken ließ und ihm mitteilte, ihr gehe es schlecht, seit sie sein Gesicht gesehen habe. Was er dagegen zu unternehmen gedenke?

Es schien ganz offensichtlich nötig, daß ich ihr das Gesicht wusch, das, wie ich hinzufügen sollte, nicht nur von Wind und Staub gezeichnet, sondern auch bärtig und, um ganz offen zu sein, sehr schmutzig war. Wasser und Seife standen bereit, also nahm ich meine ungewöhnliche Aufgabe in Angriff. Aber die gute Frau wollte sich leider nicht um der Reinlichkeit willen das Gesicht waschen lassen, denn sobald der Ritus begangen war, goß sie das Seifenwasser in einen Krug und trank es, wobei sie mir versicherte, daß es ihr bereits viel besser gehe, ja, sie wieder völlig genesen sei.[16]

Younghusband meinte, Bruce sei sein Leben lang ein kleiner Junge geblieben. »Er war einzigartig und sprudelte geradezu über vor kindlicher Freude ... Dieser Frohsinn teilte sich der ganzen Reisegesellschaft mit. Eine Mannschaft unter Bruce wird stets eine muntere Mannschaft sein. Seine Scherze waren ganz einfacher Natur, doch er selbst lachte so unbändig darüber, daß man einfach mit ihm lachen mußte.« Als junger Soldat war er einem Gurkha-Regiment zugeteilt worden und blieb fast während seiner gesamten Militärzeit bei dieser Einheit. Er sprach fließend Gurkhali und dazu noch zahlreiche andere Dialekte, allerdings schenkte er grammatikalischen Feinheiten nur wenig Beachtung. Für die meisten asiatischen Völker besaß er ein natürliches Einfühlungsvermögen, und aufgrund seines stets paraten Fundus derber Geschichten war er überall sehr beliebt. Es hieß, sein rauhes Lachen sei im ganzen Himalaja zu hören gewesen.

Bei der Ankunft in Darjeeling Anfang März wurde Bruce von einem Heer Sherpa-Träger empfangen, von denen viele schon bei den beiden früheren Expeditionen dabeigewesen waren. Trotz des Lawinenunglücks bei der letzten Expedition wollten sie unbedingt wieder für die Engländer arbeiten. Von den 300 Männern wurden 70 ausgewählt. Die Entscheidung sollte eigentlich auf dem medizinischen Urteil von Hingston basieren, doch Noel erinnert sich, daß Bruce genausooft persönlich eingriff. Wenn ein alter Bekannter vorsprach und vor dem General salutierte, klopfte Bruce ihm auf den Rücken und lotste ihn schnell am Arzt vorbei. »Ah, da ist ja wieder der alte

Chemshar«, verkündete er. »Ausgezeichnet! Natürlich mußt du mitkommen.« Unter den Wartenden befand sich auch Sherpa Angtarkay, einer der beiden Männer, die bei dem Unglück 1922 gerettet worden waren. Es stand außer Frage, ihn nicht mitzunehmen. »Ich glaube nicht, daß sich der arme Angtarkay … je von diesem schrecklichen Erlebnis erholt hat«, schrieb Bruce später, »denn er wurde bewußtlos ausgegraben und steckte nach einem Sturz aus 18 Metern kopfüber fest im Schnee. Wir fühlten uns verpflichtet, ihn wieder mitzunehmen, doch er erlitt schon bald einen Zusammenbruch und kehrte mit mir um.«[17]

Karma Paul, ein junger, gebildeter Tibeter, hatte bereits für die Expedition 1922 als Dolmetscher fungiert und damals alle mit seiner höflichen und tüchtigen Art beeindruckt. Er wurde wieder eingestellt, ebenso wie Gyalzen, der einstmals durchtriebene Sirdar, der ihm als Assistent diente. Schließlich war die Zusammenstellung beendet, und der gigantische Gepäckzug nahm seine lange Reise zum Everest auf. Bruce war überzeugt, daß sie Erfolg haben würden, denn die Mannschaft war, wenngleich nicht größer, so doch deutlich stärker als zuvor. Seine größte Sorge war, alle »kräftig und gesund« zum Fuße des Berges zu bringen. »Es ist fast wie bei der Rudermannschaft eines Universitätsachters«, erklärte er. »Man muß die Mitglieder auf Vordermann bringen, ohne daß sie unter der beschwerlichen, 480 Kilometer langen Reise durch Tibet oder aufgrund der Auswirkungen der teilweise hoch gelegenen Route zu dieser frühen Jahreszeit unter einer Form der Auszehrung leiden.«[18]

Letztendlich war es Bruce selbst, der sich den Unbilden des tibetischen Frühjahrs nicht gewachsen zeigte. Die Stürme, die über die Hochebenen von Phari peitschen, können dem stärksten Mann zu schaffen machen. Der Arzt von Bruce, Dr. C. Wilson, hatte ihn nur unter Vorbehalten an der Expedition 1922 teilnehmen lassen. Er hatte ihm damals gesagt:

Ich hoffe, daß Sie gesund bleiben, doch ich gehe auch davon aus, daß Sie noch einen Stellvertreter haben. Meiner Ansicht nach sollte *niemand* unersetzlich sein. Was wäre aus dem letzten Vorhaben geworden, wenn Mallory nicht die Führung übernommen hätte, als Raeburn ausfiel? ... Natürlich könnten Sie wie Raeburn trotz aller Vorsorge zusammenbrechen, allerdings denke ich nicht, daß Sie sterben werden wie der arme Kellas. Sie sind nicht völlig gesund, und wenn ich medizinische Bedenken habe, dann darüber, wie Sie längeres Zelten im Freien verkraften werden, vor allem bei kaltem und feuchtem Wetter. Die Umstände unterscheiden sich vom Bergsteigen in den Alpen, wo man stets in ein gutes Hotel zurückkehren kann. Daher müssen Sie sehr vorsichtig sein.[19]

Bruce war vorsichtig. Bei der Expedition 1922 riskierte er keine Wanderung oberhalb des Basislagers und strotzte die ganze Zeit geradezu vor Gesundheit. Er schien immun gegen die Kälte und trug die meiste Zeit seine Shorts. Bruce kommt die zweifelhafte Ehre zu, Shorts bei den britischen Streitkräften eingeführt zu haben: Beim Üben mit einem Trupp ausgewählter Soldaten an steilen Hängen entdeckte Bruce, daß sich die Männer auf rauhem Gelände wesentlich freier bewegen konnten, wenn man ihre Hosen oberhalb des Knies abschnitt. Nach anfänglicher Opposition der oberen Ränge verbreitete sich die Mode bei den gesamten Streitkräften.

Wilson war von der Leistung des Generals im Jahr 1922 so angetan, daß er den Fall im *British Medical Journal* vorstellte. Sein Patient sei in Tibet weder krank gewesen, noch habe er seinen Aufenthalt bereut und sehe nun zehn Jahre jünger aus als im Jahr 1920.[20]

Leider hielt dieser Zustand nicht an. Als die beiden Fachärzte aus der Harley Street Bruce 1924 untersuchten, äußerten sie hinsichtlich seines Zustands ernsthafte Bedenken. Dr. Larkins stellte fest: »Der Blutdruck von Bruce ist seit der letzten Untersuchung deutlich höher, das Herz hat sich auf der linken Seite eindeutig ausgedehnt, und das Mitralklappengeräusch hat stark zugenommen. Er hat Albuminurie.« Dr. Anderson kam zu dem Schluß, daß der Höhentest Bruce Probleme bereitete, und erklärte ihn nur für eine Höhe von 4500 Metern als geeignet, was nicht sehr viel nutzte, wenn das Basislager auf 5000 Metern lag. Larkins schrieb an Wilson: »Ich befürwortete seine Teilnahme an der Expedition (1922), weil ich trotz seiner Probleme das Gefühl hatte, er sei der Aufgabe körperlich gewachsen, doch diesmal ist mir ehrlich gesagt nicht wohl dabei zumute.« Wilson mußte zugeben, daß ein Elektrokardiogramm von Bruce vermutlich »nicht ideal« ausfallen würde. Er wollte nicht, daß Bruce einen modernen Herzspezialisten aufsuchte, weil dieser seine Teilnahme aller Wahrscheinlichkeit nach ablehnen würde – wenn nicht wegen seines Herzens, dann aufgrund seines Blutdrucks. »Ich will nicht, daß er Angst bekommt, und ich will nicht, daß er abgelehnt wird«, erklärte Wilson loyal, »und obwohl ich weiß, daß ein gewisses Risiko besteht, bin ich bereit, die volle Verantwortung für seine Teilnahme zu übernehmen. Denn ich nehme an, daß er sich weiterhin so gesund fühlen wird wie derzeit.«[21]

Wenn Wilson so dumm war, die Verantwortung auf sich zu nehmen, war das seine Sache, doch Larkins zeigte sich nicht gewillt, sich zu einer Zustimmung drängen zu lassen. Er teilte Wilson mit: »Ich … kann nicht zusehen, daß der Ausschuß ihn auswählt, ohne meinen Zweifeln Ausdruck zu verleihen und das Komitee ernsthaft zu warnen.« Larkins wußte nur zu gut, daß die Ausschußmitglieder Bruce auf Wilsons Wort hin mitreisen lassen würden, aus dem einfachen Grund, weil er für unentbehrlich gehalten wurde. Sollten sie es ruhig tun. »Wenn er dort einen Schlaganfall erleidet, müssen sie nur sich selbst dafür verantwortlich machen«[22], erklärte er und wusch seine Hände in Unschuld.

Wilson vertraute seinerseits Spencer an, daß er Bruce einem Versicherungsbüro zwar nicht gerade für eine Lebensversicherung empfehlen würde, er aber überzeugt sei, daß sein Patient über ausreichende Reserven verfüge, die ihn bei mäßiger Anstrengung durch ein weiteres Jahr bringen würden. So kam man überein, daß Bruce mitreisen durfte – unter der Bedingung, daß er sich noch einmal untersuchen ließ, bevor die Mannschaft von Darjeeling aus weiterzog.

Von Yatung in Tibet meldete Bruce, daß er sich pflichtgemäß den liebevollen Händen des Expeditionsarztes Hingston anvertraut habe. »Unzählige Instrumente wurden auf jeden Quadratzentimeter meines Körpers angesetzt«, berichtete er Hinks genüßlich. »[Hingston] kam zu dem Ergebnis, daß Larkins mich mit außergewöhnlicher Härte behandelt hatte und daß ich weitermachen darf. Alles in Ordnung.«[23]

Bruce schrieb diese Zeilen am 3. April, demselben Tag, an dem Andrew Irvine in seinem Expeditionstagebuch vermerkte: »Hatte heute einen freien Tag. Ein Großteil der ersten Gruppe ging mit Norton, nur der General, dem es nicht so gutging, blieb zurück.« Am nächsten Abend schrieb Irvine: »Dem General muß es bessergehen, denn er gab beim Dinner einige gute Geschichten zum besten.« Somervell notierte dagegen besorgt: »General Bruce nicht ganz auf dem Posten; Fieber, sieht auch nicht gesund aus.«[24]

Am 7. April feierte Bruce in Phari seinen 58. Geburtstag mit einer Flasche »alten Familienrums«, den sein Bruder eigens aus England geschickt hatte. Am nächsten Morgen fühlte er sich schwach und beschloß, nicht mit der Mannschaft weiterzuziehen, sondern mit Hingston und John MacDonald eine längere, aber tiefer gelegenere Route um den Dochen-See zu nehmen. Mallory erklärte Ruth diesen Umweg folgendermaßen:

Der General hatte Probleme mit einem unregelmäßigen Puls. Er und Hingston sorgen sich beide um die Auswirkungen, die diese Höhe auf sein Herz hat – daher begleitet er uns nicht nach Kampa Dzong…, sondern nimmt einen anderen Weg, der etwas länger dauert (sechs statt vier Tage). Auf diese Weise bleibt er vorläufig in etwas tieferen Luftschichten. Es ist schwer, seine gesundheitlichen Probleme richtig einzuschätzen (erwähne es nicht), doch möchte ich zehn gegen eins wetten, daß er wieder auf die Beine kommt.[25]

Bruce und seine Begleiter waren anfangs so guter Stimmung, daß sie versuchten, eine Herde Wildesel in die Enge zu treiben, doch einige Stunden später brach er in Tuna nach einem schweren Malariaanfall zusammen. Nach den Bemerkungen der anderen Mitglieder zu schließen, litt er mehrere Tage lang unter Schüttelfrost, der zweifellos durch den Klimaumschwung von der Wärme Indiens zu den eisigen Winden der Hochebene ausgelöst wurde. Die Hauptgruppe wurde benachrichtigt: »Der General fühlt sich schwach, und Hingston hat all seine Thermometer zerbrochen.« Hazard ritt zu der kleinen Gruppe nach Tuna, um sich ein Bild von der Situation zu machen. Er kehrte nach Einbruch der Dunkelheit zurück und berichtete, daß der General unter schwerem Schüttelfrost und MacDonald unter Höhenkrankheit leide.

Am nächsten Tag hatte Bruce einen zweiten Malariaanfall, der ihn so schwächte, daß er die 80 Kilometer zurück nach Yatung auf einer Trage zurücklegen mußte. Obwohl er nach beiden Anfällen sofort auf eine Behandlung ansprach, war Hingston derart beunruhigt, daß er keinerlei Risiko mehr eingehen wollte. Er wußte, daß eine völlige Genesung schwierig, ja fast unmöglich war, wenn der Patient nicht in tiefere Lagen gebracht wurde. Nun ging es nicht mehr darum, die Daumen zu drücken und das Beste zu hoffen. Bruce durfte nicht mehr weitermachen. Hingston bestand darauf, ihn zurück nach Indien zu begleiten, sobald er wieder kräftig genug für eine Reise war. Dem Everest-Ausschuß berichtete er, bei Bruce sei »nur eine alte Malariainfektion« wiederaufgeflackert, »die jahrelang in seinem Körper schlummerte und durch die Kälte und den Wind in Tibet erneut aktiviert wurde«.[26] Eine solche Entwicklung sei nicht vorhersehbar gewesen, fügte er hinzu.

Der unregelmäßige Puls wurde nicht erwähnt. Hingston ging sogar noch weiter und erklärte: »General Bruce hat in keiner Hinsicht unter den Auswirkungen der großen Höhe gelitten, und sein Herz blieb die ganze Zeit über gesund.« Bruce hatte über zwölf Kilogramm Gewicht verloren, und seine Milz war gefährlich vergrößert. Dennoch wollte er bereits eine Woche nach dem Anfall unbedingt wieder zu den anderen zurück, und Hingston hatte große Mühe, ihn daran zu hindern. Verzweifelt telegraphierte er dem Ausschuß: »Bruce will zurück zur Expedition. Bestehe auf Verzicht. Erwarte Bericht. Hingston, Yatung.« In London hielt man eine Krisensitzung ab: Was sollte man unternehmen, wenn Bruce sich hartnäckig weigerte aufzugeben?

Spencer forderte, wenn Bruce die Haltung des Ausschusses nicht akzeptiere, müsse man ihn notfalls mit Gewalt davon abhalten, sich wieder der Expedition anzuschließen. Collie vertrat die Ansicht, daß Bruce alt genug sei, um für sich selbst zu sorgen, und erklärte: »Wenn jeder Forscher mit Fieber aufgegeben hätte, hätte es viele Entdeckungen nie gegeben.« Hinks klagte nur: »Es ist äußerst ärgerlich, daß sich die Leute in Telegrammen nicht klar ausdrücken können. Was meint Hingston mit ›Erwarte Bericht‹?« Nichtsdestotrotz genoß er die Aufregung und schrieb an Bruces Frau: »Ich hoffe sehr, daß der General den Doktor beim Kragen gepackt und darauf bestanden hat weiterzumachen, wenn es ihm gut genug geht, denn wie Sie setze ich kein großes Vertrauen in Ärzte, die immer auf Nummer Sicher gehen (ihre eigene Sicherheit). Meiner Ansicht nach weiß der General am besten, ob er weiterreisen kann.«[27]

Der General gab ohne weitere Auseinandersetzung nach. Am 19. April schloß der Dolmetscher Karma Paul wieder zur Hauptgruppe in Chiblung auf und berichtete, daß Bruce nach Indien zurückgekehrt sei. Daraufhin übernahm Norton die Expeditionsleitung und ernannte Mallory zu seinem Stellvertreter und Leiter des Bergsteigerteams.

Am Abend schrieb Mallory an Younghusband und versicherte ihm, daß das Leben von Bruce nicht mehr länger in Gefahr sei. »Wir werden ihn beim Essen sehr vermissen, wie Sie sich sicher vorstellen können. Später werden uns seine Moral und Autorität bei den Trägern und seine liebenswerten Scherze fehlen.«[28] Tatsächlich war schwer zu ermessen, was genau die Abwesenheit des Generals ausmachte. Bei seiner Ernennung zum Expeditionsleiter lautete die Instruktion, nicht unbedingt am Bergsteigen teilzunehmen, sondern vielmehr der Mannschaft als eine Art »Vater« vorzustehen, und genau diesen hatte die Expedition nun verloren – ihre Vaterfigur, die für alle sorgte.

14

Schwindende Hoffnungen

Mallory war für seine Beförderung zum Leiter der Bergsteiger entzückt. In seinem Brief an Sir Francis Younghusband verlieh er seiner Begeisterung Ausdruck, indem er Norton in den Himmel lobte:

> Ich muß aussprechen, was Norton in einem Telegramm selbst nicht sagen kann, nämlich daß wir einen vortrefflichen Anführer in ihm haben. Er versteht den Reisebetrieb von A bis Z, hat seine Augen überall, stellt sich mit jedem gut, sorgt für unser Wohlbefinden, nimmt an allem Anteil, ist ungezwungen im Umgang, ohne seiner Würde etwas zu vergeben; dazu mächtig abenteuerlustig und auf einen Sturmlauf mit den Nichtsauerstofflern erpicht. Im Vertrauen gesagt (er möchte es sicherlich nicht herumgesprochen haben), will er es mir und Somervell überlassen, über seine Beteiligung zu entscheiden. Das ist der richtige Geist für den Mount Everest![1]

Gegenüber Ruth konnte Mallory noch offener sein: »Er wird seiner Aufgabe viel besser nachkommen, als ich es an seiner Stelle könnte, und sei es nur, weil er die Sprache hier beherrscht.«[2]

Nicht nur Mallory verlieh seiner Freude über den Wechsel in der Führung Ausdruck. Hinks, der den kindlichen Humor und die unverwüstliche gute Laune von General Bruce als persönliches Ärgernis empfand, teilte Norton seine Zufriedenheit mit, daß nun wieder sachliche und informativere Telegramme von der Expedition eintrafen:

Ihr Telegramm aus Kyiashong wurde in der *Times* vom
12. Mai veröffentlicht. Wir alle fanden es äußerst interessant.
Ich weiß nicht, ob die inspirierende Atmosphäre Tibets Sie
in die Poesie verfallen ließ oder ob Mallory teilweise dafür
verantwortlich ist, jedenfalls sind die beiden Telegramme,
die uns erreicht haben, seit Sie mit der Leitung betraut sind,
meiner Meinung nach deutlich besser als die, die der General verfaßt hat. Allerdings kann ich Ihnen leider nicht sagen,
daß der Tagesredakteur der *Times,* der meiner Ansicht nach
einen sehr ordinären Geschmack hat, Ihren Humor dem von
Bruce vorzieht.

Die Vorgehensweise war Thema einer ausgiebigen Debatte, die
sich immer länger hinzog. Der Ton war freundschaftlich, doch
die Auseinandersetzung währte bereits Monate. Norton hatte seine Ideen schon an Weihnachten des vorherigen Jahres
zu Papier gebracht – seine Zielscheibe, wie er den Entwurf
nannte – und Mallory zugeschickt, aber dieser hatte seine eigenen Ansichten zu dem Thema. Die vier Tage, die sie in
Kampa Dzong verbrachten und auf Nachrichten über General
Bruce warteten, boten allen Gelegenheit, die Angelegenheit
noch einmal zu diskutieren, doch sie konnten sich immer noch
nicht einigen. Norton:

Wir waren an einem toten Punkt angelangt ... In Darjeeling
und noch einmal in Phari hatten wir – Mallory, Somervell, Geoffrey Bruce und ich – ausführlich diskutiert und
waren, nachdem wir uns nicht einigen konnten, überein-
gekommen, unsere Debatte in den endlosen Hochebenen
Tibets fortzusetzen. Wir hofften, daß wir in Kampa einen
Entschluß fassen und einen fertigen Plan entwerfen würden, dessen Einzelheiten während des zweiwöchigen Mar-
sches ausgearbeitet werden konnten, der noch vor uns
lag ... Aber wir mußten Kampa ohne konkreten Plan verlassen.[4]

Am 17. April schrieb Mallory von Tinki Dzong aus hastig an Ruth: »Ein Geistesblitz wurde mir gnädig zuteil. Anders kann ich das Entstehen meines neuen Plans für die Besteigung nicht beschreiben.« Der Plan sah einen gemeinsamen Gipfelvorstoß von Teams mit und ohne Sauerstoff vor. Das Paar mit Sauerstoff sollte von Lager VI, das Paar ohne Sauerstoff von Lager VII aus starten. Wenn alles nach Plan lief, würden sich beide Gruppen oben auf dem Gipfel treffen. Wenn nicht, standen die Lager bereit, und die Bergsteiger konnten hoffen, daß sie noch ausreichend Kraft für einen weiteren Versuch hatten. Mallory prahlte gegenüber Ruth:

Dieser Plan weist so große Vorzüge gegenüber den anderen auf, daß Norton ihn sofort übernommen hat. Bei der allgemeinen Räteversammlung heute abend haben alle freudig zugestimmt. Ich bin sehr froh, wie Du Dir denken kannst. Fast allein deswegen lohnt es sich, mitgekommen zu sein, denn Nortons Plan enthielt Schwächen, davon bin ich überzeugt, und hätte üble Folgen haben können ... Dieser Plan ist viel sicherer.

Über die Zusammensetzung der Teams kann man vorläufig noch nichts sagen. Norton und ich haben darüber gesprochen, er meint, Somervell und ich sollten je ein Team führen; die Entscheidung, ob er selbst dabeisein soll, überläßt er mir – sehr großzügig, findest Du nicht? Im Basislager werden wir nach bestem Gewissen anhand der körperlichen Verfassung aller Teilnehmer entscheiden. Odell hat bisher keine sehr gute Figur gemacht, doch entweder er oder Irvine muß beim Team mit Sauerstoff dabeisein.[5]

Vor Erreichen des Basislagers mußte die Zusammensetzung jedoch zumindest angesprochen werden, und als die Gruppe am 24. April Shekar Dzong erreichte, war die Angelegenheit bereits geregelt. Wieder schrieb Mallory an Ruth:

Die schwierige Aufgabenverteilung ist nun erledigt. Nach längerer Beratung mit mir verkündete Norton vor zwei Tagen des Ergebnis nach dem Essen. Die Zuweisung der Teilnehmer zu meinem oder Somervells Team hängt von folgendem ab:

(1) Aufgrund der Annahme, daß die Sauerstoffler weniger erschöpft sind und somit den anderen eher helfen können, soll ich Sauerstoff verwenden und für den Abstieg verantwortlich sein.

(2) Wir gehen aufgrund Somervells letztjähriger Leistung davon aus, daß er sich nach einem gaslosen Versuch bald wieder erholen und für einen neuen Versuch verfügbar sein wird.[6]

Der Besteigungsplan sah vor, daß Geoffrey Bruce und Noel Odell Lager V einrichteten, aber keinen Vorstoß zum Gipfel unternahmen. Dann sollten Somervell und Norton einen Versuch ohne Sauerstoff wagen, während Mallory und Irvine mit den Geräten loszogen.

Es ist nicht bekannt, wie sich der erfahrene Odell fühlte, als er einem Team zugeteilt wurde, das nicht am Gipfelsturm beteiligt war, während der beste Bergsteiger plante, Odells unerfahrenen Schützling mitzunehmen. Irvine jedenfalls war über die Aussicht hocherfreut. In sein Tagebuch schrieb er: »Ich bin unglaublich froh, daß ich mit Mallory im ersten Team bin, gleichzeitig wünsche ich mir aber auch, daß es ein Vorstoß ohne Sauerstoff wäre.« Mallory erklärte Ruth am 24. April, warum er Irvine anstelle von Odell mitnahm:

Natürlich muß entweder Irvine oder Odell mit mir zusammen im ersten Team sein. Odell ist für den Sauerstoff verantwortlich, aber Irvine hat die technischen Verbesserungen an den Geräten durchgeführt. Die ursprüngliche Ausrüstung wies zahlreiche Mängel und Lecks auf, und Irvine hat praktisch einen neuen Apparat erfunden, indem er überflüssige Teile und solche, die Probleme verursachen konnten, einfach wegließ. Folglich wird Irvine mich begleiten. Er wird ein außergewöhnlich zuverlässiger Partner sein, außerdem handhabt er das Sauerstoffgerät ebenso geschickt wie den Kocher. Zweifelhaft ist nur, in welchem Maße seine mangelnde Erfahrung als Bergsteiger hinderlich sein wird. Ich hoffe, der Fels wird einfach genug sein.[7]

Die Idee, mit Irvine als Partner einen Vorstoß zu wagen, war Mallory während der Überfahrt von England gekommen, als er fasziniert zusah, wie Irvine die Ausrüstung auf Vordermann brachte. Mallory war bereits fest entschlossen, zumindest einen Versuch mit Sauerstoff zu unternehmen, und Irvines Tüchtigkeit sowie seine jugendliche Kraft und Energie erschienen ihm als eine unwiderstehliche Kombination. Am 17. März hatte Mallory seiner Schwester Mary geschrieben:

Irvine versteht sich hervorragend auf mechanische Dinge und machte einige kritische Anmerkungen. Gewiß ist die Wahrscheinlichkeit hoch, daß sie [die Sauerstoffgeräte] bei ihrem Einsatz versagen oder kaputtgehen. Uns ging heute eine Hochdruckröhre zu Bruch, die eigentlich jeder Belastung standhalten sollte, nur weil wir sie zurück in die Transportkiste packten. Dennoch rechne ich damit, daß wir die Geräte verwenden werden, da wir bei dem gleichen Gewicht 50 Prozent mehr Sauerstoff tragen können als voriges Jahr. Norton wollte ohne Sauerstoff unbedingt auf 7900 Meter kommen, aber wir müssen unser Lager in noch größerer Höhe aufschlagen, wenn wir eine Chance haben wollen. Jedenfalls müssen wir es diesmal schaffen; und wenn wir darauf warten und in aller Ruhe unsere Vorbereitungen treffen, anstatt bei der ersten Gelegenheit loszupreschen, werden meiner Ansicht nach einige von uns den Gipfel erreichen ... Ich wünschte, Irvine hätte eine Saison in den Alpen mitgemacht.[8]

So beiläufig die Bemerkung auch gewesen sein mag, sie ist doch deutlich: Mallory rechnete zu der Zeit bereits damit, zusammen mit Irvine einen Versuch zu wagen. Die Schnelligkeit, mit der er diesen Entschluß faßte, ist sehr ungewöhnlich. Er war Irvine gerade erst begegnet, war mit ihm noch nie in den Bergen gewesen, und dennoch zog er ihn gegenüber den anderen, erfahreneren, aber auch älteren Kameraden vor. Seine Bekehrung zur Verwendung von Sauerstoff kommt in einem Brief an Longstaff zum Ausdruck, den er am nächsten Tag verfaßte:

Wir werden ein gutes Team bilden. Gott weiß, was wir zuerst tun werden, doch davon hängt alles ab. Ich bin völlig gegen einen Versuch ohne Sauerstoff über 7900 Meter – dadurch wären drei oder vier der Besten völlig erledigt und könnten von Glück sagen, wenn sie vernünftig genug wären, rechtzeitig umzukehren ... Ich bin auch gegen schlecht vorbereitete Eilvorstöße. Diesmal geht es um alles oder nichts, wir wollen keine Höhenrekorde mehr brechen, bis wir den Gipfel erreicht haben; und die einzige Chance hierfür liegt darin, so hoch oben wie möglich loszugehen ...

Derzeit sehe ich unsere erste Aufgabe darin, von [Lager] IV einen starken Erkundungsgang mit Sauerstoff zu starten, die beste Stelle für ein Lager auszuwählen und es einzurichten ...[9]

Mallory war inzwischen davon überzeugt, daß Versuche mit leichter Ausrüstung, die einen schnellen Aufstieg und Rückzug ermöglichen sollten, auf dem Everest nicht funktionierten. Leichtes Gepäck – also ohne Sauerstoffgerät – garantiert dem Bergsteiger keinen zügigeren Aufstieg, auch wenn man das vielleicht erwarten würde. Finch hatte das Gegenteil bewiesen. Nur mit der schweren Last der Sauerstoffflaschen kamen die Bergsteiger rasch voran. Wollte man Sauerstoff verwenden, so mußte dieser jedoch vorher in die Hochlager transportiert und dort Vorräte angelegt werden. Diese Aufgabe fiel Männern zu, die in der Lage waren, in die Nähe des Gipfels zu gelangen, ihn dann aber nicht besteigen durften. Eine Umkehr zu einem Zeitpunkt, an dem ein weiteres Vorwärtskommen noch möglich ist, geht jedem Bergsteiger gegen den Strich. Jeder hegt den Wunsch, den Gipfel zu erreichen. Mallory erkannte, daß sich »einige arme Hunde« als Träger für große Höhen opfern mußten und nur diese Aufgabe zu erfüllen hatten. Das war hart, aber unvermeidlich – allerdings nicht für Mallory, denn er gehörte zur Gipfelgruppe:

> Es ist sehr schwer, die Rollen so zu verteilen, daß jeder den seiner Leistungsfähigkeit und seinen Wünschen entsprechenden Platz im Besteigungsversuch erhält. Deshalb darf ich mich nicht über meine Aufgabe beklagen. Das Team ohne Sauerstoff erlebt das größere Abenteuer, und es war immer mein Lieblingsplan, den Berg ohne Sauerstoff zu erobern und dabei zwei Lager oberhalb des Chang La [Nordsattels] zu benutzen. Daher bin ich natürlich etwas enttäuscht, daß ich zum anderen Team gehöre. Aber die Besteigung des Berges ist die Hauptsache. Ich habe den Plan entworfen, und mein Anteil ist interessant. Womöglich habe ich sogar die beste Aussicht, zum Gipfel zu gelangen. Ich will mir kaum vorstellen, daß ich mit diesem Plan *nicht* hinaufkomme; es ist unmöglich, sich in die Rolle des Besiegten hineinzudenken. Und ich bin zuversichtlich, daß es auch das Team ohne Sauerstoff zur Spitze schafft. Wir müssen zu viert oben stehen, das muß doch möglich sein. Wir wollen bei Mondlicht aufbrechen, wenn der Morgen windstill ist. Bleibt uns das Glück hold, können wir den Berg erstiegen haben, ehe der Wind gefährlich wird.[10]

Diese Form des Bergsteigens – die Errichtung einer Kette von Lagern und Vorratsdepots ohne einen Gipfelversuch, bis alles an Ort und Stelle ist – wird als Belagerungstaktik oder Himalaja-Stil bezeichnet. Heutzutage wird der Begriff oft abwertend verwendet, da der Trend zu kleineren Gruppen und einer leichtgewichtigen Alpintaktik geht. Doch nach wie vor ist diese Methode eine logische Vorgehensweise bei der Besteigung eines sehr hohen Berges, vor allem wenn zahlreiche Bergsteiger beteiligt sind und Träger in genügender Anzahl zur Verfügung stehen. Sie bietet einen besseren Schutz vor unerwarteten Verzögerungen und Wetterveränderungen, hat aber aufgrund der längeren Dauer den Nachteil, daß mehr Bergsteiger über längere Zeit einem größeren Risiko ausgesetzt sind.

Mallory hatte gründlich überlegt, wieviel Sauerstoff die Gruppe brauchen würde, und meinte in seinem Brief an Longstaff:

Übrigens – die Frage kam mir erst gestern, obwohl ich schon früher daran gedacht haben muß, als mir alles noch frisch in Erinnerung war: Wie hoch kam Finch Ihren Berechnungen zufolge pro Stunde an diesem letzten Tag in der Höhe? Ich hörte, daß sie um 6.30 Uhr aufbrachen und bis Mittag 530 Meter schafften (von 7770 auf 8300 Meter), nicht mehr, und komme daher bei einer Gehzeit von viereinhalb Stunden auf eine Anstiegsgeschwindigkeit von maximal 122 Metern in der Stunde. Aber Norton rechnet mit 182 Metern. Die Frage ist sehr wichtig, denn nach meiner Berechnung werden Sauerstoffflaschen für eine Gruppe ausgelegt, die bei 7925 Metern startet. Hoffentlich finde ich das Buch in Darjeeling und kann darin nachschlagen.[11]

Die Berechnung der Anstiegsgeschwindigkeit mit oder ohne Sauerstoff war sehr verworren. Andernfalls hätte es kaum Einwände gegen die Verwendung von Sauerstoff geben dürfen, denn das eigentliche Ziel war die Besteigung des Everest mit allen zur Verfügung stehenden Mitteln. Doch Mallory berechnete das Aufstiegstempo von Finch mit 122 Metern in der Stunde, Norton mit 182 Metern, und Finch selbst, der es wissen mußte, gab an, daß er von Lager IV zu Lager V 305 Meter in der Stunde zurücklegte und oberhalb von Lager V 275 Meter in der Stunde! Dieses pathologische Verwirrspiel währt bis heute.

Während der Durchquerung Tibets arbeitete Irvine hart an der Verbesserung der vorhandenen Sauerstoffgeräte. Odell schrieb in Shekar Dzong einen ausführlichen Bericht, in dem er mitteilte, daß alle elf Geräte leck waren. Auch 38 Sauerstoffflaschen waren mehr oder weniger undicht, obwohl man sie in Kalkutta überprüft und wenn nötig ersetzt hatte. Neun Tragegestelle waren defekt. Mit großer Mühe gelang es Irvine, fünf der Geräte wieder für einen sicheren Gebrauch herzurichten, doch nur an vier davon konnte er Notfallventile anbringen. Seine Geschicklichkeit beeindruckte jeden. Irvine brachte die Sauerstoffflaschen umgekehrt an und entfernte einige empfindliche Ventile und Hähne. Dadurch konnte er rund zwei Kilogramm an Gewicht einsparen, außerdem wurde das Gerät »wesentlich zuverlässiger und handlicher«, wie Mallory Ruth am 24. April berichtete. Am selben Abend prüften vier Expeditionsteilnehmer Irvines »Mark-V-Gerät« anderthalb Stunden lang und stiegen damit den losen Schutthang zum Dzong hinauf. Mallory:

Ich stellte erfreut fest, daß ich es mühelos bergauf tragen konnte, selbst wenn ich keinen Sauerstoff verwendete; besser ging es natürlich mit Sauerstoff. An Steilhängen, an denen man klettern muß, ist die Last sehr hinderlich, und in dieser Höhe bewegt man sich besser ohne. Das Gesamtgewicht beträgt etwas weniger als 14 Kilogramm. Vorne hat man kein hinderliches Gestänge, ich habe den Eindruck, daß sich die Last gut handhaben läßt.[12]

Die Mannschaft erreichte am 27. April das Rongbuk-Tal, zog am nächsten Tag am Kloster vorbei und traf einen Tag später im Basislager ein.

»Am 29. April. Schrecklicher Morgen. Leichtes Schneetreiben, sehr kalt, fühlt sich sehr mies an.«[13] So beginnt Andrew Irvines Tagebucheintrag für den ersten Morgen im Basislager. Die Ankunft der zehn Sahibs und ihrer Armee von über 200 Trägern und Sherpas kennzeichnete zugleich einen Wechsel im Transportsystem: Von nun an wurde die Ausrüstung nicht mehr von Lasttieren, sondern von menschlichen Trägern befördert. Für die dritte britische Everest-Expedition begann mit dem Erreichen des Basislagers eine lange Belagerung, die mit großen Hoffnungen verbunden war und schließlich in einer Tragödie endete, die bei Generationen von Bergsteigern Widerhall finden sollte.

Das Rongbuk-Tal ist eine karge, enge Rinne, die in Äonen vom Rongbuk-Gletscher geschaffen wurde, der wiederum vom Schnee auf der riesigen Nordwand des Everest gespeist wird. Das große Rongbuk-Kloster liegt etwa in der Mitte des Tales auf einer Höhe von 5000 Meter und ist ungefähr 25 Kilometer vom Everest entfernt. Bis zu seiner Zerstörung durch die Roten Garden während der Kulturrevolution beherbergte das Kloster 20 Lamas und mehrere hundert buddhistische Mönche. Die britischen Bergsteiger errichteten ihr Basislager mehrere Kilometer talaufwärts vom Kloster mit direktem Blick auf die Nordseite des Everest. In der klaren, dünnen Luft schien der Berg zum Greifen nahe, doch das Lager befand sich immer noch 19 Kilometer vom Fuß des Everest entfernt.

Norton begann sofort mit der Organisation des Aufstiegs. Bevor sich ein Kletterteam auf den Weg zum Gipfel machen konnte, mußten mehrere Tonnen Lebensmittel und Ausrüstung den langen Anstieg zum Rongbuk- und East-Rongbuk-Gletscher hinauftransportiert werden. Dieser Weg hinauf zu Lager III, das auf 6400 Metern unterhalb der steilen Hänge des Nordsattels angelegt war, wurde schon bald als *Via dolorosa* bekannt. Lager III lag normalerweise geschützt vor den ständigen Westwinden und war damit ein idealer Ausgangspunkt für die eigentliche Besteigung des Berges. Bis dorthin war es nur ein langer Marsch bergauf, doch dann folgte der tückische Aufstieg über die steile Flanke des Sattels hinauf zum Lager IV. Die Frage, wie die erhebliche Menge an Vorräten und Ausrüstungsgegenständen rechtzeitig zum Fuß des Berges transportiert werden sollte, damit die Bergsteiger ihre Versuche auf den Gipfel vor dem Einsetzen des Sommermonsuns starten konnten, hatte auf dem Anmarsch alle stark beschäftigt. Norton machte den Monsun von 1922, der am 1. Juni eingesetzt hatte, zur Grundlage seiner Berechnungen und war daher fest entschlossen, Lager III so einzurichten und auszustatten, daß am 17. Mai ein Vorstoß auf den Gipfel unternommen werden konnte.

Mallory war für den ersten Transport zum Lager III verantwortlich und sorgte dafür, daß anstelle von zusätzlichen Lebensmitteln oder Ausrüstungsgegenständen vor allem zuerst die Sauerstoffflaschen eingepackt wurden. Vielleicht befürchtete er, daß der Sauerstoff sonst gar nicht mitgenommen werden würde. Der Lastentransport zum Lager III entwickelte sich schon bald zu einer mittleren Katastrophe. Mallory erreichte das Lager mit der ersten Gruppe der Träger sicher am 5. Mai, doch die zweite Gruppe, die eigentlich am nächsten Tag mit Lebensmitteln und zusätzlichen Schlafsäcken für beide Gruppen eintreffen sollte, geriet in einen Schneesturm, kurz nachdem sie Lager II verlassen hatte. Mallory kam den Trägern von Lager III auf halbem Wege entgegen, um sie auf der restlichen Strecke zu führen, doch ohne Erfolg. Die Träger konnten in dem starken Sturm nicht weiter, und Mallory mußte sie ihre Lasten kurz vor dem Hochlager abwerfen lassen. Die Nacht war ungewöhnlich kalt. In Lager III gab es nur wenige Lebensmittel und kein ausreichendes Bettzeug für die Träger. Hinzu kam, daß die meisten bereits an der Höhenkrankheit litten.

Gegen Morgen waren die Träger in schlechter Verfassung, die meisten waren viel zu krank, um Lasten zu tragen, und viele mußten sich übergeben. Mallory blieb keine andere Wahl, als alle in Lager II hinunterzuschicken. Er begleitete sie ein Stück, kehrte dann aber wieder um und führte eine andere kleine Gruppe beladener Träger nach oben. Auch diese Männer waren völlig erschöpft. Mallory und Irvine packten sie in die Zelte, verteilten unter ihnen die Schlafsäcke für die Höhenlager und setzten einen Primuskocher in Gang. Die Temperatur blieb bei null Grad, und auch der starke Wind ließ nicht nach.

Man könnte nun leicht Mallory die Verantwortung für die

schlechte Ausstattung der Lager II und III zuschieben. Tatsächlich aber gehörte es zu Nortons Plan, daß viele Träger als Lastenkette unterwegs waren. Genau wie die Entscheidung, zwei Gruppen gleichzeitig zum Gipfel zu schicken – Mallorys »Geistesblitz« – ließ auch der Belegungsplan keinerlei Spielraum für Fehler oder schlechtes Wetter. Der Expeditionsbericht von Geoffrey Bruce erweckt den Eindruck, als mache man Mallory für die Auswirkungen des Sturmes verantwortlich, auch wenn das natürlich völlig ungerechtfertigt ist:

Wir [Bruce und die Ersatzträger] kamen am 8. Mai ins Lager II. Die Zelte standen wie vor zwei Jahren neben dem gefrorenen See, der auf der tiefer gelegenen Seite von glitzernden Eiswänden eingerahmt wurde. Das Lager war vollständig besetzt, obgleich wir nur einen Koch und einen oder zwei Träger anzutreffen erwarteten. Auf der Strecke hatte es einen Zusammenbruch gegeben, der zweifellos zu einer Massenflucht ausgeartet wäre, hätte sich Norton nicht zufällig im entscheidenden Augenblick eingefunden, die Träger auf den Beinen gehalten und ermutigt. Er berichtete mir, was in den vergangenen beiden Tagen geschehen war.
Er und Somervell waren am 7. Mai ohne Zwischenfall im Lager II eingetroffen. Dort aber hörten sie, daß die in diesem Lager stationierte zweite Trägergruppe in ein fürchterliches Unwetter geraten war. Es war so schlimm, daß Mallory die Lasten knapp zwei Kilometer vor Lager III auf dem Gletscher abwerfen ließ und die Leute zurückschickte. Am selben Nachmittag kamen zwischen 16 und 18 Uhr einige völlig erschöpfte Träger aus der Richtung des Lagers III vom Gletscher herunter. Diese Männer gehörten zur ersten Gruppe, die zwei Tage zuvor schwerbeladen zum Lager aufgebrochen war. Seitdem hatten sie aufgrund des Sturms ihre Zelte in Lager III nicht mehr verlassen können, obwohl sie dort nur eine Decke für jeden und etwas ungekochte Gerste vorfanden. Schließlich hielten sie es nicht mehr länger aus und traten völlig erschöpft den Rückzug an.[14]

Der Schneesturm hielt unvermindert an. Bergsteiger und Träger kauerten sich in ihren Zelten zusammen, deren Innenseite mit feinem Reif bedeckt war, der überall durchdrang. Es war nicht auszuhalten. Norton berief die entmutigten Bergsteiger wieder vom Berg ab und zog mit ihnen die ganzen 19 Kilometer zum Basislager beim Rongbuk-Kloster hinunter. Eine Pause war dringend notwendig, wenn die Expedition sich weiterhin Hoffnung auf einen Vorstoß zum Gipfel machen wollte. Irvine berichtet von der Zusammenkunft der ganzen Gruppe im Basislager am 11. Mai. Offensichtlich verlieh ein Umtrunk mit Champagner seinem sonst so sachlichen Stil einen gewissen Schwung:

George [Mallory], ich und Noel kamen im Basislager an und hörten, daß Hingston gerade eingetroffen sei. Er war bester Laune, da der General fast wiederhergestellt ist. Wir hatten ein sehr amüsantes Abendessen mit mehreren Flaschen Champagner. Eine sehr schmutzige und ungepflegte Tischgesellschaft: Hingston sauber rasiert und wie aus dem Ei gepellt; ihm gegenüber Shebbeare mit dem Gesicht eines Schurken und einer umgedrehten Kapuzenmütze auf dem Hinterkopf. Hazard mit Fliegermütze und stoppeligem Kinn, das noch mehr als sonst vorsprang. Beetham rund und schwarz. Er saß die meiste Zeit schweigend da und sah aus wie eine Mischung aus Judas Ischariot und einem Apfel im Schlafrock. George hatte einen sehr niedrigen Stuhl, daher reichte nur sein Stoffhut über die Tischkante, in dem auf der einen Seite eine riesige Sicherheitsnadel steckte und der völlig mit Kerzenwachs bedeckt war. Noel hatte sich wie üblich zurückgelehnt, das Kinn auf der Brust und einen Stoffhut tief über die Augen gezogen, so daß nur sein Grinsen zu sehen war. Alle waren sehr glücklich darüber, wieder in einem christlichen Essenszelt zu sitzen und ein anständiges Essen zu bekommen.[15]

Während der Zwangspause mußte jeder Bergsteiger die Anspannung abbauen, ständig auf die scheinbar bösartigen Attakken des Berges zu reagieren, der jeden Zugang zu seinen Flanken abwehrte. Nun konnten die Männer ihre Gedanken ordnen, Briefe schreiben oder einfach faulenzen und darauf warten, daß die Kräfte langsam wiederkehrten. Die freie Zeit ließ die Expeditionsteilnehmer jedoch auch den ungeheuren Druck spüren, unter dem sie standen, und das Gefühl, die besten Gelegenheiten verstreichen zu lassen.

Irvine verbrachte einen Großteil der unfreiwilligen Ruhepause wie üblich damit, kleinere Reparaturen für die anderen auszuführen; er richtete Noels Kamera wieder her, bastelte an den Sauerstoffgeräten und unterrichtete die Träger in der Handhabung der Primuskocher. Mallory war unruhig und konnte nicht stillsitzen. Er ging mit Somervell und Odell klettern, doch seine Gedanken kreisten um höhere Regionen als die Wände des Rongbuk-Tales. Von dem Willen beseelt, den Gipfel zu erreichen, verbrachte er einen Großteil der Zeit mit der Ausarbeitung neuer Pläne für die Verteilung der Träger und der Kletterteams auf dem Berg.

Mallory wollte den ursprünglichen Zeitplan so verschieben, daß der Gipfelversuch von Lager VI und Lager VII aus an Himmelfahrt, also am 29. Mai, stattfinden sollte. »Er schien sich unbehaglich zu fühlen, plante und grübelte ständig«, schrieb John Noel, der Mallory eingeladen hatte, im Basislager in seinem Zelt zu wohnen.[16] Als eine Woche vergangen war und die Gruppe immer noch keinen Angriff auf den Berg wagen konnte, verstärkte sich bei Mallory das Gefühl, Zeit zu verschwenden. Heute weiß man, daß nach einem ersten Aufenthalt in großer Höhe eine Ruhepause in tieferen Gefilden die *ideale* Methode zur Akklimatisierung ist. Nortons Anordnung zum Rückzug war im nachhinein betrachtet eine glückliche Fügung, denn dadurch erreichten die Bergsteiger eine Leistungsfähigkeit auf dem Berg, die erst 1978 von Reinhold Messner und Peter Habeler bei der Erstbesteigung des Mount Everest ohne Sauerstoff übertroffen wurde. Doch damals wußten die Expeditionsteilnehmer nicht einmal mit Gewißheit, ob der Mensch in diesen bisher unerreichten Höhen überleben konnte. Angesichts des Monsuns, der den ganzen Berg mit einer unpassierbaren Schneeschicht zu überziehen drohte, wurden sie zunehmend pessimistischer und gaben sich schon fast geschlagen, bevor sie überhaupt richtig begonnen hatten.

Die Träger waren von der kalten, elenden Woche auf dem Gletscher immer noch demoralisiert. Einige hatten sich Lungenentzündungen zugezogen, einer hatte sich das Bein gebrochen, bei einem anderen waren die Füße bis zu den Knöcheln erfroren, und bei einem Unteroffizier der Gurkhas bestand Verdacht auf ein Blutgerinnsel im Gehirn. Diese beiden hätten nur in einem Krankenhaus gerettet werden können, so starben sie innerhalb weniger Tage. Trotz der heißen Bäder und der Champagnerdinner war die Stimmung im Basislager in der Woche des 12. Mai düster und sorgenvoll.

Die Bergsteiger hielten sich in diesem Jahr für schwächer als bei der vorherigen Expedition. Somervell schrieb seinen Zustand der strapaziösen Woche zu, die er mit den anderen abgeschnitten im Lager III verbracht hatte. Mallory war überzeugt, daß Somervell und Norton in schlechterer Verfassung waren als 1922, und hatte das Gefühl, er selbst sei »der Stärkste von allen mit den größten Chancen, zum Gipfel zu kommen, mit oder ohne Sauerstoff«.[17] Diese Auffassung muß auch Norton geteilt haben, der nie länger als einen Tag ohne Mallorys Gesellschaft war. Beetham hatte seit der Abreise aus Indien mit gesundheitlichen Problemen zu kämpfen. Zuerst litt er lange an der Ruhr und wurde dann vom Ischias behindert. Es war zweifelhaft, ob er überhaupt zum Gelingen der Expedition beitragen konnte, obwohl man doch anfangs so große Hoffnungen in ihn gesetzt hatte. Hazard hielt sich meist abseits. Mallory beschrieb ihn Ruth als »das einzige Problem« und fügte hinzu: »Er und Beetham mögen sich nicht.«[18] Die traurige Wahrheit war, daß keiner viel für Hazard übrighatte – nur Odell kam überhaupt mit ihm aus. Somervell zufolge hatte Hazard »eine psychologische Mauer um sich errichtet, hinter der er lebt. Gelegentlich bricht ein ›Gott, ist das herrlich!‹ aus ihm heraus, denn hinter seiner Mauer genießt er jede Sekunde dieser Tibetreise, sogar die Unannehmlichkeiten. Dann schließt sich der Panzer wieder und läßt nichts durch.«[19] Geoffrey Bruce hatte zwar eigentlich die Aufgabe, die Träger zu beaufsichtigen, würde aber vermutlich auch in diesem Jahr wieder den Part eines Bergsteigers übernehmen, wenn es seine körperliche Verfassung zuließ. Er besaß die stärkste Persönlichkeit im Lager und war nach Somervells Ansicht der wichtigste Teilnehmer der ganzen Expedition:

Manche Menschen wissen instinktiv, was getan werden muß, andere verfügen über die Fähigkeit, ihren Mitmenschen zu sagen, was getan werden muß. Geoffrey gehört zu den wenigen, die ich kenne, die beide Fähigkeiten vereinen. Er weiß genau, wie er aus den Trägern das Beste herausholen kann, und ist dabei streng, aber freundlich.[20]

Bruce war eng mit Norton befreundet und übte bei Entscheidungen beträchtlichen Einfluß aus. Angesichts seiner Effizienz und seines militärischen Ordnungssinns nimmt es nicht wunder, daß er Mallory oft für unsystematisch hielt. Er machte aus seiner Verachtung für eine chaotische Organisation keinen Hehl, wie sein Bericht über das Fiasko bei der Einrichtung von Lager III zeigt. Als Überraschung der Expedition erwies sich der junge Irvine, der grüne Junge (wieder Somervell), der sich »weder auf seine Unschuld etwas einbildete noch von unserem Alter beeindrucken ließ. Sanft, aber stark mit gesundem Menschenverstand … Er ist durch und durch ein Mann (oder Junge) von Welt, dennoch mit hohen Idealen, und sehr anständig im Umgang mit den Trägern.« In Mallorys Augen zeigte Irvine mehr Siegeswillen als die anderen neuen Teilnehmer, gleichzeitig machte sich der ältere Kamerad auch Sorgen, daß »Härten ihn etwas heftiger treffen«. Würde er es lernen, sich zu zügeln? fragte er sich, und seine Energie auf leichterem Terrain nicht voreilig vergeuden?

Was ging Mallory in jener Woche der unfreiwilligen Ruhepause durch den Kopf, während der er im Basislager festsaß und jeden Abend den Mount Everest gelassen in der Ferne thronen sah? Auf ihm ruhten die Hoffnungen, und er war sich der verantwortungsvollen Bürde durchaus bewußt. Er war mit der Aufgabe betraut worden, den Gipfel zu erreichen. Mit fast 38 Jahren erwartete er nach dieser Expedition keine weitere Chance mehr. Der Gedanke an eine Niederlage war fast unerträglich, denn sie bedeutete nicht nur, daß er – wie er es mittlerweile sah – die einzige Möglichkeit, seinem Leben Bedeutung zu verleihen, vertan hatte, sondern auch, daß er die Erwartungen, die andere in ihn gesetzt hatten, nicht erfüllte. Bei seinen Vorträgen hatte er sich sehr weit vorgewagt und den Studenten in Harvard versichert, der Mount Everest suche die Herausforderung, daher gebe es schon bald eine andere Geschichte zu erzählen.[21]

»17. Mai«, lautet der Eintrag in Andrew Irvines Tagebuch. »Heute ist eigentlich der Tag, der für den Vorstoß zum Gipfel vorgesehen war. Bis 11 Uhr nicht ein Wölkchen am Himmel. Perfekter Tag, kein Wind in der Frühe. Wie schade!«[22] Statt dessen war der 17. Mai der Tag, an dem die Expeditionsteilnehmer für einen erneuten Versuch noch einmal den Gletscher bestiegen. Am Abend des 19. Mai wurde das Lager III ein weiteres Mal belegt.

Den Nordsattel erreicht man über mehrere sanft geneigte Terrassen, doch diese einfache Route täuscht unerfahrene Bergsteiger, was regelmäßig katastrophale Folgen hat. Mallory bemerkte bei seinem Abstieg vom Nordsattel 1921 eine Lawine, die viereinhalb Meter unterhalb des Pfades, den die Gruppe beim Aufstieg gegangen war, losgebrochen war. Er analysierte diesen verhängnisvollen Vorfall ausführlich im Expeditionsbericht und schätzte die täuschend harmlos wirkenden Schneeverhältnisse am Osthang des Sattels richtig ein.[23] Doch die Warnung genügte nicht: Im Jahr 1922 löste sich an dieser Stelle bei der Durchquerung einer tiefen Mulde in diagonaler Richtung eine Lawine, die Mallory und seine Gruppe den Abhang hinunterriß und sieben Träger tötete. Der direkte Weg nach oben über den steilen Hang ist wesentlich sicherer als der einfachere Zickzackkurs. Die Arbeit ist hart und scheint endlos, doch wird auf diese Weise eine horizontale Spur vermieden, die eine Lawine auslösen kann.

Mallory und Norton entschieden sich für eine Linie rechts, also nördlich von dem Weg, der 1922 gegangen worden war, und begannen mit dem Stufenschlagen. Odell und ein Sherpa namens Lhakpa Tsering folgten ihnen. Die Route umfaßte auch den Durchstieg eines engen Eiskamins, bei dem Mallory mit der, wie Norton schrieb, »ihm eigentümlichen Sicherheit und Gewandtheit« voranging. Weiter oben blieb der Gruppe allerdings keine andere Möglichkeit, als einen Steilhang zu queren, wenn sie den geschützten Sims erreichen wollte, der erneut das Lager IV aufnehmen sollte. Im Expeditionsbericht beschrieb Norton diesen Abschnitt:

Wir beide hatten unangenehme Erinnerungen an die Überschreitung dieser steilen Stelle, die sich in den letzten zwei Jahren kaum verändert hatte. Damals lag tiefer Neuschnee, und wir erwarteten jeden Augenblick das Abrutschen der Schneeschicht, die uns in die Tiefe gerissen hätte. Für Mallory verband sich damit die Erinnerung an einen schlimmeren Vorfall, denn als er und seine Gefährten den Nordsattel im Jahre 1921 erstmalig erreichten, entledigte sich dieser Hang seiner Schneelast in der Pause zwischen Anstieg und ihrem Abstieg eine Stunde später.

Mallory spürte wie üblich, wenn er gebraucht wurde, und bestand darauf, sich wieder an die Spitze zu stellen. Wir kamen überein, daß es das beste sei, möglichst vertikal hochzusteigen und erst dort nach links abzubiegen, wo die Neigung in die flache Lagerterrasse überzugehen begann.[24]

Die Gruppe erreichte den Lagerplatz und ließ ihre Lasten fallen. Mallory wollte sich nicht zufriedengeben, ehe er das fehlende Wegstück bis zur eigentlichen Paßhöhe ausgekundschaftet hatte, und Odell erbot sich sofort, ihm den Weg zu spu-

ren. Norton dagegen verspürte keinerlei Neigung, weiterzugehen:

Ich entdeckte die dringende Notwendigkeit, Sicherungs-
pflöcke für ein Fixseil in den Firn zu schlagen, das an der
steilsten Stelle zu unseren Stufen hinunterhängen sollte –
eine Arbeit, für die ich etwa zehn Minuten brauchte. Die beiden anderen hatten eine gute Stunde zu tun. Mallory sah
sehr erschöpft aus, als sie zurückkamen, denn ihm war der
Löwenanteil der heutigen Tagesarbeit zugefallen. Zwischen
dem Joch und dem Lager IV liegt ein Firnbruch mit halbver-
deckten Spalten, eine schwere, nahezu grausame Arbeit für
einen erschöpften Mann.[25]

Norton wollte nicht lange im Lager auf dem Nordsattel bleiben,
daher trat die Gruppe um 15.45 Uhr den Abstieg an, »über den
wir lieber schweigen wollen, denn er bestand aus einer Reihe
von Rutschen und Stürzen auf dem alten Weg von 1922. Oft
traten wir in Spalten. Die ungeschminkte Erklärung für dieses
Verhalten heißt Unvorsichtigkeit.«[26]

Ausrutscher und Stürze! Unbemerkt von den anderen fiel
Mallory beim Versuch, eine andere Route zu finden, in eine
drei Meter tiefe Gletscherspalte und konnte einen tieferen
Fall nur verhindern, weil er instinktiv seinen Eispickel in die
Wand rammte. Unter ihm war ein unerfreuliches schwarzes
Loch, »oben ein weiteres, runderes Loch, das ein Stück blauen
Himmels zeigte«. Er rief um Hilfe, weil er fürchtete, daß er,
wenn er sich bewegte, durch herabstürzende Schneemassen in
die Tiefe gerissen werden würde. Doch die anderen waren zu
weit entfernt und hörten seine Rufe nicht. Mallory blieb daher keine andere Möglichkeit, als sich vorsichtig selbst zu
befreien. Als er sich schließlich erschöpft durch ein Loch
zwängte, das er in die Seite der Spalte gegraben hatte, stellte er
fest, daß er sich auf der falschen Seite befand. Er mußte noch
einmal die gefährliche Stelle passieren. Also schnitt er, um die
Gefahr zu vermeiden, Stufen in einen »hämischen, sehr harten

Eishang«, doch diese Anstrengung war nach einem so harten Tag fast zuviel für ihn.

Irvine berichtet, daß Norton beim Abstieg »außer Kontrolle« ausglitt, Odell erzählt, daß Lhakpa Tsering sich mit einem Kreuzknoten angeseilt habe, der sich beim ersten Abrutscher prompt löste. Der Träger wurde »nur durch einen großen weichen Schneefleck vor den tödlichen Folgen bewahrt«.[27]

Jeder dieser Unfälle hätte tödlich enden können. Nach all den Protesten und Überlegungen, daß die Route von 1922 unbedingt vermieden werden müsse, benutzten die Bergsteiger in ihrem erschöpften Zustand diesen fatalerweise leichteren Weg beim Abstieg dennoch. Vielleicht hatten sie keine andere Wahl. Möglicherweise besaßen sie nicht mehr genug Reserven, um über die sicherere, aber deutlich anstrengendere Route zurückzukehren, die sie zuvor gespurt hatten. Sie konnten nur auf ihr Glück vertrauen und hoffen, daß sich auf der einfacheren Route keine Lawine lösen würde. Für Bergsteiger liegen Sicherheit und Katastrophen eng beisammen, nur eine dünne Linie trennt sie voneinander. Die Teilnehmer der Everest-Expedition kamen sehr oft in die Nähe dieser Linie und überschritten sie auch gelegentlich.

Die Rückkehr in die Sicherheit des Lagers III war ebenfalls kein Genuß. Norton beschreibt die Annehmlichkeiten seines Zuhauses:

Das Lager III war wirklich ein Ort des Grauens. Die Steine der Moräne, die 1922 Sonnenwärme ausgestrahlt hatten, waren jetzt immer mit Neuschnee bedeckt. Das Rinnsal aus Schmelzwasser war gefroren, daher mußte das ganze Trinkwasser über einem Primuskocher geschmolzen werden (ich verkneife mir die übliche Anspielung auf das Waschen!). Niemals konnten wir im Freien essen. Besonders verhaßt war die Abendmahlzeit, wenn das Lager im kalten Schatten lag und die Füße sich wie Steine anfühlten. Wir bemühten uns, eine Andeutung gesellschaftlicher Sitten aufrechtzuerhalten, indem wir uns zum Essen in einem leeren Zelt versammelten. Diesmal hatten wir einen richtiggehenden Koch im Lager III. Drei von unseren vier Köchen lösten sich in den Lagern I, II und III ab. Mit Abscheu denke ich an viele jener Mahlzeiten zurück, trotz voller Würdigung der großen Schwierigkeiten, mit denen die Kocherei verbunden war. Das Wasser siedet hier schon, wenn man noch den Finger hineinstecken kann. Der lauwarme Tee schmeckt schlecht, auch wenn zufälligerweise kein Petroleum oder Hammelfleisch mit Gemüse von gestern abend darinnen ist.[28]

»Der arme Kantscha [einer der Köche] starb daheim an Wurstvergiftung wenige Tage nach unserer Ankunft in Darjeeling«, fügte Norton noch nachträglich hinzu.

Bevor sich die Teilnehmer abends in ihre Zelte zurückzogen, die Namen von Schlössern wie »Balmoral« und »Sandringham«, trugen, stellte sich jeder auf einen flachen Stein und vollführte zehn Minuten lang gymnastische Übungen, um warm zu werden.

Am nächsten Morgen führten Somervell, Irvine und Hazard zwölf Träger zum Nordsattel hinauf. Dem Platz zufolge sollte Hazard mit den Trägern in Lager IV bleiben, während Somervell und Irvine zu Lager III zurückkehrten, um sich dort auf ihre späteren Vorstöße vorzubereiten. Odell und Bruce würden einen Tag später zum Nordsattel hinaufsteigen, dort übernachten und dann die zwölf Träger zum Nordgrat führen, wo sie Lager V auf 7770 Meter Höhe errichten sollten.

Bergsteiger und Träger brachen bei strahlendem Sonnenschein auf, der aber immer wieder durch Schneefall unterbrochen wurde. Schon bald wurde es ungewöhnlich warm, ein Anzeichen für den heraufziehenden Monsun. Gegen 13 Uhr wurde der Schnee naß und fiel in größeren Flocken. Somervell und Irvine kehrten erst um 18.35 Uhr zurück. Sie hatten die Lasten der Träger mit Seilen den steilen Eiskamin hinaufgezogen, nachdem Hazard die Packen unten festgebunden hatte – eine strapaziöse Arbeit, die mehr als zweieinhalb Stunden dauerte. Da sich das Wetter rapide verschlechterte, ließen Somervell und Irvine die Träger mit Hazard 50 Meter vor Lager IV allein und kehrten um, um es noch rechtzeitig zurück ins Lager III zu schaffen. »Der junge Irvine erwies sich als eine Säule der Kraft und machte ausgiebigen Gebrauch von seinem stämmigen Körper«, schrieb Norton, nachdem er Somervells Schilderung des Tages gehört hatte.[29] Die Anstrengung forderte jedoch ihren Tribut, denn auch Irvine glitt in einem unachtsamen Moment beim Abstieg aus. Doch noch einmal hatte die Gruppe Glück und traf wohlbehalten im Lager III ein.

Der zweite katastrophale Rückschlag der Expedition ließ nicht lange auf sich warten. Am nächsten Morgen, dem 22. Mai, schneite es immer noch stark, so daß Geoffrey Bruce und Odell nicht wie geplant zu Hazard und seinen »nicht allzu fröhlichen« Leuten ins Lager IV aufrücken konnten. In der folgenden Nacht sank das Thermometer auf minus 31 Grad Celsius, was Norton zufolge die tiefste in dieser Gegend gemessene Temperatur war. Der Morgen war bitterkalt, aber wolkenlos, also machten sich Bruce und Odell mit 17 Trägern auf den Weg nach oben. Um 15 Uhr begann es jedoch wieder zu schneien, und sie mußten kurz vor dem Eiskamin umkehren, weil ihnen die Schneeverhältnisse zu unsicher erschienen. Über sich konnten sie Hazard mit seiner Truppe sehen, die ebenfalls zum Lager III zurückkehrten.

Um 17 Uhr stolperte Hazard schließlich erschöpft ins Lager und verkündete die alarmierende Nachricht, daß vier seiner Männer allein in Lager IV festsaßen. Er hatte unerklärlicherweise den Koch allein als Wache zurückgelassen, während er die anderen hinunterführte. Beim lawinengefährdeten Quergang waren drei weitere Träger umgekehrt. Kein Europäer war bei ihnen, und sie hatten nur wenige Lebensmittel. Ein Sack mit Verpflegung für die Träger war in eine Gletscherspalte gefallen. Noch schlimmer war jedoch, daß sich zwei Männer bereits Erfrierungen zugezogen hatten. Die Lage war sehr ernst. Das Wetter verschlechterte sich, doch wenn man die Männer nicht am nächsten Tag herunterbrachte, hatte die Expedition mit Sicherheit weitere Opfer zu beklagen. Norton war fest ent-

schlossen gewesen, daß es diesmal keine Todesfälle geben durfte und daß die Träger die ganze Zeit sicher geleitet werden sollten. Dennoch waren die Ereignisse wieder einmal außer Kontrolle geraten.

Ungeachtet des Wetters mußte am nächsten Morgen ein Versuch zur Rettung der von der Außenwelt abgeschnittenen Männer unternommen werden. Für die Aufgabe brauchte man drei
Männer, und zwar die drei stärksten: Norton, Mallory und
Somervell. Die Anstrengung, die ihnen eine Aktion wie diese
abforderte, machte vielleicht einen weiteren Gipfelversuch
unmöglich, auch wenn sie daran angesichts der Notsituation
sicher nicht dachten. Es schien ohnehin zunehmend unwahr-
scheinlicher, daß sich das Wetter noch einmal bessern würde
und sie ihren Vorstoß zum Gipfel fortsetzen konnten. Mallory
und Somervell litten bereits unter schwerem Höhenhusten,
eine Form der Bronchitis, die durch kalte Luft hervorgerufen
wird.

Weder Norton noch Mallory stuften die Chance, alle Männer
wieder heil zurückzubringen, besonders hoch ein. Nach einem
äußerst schwierigen Manöver stand Somervell am Ende eines
60 Meter langen Seils an der Traverse und ließ die Träger am
gespannten Seil zu Mallory und Norton gehen. In der Aufregung glitten zwei Träger aus und rutschten auf die Eiswand zu.
Nur dank der sich vor ihnen auftürmenden »Bugwelle« aus
Schnee wurde ihre Talfahrt gestoppt. Beide waren vor Schreck
wie gelähmt. In dieser verzweifelten Situation blieb Somervell
nur eins: Er trieb seinen Eispickel tief in den Schnee und band
das Seil daran fest. Allerdings war nun kaum genügend Seil
übrig, um die verängstigten Männer zu erreichen. Um etwas
mehr Spielraum zu haben, löste Somervell das Seil von seiner
Taille und schlang es um sein rechtes Handgelenk. Vorsichtig
ließ er sich dann zu den Männern hinab, wobei er sein ganzes
Gewicht dem dürftig befestigten Pickel anvertraute. Mit der
freien Hand konnte er nun die Männer einen nach dem anderen greifen. Er »zog sie mit einer väterlichen Geste an die Brust,
die eines Abraham wert gewesen wäre«, wie Mallory später

300

schrieb, und führte sie dann am Seil zurück zu den anderen. Doch immer noch mußte die Gruppe den Eiskamin passieren.

Schließlich erreichten sie bei Dunkelheit die Moräne oberhalb von Lager III, wo sie von Noel und Odell mit heißer Suppe in Empfang genommen wurden. Wenn die Schneeverhältnisse an jenem Tag schlechter gewesen wären, meinte Mallory in einem Brief an Ruth, hätten sie sich in einer schlimmen Lage befunden. »Der arme Norton nahm sich die Sache sehr zu Herzen, und dabei war er selber ruhebedürftig.«

Die Rettungsaktion wurde in London zu Recht als größte Heldentat gefeiert, die je auf dem Everest vollbracht worden war. Longstaff gratulierte den drei Männern für den Beweis ihres überragenden Könnens, hielt es aber auch für »äußerst bedauerlich«, daß die Aktion überhaupt notwendig gewesen war. In einem Bericht für eine englische Zeitung fiel sein Lob noch wesentlich überschwenglicher aus: »Da wir gerade davon sprechen, wie man dem Tod mit knapper Not entkommt – diese Männer sprangen ihm direkt von der Schippe! Keiner der drei rechnete damit, die Sache lebend zu überstehen, [daher] konnten sie Geoffrey Bruce nicht mitnehmen, denn seine Ortskenntnisse wurden gebraucht, um die Expedition wieder heil nach Hause zu bringen.«[31]

Mittlerweile war es nur noch eine Woche vor der Zeit, in welcher der Monsun im Jahr 1922 ausgebrochen war. Die Expeditionsteilnehmer konnten zwar darauf hoffen, daß er dieses Jahr später einsetzen würde, dennoch blieb ihnen nur noch erschreckend wenig Zeit für einen richtigen Gipfelvorstoß. Seit einem Monat befanden sie sich nun im Basislager, und seitdem waren sie nicht über den Nordsattel hinausgekommen. Trotzdem erklärte Mallory Ruth: »N[orton] tat recht, indem er uns alle wieder in die Ruhestellung schickte. Es hat keinen Zweck, Geschwächte gegen den Berg anlaufen zu lassen. Die ganze Mannschaft ist in einem ziemlich traurigen Zustand. Wir müssen nun versuchen, uns zu erholen und einen abgekürzten, einfachen Plan durchzuführen. Allein Geoffrey Bruce erfreut sich wohlgenährter Tauglichkeit.«[32]

Ein Kriegsrat wurde einberufen, zu dem sich sieben Teilnehmer der Expedition im Lager I versammelten. Sie erörterten die Möglichkeiten, die ihnen noch blieben. Offensichtlich war es riskant, bei diesen gefährlichen Schneeverhältnissen ganze Heerscharen von Trägern einzusetzen; die beiden Rückschläge und das Lawinenunglück 1922 zeigten das überdeutlich. Als sie die Träger durchgingen, die für die Arbeit bis hinauf zum Nordsattel noch fit genug waren, kamen sie außerdem nur auf 15 von den ursprünglich 55 Sherpas. Die Lage war ernst. Bislang befanden sich im Lager IV erst vier Zelte und Schlafsäcke für zwölf Träger und einen Bergsteiger. Lebensmittel und Brennstoff mußten noch hinaufgebracht werden, außerdem sämtliche Zelte, Vorräte für die höhergelegenen Lager und die Sauerstoffgeräte.

Zumindest nach Nortons Meinung konnte man die Kräfte der Träger am einfachsten schonen, wenn man auf den Sauerstoff verzichtete. Aus moralischen Gründen hatte er die Verwendung von Sauerstoff nie befürwortet und ließ sich daher nicht überzeugen, daß er wirklich etwas nutzte. Als er 1922 angewiesen worden war, ein Sauerstoffgerät zu benutzen, ergriff er die Gelegenheit, es loszuwerden, sobald Finch außer Gefecht gesetzt war. Die Störanfälligkeit der Geräte trug wenig zur Änderung seiner Auffassung bei. »Schließlich nahmen wir den einfachsten Plan ohne Widerspruch an, nachdem ich nochmals die verschiedenen Lastennachschübe verglichen hatte. Wir beschlossen, völlig auf den Sauerstoff zu verzichten.«[33] Nur Mallory war über diese Idee nicht glücklich. Bitter beklagte er sich bei Pye:

Alle vernünftigen Pläne wurden nun zugunsten zweier aufeinanderfolgender Vorstöße ohne Sauerstoff aufgegeben. Geoffrey Bruce und ich bilden das erste Team (vorausgesetzt, daß ich bei Kräften bin), und Norton mit Somervell das zweite – die erfahrenen Bergsteiger zuerst. Tatsächlich wurde aber noch nicht daran gedacht, was danach kommen könnte. Wenn wir noch vor dem Monsun von Lager IV aufbrechen, erwischt er uns mit Sicherheit an einem der *drei* folgenden Tage. Glänzende Aussichten![34]

Warum hatte nur Mallory Bedenken und sonst niemand – nicht einmal Irvine, der soviel Zeit damit verbracht hatte, die anfällige Ausrüstung zu verbessern und zu reparieren? Nachdem Mallory langsam und gegen seinen Willen zu der Überzeugung gekommen war, daß die Verwendung von Sauerstoff den Aufstieg beschleunigen und die Energie bieten konnte, über die er, wie er meinte, aufgrund seines Alters nicht mehr verfügte, vermochte er nur schwer zu akzeptieren, daß er den Sauerstoff nicht nutzen sollte. Statt dessen mußte er seinen müden Körper gegen seinen Willen und gegen den Widerstand seiner erschöpften Muskeln noch einmal den Berg hinaufzwingen. Die Änderung des ursprünglichen Plans umfaßte noch einen weiteren enttäuschenden Aspekt, wie er seiner Mutter mitteilte. Sie bedeutete, daß ihm und Irvine der gemeinsame Vorstoß zum Gipfel versagt blieb – entgegen seiner Hoffnung. Auch Irvine brachte seine Enttäuschung in seinem Tagebuch zum Ausdruck: »Fühle mich heute abend sehr stark. Ich wünschte, ich wäre in der ersten Gruppe anstatt in der verdammten Reserve.«

Wie immer nahm Mallory Rückschläge sehr schwer. Er hatte Ruth in niedergeschlagenem Ton vom Lager I aus geschrieben, wo er vor der Zeltöffnung nur eine »Welt wirbelnder Flocken und schwindender Hoffnungen« sehen konnte. Sein Husten hatte ihn geschwächt, nun trug ihn nur noch sein Wille vorwärts, doch dieser Wille war unbezwingbar. Entschlossen bereitete sich Mallory auf eine letzte Kraftanstrengung vor. »Die Sache ist schon bald entschieden«, schrieb er im Expeditionstelegramm. »Die dritte Überquerung des East-Rongbuk-Gletschers wird die letzte sein, so oder so. Wir haben die Verletzten gezählt und wissen ungefähr, inwieweit die Kampfstärke unserer kleinen Truppe reduziert ist, wenn wir den nächsten Angriff planen.«[35]

Seiner Mutter versicherte Mallory, daß er auf sich aufpassen würde, und Ruth schrieb er: »Liebling, ich wünsche Dir das Allerbeste – daß Deine Sorgen ein Ende haben, bevor Du diese Zeilen erhältst, angesichts der besten Nachricht, die auch die schnellste sein wird. Es steht fünfzig zu eins gegen uns, doch wir werden dennoch einen Versuch wagen und unser Bestes geben. All meine Liebe geht an Dich.«[36]

Ohne Sauerstoff brachen Bruce und Mallory am 30. Mai zu dem Versuch auf, den Mallory »so oder so« für den letzten hielt. Mit neun Trägern erreichten sie am nächsten Tag das Lager am Nordsattel. Am 1. Juni zogen sie bei heftigem Nordwestwind los, um Lager V einzurichten. Kaum hatten die Bergsteiger das relativ geschützt gelegene Lager IV verlassen, gerieten sie in einen Sturm von solcher Wucht, daß sie immer wieder aus dem Tritt kamen. In etwa 7600 Meter Höhe versagten vier Trägern die Kräfte. Sie ließen ihre neun Kilogramm schweren Lasten fallen und setzten sich erschöpft hin.

Mallory, Bruce und die verbleibenden vier Träger schleppten sich noch 90 Meter höher. Dort ebneten Mallory und drei Träger eine Plattform und errichteten zwei Zelte. Bruce und der andere Träger, Sherpa Lobsang, gingen derweil noch zweimal zurück und trugen die auf 6700 Meter deponierten Lasten zum Lager V hinauf. Danach kehrten sechs Träger ins Lager IV zurück. Die übrigen drei teilten sich ein Zelt, während Mallory und Bruce die stürmische Nacht im zweiten Zelt verbrachten. Am Morgen rührte sich keiner der Träger. Sie waren zwar die besten der »Tiger«, ließen sich jedoch trotz der Bitten von Bruce nicht zum Weitergehen überreden. Auch Bruce fühlte sich nach den Anstrengungen des vorherigen Tages nicht ganz auf der Höhe. Sie überdachten ihre Lage und kamen zu dem Schluß, daß ihnen kaum etwas anderes übrigblieb, als den Versuch aufzugeben. Mallory schickte Norton mit einem der absteigenden Träger eine Nachricht:

Versuch fehlgeschlagen – Wind entmutigte unsere Träger gestern, und heute will keiner höher gehen … Wir bleiben derweil und richten das Lager besser ein, bauen eine dritte

Plattform, und wenn Ihr vielleicht mehr Glück habt als wir, könnt Ihr morgen Lager VI einrichten.[37]

Die Mitteilung klingt merkwürdig, denn sie verschweigt einiges. Am Vortag hatte Mallory beträchtliche Zeit darauf verwendet, für zwei Zelte Plattformen herzurichten. Jetzt kündigte er an, eine weitere einzuebnen – angesichts der schwindenden Gipfelchancen kaum eine Aufgabe, die dringend erledigt werden mußte. Hätten Mallory und Bruce ihren Weg nicht ohne Träger fortsetzen und zumindest versuchen sollen, Lager VI wie geplant einzurichten? Dadurch wären Nortons und Somervells Chancen erheblich gesteigert worden, denn die beiden waren bereits auf dem Weg zum Lager V. Der Vorschlag blieb aus, und später stellte sich auch heraus, daß Bruce sein Herz überanstrengt hatte. Daher wäre ein Weitergehen wahrscheinlich zu riskant gewesen, obwohl Bruce dazu bereit war. Norton meinte nur, daß sich die Bedingungen weiter oben auf dem Berg als trügerisch erwiesen, auch wenn sie weiter unten »fast perfekt« seien.

Man kann unmöglich sagen, wann Mallory zum ersten Mal daran dachte, in Begleitung von Irvine einen Versuch mit Sauerstoff zu wagen. Doch ob Zufall oder Absicht, bei diesem ersten Versuch mit Bruce könnte man meinen, er habe seine Kräfte geschont. Möglicherweise bedauerte Mallory bereits auf dem Weg zur Einrichtung von Lager V diesen in seinen Augen hoffnungslosen Versuch ohne Sauerstoff, der so gar nicht der Vorstellung ähnelte, die er sich von seinem letzten Vorstoß gemacht hatte. Man könnte es als untypisch betrachten, daß Mallory, der bei schwierigen Aufgaben normalerweise der erste war, sich plötzlich mit dem Aufstellen der Zelte in Lager V beschäftigte und Bruce den strapaziösen Transport der von den Trägern zurückgelassenen Lasten 90 Meter tiefer überließ – ein mühsamer einstündiger Auf- und Abstieg, den Bruce und Sherpa Lobsang zweimal bewältigen mußten.

Die unsicheren Bedingungen hätten die beiden am nächsten Tag nicht am Weitergehen gehindert, selbst ohne die Träger.

Norton und Somervell hatten am selben Tag nur die üblichen Schwierigkeiten und erreichten das Lager V in einer hervorragenden Zeit. Warum war Mallory also plötzlich nur zu gerne bereit aufzugeben? Hatte er irgendwann erkannt, daß er es einfach nicht bis zum Gipfel schaffen würde? Nachdem er sich so für das Erreichen des Gipfels eingesetzt hatte, war ein Versagen nahezu undenkbar. Es gab nur eine Möglichkeit, aus der unabwendbaren Niederlage noch einen Sieg zu machen – Mallory konnte umkehren, bevor er sich völlig verausgabte, anstelle den anderen dabei zu helfen, nur einen weiteren Höhenrekord aufzustellen. Er glaubte nicht mehr, daß einer von ihnen die Chance hatte, den Gipfel ohne Sauerstoff zu erreichen. Sauerstoff bot die einzige Aussicht auf Erfolg, und an Mallory lag es nun, dies zu beweisen.

Mallory und Bruce ließen die kleinen Zelte stehen und machten sich an den Abstieg. Unterwegs begegneten sie Norton und Somervell mit deren Sherpas. Der kalte Wind ließ nur einen kurzen Austausch zu, daher informierte Mallory Norton zu diesem Zeitpunkt noch nicht über seine Gedanken. Später trafen sie in Lager IV auf Odell und Hazard, die gerade mit frischem Nachschub zum Lager heraufkamen und sehr überrascht waren, die beiden so früh zurückkehren zu sehen. Mallory vertraute Odell an, daß jeder weitere Versuch mit Sauerstoff unternommen werden müsse. Er wollte mit Bruce direkt ins Lager III absteigen und dafür sorgen, daß genügend Träger für den Transport der Atemhilfen zusammengetrommelt wurden. Er nahm Irvine mit, der ihn begleiten und sich um die Sauerstoffgeräte kümmern sollte.

Mit diesem mutigen Entschluß kehrte Mallorys Energie zurück. Nach großer Unschlüssigkeit sah er nun wieder einen Sinn. Andere hatten über ihn bestimmt, und dem Versuch war kein Erfolg beschieden. Nun übernahm Mallory wieder die Kontrolle. Er wollte einen Versuch starten, wie er ihn ursprünglich geplant hatte – mit Sauerstoff und mit dem jungen Irvine.

15

Die Große Rinne

Norton und Somervell brachen am 2. Juni um 6.30 Uhr von Lager IV auf. Als sie sich über den Nordsattel kämpften, peitschte jener Westwind die Gesichter, der Mallorys und Bruces Trägern in Lager V so zugesetzt hatte. Kurz danach jedoch drangen wie zum Trost schon die ersten Sonnenstrahlen durch.

Norton beschrieb seine Kleidung, die nach heutigem Standard völlig unzulänglich war: dicke Wollunterwäsche, Flanellhemd, flanellgefütterte Knickerbocker, darüber ein Shackleton Smock (ein langhosiger Berganzug aus winddichtem Gabardine), Wickelgamaschen aus weicher, dehnbarer Kaschmirwolle, ein pelzgefütterter Lederhelm, wie Motorradfahrer ihn trugen, und ein langer, handgestrickter Schal. Bruce hatte dafür gesorgt, daß seine Mannschaft nur die besten Stulpen bekam, denn, wie er sagte, sei »nur das Erzeugnis aus den Bergen von Kaschmir richtig gewebt ... Druck auf Waden oder Knöchel stört die Blutzirkulation und belastet das Herz, was dann weiterhin zu Erfrierungen führt.«[1]

Norton und Somervell trafen ihre absteigenden Kameraden Bruce und Mallory, die Stoffetzen für sie an der Stelle ausgelegt hatten, wo sie den Grat verlassen sollten. Um 13 Uhr erreichten sie Lager V, nachdem sie fast 800 Meter in sechseinhalb Stunden aufgestiegen waren; das entspricht etwa 120 Metern pro Stunde. Über die Ernährung im Hochlager schreibt Norton:

Wir verbrachten den Nachmittag wie gewöhnlich. Zunächst kriecht man erschöpft in den Schlafsack und bleibt ein Stündchen liegen. Dann ruft die Pflicht. Einer der Gefährten erhebt sich keuchend und grunzend. Oft ausruhend, schleppt er sich zum nächsten Schneeflecken, wo er die Aluminiumtöpfe füllt. Der andere hat sich mittlerweile ebenfalls stöhnend aufgerichtet und den Meta-Ofen aufgebaut. Dann entnimmt er Blechdosen oder Säcken verschiedene Nahrungsmittel, etwa Pökelfleisch, Tee, Zucker, Kondensmilch, Ölsardinen und Hartbrot.

Nun warten beide, daß der Meta-Kocher den Schnee in lauwarmes Wasser verwandelt. Das klingt überaus einfach; das Ächzen und Stöhnen scheint eine dichterische Übertreibung zu sein. Aber ich habe die Sache viermal durchgemacht und kann dem Leser versichern, daß nicht einmal das Klettern auf diesen Höhen so unsagbar anstrengend ist wie die Küchenwirtschaft. Der Vorgang wiederholt sich zudem zwei- bis dreimal, weil man Trinkwasser für den nächsten Tag bereiten und das Geschirr waschen muß. Das Allerschlimmste ist aber, daß man das aus diesen Tätigkeiten hervorgehende Zeug essen soll, was nur unter Aufbietung größter Willenskraft gelingt. Die feste Nahrung widert einen an, wohingegen man nie genug zu trinken bekommen kann.[2]

Am nächsten Morgen hatten sie das gleiche Problem wie Mallory und Bruce. Die Träger waren völlig antriebslos und der Ohnmacht nahe vor Erschöpfung. Norton, der ihren Dialekt beherrschte, brauchte ziemlich lange, um sie zu weiteren Anstrengungen zu bewegen. »Wenn ihr es bis zum Lager auf 8200 Meter schafft, werden eure Namen mit goldenen Buchstaben ins Buch der Geschichte geschrieben«, versprach er. Wie die Träger – allesamt Analphabeten – das aufnahmen, bleibt unklar, aber sie gingen weiter und erreichten bis auf ein paar Meter ihr Ziel. Eine sagenhafte Leistung! Die Bergsteiger selbst mußten viel früher aufgeben als die Träger.

Norton, Somervell und die drei Träger brachen um 9 Uhr zum Lager VI auf. Um 13.30 Uhr waren sie auf 8170 Meter angekommen. Sie hatten 90 Meter pro Stunde zurückgelegt; ein Träger namens Semchumbi hatte die Gruppe aufgrund seines steifen Knies aufgehalten, sonst wären sie schneller gewesen. Während des Aufstiegs kamen sie am höchsten Punkt vorbei, den Norton, Somervell und Mallory 1922 ohne Sauerstoffhilfe erreicht hatten. »Trotz der durch die dünne Luft gedämpften Empfindungen spürten wir ein erhebendes Gefühl. Morgen lag ein ganzer Tag vor uns; wer weiß, was uns beschieden war, wenn die Bedingungen einigermaßen günstig blieben.«[3]

Von diesem Punkt aus konnten die Träger nicht mehr weitergehen. Nachdem sie die notwendige Plattform errichtet hatten – am Nordgrat gibt es keine Stelle, die eben genug wäre, ein Zelt aufzustellen –, stiegen die Träger wieder zum Lager IV ab. Norton und Somervell hatten eine ruhige Nacht, nur löste sich aus Nortons Thermoskanne, die er in seinen Schlafsack gesteckt hatte, damit die Flüssigkeit nicht einfror, der Korken, und das kostbare Naß lief aus. So mußten sie also zum Frühstück erst einmal Schnee schmelzen, bevor sie dann um 6.40 Uhr aufbrechen konnten – diesmal, so hofften sie, zum Sturm auf den Gipfel.

Nach einer Stunde langsamen und anstrengendsten Aufstiegs gelangten sie zum Gelben Band, einer 300 Meter hohen, stufenförmigen Kalksteinschicht, die sich über die ganze Breite der Nordwand zieht. Die breiten, fast horizontalen Simse bieten leichte Aufstiegsmöglichkeiten und machen den Hang gut begehbar – eine willkommene Abwechslung angesichts der wackligen, steilen Felsplatten der Nordwand, die bei gutem Wetter zwar wenig Probleme bereiten, beim ersten Anflug von Schnee jedoch ausgesprochen heimtückisch sind.

»Der Tag war sonnig, fast windstill; man konnte sich keinen besseren wünschen. Trotzdem zitterte ich vor Kälte, wenn ich in der Sonne rastete«, erinnerte sich Norton. Er befürchtete sogar, er bekäme einen Malariaanfall wie General Bruce. Aufgeregt fühlte er seinen Puls – 64 Schläge, kaum 20 mehr als sein Ruhepuls.

Außer wenn er über Schneefelder ging, machte sich Norton nicht die Mühe, seine Schneebrille aufzusetzen, denn die breiten Ränder behinderten seine Trittsuche im Geröll. Für diesen Fehler mußte er teuer bezahlen, denn schon am Nachmittag

sah er alles doppelt, was seine Trittsuche keineswegs unge-
fährlicher machte.

> Wir schlichen dahin wie die Schnecken. Es war mein höch-
> ster Ehrgeiz, zwanzig Schritte zu tun, ohne anzuhalten und
> nach Luft zu schnappen. Ich habe es nur auf dreizehn ge-
> bracht ... In kurzen Zwischenräumen setzten wir uns hin,
> um einige Minuten zu rasten. Fürwahr ein trauriges Paar.[4]

Am Mittag erreichten sie den Punkt, an dem das Gelbe Band in
die Große Rinne mündet, die vom Rongbuk-Gletscher fast senk-
recht zum Nordostgrat verläuft und ihn an der Gipfelpyramide
schneidet. Sie befanden sich auf 8535 Meter Höhe – dem kritischen Punkt bei einer Begehung des Mount Everest über die
Nordwand. Unterhalb der dreieckigen Gipfelpyramide verläuft ein Felsband, das den ganzen Berg umschließt und an der
Ersten Stufe den Grat kreuzt. Der untere Rand des Bandes zieht
sich waagerecht über die Nord- und Südwestwand, doch die
obere Leiste steigt mit den Nordostgrat an. An der Zweiten
Stufe ist der Abbruch so jäh und mit fast 30 Metern so hoch,
daß er für alle damaligen Bergsteiger ein fast unbezwingbares
Hindernis war. Wer die Mallory-Route über die Zweite Stufe
gehen will, muß deshalb spätestens an der Ersten Stufe auf den
Nordostgrat. Die Norton-Route hingegen quert die Nordwand
hin zur Großen Rinne und wurde von allen Pionieren außer
Mallory bevorzugt. Der Vorteil lag auf der Hand: Die Große
Rinne teilt sich in zwei Schneisen, die beide das Felsband
unterbrechen und einen Zugang zur Gipfelpyramide ermöglichen.

Bergsteiger, vor allem Felskletterer wie Mallory, folgen wenn
möglich immer dem Grat, weil dort leichter Griffe zu finden
sind; sie gehen nur in die Wand, wenn der Grat völlig blockiert
ist. Die Norton-Route führt über die Wand; sie umgeht zwar
Steilflanken, dafür jedoch zieht sie sich über weniger ab-
schüssige, aber ziemlich rutschige Geröllfelder.

Kurz vor der Großen Rinne mußte Somervell passen. Die extrem kalte, trockene Luft hatte seinen Hals vollständig ausgedörrt. Darunter hatten alle Bergsteiger in unterschiedlichem Maße zu leiden, auch Mallory schrieb, daß er sich »die Seele aus dem Leib gehustet hat«, doch keiner war unter diesen Bedingungen dem Tode so nahe gekommen wie Somervell. Seit sie die im Sturm abgeschnittenen Träger retten mußten, hatte er Probleme mit dem Hals; damals hatte er sich wohl Erfrierungen am Kehlkopf zugezogen. Zunehmend stärkere, akute Hustenanfälle zwangen ihn immer öfter zum Halt. Erschreckender war noch, daß ihm ein Schleimpropfen im Hals saß und er erhebliche Schwierigkeiten hatte, überhaupt Luft zu bekommen.

Am Mittag erklärte er also, daß er nicht mehr könne, und drängte Norton, allein auf den Gipfel zu gehen. Somervell setzte sich unter einen Felsvorsprung in die Sonne, und beobachtete und fotografierte Norton, der langsam in der Wand verschwand.

Norton hielt sich an die obere Leiste des Gelben Bandes, das zur Großen Rinne hin leicht ansteigt:

Um diese Rinne zu erreichen, mußte ich zwei Strebepfeiler umgehen. Einer davon läuft in einem Gratabsatz aus, den wir die Zweite Stufe nannten. Dieser Absatz schien uns so hinderlich, daß wir den unteren Weg durch die Flanke wählten, anstatt sie am höchsten Punkt zu besteigen.[5]

Doch die Route wurde immer schwieriger. Der Hang war steil, unter der Pulverschneedecke schien es keinen einzigen festen Tritt zu geben. Wie er schreibt, war die ganze Wand mit Felsplatten übersät, die wie Dachziegel übereinanderlagen und auch so steil waren wie ein Dach. Zweimal mußte er umkehren und einen anderen Weg suchen. Die Große Rinne schließlich war mit Tiefschnee bedeckt, und er sank bis zu den Knien, manchmal sogar bis zur Hüfte ein. Der Schnee war pulvrig und locker und bot keinerlei Halt für den Fall, daß er abrutschen sollte.

Nach der Rinne ging es noch schlechter. Von einem Dachziegel auf den anderen tretend hatte ich das Gefühl, nur durch die Reibung meiner Schuhnägel auf dem Gestein zu haften. Obgleich nicht gerade schwierig, war diese Kletterei für einen Einzelgänger doch recht unangenehm, denn bei einem Fehltritt gab es kein Halten.[6]

Norton wurde schnell müde, Anspannung und Anstrengung seines gewagten Alleingangs machten sich bemerkbar. Auch die Sehkraft ließ zunehmend nach. Seiner Einschätzung nach trennten ihn noch 60 Meter von der Nordseite der Gipfelpyramide und dem letzten, bequemen Abschnitt unterhalb des Gipfels. Doch die Zeit lief ihm davon. Wenn er weiterging, könnte er kaum bei Tageslicht zurückkehren. Er hatte keine Wahl – er mußte umkehren.

Norton war ein ungewöhnlich vernünftiger Mann. Seine Entscheidung zog zunächst keinerlei Enttäuschung nach sich, auch wenn das verständlich gewesen wäre. Die Höhe dämpft Emotionen. Erst später machte sich ein Gefühl des Versagens breit. »Zweimal habe ich an einem günstigen Tag umkehren müssen.« Somervell empfand das gleiche:

Wir sind beide mit unseren Kräften völlig am Ende, aber wir sind zufrieden, daß wir gutes Wetter und eine gute Gelegenheit hatten, den Kampf mit dem Gegner aufzunehmen. Wir können uns nicht beklagen. Wir haben Lager errichtet, die Träger haben gut mitgespielt, wir konnten selbst auf höchster Höhe bei 8230 Metern Schlaf finden, wir hatten einen phantastischen Tag für den Aufstieg, strahlenden Sonnenschein und fast keinen Wind. Und doch haben wir es nicht bis auf den Gipfel geschafft. Die Höhe des Berges und die Atemnot haben uns besiegt.[7]

Entgegen Somervells Einschätzung muß man ihr Scheitern nicht den körperlichen Problemen in der dünnen Luft, sondern eher der Tatsache zuschreiben, daß sie sich schon in den ersten Wochen der Expedition ziemlich verausgabt hatten. »Ich ... glaube, daß ungeschwächte Bergsteiger unter günstigen Bedingungen auch ohne Sauerstoff auf den Gipfel kommen. Für die letzten 300 Meter braucht man keinen großen Unterschied im Luftdruck anzunehmen«, schreibt Norton.[8]

Norton hatte bei seinem Alleingang eine geschätzte Höhe von 8573 Metern erreicht. Er dachte, er hätte noch Kraftreserven doch er schaffte in einer Stunde kaum 30 Höhenmeter und gerade mal knapp 400 Meter an Weg. Nortons für gewöhnlich sehr gute Nerven begannen vor Erschöpfung zu flattern. Daß er seine Route ändern mußte, erschien ihm nun als das Schrecklichste, was ihm je abverlangt wurde. Danach war er nicht einmal mehr in der Lage, ein Schneefeld zu queren, das sehr viel leichter zu begehen war als das Stück, das er gerade hinter sich gebracht hatte. Er rief Somervell zur Hilfe. Somervell kam ihm die 30 Meter entgegen; überrascht, aber ohne Kommentar warf er Norton das Seil zu und führte ihn durch den Schnee.

Kurz darauf fiel Somervell vor Erschöpfung der Eispickel aus der klammen Hand und purzelte den Hang hinunter. Norton behauptet, dies sei an der Stelle passiert, wo Somervell eine Stunde zuvor die Fotos von ihrem höchsterreichten Punkt geschossen hatte. »Ganz in der Nähe hatte Somervell vorhin sein höchstes Lichtbild aufgenommen, auf dem der Hang gar nicht so steil aussieht. Man denkt, daß ein Stock bald zur Ruhe kommen müßte. Aber der Pickel sprang unentwegt weiter und entschwand unseren Blicken.« Eine interessante Beobachtung – 1933 hatte man in einem ähnlich felsigen Hang einen Eispickel gefunden, der Mallory oder Irvine gehört haben muß.

Norton und Somervell beschwerten das Zelt in Lager VI mit Steinen, damit der Wind es nicht zerfetzen konnte, und gingen rasch weiter zum Nordsattel. Nach Lager V, ein paar hundert Meter vom Nordgrat entfernt, wurde der Abstieg leichter, und die beiden verzichteten auf die Seilsicherung. Norton ließ sich mehrere Schneehänge hinabgleiten und kam zügig voran, Somervell fiel immer weiter zurück. Doch er hatte nicht angehalten, um den glühenden Sonnenuntergang zu malen oder zu fotografieren, wie Norton vermutete – Somervell rang um sein Leben.

Bei einem Hustenanfall löste sich der Propfen in seinem Hals, setzte sich aber an einer anderen Stelle wieder fest, so daß er weder ein- noch ausatmen konnte. Er brachte keinen Laut heraus, und ohne das Seil hatte er zu Norton keine Verbindung mehr. In der festen Überzeugung, dem Tode nahe zu sein, sank Somervell in den Schnee, während Norton immer weiter abstieg und keine Ahnung von dem Drama hatte, das sich hinter ihm abspielte. »Ich machte ein oder zwei Versuche zu atmen, doch nichts rührte sich. Schließlich preßte ich beide Hände an meine Brust und gab einen letzten mächtigen Stoß – und die Kehle war frei. Welche Erleichterung! Ich hustete zwar etwas Blut, atmete jedoch erstmals frei – freier als seit Tagen.«[9] Es stellte sich schließlich heraus, daß der Propf Somervells gesamte Kehlkopfschleimhaut war, die sich gelöst hatte.

Laut Aussage Somervells war er nur wenige Meter hinter Norton (wahrscheinlich redete er sich das ein, damit er sich nicht verlassen fühlte), doch Norton räumt ein, daß sie am Ende eine halbe Gehstunde trennte. Das Gebot, beim Klettern zusammenzubleiben, wird oft beim Abstieg immer weniger befolgt, je näher die Bergsteiger ihrem Ziel kommen.

Es war schon dunkel, als Somervell wieder zu Norton stieß. Mit Taschenlampen stiegen sie schließlich zum Lager IV ab. Norton rief dort nach den Kameraden. Bei dieser Mannschaft war es zur Regel geworden, den rückkehrenden, völlig erschöpften Männern entgegenzugehen und sie über den letzten kurzen, aber labyrinthartigen Firnbruch voller Schneebretter und Spalten zu geleiten.

Als wir uns dem Fuße des Grates näherten, rief ich zum Lager hinüber, den Firnbruchlotsen unsere Ankunft meldend. Man antwortete, daß der Sauerstoff unterwegs sei. Wir sehnten uns aber nach etwas anderem als nach Sauerstoff, denn wir waren ausgedörrt. Wiederholt schrie ich hinüber: »Wir wollen keinen verdammten Sauerstoff; wir wollen trinken.«

Aber meine Stimme war schwach und verlor sich in der nebelhaften Weiße, die unterm Sternenzelt schimmerte.[10]

Die »Lotsen« waren Mallory und Odell. Irvine war im Lager geblieben und machte Essen und Tee. »Somervell hängte sich ans Sauerstoffgerät, aber es brachte ihm keine große Erleichterung. Auch ich spürte keine Verbesserung meines Zustands.« Eine interessante Bemerkung, die Norton da machte. Bis zu diesem Tag war es bei dieser und auch bei der vorhergehenden Expedition die Regel, den rückkehrenden Kameraden heißen Tee zu verabreichen, weil sie bis zum Äußersten dehydriert waren – und nun brachte Mallory ihnen Sauerstoff! Was hatte er sich wohl dabei gedacht? Offenbar war es ein Zeichen für seinen Meinungsumschwung und für seine Überzeugung, daß Sauerstoff ein Zauberelixier sei. Somervell gab zunächst vor, sich nach ein paar Minuten am Sauerstoffgerät besser zu fühlen, doch im Lagertagebuch gestand er, daß er dies nur aus Höflichkeit gegenüber jenen getan hatte, die den Sauerstoff »so zuvorkommend angeboten hatten«.[11] Am Tag zuvor hatten Mallory und Irvine mit Sauerstoffhilfe in Rekordzeit die Entfernung zwischen Lager III und Lager IV zurückgelegt. Irvine schrieb:

»Wir benötigten genau drei Stunden, davon haben wir ungefähr eine halbe Stunde für Auswahl und Test der Flaschen gebraucht. Die zweite Hälfte des Wegs atmete ich durchgehend Sauerstoff (1,5 Liter pro Minute), das hat die Atmung um gut zwei Drittel verlangsamt. George und ich kamen beide in überraschend guter Verfassung an.«[12]

Mallory war zum ersten Mal nicht nur zur Übung, sondern richtig mit Atemhilfe geklettert. Nachdem er sich langsam von deren Wert in der Theorie überzeugt hatte, mußte er völlig begeistert gewesen sein, als ihm der schlagende Beweis für die Wirksamkeit des Sauerstoffs in der Praxis ersichtlich wurde. Doch so überzeugend Mallory und Irvine auch gewesen waren – die Zurschaustellung ihrer Heldentat veranlaßte Odell zu einer kritischen Anmerkung.

Am Abend des 4. Juni kamen Mallory und Irvine herauf. Sie hatten unterwegs Sauerstoff geatmet und den Weg vom Lager III in der Rekordzeit von zweieinhalb Stunden zurückgelegt. Diese Leistung verdankten sie vielleicht weniger dem Sauerstoff, als dem unterbewußten Wunsch, dessen Wirksamkeit zu beweisen. Ich hielt mit meinem Urteil noch zurück. Jedenfalls war Irvines Hals durch den Sauerstoff schlimmer geworden. Aufgrund der trockenen Höhenluft wird die Luftröhre ohnehin schon zu einem holzigen Schlauch.[13]

Das ist die unangreifbare Logik der Sauerstoffgegner: Wird der praktische Nutzen der Atemhilfe aufgezeigt, wie ihn Mallory und Irvine mit ihrem schnellen Aufstieg zum Lager IV demonstrierten, so wird das Ergebnis lediglich dem *Wunsche* zugeschrieben, die Wirksamkeit von Sauerstoff zu beweisen. Und daß Irvines Hals wund wurde vom Atmen in der trockenen, kalten Luft, daran war natürlich auch der Sauerstoff schuld. Somervells Halsleiden war viel schlimmer, und das lag ganz bestimmt nicht am Sauerstoff; doch das wird einfach unterschlagen. Viel interessanter ist noch, daß Somervell und Norton die Atemhilfe beide ausprobiert hatten; doch da sie zum einen völlig ausgetrocknet waren und sich zum anderen nicht auf großer Höhe befanden, hatten sie keinen erkennbaren Vorteil davon gehabt. Dieses eine, nutzlose Mal nahmen Somervell und Norton zum Anlaß für ihre Überzeugung, daß die Atemhilfe sowieso nichts taugte.

Irvine ruhte sich aus und bereitete sich auf den letzten Anstieg vor. Er hatte nur ein Problem: Hellhäutig wie er war, hatte er während der ganzen Zeit schon unter schlimmem Gletscherbrand zu leiden, nun aber waren die Schmerzen unerträglich geworden. »Mein Gesicht ist von Schnee und Wind am Nordsattel schwer mitgenommen, die Lippen sind aufgesprungen, was die Nahrungsaufnahme sehr erschwert.« Am nächsten Morgen war es noch schlimmer. »3. Juni. Eine schreckliche Nacht. Ich hatte den Eindruck, die ganze Welt rieb sich gegen mein Gesicht. Immer wenn ich es berührte, fielen verbrannte, trockene Hautfetzen ab; ich hätte aufschreien können vor Schmerz.«[14]

Während sich Irvine und Mallory noch in Lager III auf den Aufstieg mit Sauerstoffgeräten vorbereiteten, hörte Irvine von einem rückkehrenden Träger, daß Norton und Somervell am Abend zum Nordsattel abgestiegen wären – eine Information, die jedoch nicht stimmte. Erst am Morgen nach dem Frühstück erfuhren sie die elektrisierende Wahrheit: Norton und Somervell hatten Lager VI erfolgreich auf 8230 Meter Höhe errichtet und waren in beeindruckende Nähe des Gipfels gekommen. Mallory konnte nicht mehr länger warten. Nach einem frühen Mittagessen holte er Irvine und eine Gruppe fähiger Träger, und sie brachen sofort zum Nordsattel auf.

Schon 1922 hatte sich Mallory darüber aufgeregt, daß Finch und Bruce mit Sauerstoff den Gipfel in Angriff genommen hatten, und auch jetzt mußte er befürchten, daß einem anderen der Triumph gehören könnte. Doch 1922 konnte er noch behaupten: »Ich habe keinen Grund, auf ihren möglichen Erfolg neidisch zu sein. Der Versuch, den Berg mit Hilfe von Sauerstoff zu bezwingen, ist so verschieden von unserem Angriff, daß man die beiden Vorgehensweisen kaum miteinander vergleichen kann.« Nun aber hatte er keinen Grund mehr für solche Vorurteile. »George glaubt, daß er 200 Meter unterhalb des Gipfels Abstiegsspuren entdeckt hat«, berichtete Irvine. Damit wären Somervell und Norton über die zweite Stufe hinausgekommen. Ob sie den Gipfel erreicht hatten?

Mallory und Irvine waren auf dem Weg zum Nordsattel, Hazard war unabgesprochen zum Lager III abgestiegen, also blieb nur noch Odell, um Norton und Somervell zu empfangen. Hazards Eigensinn brachte Norton in Rage – wie auch ein paar spätere Alleingänge, vor allem ein Abstecher zu den Tsangpo-Schluchten auf dem Heimweg. In Nortons Augen war nur Hazard für das Schicksal der Träger im Sturm verantwortlich.

Abends im Zelt in Lager IV setzte Mallory Norton von seinem Plan in Kenntnis, mit dem jungen Irvine einen letzten Versuch unter Zuhilfenahme von Sauerstoffgeräten zu machen. Norton war mit einem dritten Angriff einverstanden, doch es irritierte ihn, daß Mallory ausgerechnet Irvine als Partner ausgewählt hatte. Über Mallorys Entscheidung sollten später noch viele Generationen von Alpinismushistorikern rätseln. David Robertson vermeidet eine Auseinandersetzung, indem er beide Lager gleich behandelt und schnell zu anderen Themen überwechselt. Er fragt nur: »Reichten Irvines Ausdauer und Begabung aus, um seine Unerfahrenheit wettzumachen?« David Pye kommentiert Mallorys Entscheidung überhaupt nicht. Walt Unsworth meint, daß Duncan Grant möglicherweise recht hatte und »daß die Vernunft bei Mallorys Entscheidung keine große Rolle spielte«. Mallorys Wahl beruhte teilweise auf rein äußerlichen Gründen. Unsworth bietet ganz vorsichtig noch eine andere Interpretationsmöglichkeit an: »War er der alternde Galahad, der auf seine letzte verzweifelte Suche nach dem Heiligen Gral ging und als Partner einen jungen Mann wählte, der all das verkörperte, was er selbst einst gewesen war?«[15]

Unsworth' Vermutung läßt sich gut nachvollziehen; sie ist ein Versuch von vielen, das Rätsel zu lösen. Doch die Realität ist zu komplex, als daß sie nur eine Frage von Äußerlichkeiten wäre. Mallorys Entscheidung könnte auch seine Angst vor dem Altwerden zugrunde liegen; die Prämisse hieß dann: Um Erfolg zu haben, muß man jung sein. Das zeigt auch seine Haltung gegenüber dem Sauerstoff als dem Elixier der Jugend, die in dieser Hinsicht wiederum mit der Bewunderung für Irvines standhafte Überzeugung einhergeht.

Eine Alternative zu Irvine wäre nur Odell gewesen, doch vielleicht hat genau das Mallory zu seinem Entschluß bewogen. Mallory war tatendurstig und unruhig, ein notorischer Frühaufsteher. Odell hingegen war bedächtig und ruhig. Odells Gefährten hatten schon früher bemerkt, wie lange er immer brauchte, um warm zu werden. »Nach zwölf Stunden Marsch ist er in Höchstform«, sagte Tom Longstaff nach der Spitzbergen-Expedition. Mallory hätte sich vielleicht durch

Odells langsames und methodisches Vorgehen gestört gefühlt. Außerdem wären Odell und Mallory als Kletterpartner ebenbürtig gewesen. Wenn sie unterschiedlicher Meinung über den Gebrauch von Sauerstoff oder über die Route gewesen wären, hätte es sicher Streit gegeben. Doch gegenüber Irvine hatte eindeutig Mallory das Sagen, er würde entscheiden, welche Route sie nähmen, wann sie aufbrächen, wann sie Pause machten. Und Irvine übernahm wohl auch das Kochen.

Aber die wahrscheinlichste Antwort liegt wohl jenseits aller psychologisierender Kontroversen. Mallory hatte Irvine schon lange vorher als Kletterpartner mit Atemhilfe gewählt, jedenfalls hatte er das seiner Schwester auf der Überfahrt nach Indien geschrieben. Zwischen Mallory und Irvine hatte offenbar schon früh die stille Übereinkunft geherrscht, daß sie eine Seilschaft bilden würden. Nur selten trennten sich die beiden, auf den Fotos von der Expedition sieht man sie immer Seite an Seite. Beide waren enttäuscht, als die Umstände es verlangten, daß Mallory seinen ersten Aufstieg mit Bruce unternahm. Zu einem dritten Versuch hatte sich Mallory vielleicht nicht nur auf eigenen Wunsch entschieden, sondern auch wegen Irvine. Tagelang bereiteten sie sich auf diesen Angriff vor.

Die Frage »Warum nicht Odell?« mußte Mallory erstaunt haben, hatte er sich doch während der ganzen Zeit Irvines »bedient«. Und es war gutgegangen. Irvine hatte sich allen gegenüber als zuverlässig, stark wie ein Ochse und überraschend ausdauernd bewiesen. Odell hingegen war eine unbekannte Größe. Er konnte sich nur langsam akklimatisieren und hatte noch keine dieser unglaublichen Kletterleistungen gezeigt, die ihm nachgesagt wurden. Erst nach Mallorys und Irvines Verschwinden konnte Odell sein enormes Können unter Beweis stellen.

Also gibt es im Grunde kein Rätsel – wenn doch, so nur, weil die Leute später auf dem Papier ein Mysterium konstruieren wollten. Nortons Zweifel waren eher theoretischer Art – es war die verständliche Haltung eines Expeditionsleiters, der letztendlich die Verantwortung für alle Teilnehmer trug und sich um die Sicherheit des jungen Irvine sorgte. Doch selbst wenn es Norton persönlich bevorzugt hätte, daß Mallory mit Odell gegangen wäre – damals vor Ort war er keineswegs besorgt. »Es war nicht angebracht, über eine Änderung der Absprachen nachzudenken, schließlich leitete Mallory das Bergsteigerteam; er organisierte seinen eigenen Angriff auf den Gipfel, ich war nur noch ein schneeblindes, altes Wrack«, berichtete er später dem Ausschuß.

Während Mallory und Norton am 4. Juni gegen 11 Uhr den Aufstieg besprachen, bekam Norton auf einmal höllische Schmerzen in den Augen. Er hatte beim Aufstieg nur selten eine Schneebrille getragen, weil er gedacht hatte, das sei lediglich im Schnee nötig. Die große Helligkeit fällt kaum auf, doch aufgrund der starken UV-Strahlen in dieser Höhe war er nun auf einen Schlag schneeblind geworden und sollte die nächsten 60 Stunden überhaupt nichts mehr sehen können.

Am nächsten Tag stieg Somervell zum Lager III ab. Norton lag mit Schmerzen im abgedunkelten Zelt. Hazard wurde mit dem verabredeten Zeichen von Lager III heraufgerufen. Es herrschte große Ruhe, alle bereiteten sich auf Mallorys und Irvines Aufstieg vor, der für den nächsten Tag geplant war. Irvine beschäftigte sich intensiv mit den Sauerstoffgeräten, um wenigstens mit zwei gut funktionierenden Apparaturen ausgerüstet zu sein. Es war ein strahlender Tag, die Sonne brannte mit 40 Grad Celsius vom Himmel, die Lufttemperatur im Schatten lag jedoch unter dem Gefrierpunkt.

16

Der letzte Aufstieg

Am Morgen des 6. Juni schnallten sich Mallory und Irvine nach einem von Hazard und Odell bereiteten Frühstück aus gebratenen Sardinen die Sauerstoffgeräte um. Sie konnten es kaum erwarten loszuziehen. Odell erinnert sich enttäuscht, daß die Aufregung sie wohl hinderte »den Köchen zu schmeicheln und der Mahlzeit tapfer zuzusprechen«. Odell holte seine Kamera aus dem Zelt und machte von beiden noch eine Aufnahme, bevor sie aufbrachen. Irvine stand gleichmütig da, die Hände in den Hosentaschen, Mallory setzte umständlich seine Atemmaske auf. Odell konnte damals nicht wissen, daß es das letzte Bild von Mallory und Irvine sein würde.

Die beiden hatten nur das Nötigste eingepackt – ein bißchen Proviant und ihre Windjacken. Jeder trug etwa elf Kilo, am schwersten war das Sauerstoffgerät. Acht Träger waren mit ähnlichen Lasten beladen, sie trugen Schlafsäcke, Lebensmittel und zusätzliche Stahlflaschen. Die Träger bekamen keinen Sauerstoff, denn dafür reichten die Vorräte nicht. Von den 50 Sauerstoffflaschen waren bei der Ankunft im Basislager nur noch 35 voll gewesen. Da für den Aufstieg auf den Gipfel pro Mann 30 Stunden Sauerstoff gebraucht wurde, reichten die Flaschen nur für vier Anläufe.

Um 8.40 Uhr stapften sie los, die Stille wurde nur vom Zischen und Pfeifen der Sauerstoffgeräte unterbrochen. Da sie unter den Masken nicht sprechen konnten, waren Irvine und Mallory in ihre jeweils eigene, isolierte Welt eingetaucht; eine normale, kameradschaftliche Verständigung war nicht mehr möglich.

Es war ein wunderbarer Tag für den ersten Abschnitt des

Aufstiegs. Die beiden Bergsteiger bewegten sich bestimmt langsam und gleichmäßig vorwärts, damit die Träger Schritt halten und sie selbst Kraft sparen konnten für den Sturm auf den Gipfel. Bei gutem Wetter ging der Aufstieg zum ersten Hochlager zügig vonstatten. Kurz nach 17 Uhr kamen vier der acht Träger zurück zum Lager IV. Sie hatten eine Notiz von Mallory dabei: »Kein Wind hier oben. Die Sache sieht hoffnungsvoll aus.«[1] Welch ein Unterschied zu seinem vorhergehenden Aufstieg zum Lager V!

Am 7. Juni machten sich Mallory und Irvine mit den vier verbleibenden Trägern auf den Weg zum Lager VI. Währenddessen sollte Odell die »Stütze« bilden – was genau damit gemeint ist, wird auch mit Hilfe von Odells Beschreibung nicht sofort klar:

> Dieses staffelweise Nachrücken der Helfer ergab sich aus dem geringen Fassungsvermögen der Hochlager, es waren zu wenig Träger verfügbar, die Zeltausrüstungen und anderes transportieren konnten.[2]

Norton nahm das Konzept der »Stütze« sehr ernst. Es ging weniger darum, Ersatz oder zusätzliche Vorräte zu bringen, auch wenn das natürlich manchmal notwendig war; wichtig war vor allem die Präsenz eines oder mehrerer Kameraden, welche die absteigenden Seilschaften empfingen, so daß diese sich in ihrer Erschöpfung nicht mit so profanen, aber doch lebenswichtigen Arbeiten wie Schneeschmelzen und Teekochen abgeben mußten. In Lager IV hatten die »Stützen« auch noch die Aufgabe, die müden Bergsteiger durch den heimtückischen Firnbruch oberhalb des Lagers zu geleiten. Norton war seit 1922 unumstößlich von der Notwendigkeit solcher »Stützen« überzeugt, nachdem er erlebt hatte, wie nah sie dem Desaster gekommen waren, als er damals mit dem ernstlich kranken Morshead mitten in der Nacht zum Nordsattel zurückgekehrt war und dort weder Lebensmittel, Tee noch eine Kochausrüstung zum Schneeschmelzen vorgefunden hatte. Odell war diesbezüglich immer sehr gewissenhaft gewesen. Meist ging er zusammen mit Irvine. Norton äußerte sich mit überschwenglichem Lob über die beiden, die in der Geschichte des Sturms auf den Everest »erstmalig ihre Pflicht als Stütze des Bergsteigers« erfüllten.

Aber die üppigste Einbildungskraft verblaßte angesichts der Realitäten, die das »altbekannte Haus« [Odell und Irvine] hervorbrachte. Über eine Woche wohnten die beiden auf dem Nordsattel und kochten jede Mahlzeit. Nur wer den ganzen Jammer dieser verhaßten Verrichtung in 7000 Meter Höhe kennt, vermag das Opfer zu ermessen. Tag und Nacht kamen sie als freundliche Lotsen den Absteigenden entgegen, sie durch das Wirrsal des Firnbruchs zu geleiten. Sie brachten Essen, Getränke und sogar Sauerstoff mit, um Erschöpfte zu laben. Selten hat jemand unauffälligere und uneigennützigere Arbeit geleistet.[3]

Diese Dienste können aber nur vom jeweils letzten Ausgangslager geleistet werden. Odell konnte nicht genau wissen, wo er sich am besten positionieren sollte, um die vom Gipfel hinabkommenden Kameraden zu empfangen. Wenn es ihnen gutging und sie noch fit waren, könnten sie leicht die Hochlager auslassen und ohne »Stütze« gleich zum Nordsattel absteigen. Wenn sie aber schon oberhalb von Lager VI in Schwierigkeiten gerieten und dringend der Hilfe bedurften, konnten sie Odell kaum wissen lassen, wo er am dringendsten gebraucht wurde. Am späten Nachmittag traute sich Odell nicht mehr, in Lager IV zu warten, denn es bestand nur aus einem kleinen Zelt und war zu eng, um ihm und den rückkehrenden Bergsteigern gleichzeitig Platz zu bieten.

Da keine klaren Vorgaben existierten, kann man sich leicht vorstellen, daß Odell, der wegen seiner Akklimatisierungsprobleme weder früher noch jetzt eine Chance zur Bezwingung des Gipfels bekommen hatte, ganz einfach so weit aufstieg, wie er nur konnte. Nun, als es fast schon zu spät war, konnte er zwar seine Stärken unter Beweis stellen, hatte aber kein Ziel vor Augen.

Er kämpfte sich zum Lager V hinauf und fand dort ein Ersatzgerät ohne Mundstück, das einige Zeit zuvor am Grat abgelegt worden war. Er vermutete, daß Irvine es bei seinem Aufstieg am Tag zuvor als Ersatz mitgenommen hatte. Odell versuchte, das Gerät zu benutzen, doch anstatt seine Leistung zu steigern, »kam ich ohne die Atemhilfe genausogut aus, ja fast besser ohne dieses sperrige Ding«. Ein paar Tage später sollte er das Mundstück reparieren und wieder versuchen, das Gerät zu benutzen. Doch wieder berichtete er, daß die Wirkung unerheblich war. »Ich fragte mich, wieso die anderen behaupteten, daß es Vorteile bringe.« Er hatte sich nun so gut akklimatisiert, daß er wahrscheinlich keine künstliche Sauerstoffzufuhr brauchte, doch komisch ist, daß er so wenig Wirkung spürte. Das wirft einige Fragen auf: Um welches Gerät handelte es sich? Wer hatte es abgelegt? Davor hatte nur Mallory selbst ein Sauerstoffgerät über den Nordsattel hinaus getragen, als er Norton und Somervell beim Abstieg von ihrem gescheiterten Angriff auf den Gipfel empfing. Auch sie hatten an jenem Abend keinen Nutzen vom Sauerstoff gehabt. Drei Männer sagten also das gleiche aus. Wenn es beide Male dasselbe Gerät war, hatte es vielleicht einen Defekt, und es kam wenig oder gar kein Sauerstoff heraus. Doch gerade die Erfahrung der drei Männer mit diesem speziellen Gerät beeinflußte die Haltung der Sauerstoffgegner negativ. Ein Grundpfeiler ihrer Argumentation war Odells bemerkenswerte Leistung; er konnte offenbar ohne Sauerstoff besser klettern. Dadurch hatte er bewiesen, daß zumindest das Gewicht des Apparats die Leistungssteigerung bei einem gut akklimatisierten Bergsteiger wieder ausgleicht. Nicht das erste Mal hatte Odell Versuche mit Sauerstoff durchgeführt; schon vorher, als sein Körper noch nicht so gut auf die Höhe eingestellt war, war er mit Geoffrey Bruce mit Hilfe von Sauerstoff in den Steilhängen am Nordsattel geklettert. Doch auch damals berichtete er von ähnlichen Erfahrungen. Er hatte den Eindruck, daß ihm der Einsatz der Atemhilfe nur wenig einbrachte, und überließ das unhandliche, schwere Gerät einem Träger. Vielleicht war Odells Physis in dieser Hinsicht wirklich ungewöhnlich. Oder auch er war an das defekte Gerät geraten. Physiologen finden es heute unbegreiflich, daß Odell bei einem funktionierenden Gerät keine offenkundige Leistungssteigerung verspürte.

Die vier Träger, die Mallory und Irvine zum Lager VI begleitet hatten, kamen bald zum Lager V zurück. Ihr Nahen kündigte sich durch einen Hagel von losen Steinen an, die auf die Zelte prasselten, wo Odell und sein Träger Nema lagerten. Odell schickte Nema am Abend mit den anderen Trägern hinunter und blieb allein im Lager.

Die Träger hatten von Lager VI zwei wichtige Nachrichten mitgebracht – eine für den Kameramann Noel, der am Nordsattel war, die andere für Odell. Die Nachricht für Noel lautete:

Lieber Noel,
wir brechen wahrscheinlich sehr früh am Morgen (am 8.) auf, damit wir das klare Wetter ausnützen können. Ihr solltet gegen 8 Uhr p. m. [also abends] nach uns Ausschau halten; entweder queren wir dann das Felsband unterhalb der Gipfelpyramide, oder wir sind schon auf dem Grat.
Immer Ihr
G. Mallory

Diese Mitteilung läßt vermuten, daß Mallory bis zur letzten Minute nicht ausschloß, Nortons Traverse über das Felsband zu nehmen, falls der Grat nicht bezwingbar wäre. Noel und die anderen gingen jedoch davon aus, daß Mallory die Route über den Grat gehen wollte, was sich auch am nächsten Tag durch Odells Beobachtung bestätigte.

In Noels Buch *Through Tibet to Everest* ist eine Fotografie der Notiz abgedruckt. Überraschend ist daher, daß sowohl Robertson als auch Unsworth die Textpassage »unterhalb der Gipfelpyramide« ausließen, als sie Mallorys Nachricht in ihren Büchern zitierten; möglicherweise ist diese Änderung einer ungenauen Quelle zuzuschreiben.

Wenn Mallory seinen Sauerstoffverbrauch und die Zeit berechnet hätte, die er von Lager IV nach Lager VI gebraucht hatte, so wäre wohl ein Schnitt von 250 Metern pro Stunde herausgekommen, Nun war er nur noch knapp 400 Meter vom Gipfel entfernt. Wenn keine unvorhergesehenen Schwierigkeiten auftauchen würden, könnte er den Gipfel in zwei Stunden, plus/minus einer halben Stunde, erreichen.

Mallory war bekannt dafür, daß er frühmorgens aufbrach. Wie früh – oder wie spät – man sich jedoch letztendlich in den oberen Regionen des Mount Everest auf den Weg machen kann, ist immer eine eher unerfreuliche Überraschung. Jedenfalls hatten die beiden Bergsteiger beste Bedingungen. Sie waren gut ausgerüstet – es gibt sogar Hinweise darauf, daß sie auch beim Schlafen Sauerstoff atmeten – was Mallory (nicht jedoch Odell) von Finch gelernt hatte –, um eine warme, ruhige Nacht vor dem Gipfelsturm zu verbringen. Wenn sie kurz vor 6 Uhr morgens aufbrachen, kann man vermuten, daß sie gegen 8 Uhr über den Grat kletterten – *p. m.* war offensichtlich ein Schreibfehler.

An Odell schrieb Mallory:

Lieber Odell,
tut uns leid, daß wir solche Unordnung hinterlassen haben. Unna-Kocher im letzten Augenblick den Berg hinuntergerollt. Gehen Sie morgen nur rechtzeitig nach Lager IV zurück, um vor dem Dunkelwerden zu räumen, was auch ich zu tun hoffe. Ich muß einen Kompaß im Zelt liegengelassen haben; retten Sie ihn um Himmels willen, denn wir haben keinen. Bis hier mit 90 Atmosphären während der zwei Tage. Werden daher wohl mit zwei Flaschen auskommen. Ist aber doch eine verfluchte Last beim Klettern. Großartiges Wetter zum Gehen.
Immer Ihr
George Mallory[5]

Der Brief steckt voller Andeutungen, doch er wurde nie einer so genauen Interpretation unterzogen, wie die Sichtung von Mallory und Irvine an der Zweiten Stufe. Die Sauerstoffgegner griffen eifrig die Erwähnung der »verfluchten Last«[6] auf, und merkten gar nicht, daß die Nachricht als Ganzes nur eine weitere Bestätigung der Wirksamkeit des Sauerstoffs ist.

Zudem gibt es eine versteckte Andeutung in der Notiz. Es ist nicht allgemein bekannt, daß ein Sauerstoffgerät auch als Geschwindigkeitsmesser für die Bergsteiger fungieren kann, wenn zwei Variablen bekannt sind. Kennt man den Sauerstoffverbrauch und die Durchflußgeschwindigkeit, so kann man das Aufstiegstempo berechnen. Eine volle Flasche der 1924 verwendeten Geräte beinhaltete 535 Liter Sauerstoff, die mit einem Druck von 120 Atmosphären (1 atm [alte physik. Einheit des Drucks, Anm. d. Übers.] = 1 bar) zusammengepreßt waren. Wenn Mallory laut seiner Nachricht für Odell 90 Atmosphären verbrauchte, entspricht das drei Vierteln von 120 Atmosphären oder drei Vierteln von 535 Litern, also 400 Litern in zwei Tagen für die Strecke von Lager IV zum Lager VI.

Irvine hatte die Geräte für den Aufstieg von Lager II nach Lager IV so eingestellt, daß die Durchflußgeschwindigkeit 1,5 Liter pro Minute betrug. Wenn dieser Wert beibehalten worden war, würden 400 Liter in 267 Minuten oder 4,4 Stunden fließen. Für die 1160 Meter von Lager IV zum Lager VI würde das 260 Metern pro Stunde entsprechen. Wenn sie die höchste Durchflußgeschwindigkeit von 2,2 Liter pro Minute eingestellt hatten, wären sie sogar noch schneller gewesen. Weil sie die Strecke zwischen Lager IV und VI so schnell zurückgelegt hatten, nahm Mallory vielleicht an, daß sie den Gipfel mit nur zwei statt der vollen Ausrüstung von drei Sauerstoffflaschen in Angriff nehmen könnten. Daß die Luft über 8230 Meter rapide dünner würde, konnte Mallory nicht wissen. Natürlich erwies sich die Sauerstoffausrüstung immer noch als eine »verfluchte Last«, doch wohl nicht als so schlimm, daß sie ohne Geräte geklettert wären.

Die Nachricht vom Verlust des Kochers und dem vergessenen Kompaß verstärkte den Eindruck, daß Mallory oft seine Sachen verschlampte. Am nächsten Tag vergaß er beim Aufbruch zum Gipfel auch seine Taschenlampe und seine Laterne; sie wurden 1933 von John Longlands Trägern in dem zerstörten kleinen Lager gefunden.

Die Kameraden warteten bis spät in die Nacht auf ein Signal vom Gipfelhang, doch nichts war zu sehen.

Es ist eine traurige Tatsache, daß Mallory, wenn er in jener Nacht noch am Leben war und in der Wand festsaß, vermutlich nichts bei sich hatte, um Notsignale zu geben. Seine Unachtsamkeit hatte dazu geführt, daß er in seinem letzten Pokerspiel nicht alle Karten auf der Hand hatte.

Für Odell mußte es besonders schlimm gewesen sein, daß er keinen Kocher vorfand. Er konnte keinen Schnee schmelzen und Tee brühen, und er mußte kalte Mahlzeiten einnehmen. Er öffnete ein paar Konserven und würgte das Abendessen herunter, »etwas aus Nudeln mit Tomaten und Obstmus«. Dann machte er es sich unter den zwei Schlafsäcken bequem und hatte eine relativ ruhige Nacht.

Um 6 Uhr stand er auf. Auch ohne die zeitraubende Prozedur des Schneeschmelzens für die Teebereitung kostete es ihn in diesen Höhen eine solche Anstrengung, die nötigen Verrichtungen zu tätigen, daß er zwei Stunden brauchte, bis er marschfertig war. Er packte Proviant für Lager VI zusammen für den Fall, daß die Lebensmittel dort knapp geworden waren.

Der Morgen war klar und nicht übermäßig kalt, doch während Odell Richtung Nordostflanke aufstieg, bildeten sich im Westen Nebelbänke und zogen über die Wand. Aus dem vergleichsweise hellen Himmel über ihm schloß er, daß der Nebel in den unteren Regionen der Wand hängenbleiben würde. »Infolgedessen fühlte ich keine Beunruhigung. Im Geiste sah ich Mallory und Irvine schon den Gipfelhang emporsteigen.«[7]

Odell kletterte weiter, er wandte sich vom Grat ab und erkundete noch unbegangene Bereiche der großen Nordwand.

Wenn er schon nicht der erste auf dem Gipfel sein konnte, so wollte er zumindest der erste Geologe sein, der in den Felsen der oberen Wandsektion herumgestiegen war. In seiner Absicht, den Berg zu erschließen, stieg er weltvergessen auf und ab, die Augen immer auf dem Boden. Es wehte nur ein leichter Wind, und die gelegentlichen Schneeschauer lenkten Odell nicht von seinem Vorhaben ab. Gegen 13 Uhr entdeckte er etwas, das er für die ersten Versteinerungen hielt, die je auf dem Everest gefunden wurden; er war überglücklich. Dann gelangte er zu einem Felsvorsprung von etwa 30 Meter Höhe. Er fühlte sich so fit und voller Energie, daß er ihn einfach überwand. Als er auf die Spitze kraxelte, sah er, daß sich der Himmel verändert hatte. Unvermittelt riß der Nebelschleier und gab für einen kurzen Moment den Blick auf Mallory und Irvine frei – ein Moment, der Alpinisten noch über ein halbes Jahrhundert lang beschäftigen sollte.

Der Nebel lichtete sich plötzlich vor mir, Gipfel und Gipfelgrat waren klar zu sehen. Ich erspähte einen kleinen schwarzen Punkt auf einem verschneiten, schmalen Kamm unterhalb einer Felsstufe im Grat. Der schwarze Punkt bewegte sich. Dann kam ein zweiter Punkt in Sicht, der dem ersten folgte. Der erste näherte sich der großen Felsenstufe und tauchte kurz darauf auf deren Spitze auf, der zweite folgte ihm. Dann zog sich der Wolkenvorhang wieder zu, und das Bild verschwand.

Es gab nur eine Erklärung: Mallory und sein Gefährte bewegten sich zügig; das konnte ich selbst auf die große Entfernung sehen. Sie wußten bestimmt, daß sie nicht mehr viel Zeit hatten, von ihrer gegenwärtigen Position aus den Gipfel bei Tageslicht zu erreichen und bei Einbruch der Dunkelheit zum Lager VI zurückzukehren. Die Stelle auf dem Grat ist die vorspringende Zweite Felsstufe gleich unterhalb des Fußes der Gipfelpyramide. Bemerkenswert ist, daß sie erst so spät dort angekommen waren, denn wenn sie wie geplant vom Hochlager aufgebrochen wären, müßten sie diese Stelle von Mallorys Zeitplan schon vor einigen Stunden erreicht haben.[8]

Odell setzte seinen Weg fort in Richtung Lager VI; er dachte unablässig darüber nach, was dieser überraschende Anblick der beiden Kameraden an der Felsstufe zu bedeuten hatte. Mallory und Irvine mußten stark in Zeitverzug sein. Ihnen blieb gerade noch genug Zeit, um den Gipfel zu erklimmen und bei Tageslicht wieder abzusteigen. Und von ihrer Position aus könnten sie auch problemlos den Gipfelgrat erreichen. Wenn sie so nahe waren, würden sie bestimmt nicht unverrichteter Dinge umkehren! Er versuchte sich vorzustellen, was zu dieser Verspätung geführt hatte.

Vielleicht sind sie durch den Neuschnee aufgehalten worden, den ich auf den oberen Felsen bemerkte. Für Leute mit schwerer Sauerstoffausrüstung bedeuten schneebedeckte Geröllplatten ein sehr langsames Vordringen. Möglicherweise mußten die Geräte auch vor oder nach dem Aufbruch von Lager VI repariert und neu eingestellt werden. Obgleich nicht sehr wahrscheinlich, so ist es doch möglich, daß die Nebelschicht, in der ich stak, ihren Aufstieg behinderte.[9]

Gegen 14 Uhr erreichte Odell Lager VI – gerade als es anfing zu schneien. Der Wind war eiskalt. Im Zelt fand er ein Chaos aus Lebensmitteln, Sauerstoffflaschen und Teilen des Reglers vor, was vermuten ließ, daß sie auch während der Nacht Sauerstoff geatmet hatten (das hatte Mallory Longstaff für Lager VI empfohlen); ansonsten hätten sie die sperrigen Apparate mit den Duraluminium-Tragegestellen auch draußen lassen können. Und wenn sie die Geräte mit ins Zelt genommen hatten, damit Irvine einen Defekt reparieren konnte, dann hätte er sie sehr wahrscheinlich im Gestell gelassen. Nach der Reparatur wären sie sofort wieder gebrauchsfertig gewesen. Doch während der Nacht brauchte man das Gestell nicht, das in den engen Zelten nur Platz wegnahm.

Odell wartete etwa eine Stunde im Zelt; er fragte sich, ob der Schneesturm wohl so stark wäre, daß er die beiden zur Umkehr zwingen würde. Das weist darauf hin, daß der Sturm nicht so heftig war, wie manche vermuteten und als zwingenden Grund für Mallorys Scheitern anführten. Odell befürchtete, daß seine beiden Kameraden das Zelt nicht finden könnten, das von der Wand aus nicht sichtbar war – eine Befürchtung, die Norton nicht teilte. Odell stieg zur Nordwand, pfiff und johlte, um die möglicherweise absteigenden Männer auf sich aufmerksam zu machen. Doch sie waren offenbar nicht in Hörweite. Nach einer Stunde – wesentlich länger, als ein Mensch freiwillig in einem veritablen Sturm am Everest verbringen würde – ging er zum Lager zurück. Der Sturm legte sich, der ganze Berg war wieder in Sonnenlicht getaucht. Der Neuschnee verdunstete bald, und Odell suchte mit den Augen abermals die oberen Hänge nach seinen Kameraden ab – nichts.

In der Rückschau kann man sagen, daß Odell als »Stütze« sehr viel nützlicher gewesen wäre, wenn er ein zusätzliches Zelt, das nur fünf Kilogramm wog, mitgenommen hätte. Dann hätte er über Nacht im Lager bleiben können für den äußersten Fall, daß die beiden es erreicht hätten. Doch Mallorys Anweisungen waren eindeutig: Odell sollte am Abend zum Lager IV absteigen und dort auf sie warten.

Um 17.30 Uhr räumte er das kleine Lager und brach zu einem schnellen Abstieg auf, unterwegs sah er sich immer wieder um. Doch in der Wüste aus Fels und Schnee konnte er keine Spuren seiner Kameraden entdecken. Er hätte sie nur sehen können, wenn sie eines der seltenen Schneefelder gequert oder sich auf einem Kamm gegen den Himmel abgezeichnet hätten. Er passierte Lager V um 18.15 Uhr 100 Meter vor dem Nordgrat und erreichte nach einer flotten Rutschpartie durch ein Schneefeld schon nach 30 Minuten Lager IV. Bei dieser Gelegenheit stellte er fest:

… daß man den Abstieg in großen Höhen kaum beschwerlicher findet als auf mäßigen Bergeshöhen. Mit den Anstrengungen des Aufstiegs läßt sich der Abstieg überhaupt nicht vergleichen. Bergsteiger, die nicht zu Tode erschöpft sind, können daher sehr schnell abwärts gelangen und vor Anbruch der Nacht in den sicheren Hafen einlaufen. Gerade die Fähigkeit zum schnellen Abstieg scheint mir zu beweisen, daß der an die Höhe gewöhnte Bergsteiger des Sauerstoffes nicht bedarf.[10]

Nach seiner Ankunft in Lager IV berichtete Odell aufgeregt von den Ereignissen der letzten beiden Tage. Immer noch hatte er keinen Grund, sich wegen Mallory oder Irvine zu sorgen. Gierig trank er Unmengen von Tee und Bouillon, die Hazard für ihn gekocht hatte, und grübelte über die Gefühlswallungen nach, die seine Tour in ihm ausgelöst hatte.

Was waren das für zwei Tage gewesen! Tage voller Eindrücke, die weder die Folgen der Höhe (wie auch immer sie sich auswirkte) noch die düsteren Ereignisse der folgenden beiden Tage jemals wieder aus dem Gedächtnis löschen können. Es war eine Zeit intensivster Erfahrungen – romantisch, ästhetisch, wissenschaftlich zugleich –, und eine jede war so eindringlich, daß sie mich sogar die extreme Anstrengung des Aufstiegs, der auch dazugehörte, vergessen machte und immer wieder die Gedanken erwartungsvoll zu dem Paar lenkte, das jeden Augenblick mit der Nachricht von der Bezwingung des Berges zurückkehren könnte.[11]

Jeder dachte nur daran, wie weit Mallory und Irvine es wohl geschafft hatten. Hatten sie den Gipfel erreicht? Wann würden sie zurückkommen? An jenem Tag könnten sie nicht weiter absteigen als bis nach Lager VI, denn sie waren ja schon mit der Zeit im Verzug, als sie an der Felsstufe gesichtet wurden. Noch lange bis in die Nacht hinein, schauten die Männer in Lager IV nach den absteigenden Kameraden oder nach einem Notsignal aus, das ihnen Mallorys und Irvines Position angeben könnte. Die Nacht war klar, der Mond schien hell; sie hätten also einen

Nachtabstieg wagen können. Doch die Männer in Lager IV sahen nichts.

Am nächsten Morgen richteten alle ihre Feldstecher auf die Hochlager und suchten akribisch nach einem Lebenszeichen. Odell befürchtete schon das Schlimmste. Am Mittag hielt er die Anspannung nicht mehr aus und bat zwei der verbleibenden drei Träger, ihn zum Lager V zu begleiten. Der Berg war fast schneefrei, und er war so gut akklimatisiert, daß er in $3\frac{3}{4}$ Stunden oben ankam – eine Klettergeschwindigkeit von fast 200 Metern pro Stunde. Dieser bemerkenswerte Sprint war ein weiterer Beweis gegen die Notwendigkeit der künstlichen Sauerstoffzufuhr.

Im Zelt lag noch das Gerät ohne Mundstück, das er bei seinem letzten Aufstieg hinaufgetragen hatte. Er schraubte ein mitgebrachtes Ersatzmundstück an. Die ganze Nacht lag das Gerät bereit, doch Odell dachte nicht daran, Finchs Beispiel zu folgen und es zu benutzen. Daher war die Nacht für ihn sehr anstrengend, und er konnte keinen Schlaf finden. »Es war außerordentlich kalt, der Wind drang durch alle Ritzen. Obwohl ich mit den Kleidern in zwei Schlafsäcken lag, wollte mir nie recht warm werden.«[12] Der bitterkalte Wind ließ auch am Morgen nicht nach. Odell konnte die halberstarrten Träger nicht mehr zum Weitergehen bewegen; er mußte sie wohl oder übel ins Lager IV hinunterschicken und seine Suche allein fortsetzen. Interessant ist, daß es zu jener Zeit keine Frage mehr war, ob man Träger allein zum Nordsattel schicken konnte, obwohl Finch noch bei der letzten Expedition für diese unmenschliche Entscheidung heftig kritisiert worden war.

Beim zweiten Aufstieg zum Lager beschloß Odell, die Sauerstoffgeräte noch einmal auszuprobieren. Doch er wurde wieder enttäuscht. »Außer einer kaum bemerkbaren Abnahme der Beinmüdigkeit verspürte ich nicht das geringste.« Etwas Positiveres hatte er nicht zu vermelden.

Ich drehte das Gas ab, ohne jedoch einen bösen Zusammenbruch oder schreckliches Herzrasen zu bekommen, die, so hatte man mich glauben gemacht, die Folgen einer solchen Handlung sein sollen. Ich kam ebensogut voran. Wie man hier oben keuchen muß, das würde allerdings auch für geübte Langstreckenläufer eine neue Offenbarung sein.[13]

Odell kletterte immer weiter, von Zeit zu Zeit mußte er hinter Felsen Schutz vor dem starken Wind suchen, der ihm schon in der Nacht seinen Schlaf unmöglich gemacht hatte. Seine Gedanken kreisten wieder um die düstere Seite der Dinge. Er hatte nicht wirklich erwartet, Mallory und Irvine im Lager V zu finden, denn die Männer in Lager IV hatten mit dem Feldstecher das Hochlager ganz genau abgesucht. Doch nun, auf seinem Weg zum Lager VI, wurde er sich bewußt, daß alles davon abhing, die beiden dort oben zu finden. Doch auch dort hatte man von Lager IV aus kein Lebenszeichen wahrgenommen. Es war nun zwei Tage her, daß Mallory und Irvine ihren Gipfelsturm versucht hatten. Langsam schwanden alle Hoffnungen.

In dem einsamen Zweimannzelt, aus dem Lager VI bestand, fand Odell seine schlimmsten Befürchtungen bestätigt. Alles war noch so, wie er es zurückgelassen hatte, nur eine Zeltstange war vom Wind umgerissen worden. Er legte sein Sauerstoffgerät ab und machte sich gleich auf den Weg zur Anstiegsroute, die Mallory und Irvine vermutlich genommen hatten.

Der Gipfelbau des Mount Everest gehört wohl zu den abstoßendsten und unwirtlichsten Orten auf dieser Erde; nie ist das so auffallend und so eindrücklich, als wenn ein Orkan über die schroffen Flanken fegt und Düsternis seine Gestalt verbirgt. Und nie könnte ein Sturm grausamer sein, als wenn er jeden Schritt auf der Suche nach den Freunden hemmt.

Nachdem ich mich zwei Stunden abgemüht und keinen einzigen Hinweis, keine einzige Spur der beiden entdeckt hatte, erkannte ich die Aussichtslosigkeit, die Vermißten in dieser riesigen, zerfurchten Steinwüste zu finden. Nur eine größere Bergungsmannschaft könnte hier eine ausgedehnte Suche betreiben.[14]

Bedrückt ging Odell zum Zelt zurück. Er zog die beiden Schlafsäcke heraus und legte sie in T-Form auf einem Schneefeld aus; damit signalisierte er den Gefährten 1300 Meter weiter unten, daß er keine Spur der Vermißten gefunden hatte. Er räumte das Lager wieder. Nur Mallorys prismatischer Kompaß und das von Irvine veränderte Sauerstoffgerät nahm er mit. Er warf noch einen letzten Blick auf den Gipfel. »Ernst und kalt schien er mich, ein winziges Menschlein, anzustarren, und heulte des Sturmes gellenden Spott auf meine Bitte herunter, das Rätsel meiner Freunde preiszugeben.« Hatten sie unrecht getan? Hatten sie Chomolungma, die »Göttin-Mutter der Welt« geschändet?

> Und als ich wieder schaute, schien ein Hauch der Versöhnung über ihre betörende, unheimliche Gestalt zu ziehen. Es hatte etwas Lockendes, wie sie da so erhaben thronte. Ich war fasziniert. Ich wußte: Wer sich ihr nähert, wird mit unwiderstehlicher Kraft angezogen, er muß immer weiter hinauf, trotz aller Hindernisse muß er danach trachten, den höchsten und heiligsten Ort der Welt zu erreichen. Auch meine Freunde müssen verzaubert gewesen sein. Warum also hätten sie zaudern sollen?[15]

Odell widerstand dem Ruf der Sirenen und wandte dem Berg den Rücken zu, in beißender Kälte stieg er schnell ab. Von Zeit zu Zeit kauerte er sich in den Schutz der Felsen, um dem stetig blasenden, ungestümen Wind auszuweichen. Als er sich dem Nordsattel näherte, schickte Hazard den letzten Träger hinauf, um Odell sicher ins Lager zu geleiten. Nun mußten die drei noch den Gefährten, die unten in Lager III bange auf Nachricht warteten, signalisieren, daß es keine Hoffnung mehr gab. Sie schleppten sechs Schlafsäcke auf eine Flanke und legten sie im

Schnee in Form eines Kreuzes aus. Hazard, Odell und der Träger packten zusammen und stiegen mit allem, was sie tragen konnten, über die heimtückische »Lawinenroute« vom Nordsattel ab.

Am 13. Juni hatte die ganze Mannschaft den Berg hinter sich gelassen und war wieder im Basislager. Norton spielte noch mit dem Gedanken, eine Seilschaft zum Fuß der Nordwand zu schicken – ein mühsamer Marsch über den ungesicherten Hauptarm des Rongbuk-Gletschers. Die Hoffnung, die Kameraden dort zu finden, war natürlich nur gering, und er war klug genug, diese Idee selbst »als ein sinnloses Unterfangen zu tadeln«. Auf einer Erkundungstour folgte Hazard später dieser Route und versprach, nach Mallory und Irvine Ausschau zu halten. Norton konnte nicht wissen, ob die beiden abgestürzt waren, und wenn ja, auf welcher Seite des Bergs. Im Falle eines Absturzes war aber unwahrscheinlich, daß sie über die vielen Felsterrassen und Vorsprünge überhaupt den Fuß des Berges erreicht hätten. Die verbleibenden Bergsteiger waren alle viel zu erschöpft, sie litten unter Herzbeschwerden, wunden Kehlen und Erfrierungen. In diesem Zustand wäre jedwede Suche körperlich und seelisch viel zu strapaziös gewesen. Allein aus medizinischen Gründen tat Norton gut daran, die Suche aufzugeben. Er schrieb:

Wir waren eine traurige kleine Mannschaft. Doch wir haben uns mit einer Selbstverständlichkeit in das Unabänderliche des Verlustes unserer Kameraden gefügt, wie es der Weltkrieg alle aus unserer Generation gelehrt hatte. Aber die Schatten der Freunde weilten bei und erfüllten uns mit Wehmut. Ihre leeren Zelte und Tischplätze erinnerten uns tagtäglich daran, welche Freude im Lager geherrscht hätte, wenn alles anders gekommen wäre.[16]

17

»Im Sturm auf den Gipfel«

»Arbeit ist das beste Mittel gegen Niedergeschlagenheit«, war Nortons bewährte Devise. So war es ein Glück, daß es in den Tagen nach Mallorys und Irvines Verschwinden »mächtig viel zu tun gab«, mehr als genug, so daß die Männer nicht ins Grübeln kamen. Am 13. Juni waren alle Hochlager abgebrochen und sämtliche Überlebenden wieder ins Basislager zurückgekehrt. Es wurde eifrig aufgeräumt, die Ausrüstung und Vorräte geordnet und gepackt, was noch lohnte, mit zurückgenommen zu werden. Bevor sie jedoch die lange Heimreise antraten, wollten sie noch einen kurzen Erholungsaufenthalt im Rongschar-Tal unterhalb des Gaurisankar einlegen. Hazard sollte Hari Singh Thapa zum West-Rongbuk-Gletscher begleiten und in Kampa wieder zur Mannschaft stoßen. Noel hatte sich selbst bereit erklärt, mit allem Gepäck und den Trägern direkt über Shekar Dzong und das Chumbi-Tal nach Darjeeling aufzubrechen. Für den 15. Juni, da alle Gruppen abreisen sollten, wurden noch Packtiere und Aushilfen angefordert. Doch vor dem endgültigen Aufbruch bauten Somervell und Beetham noch eine Art Tschörten zum Gedenken an die zwölf Menschen, die bei den insgesamt drei Expeditionen am Everest den Tod gefunden hatten.

Währenddessen rief Norton zur Lagebesprechung. Die Diskussion drehte sich um die Folgen von Mallorys und Irvines Tod und was der Presse und der britischen Öffentlichkeit übermittelt werden sollte. Sobald Norton das Signal vom Nordsattel bekommen hatte, war er zum Lager III geeilt und hatte ein Telegramm aufgegeben, darin jedoch keine Einzelheiten erwähnt. Die kurze Nachricht kam am 11. Juni ins Basislager, erreichte mit einem Kurier acht Tage später Phari Dzong und wurde von dort aus gekabelt. OBTERRAS LONDON (ENG-LAND) – MALLORY IRVINE NOVE REMAINDER ALCEDO – NORTON RONGBUK.[1]

Hinks fand das Telegramm am Morgen des 19. Juni auf seinem Schreibtisch bei der Royal Geographical Society. Die kryptische Nachricht hatte er schnell entziffert: Mallory und Irvine waren bei ihrem letzten Angriff auf den Gipfel verunglückt, die Überlebenden waren im Basislager in Sicherheit. Hinks fiel nun die unangenehme Aufgabe zu, die Angehörigen der Toten zu informieren; die wenigen traurigen Worte, die er gerade erfahren hatte, übersetzte er und telegraphierte sie den beiden Familien. David Robertson vermutete, daß Ruth Mallory schon von Georges Tod gewußt hatte, bevor sie das Telegramm bekam. Offenbar hatte sie »die Nachricht in Cambridge von einem Pressevertreter erfahren. Bestürzt machte sie mit alten Freunden einen langen Spaziergang«[2].

Am folgenden Tag, einem Samstag, wurde die Nachricht offiziell in der Presse bekanntgegeben; gleichzeitig schickte die Royal Geographical Society im Namen des Everest-Ausschusses ein Telegramm an die Expeditionsteilnehmer:

Herzliche Glückwünsche von Ausschuß an ganze Mannschaft zu heldenhaften Errungenschaften vor allem meisterhafte Führung – heute veröffentlicht – alle tief bewegt vom ruhmvollen Tod der Bergsteiger nahe dem Gipfel – beste Wünsche schnelle Erholung gute Gesundheit an alle – Collie.[3]

Douglas Freshfield nahm sich besonders des Wortlauts der Nachricht an, die er ohne weiteres Hinks zuschrieb, auch wenn dieser sie nicht unterzeichnet hatte. Einem Expeditionsleiter, der gerade zwei Männer verloren hatte, »herzliche Glückwünsche« auszusprechen, ist nicht gerade der richtige Ton. »Leider hat Hinks keinerlei Taktgefühl«, beklagte er sich gegenüber Sidney Spencer. Freshfield befürchtete, daß der Eindruck entstehen könnte, die Royal Geographical Society und der Alpine Club könnten aus der Expedition »eine Schau machen, ohne den schrecklichen Verlust adäquat zu behandeln«. Bitter konstanierte er: »Unter uns gesagt – Hinks mag zwar viele Qualitäten besitzen, aber er ist so aufgeblasen und geschmacklos, daß man immer ein Auge auf ihn haben muß. Das habe ich während meiner Präsidentschaft gemerkt.«[4] Hinks war sicherlich tief bewegt von den »ruhmreichen Neuigkeiten«, wie er sich ausdrückte, und hatte Norton in eigenem Namen zu dem »nichtsdestotrotz großartigen Erfolg« und der meisterhaften Leitung der Expedition beglückwünscht.

Wenn es etwas gibt, daß unsere Bestürzung über den Tod von Mallory und Irvine lindern kann, so das Wissen, daß sie höher gestiegen waren als alle anderen vor ihnen. Die Angehörigen können möglicherweise sogar davon ausgehen, daß sie am Gipfel liegen.
Uns alle begeistert die meisterhafte Führung und Organisation des ganzen Unternehmens; jeder stand für jeden ein – kein Vergleich zur Expedition von 1922 und der Beliebigkeit der Aktion, die damals in den Lagern III und IV geherrscht hatte. Was Hingston in bezug auf das Nachlassen der Gehirntätigkeit in großer Höhe meinte wissenschaftlich bewiesen zu haben, haben Sie triumphierend widerlegt, indem Sie die Umstände absolut im Griff gehabt hatten. Ich möchte Sie daher besonders zu Ihrem Bericht vom 8. Juni aus Lager III beglückwünschen, den Sie schneeblind und schweren Herzens einem Schreiber diktiert haben. Das war eine großartige Leistung.[5]

An Bruces Gattin schrieb er: »Die letzten Neuigkeiten werten die Tragödie insgesamt auf und machen aus der unwiderruflichen Katastrophe eine großartige, ruhmreiche Errungenschaft.«[6]
Die Öffentlichkeit zeigte sich von dem Unglück erstaunlich betroffen. Keineswegs nur Bergsteiger drückten ihr Bedauern

über den Verlust der beiden Männer aus. Damit wurde deutlich, wie sehr die Nation Anteil an der Expedition genommen hatte. Überrascht schrieb Hinks am 26. Juni an Norton: »Wir werden mit Telegrammen und Beileidsbezeigungen überschüttet – sei es vom König, von den geographischen Gesellschaften, von den Bergsteigervereinen der ganzen Welt und von unzähligen Privatpersonen dieses Landes – die sich darin überschlagen, das ruhmvolle Andenken an Mallory und Irvine zu ehren und zu würdigen.«[7]

Arthur Benson, Mallorys früherer Tutor in Cambridge, der von dem Unglück aus der Samstagszeitung erfuhr, konnte in dem Vorkommnis allerdings nichts Ruhmvolles entdecken, er sah nur den puren Verlust eines geschätzten Menschen.

Die schreckliche Nachricht vom Tod George Mallorys am Everest hat mich zutiefst bestürzt. Es ist ein Unglück von äußerster Tragik. Natürlich hat jeder Mensch das Recht, sein Leben für eine heldenhafte Eroberung aufs Spiel zu setzen, aber dies war seine *dritte* Expedition, und außerdem hat er Frau und (drei) Kinder. Er war mir immer ein lieber Freund, seit er 1905 mein Student wurde, und ich kenne alle seine Höhen und Tiefen. Je älter er wurde, desto toleranter und liebenswürdiger wurde er.[8]

Die Besprechung im Lager ergab übereinstimmend, daß Mallorys und Irvines Tod ein purer Kletterunfall war, ein fataler Ausrutscher. Nur Odell ließ sich nicht von der Überzeugung abbringen, daß die beiden beim Abstieg vom Gipfel von der Dunkelheit überrascht worden und an Erschöpfung und Unterkühlung gestorben waren. Zwei Tage nach seinem kurzen Telegramm schilderte ein völlig niedergeschlagener Norton in einem Brief an Hinks seine eigene Deutung der Ereignisse. Die Worte wählte er mit Bedacht, um nicht den Verdacht zu wecken, daß einen der beiden Bergsteiger eine Schuld träfe oder ihre Ausrüstung unzulänglich gewesen wäre.

Ich hege nicht den geringsten Zweifel, daß die beiden am Seil gingen – einer rutschte ab und riß den anderen mit. Ich selbst habe sie am Fuße des Gipfelbaus zuletzt gesehen, das Gelände ist schwierig, die Felsen sind steil und äußerst gefährlich, wenn sie mit pulvrigem Neuschnee überzogen sind.

Odell hat bewiesen, was wir alle vermuteten: nämlich, daß Männer, die wie die beiden an eine Höhe von 7000 bis 7600 Metern gewöhnt sind, beim Abstieg auf Sauerstoff verzichten können. Ich glaube also kaum, daß die Geräte für ihren Tod verantwortlich zu machen sind.[9]

Nach der Ankunft von Nortons Telegramm vergingen in London angespannte zwei Wochen bis zum Eintreffen ausführlicher Informationen. Nortons erster Bericht über das Unglück wurde am 26. Juni in der *Times* veröffentlicht; in den darauffolgenden Wochen schickte er regelmäßig Berichte und Pressemitteilungen. Allein der Umfang seiner Briefe ist erstaunlich. Minutiös dokumentierte er in offiziellen Berichten jeden einzelnen Aspekt der Expedition, er schickte geographische Karten für die Medien und schrieb Beileidsbriefe an die Angehörigen. Einigermaßen erschöpft teilte er daher am 23. Juni Hinks mit: »Ich habe mir die Finger wundgeschrieben« – als ob er sich die Trauer und die Enttäuschung vom Herzen schreiben wollte. Die Expedition war mit solch hohen Erwartungen gestartet, und er glaubte immer noch, daß die ehrgeizigen Hoffnungen nicht unrealistisch gewesen waren. Die Wendung der Ereignisse war nach seiner Meinung nicht einem Planungsfehler zuzuschreiben, sondern einfach dem Pech.

Doch seine Überzeugung nahm ihm nicht die Verantwortung von den Schultern. Noch einmal analysierte er die ganze Expedition, um sich zu vergewissern, daß er nichts hätte tun können, um den Lauf der Dinge zu ändern. Er war immer so stolz gewesen auf sein faires, demokratisches Vorgehen; stets hatte er alles mit Mallory, Somervell und Bruce besprochen, stets hatte er aufrichtiges Interesse am Wohlergehen der einheimischen Träger und der Helfer aus Europa gezeigt. Traurig klagte er in einem Brief an Hinks: »Kein einziger Expeditionsleiter kann von sich behaupten, daß ihm mehr loyale und selbstlose Unterstützung zuteil geworden ist als mir. Teamgeist wurde während der ganzen Zeit großgeschrieben, nicht ein Funke Neid oder Eifersucht war aufgekommen. Ich finde keine Worte für die Aufopferung, mit der jeder einzelne dazu beigetragen hat, dem Unternehmen zum Erfolg zu verhelfen. Im Vergleich dazu war die Expedition von 1922 ein Sonntagsspaziergang.« Norton wollte auf jeden Fall verhindern, daß das Unglück menschlichem Versagen oder einer fehlerhaften Entscheidung angelastet wurde.

Doch wußte er wohl, daß es auch Kritikpunkte gab. Zum Beispiel Mallorys Entscheidung, einen dritten Angriff auf den Gipfel zu unternehmen. Oder den unerfahrenen Irvine in unbekanntes Gelände gehen zu lassen. Und dann war da natürlich noch das alte Schreckgespenst, der Sauerstoff. Die Öffentlichkeit würde wissen wollen, ob eine defekte Sauerstoffausrüstung zu der Tragödie beigetragen haben könnte. Mallory oder Irvine sollte auf keinen Fall die Schuld treffen – das war alles, was Norton seiner Meinung nach tun konnte, um sich aus dieser prekären Lage zu retten.

Hinks, der keine Gelegenheit ausließ, die Atemhilfe zu verunglimpfen, sah nun die Chance, dem Sauerstoff den Schwarzen Peter zuzuschieben, und es verwirrte ihn, daß Norton die Möglichkeit, die Atemhilfe könnte versagt haben, eher ausschloß. »Ihre Überzeugung, dieser Tod sei ein ganz normaler Kletterunfall gewesen, hat den Leuten die Diskussionsgrundlage bezüglich fehlerhafter Sauerstoffgeräte genommen, aber das haben Sie ja offensichtlich auch bezweckt.« Damit verlangte er eine Stellungnahme von Norton. Als diese ausblieb, schrieb Hinks schon sehr viel deutlicher: »Sie haben sich jede Mühe gegeben, keine Spekulationen über die Sauerstoffausrüstung aufkommen zu lassen... daher wird diese Frage Gegenstand einer Untersuchung des Ausschusses sein, sobald Sie alle wieder zurückgekehrt sind.«[10]

Hinks hatte gute Argumente. Anhand der erdrückenden Beweislage in Odells Bericht über das spezielle Gerät, das Odell auf Anraten Nortons aus Shekar Dzong geschickt hatte, wäre die Annahme, die Geräte hätten nicht funktioniert, nicht so leicht von der Hand zu weisen. Wohin so eine Untersuchung jedoch führen würde, konnten damals weder Hinks noch Norton voraussehen. Solange der wahre Grund für das Unglück nicht bekannt war, könnte gegen die Hersteller der Sauerstoffgeräte nur theoretisch Anklage erhoben werden, doch es war sehr wahrscheinlich, daß die Expeditionsteilnehmer und ihre Vertreter im Kreuzfeuer von Beschuldigung und Gegenbeschuldigung nicht besonders gut wegkommen würden.

Wie vorauszusehen war, wies Siebe Gorman als Reaktion auf Odells Bericht jegliche Verantwortung von sich. Ob die kurze Vorbereitungszeit nun ein ausreichender Grund für die schlechte Qualität der Geräte war oder nicht – die Hersteller der Geräte konnten jedenfalls ein gutes Argument anführen und behaupten, daß die Expeditionsteilnehmer im Vorfeld nicht richtig mit ihnen zusammengearbeitet und sich kaum mit den Geräten befaßt hätten. Hätte der Sauerstoffbeauftragte die Fabrik besucht, den Gerätetests beigewohnt und sich Konstruktion und Funktionsweise erklären lassen, »hätte er ohne weiteres allen etwaigen praktischen Schwierigkeiten vorbeugen und die Geräte reparieren lassen können, und die Probleme, die in dem Bericht angesprochen werden, wären nie aufgetreten.«[11] Nach Siebe Gormans Auffassung hätte sich der ungeplante Austritt des Sauerstoffs größtenteils vermeiden lassen können, wenn sich einer der Männer mit den neuartigen Kontrollventilen ausgekannt hätte.

Bei Entwurf und Konstruktion der Geräte hatte Siebe Gorman fast ausschließlich mit P. J. H. Unna vom Alpine Club zu tun, einem sehr kompetenten Ingenieur, der selbst aber nicht an der Expedition teilnahm. Odell, der Sauerstoffbeauftragte des Teams, war vor dem Aufbruch in Persien beschäftigt gewesen und hatte nie eine Anleitung aus erster Hand bekommen, und Irvines Interesse an den Geräten war offenbar nie

besonders ernst genommen worden; seine ihm eigene Zurückhaltung hatte es ihm verboten, sich damals in irgendeiner
Weise vorzudrängen.

Daß Irvine allerdings die Ausrüstung in Tibet umfassend
modifiziert hatte, machte Siebe Gormans Position in der Folge
unanfechtbar. Dadurch waren die Hersteller jeglicher Verantwortung enthoben. Sie machten geltend, daß Irvine Unter-
druckrohre für Überdruckgeräte verwendet und damit der speziellen Ausrichtung des Apparats entgegengewirkt hatte, so
daß der Austritt des Sauerstoffs praktisch unvermeidlich war.
Dagegen konnte nicht sehr viel eingewendet werden, und der
Ausschuß war klug genug, nicht weiter gegen den Hersteller
vorzugehen.

Kurz vor der Abreise aus Indien schrieb Norton an Spencer
einen Brief und vertraute ihm an: »Ich vermisse Mallory und
Irvine schrecklich. Mit Mallory hatte ich immer wieder längere
Zeit das Zelt geteilt; er war mehr als nur meine rechte Hand in
allen Fragen des Bergsteigens – er ist mit mir durch dick und
dünn gegangen und hat mir immer den Rücken gestärkt. Der
junge Irvine war ein richtiger Gewinn für uns. Wenn ich doch
nur wüßte, ob sie es vor ihrem Tod auf den Gipfel geschafft
haben!«[12]

Auch Somervell mußte das Ganze erst noch verkraften. Am
11. Juni schrieb er: »Keine Neuigkeiten. Das ist unheimlich ...
Vielleicht kommen sie nie mehr zurück. Vielleicht sind sie tot.
Mallory – mein Freund, mein Bergkamerad, mein Bruder im
Geiste – tot?« Am 12. Juni mußte er sich in das Unwiderrufli-
che fügen; er versuchte, seine Gefühle durch die Vernunft zu
besiegen: »Furchtbar! Aber gibt es einen schöneren Tod, als an
der Spitze seiner Leistung zu sterben? Und der Everest ist für
unsre beiden besten Männer das schönste Grabmal auf dieser
Erde.« Drei Tage später schrieb er:

Gerade Mallory fehlt mir sehr. Er war ein guter Freund und
einer der wenigen Menschen bei diesem ganzen Unternehmen, mit denen man über alles reden konnte. Er ist sehr be-

lesen, ja fast intellektuell, aber er kann auch über sich lachen. Er war ein hervorragender Bergsteiger, er war der netteste und geduldigste Gefährte, auch wenn man seinem schnellen Schritt bergan kaum folgen konnte. Der Verlust wiegt noch schwerer, nachdem ich ihn kennenlernen durfte. Und immer wenn ich in *Spirit of Man* lese, werde ich an die Zeiten von 1922 und 1924 denken, als wir beide uns gegenseitig in unserem kleinen Zelt in Lager III daraus vorlasen. Sein Geist ist wirklich der Geist eines Mannes ...[13]

Norton fügte »Mr. Odell's Story« seinem Bericht vom 14. Juni an die *Times* hinzu, doch Spencer vertraute er an: »Ich finde es nicht gut, daß Odell in seiner Pressemitteilung erklärte, sie seien erfroren. Er vertritt als einziger diese Ansicht; wir anderen glauben, daß sie aller Wahrscheinlichkeit nach abgestürzt sind.«[14]

Norton konnte sich »einfach nicht vorstellen, daß Mallory der Erschöpfung nachgegeben« hätte und von der Dunkelheit überrascht wurde. Daß es keine Lichtzeichen vom Gipfelhang gab, hat ihn letztendlich zu seiner Überzeugung geführt. An jenem und am nächsten Abend wurden für die ersten drei Nachtstunden Wachen abgestellt – es wurden keinerlei Notsignale bemerkt. Norton wollte nicht wahrhaben, daß Mallory vergessen haben könnte, eine Taschenlampe mitzunehmen; nachdem er 1922 von der Nacht überrascht worden war, »wäre er nie wieder ohne entsprechende Ausrüstung aufgebrochen«, außerdem hatten die Bergsteiger für Notsituationen Leuchtraketen. Doch die hatte Odell in Lager VI gefunden – sie waren also an jenem schicksalhaften Tag zurückgelassen worden, um die »verfluchte Last« zu verringern. 1933 fand Longland in den traurigen Überresten des Lagers eine noch funktionierende Taschenlampe. Wie Bruce so trocken bemerkte, vergaß Mallory manchmal seinen eigenen Kopf.

Da Norton sich strikt weigerte zu glauben, daß Mallory ohne Taschenlampe gegangen war, ging er von einem Absturz als Ursache für die Tragödie aus. Doch was ist mit Odells Aussage?

Warum ist er so überzeugt, daß die beiden von der Dunkelheit überrascht wurden, Schutz in einer Felsspalte gesucht hatten und dort schließlich erfroren waren? Gemäß dieser Annahme hätten sie wenigstens einen schmerzlosen Tod gefunden, ihnen wäre kein Kletterfehler unterlaufen – und vor allem würde Irvines Unerfahrenheit dabei keine Rolle spielen. Man braucht sich nur Odells Lage vorzustellen, unter welchem psychischen Druck er gestanden haben muß, weil er sich plötzlich für den Tod von Mallory und besonders von Irvine verantwortlich fühlte.

Irvine war nämlich Odells Entdeckung gewesen. Er hatte ihn zur Spitzbergen-Expedition eingeladen; davor waren Irvines Hobbys Rudern und Motorradfahren gewesen, und es wäre ihm nie in den Sinn gekommen, mit dem Bergsteigen anzufangen. Odell hatte sich bestimmt Vorwürfe gemacht wegen des jähen Endes des größtenteils noch ungelebten Lebens eines so begabten jungen Menschen. Er wußte, sobald er wieder zu Hause wäre, müßte er Irvines Angehörigen und Freunden gegenübertreten und ihnen erklären, was passiert war. Da Odell seinen Bruder im Krieg verloren hatte, wußte er, wie schmerzlich es war, einen geliebten Menschen zu verlieren.

Die Dinge waren natürlich unabwendbar, aber wie die beiden zu Tode gekommen waren, würde vielleicht in gewissem Maß die Last der Verantwortung verringern, die auf Odell drückte. Wenn Mallory und Irvine abgestürzt waren, wie die meisten glaubten, dann läge die Annahme nahe, daß eher der unerfahrene Irvine abgerutscht war und daß er für einen Angriff auf den Gipfel einfach nicht der geeignete Mann war. Wenn Irvine für den Everest noch nicht fortgeschritten genug war, wie Bruce behauptete, so hätte Odell mit seiner Wahl damals eine falsche Entscheidung getroffen. Und wenn der Tod von einer Fehlfunktion der Sauerstoffgeräte verursacht worden war, so trüge daran Odell als Sauerstoffbeauftragter ebenfalls einen Teil der Schuld.

Doch diese Überlegungen berücksichtigen nicht, wie Odell sich zur Zeit des letzten Angriffs gefühlt haben mußte, weil er vom Gipfelsturm ausgeschlossen war. Auch wenn er behauptete, daß ihm das nichts ausgemacht habe, wäre es keineswegs überraschend, wenn er sich ungerecht behandelt gefühlt hätte und frustriert gewesen wäre, daß man ihn nicht berücksichtigt hatte, obwohl er damals in außerordentlich guter Form gewesen war. Denn wie er sagte, hätte er seine geologische Forschungsarbeit ausgesprochen gerne einem Angriff auf den Gipfel geopfert. Wäre die Geschichte anders ausgegangen, wenn er Mallory auf den Gipfel begleitet hätte? Oder wäre er an Irvines Stelle ums Leben gekommen? Niemand weiß sicher, ob er sich nicht insgeheim geärgert hat, daß Mallory während der ganzen Expedition Irvine für sich in Beschlag nahm, obwohl Irvine eigentlich Odells Freund und Schützling war. Und niemand weiß, ob Odell sich mit dem Gedanken trug, einen Alleingang auf den Gipfel zu wagen, wenn Mallory und Irvine erfolglos zurückgekehrt wären.

»Es hatte etwas Lockendes, wie sie da so erhaben thronte«, hatte Odell geschrieben, nachdem er Lager IV zum letzten Mal geräumt hatte. »Wer sich ihr nähert, wird mit unwiderstehlicher Kraft angezogen, er muß immer weiter hinauf, trotz aller Hindernisse muß er danach trachten, den höchsten und heiligsten Ort der Welt zu erreichen.« War ihm voller Wehmut bewußt geworden, daß er seine Chance verpaßt hatte? Daß die Tragödie ein weiteres Mal eine unüberbrückbare Kluft zwischen ihn und sein höchstes Ziel geschlagen hatte? Zwei Tage zuvor hatte er eine solche Höhe erklommen, um selber den Gipfel anzugreifen – er hätte den Lockungen nur nicht widerstehen müssen und einfach weitersteigen sollen. Von allen Expeditionsteilnehmern war er in der besten körperlichen Verfassung, und er war der ausgeglichenste des ganzen Teams. Selbstlos und zuverlässig unterstützte er die anderen, er stapfte mit Proviant zum Nordsattel hinauf und wieder hinunter, er kochte und brühte Tee und wurde nie ernsthaft als Kandidat für den Gipfelsturm in Betracht gezogen. Wer hätte es ihm verdenken können, wenn ihn der Ehrgeiz gepackt hätte? Aber er war hilfsbereit und standhaft bis zum Schluß, er dachte immer nur an seine Verpflichtung gegenüber den beiden Kameraden am Gipfelhang und gegenüber den anderen in den unteren Lagern

Die Bergsteiger verließen nur zögernd »das alte Basislager, an dem so viele gute wie schlechte Erinnerungen hingen, das so öde und ungastlich war nach dem sonnigen Hochland von Tibet, aber so heimelig und gemütlich, verglichen mit den kalten, windigen Gletscherlagen«.[15] Es war der endgültige Abschied von einem Leben, das auch Mallory und Irvine gehört hatte, und es war der Beginn eines neuen Lebens ohne die beiden Kameraden. In harter Arbeit setzten sie den Toten der drei Everest-Fahrten am Basislager ein fast fünf Meter hohes, spitz zulaufendes Denkmal und brachten fünf Steinplatten mit den Namen der Verstorbenen an. Sie brauchten dafür zwei Tage, aber Somervell hoffte, es würde »viele Jahre überdauern und die nächste Mannschaft grüßen und sie an die Gefahren des Berges gemahnen«.[16]

Der Großteil der Träger ging mit Noel nach Darjeeling zurück, wo sie entlohnt wurden; nur wenige Sherpas, die in höchster Höhe beste Leistungen erbracht hatten, begleiteten die Briten als »Burschen« ins Rongschar-Tal. Norton erinnerte sich, wie Odell »das Rauhbein« Narbu Yishé zugewiesen bekam:

Wer keine morgenländische Sprache kennt, dem stehen mehrere Wege offen, sich zu verständigen. Beetham folgte dem üblichen Beispiel John Bulls auf dem Festland, indem er laut und deutlich englisch redete, womit er erstaunliche Erfolge erzielte. Odell bediente sich rauschender Wortgefüge klassischen Gepräges. Einst lauschte ich der Unterhaltung Odells mit seinem Diener im Nachbarzelt. Narbu konnte ein Wort Englisch, nämlich »Ja«. Die Unterhaltung verlief folgendermaßen:

Odell: »Ah, guten Morgen, Narbu Yishé. Ich höre, daß du die Pflichten meines persönlichen Dieners übernommen hast.«

N. Y.: »Ja, Sahib.«

Odell: »Nun, mein Lieber, ich bin früher von Pu und Nambgya ausgezeichnet bedient worden, und es tut mir leid, sie zu verlieren. Jedoch bin ich davon überzeugt, daß dich der gleiche Geist beseelt und daß wir miteinander zu gegenseitiger Zufriedenheit auskommen werden.«

N. Y.: »Ja, Sahib.«

Odell: »Also gehen wir einmal das Gepäck durch, damit ich dir zeigen kann, wo meine Sachen liegen.«

N. Y.: »Ja, Sahib.«

Nach diesem vielversprechenden Anfang scheint eine Stockung eingetreten zu sein, denn Narbu meldete sich bei mir mit militärischem Gruß und sprach: »Bitte, Herr, sagen Sie meinem Herrn, er brauche mir nur die Schlüssel zu geben, weil ich mit allen Pflichten eines Burschen vertraut bin. Er wird seine Sachen immer in Ordnung finden.«[17]

Bei der Wanderung zurück in die tiefergelegenen, fruchtbaren Landstriche hellte sich die Stimmung der Bergsteiger wieder ein wenig auf. Doch das Rongschar-Tal mit seinen tiefen und scheinbar endlos langen Schluchten war unerwartet deprimierend. Norton und Somervell trösteten sich mit ihren Zeichnungen. Sie verbrachten drei Tage abseits der Gruppe in den Hügeln oberhalb des Bergdorfes Trobdje und hofften, einen seltenen Blick auf den schönen, wolkenverhangenen Gipfel des Gaurisankar zu erhaschen, den Wollaston bei der Erkundungsfahrt von ferne fotografiert hatte. Ihre Geduld wurde belohnt: Die Wolken verzogen sich, und sie hatten, wie Norton an Spencer schrieb, einen Blick auf den schönsten Berg, den sie je gesehen hatten. »Er ist vollkommen von Gestalt, mit einem wunderschönen Eisgrat bis zum Gipfel. Fast 4600 Meter nur Berg – stellen Sie sich das vor! Als der Gipfel aus den Wolken trat, schien er von unglaublicher Höhe herunter. Wir haben gezeichnet wie die Wilden.«[18] Auch Somervell war beeindruckt. Der Berg thronte so hoch oben, »daß ich das

Gleichgewicht verlor und nach hinten umfiel!«[19] Es war ein Traum von einem Berg. Als sie danach mit je fünf Zeichnungen zur Gruppe stießen, hatten sie ihre Seelenkräfte wieder gesammelt. Sie schickten sofort Beetham mit der Kamera hinauf, damit er ein offizielles Foto für den Expeditionsbericht machte, doch es war zu spät; der Gipfel verbarg sich wieder in den Wolken.

Nortons Schilderung des Rongschar-Tales war sehr lebhaft – ganz anders als seine vorhergehenden Berichte vom Rongbuk. Er erzählte von Mädchen, die barbusig auf dem Feld arbeiteten, von gewaltigen Gelagen mit Enten- und Gänsebraten, Kartoffeln und saftigen Bambussprossen. Seine Sprache war die eines Menschen, der nach langer Zeit der Entbehrung wieder in die Welt der Lebenden zurückgekehrt und, jedenfalls für eine Weile, von fast unerträglicher Anspannung gelöst war. Sein Ton entsprach ganz und gar nicht der trüben Stimmung daheim in England. »Vielleicht lag das an jenen, welche die Berichte herausgaben«, räumte Freshfield sofort ein, doch, wie er sich Spencer gegenüber äußerte, »vermittelten Nortons ausgelassene Briefe vom Fuße des Gaurisankar und seine abschließende Bemerkung, er würde in den Alpen gerne mal wieder einen draufmachen, einen Eindruck, den er sicherlich nicht beabsichtigt hatte.« Das sei taktlos gegenüber Mallorys und Irvines Angehörigen und Freunden und würde, wie auch Hinks' Telegramm, »aus der Katastrophe eine Heldenschau machen«.[20]

General Bruce war immer noch in Indien, als sich die Tragödie ereignete. Nachdem er sich bei F. M. Bailey, dem politischen Bevollmächtigten von Sikkim, von seiner Krankheit erholt hatte, beschloß er, zu warten und sich der Mannschaft für die Rückreise anzuschließen. In Noels Fotolabor in Darjeeling hielt er sich über die Expedition auf dem laufenden, so gut es ging, doch von dem Unglück erfuhr er erst aus der Zeitung. »Ich würde alles dafür geben, damit sie sich ausruhen können«, schrieb er an Spencer. »Es ist eine schreckliche, aber auch eine wundervolle Geschichte ... Sie steht auf jeden Fall in einer Reihe mit den Errungenschaften in den Bergen oder an Nord- und Südpol. Die Rechtfertigung liegt in der Leistung selbst und gibt eine Antwort auf die Fragen nach dem Sinn des Unterfangens, die auf jeden Fall aufkommen werden... Auch ohne ausreichende Informationen glaube ich, daß der Unfall einem heftigen Windstoß zuzuschreiben ist, der die erschöpften Männer an einer schwierigen Stelle überraschte.«[21] Doch als er Odells Bericht las, änderte er schlagartig seine Meinung. An Hinks schrieb er:

Meines Erachtens ist Odells Annahme berechtigt, daß Mallory und Irvine den Gipfel erreichten und beim Abstieg von der Dunkelheit überrascht wurden. Möglicherweise haben sie für den Aufstieg länger gebraucht, vielleicht waren auch die Sauerstoffflaschen leer, sie konnten nicht zurückgehen und mußten bei Einbruch der Nacht biwakieren ... Doch wie auch immer, es ist schrecklich – herzzerreißend, aber wundervoll.[22]

Auch Longstaff glaubte ohne weiteres, daß Mallory und Irvine den Gipfel bezwungen hatten.

Ich schätze mich glücklich, sie gekannt zu haben – solche großartigen Gefährten. Im letzten Brief an mich schrieb Mallory: »Diesmal segeln wir auf den Gipfel, so Gott mit uns ist – oder wir stapfen mit zusammengebissenen Zähnen hinauf!« Das ist keine eitle Prahlerei, sie haben alles richtig gemacht ... Man konnte von den beiden nicht erwarten, daß sie sich über den Abstieg Gedanken machten, es war ein perfekter Tag. Wahrscheinlich waren sie über den Wolkenbänken, die Odell die Sicht behinderten. Wie sehr sie den Blick von dort oben auf die halbe Welt genossen haben müssen! Es war die Mühe wert. Nun sind sie jung gestorben – ich bin mir aber sicher, daß sie mit keinem von uns tauschen wollen.[23]

Freshfield hatte die Sicherheit von Zweierseilschaften immer angezweifelt. Es war eine Praxis der Felskletterer in kurzen, steilen Wänden, doch »für lange Aufstiege sind sie ungeeignet, wenn nicht gar verheerend«, schrieb er an Spencer.[24] Er argumentierte, eine Dreierseilschaft sei besser, denn der dritte Mann könne, wenn nötig, einem Kameraden in Schwierigkeiten helfen; die Ereignisse hätten ihm recht gegeben, behauptete er. Auf der Grundlage von Odells Sichtung nahm er an, daß Mallory und Irvine in sechs Stunden über 350 Meter geklettert waren; bei diesem Schnitt hätten sie für die letzten 240 Meter also mindestens vier Stunden benötigt. Aber nach Freshfields Überzeugung war nur noch Sauerstoff für drei Stunden in den Flaschen. Daher konnten sie seiner Meinung nach nicht auf dem Gipfel gewesen sein. Young hingegen vertraute blind darauf, daß sie den Gipfel erreicht hatten, und war ausgesprochen erzürnt über Nortons letzte Pressemitteilung, in der er ein Scheitern nicht einmal mehr in Frage stellte.

Ich kenne Mallory seit fast 20 Jahren als Alpinist und kann sagen... daß es jedem Bergsteiger schwergefallen wäre umzukehren, nachdem die größten Schwierigkeiten überwunden waren – doch ihm wäre es unmöglich gewesen. Ich könnte darüber seitenweise schreiben, aber das ist nicht nötig. Die Tatsache, daß Norton sich allein auf diese Annahme stützt, nur um Odell zu widersprechen, bestätigt meine Ansicht nur, daß sich das Unglück beim Abstieg ereignet hat (das glauben auch die meisten anderen); und wenn dies der Fall ist, so bedeutet es, daß der Gipfel bezwungen wurde, denn Mallory war eben Mallory.

Natürlich bleibt aufgrund der offenen Frage die Möglichkeit bestehen, daß der Gipfel immer noch nicht bezwungen wurde, sowie Hoffnung für jene, die es erneut versuchen wollen. Doch die Gefährten sollten mit diesen Emotionen nicht an die Öffentlichkeit gehen, solange es nicht ausreichend Beweise gibt, die der Interpretation der Fakten, wie wir sie nun alle kennen, widersprechen.[25]

Die vielen Wochen, die das Team zur Rückreise brauchte, waren eine Art Auszeit. Die Expeditionsteilnehmer nahmen ihre jeweils individuellen Einschätzungen der Ereignisse am Everest vor, sie trösteten sich über den Verlust hinweg und zogen ihre eigenen Schlüsse über das, was dort oben passiert sein mochte. Sie wußten, daß zu Hause endlose Befragungen beginnen würden und sie noch einmal alles durchleben müßten. Auch für alle Beteiligten, die in England auf Antworten warteten, war es eine Zeit des Stillstands. Die Briefe wechselten zwar hin und her, doch aufgrund der langen Zeit, die jeweils dazwischenlag, war der Dialog ziemlich verfremdet und gestelzt wie eine Korrespondenz mit der Vergangenheit, es brauchte meist mehrere Wochen, bis ein Antwortbrief eintraf, und in dieser Zeit waren die Ereignisse unaufhaltsam fortgeschritten. Auch die Meinungen bildeten und verhärteten sich, natürlich beruhten sie oft nur auf inneren Überzeugungen und nicht auf harten Fakten. Und die Wahrnehmung derer, die unmittelbar in die Tragödie verwickelt waren, änderte sich allmählich ebenfalls.

Diese langsame Wandlung würde sich über einige Monate vollziehen, bis schließlich die »offizielle Version« verlautbart werden sollte, die unangreifbar wäre – bis ein neuer Aspekt des Geschehens berücksichtigt werden müßte, wie zum Beispiel 1933 das Auffinden eines Eispickels. Es ist von Interesse, diese subtilen Veränderungen aufzuzeigen, angefangen von den ersten emotionalen Briefen und Mitteilungen direkt im Anschluß an das Unglück, über die überlegteren Berichte und Schriften an die Schirmherren der Expedition, bis hin zu der Version, die ein Jahr später im Expeditionsbericht abgedruckt wurde und die man die »offizielle Version« von Mallorys und Irvines Aufstieg nennen könnte: die offiziell vertretene Linie des Teams, auch wenn sie nicht genau mit den persönlichen Meinungen aller Beteiligten übereinstimmte.

Die auffälligsten Abweichungen finden sich in den Mitteilungen, die vom Basislager an die Londoner *Times* geschickt wurden, und jener Version, *The Fight for Everest,* die in der Mitte des darauffolgenden Jahres veröffentlicht wurde. Entscheidend sind vor allem die unterschiedlichen Auffassungen bezüglich Odells epochaler Sichtung von Mallory und Irvine, die sich über ein Hindernis kämpften und es überwanden. Was aber hatte Odell wirklich gesehen?

Warum es so wichtig war festzustellen, an welcher Stelle genau Odell die beiden Männer gesehen hatte, ist leicht zu verstehen. Wenn sie die Zweite Stufe erklettert hatten, dann besteht die hohe Wahrscheinlichkeit, daß sie auch den Gipfel erreicht hatten. Diese Möglichkeit erfreute den Alpine Club natürlich. Doch dann ergossen sich die Widersprüche in solch einer Flut, daß man allgemein annehmen mußte, daß Odell sich geirrt und sie gar nicht an der Zweiten Stufe gesehen hatte. Wie kann ein Mann auf dieser Höhe in nur fünf Minuten 25 Meter erklettern? Also mußte es sich um die Erste Stufe gehandelt haben. Odells Beobachtung war der am genauesten und »meistinterpretierte« Teil der ganzen Geschichte. Innerhalb von ein paar Jahren wurde jeder Punkt seiner Behauptung revidiert und korrigiert bis hin zu der Vermutung, daß er überhaupt nichts gesehen hatte und nur ein paar Felsen oder Dohlen fälschlich für die Männer gehalten, ja vielleicht sogar unter höhenbedingten Halluzinationen gelitten hatte.

In all diesem Durcheinander fing Odell verständlicherweise selbst an zu zweifeln, ob und was er gesehen hatte. Es lohnt, an dieser Stelle Odells ursprüngliche Schilderung, wie sie in den Mitteilungen (siehe Kapitel 16) wiedergegeben worden war, und seinen Bericht für die offizielle Version *The Fight for Everest,* zu vergleichen:

Bei 7800 Metern packte ich einen kleinen Vorsprung an, der sich wohl ebensogut hätte umgehen lassen. Es kam mir mehr darauf an zu sehen, wie mein Körper in dieser Höhe mit der Kletterei fertig wurde. Als ich die 30 Meter überwunden hatte, lichtete sich der Nebel über mir, der Gipfel und der ganze Gipfelgrat nahmen klare Konturen an. Auf einem Schneefeld unter der vorletzten Stufe zur Gipfelpyramide erspähte ich ein kleines Objekt, das sich der Felsenstufe

näherte. Ein zweites folgte, während das erste den Vorsprung erkletterte. Leider zog sich der Vorhang wieder zu, so
daß ich nicht mehr feststellen konnte, ob der zweite Bergsteiger seinen Gefährten eingeholt hatte.

Ich wunderte mich, Mallory und Irvine erst jetzt, um 12.50
Uhr, an dieser Stelle zu erblicken. Ich wußte nicht genau, ob
ich die Erste Stufe oder die Zweite Stufe vor mir hatte. Jedenfalls wollte Mallory planmäßig spätestens um 8 Uhr bei der
Zweiten Stufe sein... Wegen der Verkürzung von meinem
Standpunkt aus, konnte ich die Lage des Ortes nicht deutlich ausmachen, doch glaubte ich, die Zweite Stufe vor mir
zu haben. Es kann aber auch sein, daß diese vom näheren
Gelände verdeckt wurde. Jedenfalls hatte ich den Eindruck,
daß die beiden sich beeilten, als wollten sie verlorene Zeit
einholen.[26]

Zwischen den beiden Versionen gibt es, abgesehen von dem
gravierenden Unterschied zwischen Erster und Zweiter Stufe,
auch noch andere, kleinere Abweichungen. Merkwürdig und
uneinheitlich ist auch in der zweiten Version, daß er erst
schreibt: »Gipfel und der ganze Gipfelgrat nahmen klare Konturen an«, später aber: »Wegen der Verkürzung von meinem
Standpunkt aus, konnte ich die Lage des Ortes nicht deutlich
ausmachen.«

Die erste kleinere Abweichung betrifft den »schwarzen
Punkt«, aus dem später ein »kleines Objekt« wurde. Offenbar
versuchte Odell dadurch, den Vermutungen entgegenzuwir-
ken, er habe zwei Felsen oder Wolkenschatten für die Bergsteiger gehalten. Aus »Mallory und sein Gefährte« wurden
»Mallory und Irvine«. Hier kann man allerdings nur anmerken, daß es eine sträfliche Unterlassung Odells war, Irvine in
der ersten Version nicht namentlich erwähnt zu haben – stand
er ihm als Freund doch näher als Mallory.

Die dritte Abweichung fällt zuerst nicht auf: »Der erste
[schwarze Punkt] näherte sich der großen Felsenstufe und
tauchte kurz darauf auf deren Spitze auf, der zweite folgte

ihm«, wird zu: »... ein kleines Objekt, das sich der Felsenstufe näherte. Ein zweites folgte, während das erste den Vorsprung erkletterte. Leider zog sich der Vorhang wieder zu, so daß ich nicht mehr feststellen konnte, ob der zweite Bergsteiger seinen Gefährten eingeholt hatte.« Der Begriff »auftauchen« legt nahe, daß die Gestalt sich gegen den Himmel abzeichnete und daß die zweite folgte. Das ist eine hervorragende Schilderung, wie eine Stufe erklommen wird, und es gibt eigentlich keinen Grund, warum sich dieser Punkt ändern sollte. Wenn, wie angenommen wird, die Stufe keineswegs schnell zu erklimmen war, so konnte Odell möglicherweise nicht beide Männer bei der Bezwingung der Stufe gesehen haben. Dies war auch nicht der Fall – er hatte nur den zweiten Bergsteiger gesehen. Doch wie überzeugend die Argumente derer auch waren, die Odells Sichtung der Bergsteiger an der Zweiten Stufe anzweifelten – sie konnten den Eindruck des Gesehenen nicht gänzlich löschen.

Bei der Änderung von »verschneitem Kamm« zu »Schneefeld« korrigierte Odell nur mißverständliche Begriffe der ersten Version. Er wollte damit sagen, daß das Schneefeld selbst unterhalb des Grates lag. Nun entsteht ein schärferes Bild: Wenn die Gestalten nicht die ganze Zeit auf dem »Grat« und gegen den Himmel zu sehen waren, erklärt das, daß sie auch wieder aus der Sicht verschwinden konnten oder vor dem felsigen Hintergrund nicht sichtbar waren, bevor sie erneut »auftauchten« und sich gegen den Himmel auf der Spitze der Felsstufe abzeichneten.

Die fünfte Abweichung ist die entscheidende. Odell hatte unmißverständlich erklärt, daß er die beiden Bergsteiger an der Zweiten Stufe gesehen hatte – jedenfalls war das seine eindeutige Interpretation der visuellen Reize. Später jedoch war das Bild nur noch eine vage Erinnerung, und er konnte es sich nicht mehr genau ins Gedächtnis rufen. In der revidierten Version schrieb er also: »Ich wußte nicht genau, ob ich die Erste Stufe oder die Zweite Stufe vor mir hatte.« Das aber ist nicht die Schilderung dessen, was er gesehen hatte, sondern dessen, was er in der Folge *glaubte, gesehen zu haben.*

Es bleibt noch die Frage, ob es der ganze Gipfelgrat oder nur ein Teil davon war, den Odell im sich lichtenden Nebel gesehen hatte. Als er seinen Beitrag zum offiziellen Expeditionsbericht schreiben mußte, traute er seiner Erinnerung in keinem einzigen Punkt mehr – wenn er nicht sagen konnte, wo genau ihm die beiden Bergsteiger ins Blickfeld gerückt waren, konnte er folglich auch nicht den ganzen Gipfelgrat gesehen haben.

Warum aber ist es notwendig, Odells ursprüngliche Zitate in solcher Ausführlichkeit zu analysieren, wo man ihn doch einfach fragen könnte, was er gesehen hat? Wir sind vorgegangen wie andere Chronisten, auch wir haben andere »Everester« nach ihrer Meinung gefragt. Mehr als ein halbes Jahrhundert ist seit der Expedition vergangen; das trübt natürlich das Gedächtnis, es ist einfach zu spät für neue Einschätzungen der Augenzeugen. Deshalb müssen wir wie Theologiestudenten eine Art Exegese der verschiedenen Niederschriften vornehmen. Jede Abweichung von der ursprünglichen Version ist eines Kommentars wert – und wenn es nur die Frage nach dem Grund für die Änderung ist. Man kann es Odell kaum verdenken, daß er beschlossen hat, sich fürderhin aus der Kontroverse herauszuhalten. Andere haben nun die Aufgabe, die Wahrscheinlichkeiten gegeneinander abzuwägen.

Der offizielle Expeditionsbericht erschien im Sommer 1925, das Manuskript lag schon einige Monate eher vor. Odells »Konversion« hatte also mit Beginn des Jahres 1925 ihren Abschluß gefunden. Bei der gemeinschaftlichen Versammlung des Alpine Club und der Royal Geographical Society am 17. Oktober 1924 in der Prince Albert Hall galt die Zweite Stufe immer noch als Ort der Sichtung, wie am Tag darauf in einem Artikel in der *Times,* betitelt »Ausdauer und Opfer«, deutlich wird:

Schon 1922 überboten Mallory, Norton und Somervell alle bestehenden Rekorde ohne künstliche Sauerstoffzufuhr. Finch und Geoffrey Bruce kletterten daraufhin mit Sauerstoffhilfe auf Höhen zwischen 8230 und 8300 Metern. In diesem Jahr überboten Norton und Somervell den Rekord und stiegen ohne Atemhilfe auf 8575 Meter, Mallory und Irvine erreichten mit Sauerstoff auf jeden Fall 8604 Meter, möglicherweise sogar noch größere Höhe.[27]

Auf 8575 Meter schätzt also Norton nach der Messung mit dem Theodoliten die obere Leiste der Zweiten Stufe. Bei dieser Versammlung gab es auch die ersten Anzeichen für eine Änderung in Odells Bericht. In seinen Vortrag schlich sich die »vorletzte Stufe« ein, wenngleich er nicht spezifizierte, was er damit meinte. Norton nannte die Stelle noch im Dezember in seinem Interview, das im Mai 1925 im *Alpine Journal* veröffentlicht wurde, die »Zweite Stufe«.

Der Aufstieg zur Gipfelpyramide scheint [neben den Hängen des Nordsattels] auch ungefährlich zu sein, es sei denn, es liegt Neuschnee. Es gibt zwei mögliche Routen: Mallory bevorzugte die Route über den Nordostgrat, die er auch bei seinem letzten Aufstieg nahm.

Die Frage war immer, ob ein Felsvorsprung, den wir die Zweite Stufe nannten, erhebliche Schwierigkeiten verursachen könnte. Der Vorsprung verläuft in südöstlicher Richtung und steigt nach Norden hin steil an, schien aber bezwingbar. Mallory und Irvine wurden zuletzt auf dieser Stufe gesehen, das heißt, sie haben den Vorsprung überwunden. Das ist aber kein hinreichender Beweis für die Sicherheit der Route, denn sie könnten auch beim Abstieg abgestürzt sein.[28]

Im Frühjahr 1925 war der Ort der letzten Sichtung also offiziell von der Zweiten auf die Erste Stufe verlegt. Odell hatte sich schon durch seine Meinung, die beiden seien nicht abgestürzt, sondern von der Dunkelheit überrascht worden, von der Gruppe isoliert. Auf starken Druck seiner Kameraden hatte er seine Aussage bezüglich der Felsstufe geändert – das war aber auch alles, was er zugestand. Gegen die Unterstellung, er könne sich möglicherweise geirrt haben und die gesichteten Punkte seien gar keine Bergsteiger gewesen, erhob er heftige Einwände und weigerte sich sein ganzes Leben lang standhaft, die Überzeugung abzulegen, Mallory und Irvine hätten den Gipfel bezwungen. Ja, er wollte gar nicht an ihr Scheitern glauben, wo er doch gleichzeitig zurücknahm, daß sie gegen 13 Uhr die Zweite Stufe erreicht hätten, und damit selbst einen Riß durch seine eigene Auffassung zog.

> Die Frage »Wurde der Mount Everest bezwungen?« bleibt unbeantwortet. Es gibt keine gesicherten Beweise. Doch wenn man alle Umstände berücksichtigt, die ich oben anführte, und wenn man bedenkt, wo sie zuletzt gesichtet wurden, dann denke ich, daß Mallory und Irvine aller Wahrscheinlichkeit nach erfolgreich waren.[29]

Täuscht sich Odell mit seiner edlen Standhaftigkeit selbst? Weigert er sich nur hartnäckig, sich der vorherrschenden Meinung zu beugen? Versucht er unbewußt, seine großartige Sichtung aufrechtzuerhalten, die ihm die zänkischen Intellektuellen streitig machen wollten? Wie auch immer – es war ein magischer Moment, etwas, das sich ereignet hatte, als er sowieso schon in Hochstimmung war. Und als er glaubte, sie hätten keine weiteren Hindernisse zu überwinden und befänden sich nun »im Sturm auf den Gipfel«, überkam ihn dieses prickelnde, schwindelnde Gefühl, das den ganzen Tag anhielt und ihn schließlich wieder bis hinunter zu seinem Zelt auf dem Nordsattel trug. Seine Vision war so übermächtig, daß er sie nicht vor sich selbst leugnen konnte. Es war seine letzte Verbindung zu Irvine, und es war auch eine Verknüpfung mit dem Schicksal der beiden Männer. Wieviel ihm das bedeutete, drückt der Nachruf aus, den er für seinen jungen Freund im *Alpine Journal* veröffentlichte.

Bei meinem letzten Blick auf einen Mann, dessen feiner Charakter ihn allen Menschen liebenswert machte und dessen natürliche Gaben solche Kraft des Geistes und des Körpers vermuten ließen, sah ich diesen »im Sturm auf den Gipfel«, und ich sah, daß er mit einem anderen feinen Geist diesen erhabenen Blick teilte, der nur wenigen Sterblichen vergönnt ist. Aber nur die wenigsten all jener Begünstigten haben jemals diese Grenze zwischen Himmel und Erde überschritten.[30]

Unabhängig von der persönlichen Bedeutung, die diese Sichtung für Odell hatte, bleibt der Hauptgrund für sein hartnäckiges Beharren auf den Schlüsselpunkten seiner Vision auch angesichts der offensichtlichen Widersprüche derjenige, daß er nicht anders konnte – es war, wie es war. Um es zu ändern, hätte er eine neue Geschichte erfinden müssen. Die Abweichungen in seinem Bericht kamen nur zustande, weil er gezwungen war, den Ort der Sichtung zu revidieren. Und wenn spätere Entdeckungen seinen ursprünglichen Behauptungen widersprechen, so fügen sie sich überraschend gut in seine Korrekturen ein.

Teilnehmer der britischen Expedition von 1933 fanden auf den Felsplatten unterhalb der Ersten Stufe einen Eispickel. Sie begutachteten die Zweite Stufe sehr genau; sie ist ungefähr 30 Meter hoch, steiler und schwieriger, als sämtliche früheren Schilderungen vermuten ließen. Außer Longland waren alle der Überzeugung, daß Odell die beiden Männer unmöglich an der Zweiten Stufe gesehen haben konnte. Hugh Ruttledge, der damalige Expeditionsleiter, befragte Odell eingehend in bezug auf seine Beobachtung, denn seine Bergsteiger konnten Odells Behauptungen nur schwer mit ihren eigenen Erkenntnissen in Übereinstimmung bringen und verbannten die ganze Geschichte ins Reich der Mythen; sie drückten sogar offen ihre Zweifel aus, daß Odell überhaupt irgend etwas gesehen hatte.

Odell aber begutachtete die Fotos der Expedition von 1933 und behauptete erneut, es wäre durchaus möglich, daß er Mallory und Irvine auf der Zweiten Stufe gesehen habe. Auf Ruttledges Befragung hin meinte er wütend, daß er niemals behauptet habe, Mallory und Irvine hätten sich am Fels schnell bewegt, sondern sie wären über ein *Schneefeld* gegangen und hätten sich der Felsstufe *genähert.* Er habe auch nicht »ziemlich schnell« gesagt, sondern »zügig«, und damit wollte er lediglich ausdrücken, daß ihr Fortschreiten durch nichts behindert wurde. »In den wenigen Minuten, in denen der Gipfel klar gewesen war, war ich mir sicher, eine Gestalt gesehen zu haben, die sich kurz vor dem Hintergrund der Felswand über dem Schneefeld verloren hatte und dann auf der oberen Leiste der Felsstufe wiederaufgetaucht war.«[31]

Nach dem Auffinden des Eispickels räumte er ein, daß dieser Aspekt immer ein Thema für Spekulationen liefern würde, denn man könne ihn auf verschiedenste Weise interpretieren. Der Eispickel könnte beim Aufstieg abgelegt worden sein; dies ist allerdings sehr unwahrscheinlich. Oder er könnte beim Abstieg zurückgelassen worden oder verlorengegangen sein. Keine einzige Aussage von Ruttledges Männern ließ Odell an seiner Meinung zweifeln, andererseits hatten auch Odells Behauptungen nicht die geringsten Auswirkungen auf die Auffassung der Expeditionsteilnehmer von 1933. Interessant ist Longlands Schilderung der Zweiten Stufe; sie sei auf eine Art und Weise mit einer Neuschneedecke überzogen gewesen, »die möglicherweise im Grat zusammenlief«. Longland glaubte damals noch, die Route über den Grat sei begehbar; nun aber wurde ihm klar, daß Mallory und er selbst sich geirrt hatten. Die Felsstufe war für die damalige Klettertechnik ein unbezwingbares Hindernis. Die anderen Bergsteiger der Expedition von 1933 bevorzugten Nortons Traverse; keiner hielt es auch nur annähernd für möglich, daß Mallory und Irvine den Gipfel über den Grat erreicht haben könnten.

Heute ist es schwierig, einen solchen Dogmatismus aufrechtzuerhalten. Die Gratroute wurde über jene Verwerfungslinien, die Longland am oberen Rand der Zweiten Stufe gesichtet hatte, von Chinesen, Japanern und Katalanen erfolgreich begangen. 1985 hatten Bergsteiger einer katalanischen Expedition den Gipfel sogar bei schweren Monsunschneefällen über die Mallory-Route erreicht. Sie waren ohne Atemhilfe geklettert und hatten die Stelle zwischen den beiden Felsstufen sowie die Zweite Stufe selbst als außerordentlich gefährlich empfunden. 14 Stunden brauchten sie von Lager VI über die Nordostflanke auf den Gipfel, beim Abstieg waren sie sogar gezwungen, am Fuß der Zweiten Stufe zu biwakieren. Trotzdem hielten sie es für möglich, daß Mallory und Irvine den Grat bei relativer Schneefreiheit überwinden und den Gipfel erreichen konnten, allerdings hätten sie dann für den Abstieg zum Lager VI nicht mehr viel Zeit gehabt. Keine einzige Seilschaft, die den Gipfel über den Grat bestiegen hatte, war am selben Tag wieder ins Lager VI zurückgekehrt – entweder mußten sie biwakieren oder ein zusätzliches Hochlager errichten.

Ruttledge lehnte Odells Bitte glattweg ab, an der Expedition von 1936 teilzunehmen, um seine geologischen Erkundungen abzuschließen. Schwer enttäuscht ging Odell statt dessen in den Garhwal-Himalaja und eroberte mit H. W. Tilman, der ebenfalls nicht an der Everest-Expedition teilnehmen durfte, den Nanda Devi, der bis 1949 der höchste erreichte Gipfel blieb.

18

Freunde und Verwandte

Wann und wie fangen »Helden« an, Helden zu sein? Unterscheiden sie sich schon zu Lebzeiten sichtbar von anderen Menschen? Oder werden sie durch ihren Tod zu Helden? Werden sie es durch ihre eigene Leistung, oder machen andere sie dazu? Entsprechen sie ihrer Legende? Fallen sie durch auffällige Haltungen auf, oder geben sie wunderliche Ansichten zum besten, die sie für die Unsterblichkeit prädestinieren?

Betrachten wir andere »Helden« des frühen 20. Jahrhunderts, etwa Robert Falcon Scott, Rupert Brooke oder Thomas E. Lawrence, so wird deutlich, daß wir von ihnen heute keine Vollkommenheit erwarten können. Vielleicht ist gerade ein Scheitern oder ein sinnloses Unterfangen die reizvolle Zutat zum Mythos. Vielleicht wollen wir ja gerade, daß unsere Helden fehlbar sind, denn so werden sie uns wieder als Menschen zugänglich, nachdem wir sie zunächst als große Vorbilder auf einen Sockel gestellt haben.

Was macht also unseren Blick auf einen Helden aus? Würden Mallory und Irvine denselben Kampfgeist symbolisieren, wenn Odell nicht das verlockende Bild zweier Männer gesehen hätte, die tapfer bergan stapften? Hätte Odell sie beim Abstieg erblickt, hätte er nur einen Mann oder an jenem Tag gar nichts gesehen – wäre dann die Legende von Mallory und Irvine immer noch so mächtig? War der Augenblick, als die Blicke Odells sie in den wehenden Nebeln verloren, genau jener Moment, in dem sie zur Legende wurden? Wurde dieses Bild durch gewählte Worte ihrer Freunde vergoldet, die sie ehren und würdigen wollten? Und beraubte sie die verwunderte Öffentlichkeit nicht ihrer Persönlichkeit, indem sie sie als Helden vereinnahmte?

»Das Leben schillernder und auffallender Personen dient der Menschheit mehr als das Leben Normalsterblicher« – so beginnt Geoffrey Young seinen Nachruf auf George Mallory in der *Nation* vom 5. Juli 1924. Er schließt:

In seinem [Mallorys] letzten Bericht können wir seine Gedanken lesen: Die Grenzen der Erfahrung waren gesprengt, die Vernunft mochte zwar den Rückzug nahelegen, doch wenn der jahrhundertealte Kampf des Menschen für die Erschließung seiner Umgebung noch diesen einen Schritt weitergetrieben werden sollte, dann geboten ritterlicher Kampfgeist und seine wankelmütige Verbündete, die Aussicht auf Erfolg, diese Herausforderung anzunehmen. Dieses sein letztes wundervolles Wagnis, bei dem er sein eigenes Leben und jenes seines mutigen jungen Gefährten gegen das Unbekannte einsetzte, begeistert uns durch die heldenhafte Entschlossenheit, durch die Beherztheit des Angriffs und auch durch seine Kühnheit und Ausdauer. Dieser flammende Geist jugendlichen, kämpferischen Abenteuers lodert höher als der höchste Berggipfel der Erde.

Ungeachtet des Ausgangs dieses großen Kampfes brannte diese Flamme für diese beiden Männer bis zuletzt strahlend und gleichmäßig, unvorstellbar hoch und unvorstellbar weit. George Mallory – der Ritter »Galahad«, wie ihn seine alten Freunde nannten – hat sein Leben den Bergen geopfert, seiner Quelle der Lockung und Inspiration. Der höchste Berg auf Erden wurde jenem Mann Grabmal, der sein Leben selbstlos und tapfer einsetzte. Heldensagen lassen manche Herzen höher schlagen, und der unbarmherzige Everest, der für uns ein Ort des Schreckens wurde, wird für sie trotzdem immer ein Berg der schönsten Erinnerungen sein.[1]

Solche hehren Worte würdigen und ehren das Wesen des Freundes – doch hindern sie uns, die wir ihn nicht gekannt haben, nicht daran, den wirklichen Menschen zu sehen? Worte sind Zeichen, sie lösen eine Reaktion bei jenen Menschen aus, die die gleiche Erfahrung teilen und die mit Mallory Adjektive wie »vital, voller Leben, strahlend, feurig« verbinden; sie werden Young zustimmen und sagen: »Ja, ja! Genau so war er!«

Doch wir kannten ihn nicht, viele Generationen trennen uns von Mallory. Worte allein reichen nicht aus, um den leibhaftigen Menschen heraufzubeschwören. »Ritterlich, tapfer« – auch das hat etwas Unwirkliches für uns. »Galahad«, der tugendhafteste und edelste Ritter der Tafelrunde… Wie vielen unserer Bekannten würden wir solch hehre Adjektive zuschreiben? Doch der Vergleich mit einem Ritter ist der meistzitierte im Zusammenhang mit George Mallory. Bruce nannte ihn den »Bayard der Berge«, den vielbesungenen »Ritter ohne Furcht und Tadel«. Wenn wir uns ein Bild von dem Mann machen und seine Ausstrahlung nachempfinden wollen, müssen wir Schilderung um Schilderung aneinanderreihen und können nur hoffen, daß diese Collage feste Umrisse bekommt. Dabei müssen wir jenen Schilderungen, sollten wir sie finden, Vorrang geben, die zu Mallorys Lebenszeit verfaßt wurden und noch nicht auf sein Heldentum abhoben.

Mallorys körperliche Erscheinung sollte eigentlich am einfachsten zu rekonstruieren sein. Es gibt Fotos – Ruth schrieb an ihren Mann in Frankreich: »Nun sieht mich Dein schönes Antlitz an, doch es regt sich nicht, es bleibt immer derselbe Ausdruck. Fotografien sind kein besonders guter Ersatz für einen Menschen, den man so gut kennt.« Doch sie sind auch nicht besonders hilfreich, wenn man diesen Menschen überhaupt nicht kennt. Darüber hinaus gibt es auch ein paar Zeichnungen und Beschreibungen seiner Freunde.

Wir wissen über Mallory, daß er knapp 1,80 Meter groß war, 72 Kilo wog und gut gewachsen war (»athletischer Körperbau, nirgends zuviel, nirgends zuwenig«). Wir wissen auch, daß er bis Mitte Dreißig für sein Alter unglaublich jung wirkte, daß er feine, ebenmäßige Gesichtszüge hatte und sich mit geschmeidiger Anmut bewegte. Irving, der Mallory seit dessen Schulzeit in Winchester kannte, liefert eine etwas eigentümliche Schilderung:

Er hatte ein auffallend schönes Gesicht. Die Form und die feingeschnittenen Züge, vor allem die langen, dichten Wimpern und der nachdenkliche Blick, erinnerten auch über sein Knabenalter hinaus außerordentlich stark an eine Madonna von Botticelli. Jeder Anflug von Weiblichkeit wurde aber durch seine offensichtliche körperliche Kraft und Vitalität vollständig vertrieben.[2]

Wenn die Weiblichkeit seiner Erscheinung so stark geleugnet werden muß, so ist das ein Anzeichen dafür, daß dieser Eindruck tatsächlich entstehen konnte. Er verstärkt sich noch, als Irving fortfährt: »Weder in der Schule noch an der Uni war sein ritterliches Wesen auch nur zeitweise durch die Schmeicheleien von Schurken und dummen Burschen gefährdet, die sich so einem Jungen wie Mallory nur allzu gerne antragen.« Irving bezieht sich dabei auf die Schwärmereien, denen Mallory so oft ausgesetzt war. Lytton Strachey zum Beispiel, der Mallory 1909 in Cambridge zum ersten Mal sah, schrieb in einem Zustand der Verzückung an Clive und Vanessa Bell:

Mon Dieu! Dieser George Mallory! Muß ich mehr sagen? Meine Hand zittert, mein Herz bebt, ich bin der Ohnmacht nahe – Himmel, gütiger Himmel! Natürlich hat man ihn voller Neid und Böswilligkeit beschrieben – er ist 1,80 groß, hat den Körper eines praxitelischen Gottes, und sein Antlitz – o nein, es ist unfaßbar –, es ist das Antlitz einer Madonna von Botticelli, es ist von der Zartheit und Feinheit eines chinesischen Papierdrucks, und es hat die Jugendlichkeit und Spitzbübigkeit eines einzigartigen englischen Jungen. Ich bin ganz außer mir, aber wenn Ihr ihn seht – und das müßt Ihr unbedingt! – werdet Ihr mir in allen Punkten – in allen! – recht geben![3]

Man kann Stracheys Bewunderung hier nicht übergehen, denn damit würde man die Tatsache unterschlagen, daß Mallory und Strachey – unabhängig davon, wie sie sich kennengelernt hatten – eine sehr enge und herzliche Freundschaft entwickelten und daß Mallory ihn keineswegs als einen Schurken oder dummen Burschen betrachtete. Kurz vor seiner Hochzeit erwartete er Strachey in Charterhouse, wo er auch über Nacht bleiben sollte; er schrieb an Ruth:

Er ist schon sehr sonderbar – nicht ich finde das, denn ich kenne ihn als einen Freund, sondern die anderen Leute. Er scheint sie sehr aufzubringen. Meine tiefempfundene Achtung vor seiner Intelligenz, für die Leidenschaft, mit der er für die persönliche Freiheit eintritt, und meine Zuneigung zu ihm als einem Mann starker Gefühle und großer Vorstellungskraft läßt mich bei ihm aushalten, was ich wohl bei keinem anderen Mann dulden würde. Ich habe ihn schon so lange nicht mehr gesehen, daß ich gar nicht mehr weiß, wie lange es schon her ist – ein Jahr? Zwei? Das ist eine lange Zeit für einen meiner *besten* Freunde.[4]

Natürlich ist unvermeidlich, daß außerordentlich gutaussehende Männer die Aufmerksamkeit von Frauen und Männern gleichermaßen auf sich ziehen; doch in der Welt der Universität Anfang dieses Jahrhunderts war weibliche Gesellschaft eher selten. Mallory merkte sicher bald, daß er eine attraktive Erscheinung war – was diese Erfahrung in ihm auslöste, wissen wir nicht. Von seinem Tutor Arthur Benson erfahren wir, daß er im Herbst 1905, als er ans Magdalene College kam, noch einen auffallend unerfahrenen, unschuldigen Eindruck machte.

Im King's [College] fiel mir heute morgen ein sehr gutaussehender Junge auf, offensichtlich ein Studienanfänger, er stand direkt vor mir – und siehe da, er kam auf mich zu. Es stellte sich heraus, daß es Mallory aus Winchester war, einer unserer Stipendiaten am Magd [Magdalene College]. Er saß mir einige Zeit gegenüber – einen einfacheren, unbefangeneren, unverdorbeneren und aufrichtiger interessierten Jungen habe ich noch nie gesehen. Er war voll der Bewunderung für alle schönen Dinge, ohne jedoch auch nur eine Spur von Affektiertheit zu zeigen.[5]

In Bensons Tagebüchern können wir vieles über Mallory und die Freundschaften lesen, die er in Cambridge schloß, wir erfahren auch einiges über die Atmosphäre, die zu jener Zeit dort vorherrschte. Benson war Junggeselle; er behandelte seine Studenten wie ein Vater und zeigte persönliches Interesse an ihrem Fortkommen. Es kann hier nicht verschwiegen werden, daß er aus seinen oft wechselnden, aber im Grunde sehr züchtigen Verbindungen mit attraktiven Studenten auch emotionale Befriedigung zog. Er war zwar sehr egozentrisch, doch er konnte ein herzlicher und mitfühlender Freund sein. Mit der Veröffentlichung einiger erbaulicher Werke, die, wie er selbst sagte, an die »salbungsvolle und sentimentale Mittelschicht« gerichtet waren, erzielte er beträchtlichen Erfolg in der Öffentlichkeit. Bis zu seinem Tod im Jahr 1925 – ein Jahr nach Mallorys Tod –, führte er insgesamt 28 Jahre lang Tagebuch, in dem er nicht nur die Tagesereignisse festhielt, sondern auch seine intimsten Träume und seine geheimsten Wünsche. Diese Aufzeichnungen haben allerdings wenig mit dem onkelhaften Stil gemeinsam, dem er in seinen Büchern frönte. Privat war er ein verschrobener und oft sehr reizbarer Mann. Er wußte, daß seine intimen Enthüllungen manche Menschen vor den Kopf stoßen und gar verletzen würden, und so verbat er die Veröffentlichung seiner Tagebücher bis 50 Jahre nach seinem Tod.

Für Mallorys frühe Biographien waren diese Tagebücher daher nicht in vollem Umfang verfügbar. Benson übermittelte David Pye lediglich eine kleine Skizze, die er über Mallory verfaßt hatte und auf die sich später auch David Robertson bezog. Benson bezweifelte damals, daß Pyes Buch veröffentlicht werden würde. »Nichts wird getan, weniger noch als nichts. Erstaunlich, daß diese Laien so eine Sache mißglücken lassen. Über G. M. könnte ich eine schöne kleine Skizze verfassen, aber Mrs. M. mag mich nicht, sie würde mich nie darum bitten«, und er fügt voller Verachtung hinzu: »Eigentlich hasse ich Mrs. M. Sie ist so unkultiviert.«[6]

Nachdem Bensons Verbotsfrist abgelaufen war, kamen sehr

interessante Aspekte ans Licht. Vielleicht ist es an dieser Stelle eine Abschweifung wert, mehr über Arthur Benson zu erfahren, um die Perspektive seiner Beobachtungen deutlich zu machen und zu zeigen, welchen großen Einfluß er auf Mallorys Entwicklung hatte.

Benson war 44 Jahre alt, als Mallory nach Cambridge kam. Er war damals erst ein Jahr am Magdalene College, davor hatte er als aufsichtführender Lehrer in einem Wohngebäude in Eton Dienst getan; dort hatte er sein Haus nicht durch strenge Züchtigung, sondern auf der Basis gegenseitigen Vertrauens geführt und sich mit seiner liberalen und herzlichen Art sehr große Achtung verschafft. Er kritisierte die Betonung der klassischen Philologie und die sportliche Ertüchtigung als überholte pädagogische Ziele und favorisierte dagegen Toleranz und Freundschaft als wertvolle erzieherische Mittel. Sein Ideal war »die Freundschaft, die durch die Generationen geht und jung und alt verbindet«. Nach Cambridge war er vor allem deshalb gekommen, weil er Freundschaften pflegen wollte, die zwischen Knaben und Autoritätspersonen nicht möglich waren.

Der Begriff »Generationsunterschied« bedeutete Mallory wenig. Sein ganzes Leben lang war er mit älteren Männern befreundet gewesen, ob es nun Benson war oder Irving, Young, Farrar, Reade, Arthur Clutton Brock und natürlich Ruths Vater Thackeray Turner. Diesen Männern vertraute er seine eigenen Gedanken an, er machte sich oft ihre Einstellungen zu eigen und lernte von ihrer Lebenserfahrung. Ihr Einfluß tritt in vielen Entscheidungen, die Mallory traf, oder auch in den Interessen, die er entwickelte, deutlich zutage. Benson hatte natürlich wissenschaftlichen Einfluß, besonders förderte er Mallorys Talent für das Schreiben, doch vor allem lehrte er ihn den Wert und die Pflege der Freundschaft. Mallory kritisierte später in Charterhouse heftig die altmodischen Lehrmethoden und verließ die Schule schließlich mit dem ausdrücklichen Wunsch, ältere Schüler zu unterrichten und, wie Benson, ein besseres Verständnis zwischen jung und alt zu fördern – das antike griechische Ideal.

Benson entstammte einer bekannten Familie. Zeit seines Lebens war er sich der Schwierigkeiten bewußt, die es mit sich brachte, der Sohn eines berühmten Mannes zu sein. Sein Vater, ein angesehener Theologe, stieg unter Königin Victoria vom Rektor des Wellington College über die klerikale Leiter zum Erzbischof von Canterbury auf. Er war ein strenger, herrischer Mann, der mit emotionalen Angelegenheiten auf eine verklemmte und zugleich nüchterne Art und Weise umging, die nach Bensons späterer Meinung nicht einem Mangel an Gefühlen zuzuschreiben war, sondern eher einem chronischen Unvermögen, diese auszudrücken. Früh schon kam er zu dem Schluß, daß seine Cousine Minnie Sidgewick eine passende Ehefrau für ihn abgeben würde, was er dem damals erst elfjährigen Mädchen auch mitteilte. Kaum hatte Minnie das 18. Lebensjahr erreicht, heirateten sie. Die Ehe war unglücklich und schwierig, dennoch kamen sechs begabte Kinder zur Welt. Martin, der älteste und Vaters Liebling, starb noch im Schulalter; in der Folge mußte Arthur, der zweitgeborene Sohn, neben der väterlichen Trauer um den toten Bruder auch noch die Last der Verantwortung für die Hoffnungen seines Vaters tragen. Die Geschwister waren sich so stark verbunden, daß kein Benson in der Lage war, außerhalb der Familie befriedigende Beziehungen zum jeweils anderen Geschlecht einzugehen. Auch Bensons Mutter lebte nach dem Tod ihres Mannes in einer lesbischen Beziehung mit ihrer Schwester. Bensons Bruder Hugh war ein hoher Geistlicher in der römisch-katholischen Kirche; sein Name wird mit dem verrufenen »Baron Corvo« in Verbindung gebracht. Der jüngste Bruder Frank war der bekannte Satiriker E. F. Benson, den man nur als Tunte bezeichnen könnte, würde er heute noch leben.

Arthur Benson hatte eine Reihe herzlicher Freundschaften zu ausgewählten jungen Studenten, Freundschaften, die, wie er eingestand, durchaus auf gegenseitiger erotischer Anziehung beruhten, welche in der Praxis jedoch niemals ausgelebt wurde. »Diese romantischen Bande tun sowohl dem Inspirator als auch dem Inspirierten wohl«, schrieb er, »doch sie sollten mit Schicklichkeit und Anstand gepflegt werden.« Unbefleckte Leidenschaft, das war seine Devise. Am meisten genoß er die Zeit des »Werbens« bei jeder neuen »Romanze«, das gegenseitige Versinken im anderen, den Austausch gefährlicher Vertraulichkeiten. Er scheute vor körperlichem Kontakt zurück, mißbilligte Gefühlsausbrüche und jedwede sentimentale Zurschaustellung der Zuneigung. Sein Leben war eine bewußte Gratwanderung und beanspruchte ihn emotional oft über die Maßen. Zweimal litt er unter schweren, lähmenden Depressionen, und immer neigte er zu quälenden, kleinen Eifersüchteleien.

Die Freundschaft mit Mallory gehörte zu Bensons dauerhafteren romantischen Verbindungen; am Ende jedoch traten starke Gefühlsschwankungen auf, und Mallory erzürnte ihn schwerstens. Die anfängliche Anziehung rührte auf Bensons Seite von der unschuldigen Schönheit des jungen Mannes her. Mallory seinerseits reagierte zunächst nicht auf Bensons Avancen, blieb aber immer höflich und herzlich. Benson war verzaubert. Mallorys Geist war offenbar von der gleichen reinen Schönheit wie sein Gesicht. »Ein sehr, sehr offener, unverdorbener, natürlicher Jüngling«, schrieb Benson, doch er fragte sich, ob Mallory nicht auch ein bißchen dumm war. Diesen Gedanken verwarf er aber wieder, als Mallory allmählich in seiner Gesellschaft auftaute und er sah, wie vielversprechend und klug die historischen Abhandlungen des Jungen waren. Benson betonte in seinem Tagebuch immer öfter, was für ein liebreizendes Geschöpf Mallory doch war, »eine Mischung aus Energie, Bescheidenheit und Tugend, die ich nur selten in diesem Ausmaß erlebt habe«. Wie sehr mußte es Benson also verwirren, daß ihm peinliche Berichte aus anderen Quellen zugetragen wurden, denen zufolge sein »guter Mallory« bei den Kommilitonen immer unbeliebter wurde, weil er sich wegen jeder Kleinigkeit aufspielte!

Benson bewohnte ein Haus in Haddenham, im Marschland von Cambridgeshire. Im Sommer und in der Adventszeit 1906 lud er Mallory jeweils für ein paar Tage zu sich nach Hause ein.

Er hoffte, Mallorys Zurückhaltung endgültig zu durchbrechen und herauszufinden, was seinen jungen Freund belastete. Zeitweise wirkte Mallory völlig gefühlskalt, hart und mitleidlos, doch Benson kannte ihn als großherzigen, warmen Menschen. »Ich habe ganz einfach das Gefühl, daß ich nicht an ihn herankomme. Dabei glaube ich, daß er mich mag, und ich mag ihn.« An einem feuchtkalten Tag Mitte Dezember radelten die beiden Männer über die Felder. Am Abend schrieb Benson in sein Tagebuch:

> Mallory ist ein wundervolles Wesen... das unbefangenste, reinste Geschöpf, das ich kenne. Und er ist so schön anzusehen, so wohlproportioniert. Es ist mir eine Freude, ihn bei seinen Bewegungen und Tätigkeiten zu beobachten... Langsam verliert er seine Scheu.[6]

Am dritten Tag war Mallory dann dermaßen entspannt, daß er mit Benson über Religion diskutierte und ihm anvertraute, er könne die Existenz von Wundern nur schwerlich akzeptieren, auch wenn er wie sein Vater Priester werden sollte. Im Verlauf des Abends konnte Benson das Gespräch auf das Thema Romanze lenken; dabei erzählte Mallory von seinen eigenen frühen Erfahrungen. »Hochinteressant«, kommentierte Benson, »und ich dachte schon, er sei in dieser Hinsicht eine Art *Ion*.« Als Mallory am vierten Tag abreiste, hatte Benson keinen Grund mehr, sich über die Zaghaftigkeit seines »lieben Gefährten« zu beklagen. Alle Hindernisse waren beseitigt. »Der Junge ist mir so ans Herz gewachsen«, vertraute er seinem Tagebuch an, »er ist romantisch, aber nicht gefühlsduselig wie H[ugh] W[alpole]. Ich habe das Gefühl, seine Zuneigung für mich gründet auf einer Art kindlichem Vertrauen. Was es auch ist – es ist süß und belebend.« Beim Abschied wurden sie an der Tür fotografiert. Benson fand das Ereignis »grotesk«. »Er sieht aus wie ein Lausbub und ich wie ein alter Bär.«

Es gab danach keinen Grund, die Freundschaft mehr zu pflegen als notwendig, und abgesehen von Bensons Aufsicht über

Mallorys Studien sahen sich die beiden Männer in den nächsten Monaten nur selten. Erst im Frühjahr 1907 wurde ihre Beziehung wieder enger. Mallory lud Benson zum Tee ein, Benson nahm die Einladung nur zögerlich an. Damals schon erinnerte die ausgedehnte Gesellschaft junger Menschen den Mann mittleren Alters daran, daß er immer älter wurde, auch wenn er sich selbst jugendlich und fast übermütig fühlte. Vor allem hatte er Angst, langweilig zu wirken, und vermied immer öfter Begegnungen, die ihm dieses Gefühl gaben, das ihn für den Rest seines Lebens plagen sollte.

Doch seine Ängste lösten sich sofort in der Sorge um den jungen Freund auf, den er krank und elend auf dem Zimmer antraf. »Er vertraute mir an, daß er eine Liebelei mit einem sechzehnjährigen Mädchen hatte, der Tochter eines Graduierten.« Für Benson war es nicht weiter überraschend, daß die Mädchen sich in Mallory verliebten, doch er fühlte sich gezwungen, einen in dieser Situation nicht besonders originellen Rat zu geben: Wenn man jung sei, halte man eine zufällige Zuneigung oft für die wahre Leidenschaft. »Man kann Menschen in solch einer Gemütsverfassung nicht sagen, daß sie Dummköpfe sind«, steht in seinem Tagebuch. »Ich habe ihm also gesagt, daß ich ihn aufrichtig beneide. Es berührte und freute mich außerordentlich, daß er mit mir darüber sprechen wollte. Er ist ein feiner Mensch.« Benson hatte seinem Tagebuch oft anvertraut, daß seine Beziehung zu Mallory von väterlicher Zuneigung geprägt war.

Wie sich herausstellte, hatte Mallory die Gelbsucht und war einige Tage ans Bett gefesselt. Als Benson ihn am 1. Mai besuchte, war sein Zimmer voller Blumen; ein Botenjunge brachte noch einen weiteren Strauß – Maiglöckchen von einem Herrn, der seinen Namen jedoch nicht offenbarte. Beigefügt war eine geheimnisvolle Karte, auf der in gedruckten Großbuchstaben stand: VON EINEM MITFÜHLENDEN UNBEKANNTEN. Nach Bensons Meinung war eine Gefühlsregung unter Männern statthaft, wenn ein Freund krank war. Seinen Empfindungen den richtigen Ausdruck zu verleihen, war Bensons ständige Sorge. Das Gefühl sollte sein »wie ein warmer Sommerwind, unaufdringlich, aber leise alles durchstreifend.«

In den Wochen der Rekonvaleszenz war Mallorys Rudertraining stark eingeschränkt. Bei häufigen Spaziergängen und Radtouren vertraute er Benson die aktuellsten Neuigkeiten seiner dräuenden »Verlobung« mit der Graduiertentochter an. »Sein Vater wird ärgerlich auf mich sein, daß ich ihn nicht vorgewarnt habe, aber ich kann ihn doch nicht verraten!« Die Spaziergänge und das schöne Frühlingswetter vertrieben Bensons Niedergeschlagenheit und regten seine Lebensgeister auf wundersame Weise an. »Wie schön es ist, gebraucht zu werden!« freute er sich. »Ich mag Mallory wirklich und bin gerne mit ihm zusammen, ich denke an ihn, auch wenn er nicht bei mir ist.« Am 25. Mai machten sie sich zu einem langen Spaziergang über die Felder auf; Benson konnte sich selbst nicht mehr länger über seine wahren Gefühle für Mallory hinwegtäuschen.

Warum sollte ich vorgeben, diesen jungen Mann nicht zu lieben und nicht große Freude in seiner Gesellschaft zu empfinden? Ich tat mein Bestes, um ihn zu unterhalten und sein Interesse an mir zu wecken, doch ich bin nicht einen Augenblick sentimental geworden – ich habe nur am Abend gesagt, daß ich den Tag genossen habe. Ich glaube, eine Gefühlsduselei würde ihm nicht gefallen, und vor allem will ich selbst nicht rührselig werden. Meine Gefühle sind nicht sentimentaler Art – es ist mir einfach ein Vergnügen, ihn zu sehen, seine Stimme zu hören und seine Gesellschaft zu genießen. Er ist so anders als ich; seine offene, unverdorbene und nachdenkliche Art ist mir ein Genuß; seine Unberührtheit, seine Unschuld sind mir eine Freude; und daß er mich mag und mir vertraut. Doch Gefühle würden ihm mißfallen; mir auch. Und doch scheinen wir etwas voneinander zu wollen, da schwebt etwas zwischen uns, das ein dauerhaftes Gefühl sein will, eine Bindung, die unmöglich ist. Ich vermute, dieses Etwas ist in Wirklichkeit die verwandelte, sublimierte, verkleidete Flamme der Leidenschaft, und doch hält sie sich verborgen!

Sie hatten einen schönen Sommertag verbracht, einen Tag von fast unvorstellbar goldener Süße, der nicht im geringsten überschattet wurde von der Tatsache, daß Mallory am nächsten Tag seine Jahresprüfung ablegen mußte. »Am glücklichsten bin ich wohl am Vorabend des Kampfes, das ist für mich der beste Stimulus«, sagte er zu Benson – ein Hinweis auf Mallorys spätere Abenteuerlust; doch Benson konnte dieses Gefühl nicht teilen.

Wir radelten und spazierten zusammen über die Felder, wir tranken Tee und sagten viele unbedachte Dinge, die uns in den Sinn kamen, und wir lächelten uns an wie zwei gute Kameraden. Die Tür der Kirche in Guilden Morden war mit einem Kranz aus Hirtentäschel geschmückt – ein gutes Omen.

Den verbleibenden Sommer lang dachte Benson viel an Mallory, und er glaubte, daß auch sein junger Freund viel an ihn dachte.

Aber da das so ist, können wir eigenartigerweise nicht mehr zusammenkommen. Wir treiben nebeneinanderher und empfinden ein vages Verlangen. Wonach? Mein Herz öffnet sich ihm. Ich will ihn sehen und hören und verstehen, doch aus lauter Verschämtheit kann ich ihm das nicht mitteilen, und ich kann ihm auch nicht freiheraus sagen, wieviel er mir bedeutet. Und so geht das Jahr zu Ende, und wir finden doch gegenseitig keinen Platz in unseren Herzen. Warum hat der Mensch das Verlangen, einem anderen etwas zu bedeuten?

Benson litt immer häufiger unter Depressionen, die schließlich zwei Jahre anhalten und ihn für viele Monate von Cambridge fernhalten sollten. Doch Mallory hatte die Gabe, Bensons Trübsal zu vertreiben. Am Anfang der langen Ferien verbrachten sie ein paar Tage zusammen. »Ich kann mir nicht vorstellen, daß es einen Gefährten gibt, der mehr nach meinem Geschmack ist«, sinnierte Benson. »Verhaßt ist mir nur, daß die Zeit in seiner Gegenwart vergeht wie im Fluge.« Sie machten Spaziergänge, sie ruderten, sie ließen sich vom Chauffeur in Bensons neuem Wagen ausfahren, sie unterhielten sich, und abends musizierten sie, lasen und schrieben Gedichte.

Nicht oft hat man die Gesellschaft eines so unbefangenen, geistesverwandten jungen Mannes, der auch noch so aufrichtig liebenswürdig ist. Vielleicht ist das ein gefährlicher Luxus; aber er konnte mir die Niedergeschlagenheit in jenen düsteren Tagen vertreiben, wie es sonst nichts auf dieser Welt vermochte. Er ist mit mir gegangen wie Raphael mit Tobias.

Doch die schwarzen Schatten senkten sich erneut auf Benson hinab, als Mallory sein Studium beendet hatte und Cambridge verlassen mußte.

Ich fand es schrecklich, daß er gehen mußte, und ihm tat es sehr leid. Ich frage mich immer noch, was diese Zuneigung eigentlich ist, ob etwas Wirkliches und Dauerhaftes dahintersteht oder ob wir einfach auf einem Teil unseres Wegs Brüder waren, die sich liebten, die miteinander fühlten, und nun wieder in den Strom des Lebens geschwemmt wurden. Ich bin in große Niedergeschlagenheit verfallen.

Bensons Melancholie verschlimmerte sich angesichts familiärer Probleme und trieb ihn ein paarmal fast in den Selbstmord. Verzweifelt unterzog er sich den verschiedensten Behandlungen, einschließlich Hypnose. Bei seiner kurzen, aber verhängnisvollen Rückkehr nach Cambridge im März 1908 war nicht zu übersehen, daß sich zwischen Mallory und Stephen Gaselee eine enge Freundschaft entwickelt hatte. Gaselee sollte Percy Lubbock bald auf die Stelle des Verantwortlichen für die Pepys-Bibliothek des Magdalene College folgen. Verdrossen bemerkte Benson: »Sehr gut für beide. G. ist ein vornehmer, verkrusteter Tory, der die Welt um sich herum überhaupt nicht wahrnimmt. M. ist ein ziemlich sentimentaler Weltverbesserer. Vielleicht lernen sie ja gegenseitig, andere Standpunkte zu sehen und gar gelten zu lassen.« Daß er Mallory das verhaßte Wort »sentimental« zuschrieb, verrät, wie tief er verletzt war. Doch während Bensons Krankheit hielt Mallory den freundschaftlichen Kontakt aufrecht und besuchte ihn im Sommer 1908 zweimal. Benson bemerkte später, wie sehr ihn Mallorys Sorge gerührt hatte, vor allem was seine Rückkehr nach Cambridge betraf, da es ihm doch immer noch alles andere als gutging. Mallory war der einzige Student, der ihn regelmäßig besuchte und ihn aufheitern wollte.

Im Juli 1908 war Mallory Gast auf Tremans, dem Familiensitz der Bensons in der Nähe von Horsted Keynes in der Grafschaft Sussex. Er fiel zwar einmal in Ungnade, als er während einer Predigt in der Familienkapelle die ganze Zeit über hysterisch kicherte, aber ansonsten verbrachten die beiden Männer eine schöne, unbefangene Zeit; sie diskutierten viel über Politik und Religion. Bezüglich der Moral gerieten sie allerdings in einen erhitzten Streit; Benson vertrat den Standpunkt, daß der Begriff »Moral« nicht die Realität widerspiegle, »Polygamie und Vernichtungskriege wurden als rechtmäßig betrachtet, nun aber gelten sie als unmoralisch«; Mallory hingegen argumentierte ähnlich scharf, daß Moral ein absoluter, unveränderlicher Begriff sei. Schließlich einigten sie sich doch noch mit Hilfe des gesunden Menschenverstands. Einige Monate später, im September, hatten sie ein Gespräch, das Benson »eine merkwürdige Unterhaltung über den Ausdruck von Gefühlen« nannte. Plötzlich wurde Benson bewußt, daß eine starke Gefühlsaufwallung die Ruhe zu zerstören drohte.

Ich hatte das Gefühl ... ein ziemlich unbehagliches, fast körperliches Gefühl, daß der Geist meines Freundes von einer großen Gefühlsverwirrung heimgesucht war. Ich fühlte mich wie verbrannt, wie von einem Feuer verzehrt. Jetzt brennen meine Gefühle nicht, sie strahlen und kräuseln sich sanft wie die Wellen auf dem See. Doch wenn ich diesem Feuer näher komme, empfinde ich Unbehagen. Er argumentierte, daß man solchen Dingen niemals Ausdruck verleihen solle, ich hielt dagegen, daß gegen eine natürliche Offenheit nichts einzuwenden sei, wenn man sicher darauf vertrauen könne, daß die besagte Person einen nicht verriete. Ich glaube, wir Engländer sind zurückhaltend bis zur Absurdität.

In Cambridge war Benson aufgefallen, daß Leute eine große Zuneigung füreinander hegten, sich jedoch schämten, darüber zu sprechen, geschweige denn ihre Gefühle zuzugeben, selbst wenn es sich um akzeptable, hehre und insgesamt bewundernswerte Empfindungen handelte. Benson hielt das für unsinnig. »Das ist die falsche Art der Zurückhaltung. Entweder sind ihre Gefühle falsch, sentimental und verweichlicht«, erklärte er, »oder die Leute bräuchten sich doch nicht zu schämen, darüber zu sprechen – mit den richtigen Leuten, versteht sich.«

In seinem Gespräch mit Mallory gelang es Benson, einen gewissen Grad an Offenheit zu vertreten, auch wenn es nicht gerade jene Ungezwungenheit war, die er befürwortete. In ihrer Diskussion über die romantischen Freundschaften, die im verborgenen gediehen, betraten sie die, so Benson, »dunkleren Gefilde der Moral, den Schatten, der hinter solchen Freundschaften lauert«; und gewöhnlich wurde Benson bei der Erwähnung dieser dunklen Kraft sehr zurückhaltend, trotz seiner tapferen Beteuerungen. Warum war Mallory so bewegt? Es war bestimmt nicht das erste Mal, daß er mit diesem »Schatten« hinter den Freundschaften, selbst hinter der Beziehung zu dem väterlichen Benson, konfrontiert war. Mallorys prüde Seite hatte vielleicht diese Dinge heftig unterdrückt, und Bensons offensichtliche Freude an der Diskussion könnte diese verklemmte Moralvorstellung aufgeweicht haben. Oder hatte Mallorys Verstörung tiefere Ursachen?

Mallory hatte in Cambridge nur schwer Freundschaften schließen können, und die meisten seiner Bekannten waren ältere Männer. Benson erwähnt in seinem Tagebuch öfter Mallorys linkische Art im Umgang mit Gleichaltrigen. Auch David Pye geht auf sein überhebliches, aufsässiges Verhalten ein, das die Kommilitonen beim ersten Zusammentreffen verständlicherweise abgestoßen haben muß. Im Jahr 1907 bekam Mallory den Zugang zum Zirkel um Charles Sayle, wo er auf andere junge Männer traf, die seine Vorliebe für lebhaftes Debattieren, das Interesse an Musik und Lyrik und zahlreichen anderen Dingen teilten, und viele Besucher in Sayles kleinem Haus in der Trumpington Street wurden seine besten Freunde: Justin und Rupert Brooke, dessen strahlende Schönheit *das* Gesprächsthema in Cambridge war, James Strachey, Geoffrey Keynes, Cosmo Gordon – sie alle waren Stammgäste im Hause Sayle. Sayle unterstützte auch die Enstehung des Marlowe Dramatic Club. Im Zirkel selbst wurde großer Wert auf freundschaftlichen Umgang gelegt, die Studenten und jüngeren Dozenten waren wie Brüder. John Lehmann schildert diese Zeit in seinem Buch *Rupert Brooke, His Life and His Legend:*

Ohne Übertreibung kann man sagen, daß sie [die jüngeren Dozenten] alle mehr oder weniger von dem Traum beseelt waren, die Atmosphäre und die Ideale des sokratischen Athen an ihrer Universität wiederaufleben zu lassen. Im Grunde waren sie Agnostiker, wenn nicht gar Atheisten und Heiden, welche die christliche Philosophie verinnerlicht hatten, nicht aber die christliche Moral und schon gar nicht den Glauben. Mit der Bewunderung für ihre Ideale ging auch eine starke homosexuelle Neigung einher.[7]

Dem Christen Mallory, der sich mit der – zugegebenermaßen nicht sehr festen – Absicht trug, Pfarrer zu werden und der sowohl Schwierigkeiten hatte, die kirchliche Lehre zu akzeptieren, als auch sie zu hinterfragen, muß diese Freigeistigkeit ein Gewissensproblem bereitet haben. Wie konnte er bei den verführerischen Lockungen geistigen und sinnlichen Neulands jenen Tugenden treu bleiben, die von einem Kleriker erwartet werden? »Ist es nicht gefährlich, junge Männer Platon lesen zu lassen, wenn man von ihnen erwartet, die herrschende Moral zu akzeptieren?« fragte sich auch Benson.

Seiner Natur entsprechend waren Mallorys politische Ansichten sozialistisch geprägt; in Cambridge schloß er sich gleich den Fabiern an. Der Glaube an Gott, der Drang, für die Verbesserung der Lebensbedingungen des Menschen einzutreten – auch das entsprach seinem Wesen. Er wollte seine Arbeit in den Dienst der Gemeinschaft stellen. Benson fürchtete, daß Mallorys Idealismus in einer Enttäuschung enden könnte: »Wie alle edelmütigen Reformgeister vertraut er zu sehr darauf, daß die Menschen uneigennützig und vernünftig sind.« Darüber hinaus bezweifelte Benson auch, daß Mallory das innere Durchhaltevermögen hätte, Theologie zu studieren. Nun, da Mallorys Überzeugungen sich aufweichten und in anderen Punkten wieder neu festigten, stellte sich für ihn die Frage, wie er damit umgehen sollte. Sein Vater würde es bedauern, daß sich Mallorys religiöse Ansichten geändert hatten, und Mallory hielt es im Grunde nicht unbedingt für nötig, ihm das mitzuteilen; doch auch das Schweigen fand er unaufrichtig. Sollte er daher um der Ehrlichkeit willen ein offenes Bekenntnis ablegen und seinen Vater damit wissentlich verletzen?

In diesem Gefühlskonflikt war der sensible Mallory oft gereizt und zynisch, wie auch im Jahr vor seiner Heirat, oder als seinem Wunsch, am Krieg teilzunehmen, nicht sofort entsprochen wurde; Hauptmann Noel schrieb darüber am Everest. Bensons Tagebucheintragungen zeigen, daß Mallory an jenem Nachmittag im September ähnlich aufgewühlt war, weil er vielleicht zum ersten Mal die wahre Natur und die Implikationen seiner Situation und der Gesellschaft, in der er lebte, im ganzen Ausmaß erkannte. Die Zeit seiner Unbefangenheit war vorüber. Gegenüber der freieren Gesellschaft seiner Gleichaltrigen, den »New Pagans«, müßte er entweder bewußt eine moralische Haltung einnehmen oder sich dem Hedonismus hingeben und die Moral in den Wind schreiben. Unklar bleibt, ob er dieses Dilemma gemeistert hatte, als er sich schließlich entschied, Lehrer und nicht Pfarrer zu werden; es ist auch nicht bekannt, ob er das Problem später gänzlich für sich lösen konnte.

Mallory traf sich nun mit Männern, die im Ausdruck ihrer Gefühle nicht so zurückhaltend waren wie Benson. Charles Sayle zum Beispiel machte nie einen Hehl aus seiner Anbetung der »Young Apollos«. »Ich weiß nicht, ob diese Studenten mich lieben, aber ich weiß, daß sie es lieben, von mir geliebt zu werden!« schrieb er; in seinem Tagebuch nannte er sie seine »Schwäne«. »Ein fröhlicher Abend! So viele Schwäne auf einmal im Zimmer, und alle sind glücklich. Nur die Zeit lief uns wieder davon.« Er machte immer viel Aufhebens von seinen jungen Männern; er hängte ihre Bilder ihm Wohnzimmer in einen »Schrein« und plauderte sogar in Gesellschaft über seine jeweils aktuellen Lieblinge. Benson hielt den Mann für einen dummen Gefühlsmenschen und sein Benehmen, wenn es auch harmlos war, für weibisch und schrecklich peinlich. Doch entgegen dem Schein stellte Sayle keineswegs eine Ausnahme dar, er war nur ein Vertreter der damals vorherrschenden Stimmung. Sayle schwärmte für Rupert Brooke, machte ihm Geschenke und lud ihn zu ganz privaten Treffen ein. Mit Mallory teilte er die Liebe für die Berge; ihre Freundschaft bestand noch lange fort, nachdem Mallory Cambridge verlassen hatte. Natürlich war es auch Sayle, der Mallory mit Geoffrey Winthrop Young bekannt machte.

Als Benson sich weitgehend von seinem Nervenzusammenbruch erholt hatte und die Arbeit im Magdalene College wiederaufnehmen konnte, hatte er den Eindruck, daß es in Cambridge noch nie zuvor so viele romantische Gespräche und so viele offene und gefühlsbetonte Freundschaften gegeben hatte. Er war überrascht über das »Streicheln und Kosen in aller Öffentlichkeit« bei einem Fest im King's College, wo »die liebenden Freunde Arm in Arm und Wange an Wange saßen«. Er vermutete, daß solcherart Saturnalien harmlos waren, und in gewisser Weise fand er sie sogar erfreulich – gleichwohl wurde er das unbehagliche Gefühl nicht los, daß sie, wie auch die Lektüre von Platon, gefährlich sein könnten.

Mallory war nun in seinem vierten und letzten Studienjahr in Cambridge und schrieb für Member's Prize Essay eine Abhandlung über James Boswell. Im Jahr zuvor gelang es ihm, seine Leistungen in Geschichte um einen Grad zu verbessern, und Benson setzte sich dafür ein, daß er am Magdalene College bleiben und sich vielleicht noch mehr steigern könnte. In jenem Jahr erweiterte Mallory auch seinen Freundeskreis. Über Geoffrey Keynes und James Strachey lernte er deren berühmte Brüder Maynard Keynes und Lytton Strachey sowie Stracheys Cousin Duncan Grant kennen. Lytton Strachey kam Ende April für zwei Wochen nach Cambridge. Man erzählt sich, Mallory habe ihn davor gerettet, von ausgelassenen Studenten in den Trinity-Brunnen getaucht zu werden. Doch wie auch immer ihre erste Begegnung in Wahrheit stattgefunden hatte – Lytton war völlig aus dem Häuschen, als er Mallory sah. Schon vor seinem Besuch wußte er von James und Duncan, daß Mallory einer der schönsten von all den gutaussehenden jungen Studenten war. Doch auf diese vollkommene Schönheit war Lytton dann doch nicht gefaßt. Er hätte sich am liebsten »in seinem Schatten zusammengerollt und geschlummert« und schrieb am 21. Mai 1909 diesen begeisterten Brief – »Mon Dieu!«– an Vanessa und Clive Bell.

»Wäre Mallory sich seiner Ausstrahlung bewußt gewesen – es hätte ihn mit Sicherheit beschämt«,[8] schrieb David Robertson 1969. Doch wenn man das damalige Klima berücksichtigt – wäre Mallory wirklich beschämt gewesen? Lytton hatte bestimmt kein Geheimnis aus seiner Schwärmerei gemacht. Es ist möglich, daß Mallory anfänglich etwas verstört war, wie Michael Holroyd in seiner Biographie über Lytton Strachey vermutet, doch er schreibt auch, daß es Lytton bei seiner Ankunft in Cambridge, ähnlich wie Benson aufgefallen war, daß »in den Colleges umwerfende Gerüchte kursierten und es untentwegt Liebeskummer und Eifersuchtsszenen gebe«. Lytton merkte bald, daß Mallory eine unerwiderte Zuneigung zu seinem Bruder James hegte. Er fuhr in seinem Brief an die Bells fort:

Erstaunlich ist, daß er über die Schönheit hinaus noch eine andere, viel bezauberndere Ausstrahlung besitzt. Seine Liebe zu James war lange bekannt, doch erst während meines Besuches erklärte er sich – und wurde zurückgewiesen... Der arme George! Ich traf ihn gleich nach diesem Vorfall zum ersten Mal, und auf den ersten Blick konnte ich auf den Grund seiner wundervollen Seele sehen. Ich war *écrasé*. Was dann folgte, war toll, wenn auch unendlich rein. Ja!! Nur Virginia [Woolf, Anm. d. Übers.] kann mich nun verstehen – ich bin ein Konvertit, gefangen von der Göttlichkeit der Unberührtheit. Viele Stunden des Tages gab ich mich der Anbetung, der Unschuld, der Glückseligkeit hin. Es war eine richtige Offenbarung, wie Ihr sicher versteht. Mein Gott! Die reine Schönheit dieser Handlung verzückt mich... Abends saß ich mit ihm im Feuerschein, tags schlenderten wir zusammen durch die Veilchen und die blühenden Kirschbäume im King's Garden, und dann, dann – nein! Nein! Die Begierde löste sich in diesem Wunder auf, selbst ein Kuß wäre eine Entweihung gewesen...[9]

Und er schließt: »Abgesehen davon wird er Lehrer, seine Intelligenz ist nicht gerade bemerkenswert. Was soll's?« Dieser intellektuelle Snobismus gehörte zu den Verhaltensmerkmalen der Bloomsbury Group, die schnell bei der Hand war, über Minderbegabte hinwegzugehen. Michael Holroyd vermutet, daß Lytton Strachey und auch Grant sich deshalb so verächtlich über Mallorys Intelligenz äußerten, weil er den Eindruck vermittelte, als sei er sich nicht bewußt, daß die Bewunderung dieser Männer rein erotisch war. Aber man kann sich trotzdem kaum vorstellen, daß Mallory solche Avancen nicht durchschaute, auch wenn sie verschleiert waren. Wegen seiner starken Neigung zur Sittenstrenge ist sehr viel wahrscheinlicher, daß er sich unberührt und unschuldig gab, weil er sich aus moralischen oder einfach aus persönlichen Gründen seine eigenen Grenzen gesetzt hatte. Lytton Strachey sagt, er habe einen »Hang zur Prüderie«, Cottie Sanders schildert einen Streit, der sich am Ostersonntag 1912 im Pen-y-Pass-Hotel zwischen Mallory und einem Iren zutrug, der erklärt hatte, daß der einzige Grund, Prinzipien zu haben, der sei, sie zu brechen.

Es war einfach für ihn [den Iren], Georges hartnäckiges Festhalten am rechten Denken und am rechten Tun verknöchert und prüde erscheinen zu lassen, da war er schonungslos. Die Stimmung war von Anfang an gegen George. Er hat sich wirklich wacker geschlagen – keine sarkastische Bemerkung, kein rhetorischer Kunstgriff konnten ihn von seiner Meinung abbringen, daß es notwendig und richtig sei, die Prinzipien dahingehend zu ändern, daß sie sich neuen Fakten anpaßten, sollten diese Teil der Erfahrung eines Menschen werden; daß aber der Geist, der diese Prinzipien durchdringt, immer derselbe bleibe. Es gebe tatsächlich so etwas wie das Richtige, und wer wolle, könne es auch finden; dies sei außerordentlich wichtig. Die Gemüter erhitzten sich, George zog den kürzeren. Doch was für mich dabei sehr deutlich wurde, war die praktische Demonstration des Prinzips von George, bei einem Streit ruhig zu bleiben und dabei trotzdem scharfsinnige Hiebe auszuteilen und einzufangen. Und seine außergewöhnliche Beharrlichkeit in bezug auf die Reinheit der Beweggründe.[10]

Es war natürlich dieses Wetteifern um die Reinheit, um das Richtige, das Mallory den Beinamen »Sir Galahad« einbrachte und das er später zu einer humanistischen Weltanschauung entwickeln sollte. Er ersetzte »Gott« durch das »Gute«, und wich solchermaßen geschickt seinen religiösen Problemen aus. Doch obwohl er die Göttlichkeit Christi bestritt, behauptete er weiterhin standhaft, er sei Christ.

Unter sich und ihresgleichen kannten Lytton Strachey und

Duncan Grant keinerlei Zurückhaltung, sie ergötzten sich an schockierenden Nachrichten und wildem Klatsch. Die Ereignisse wurden natürlich ihrer Wirkung wegen dramatisiert, und die Übergänge zwischen Fakt und Phantasie waren oft kaum erkennbar. Beide fabulierten also über George Mallory und stachelten sich noch gegenseitig auf. Nach einem Besuch bei Mallory im Oktober 1910 schrieb Strachey an Grant, er sei sicher, Mallory würde Grant Modell sitzen: »Wenn ein Akt nicht möglich ist (da sind überall so viele Pfaffen!), kannst Du ihn dann nicht in voller Größe als romantisches Aquarell malen?« Strachey vermutete, die beiden Männer würden sich vielleicht sogar ineinander verlieben.

Auf lange Sicht wird es Dir sicher nicht gefallen. Aber wen interessieren schon solche Bedenken? Glücklicherweise muß ich mir das nicht überlegen, denn ich bin nicht in ihn verliebt und werde es auch nie sein, dazu ist er mir wirklich zu einfältig. Aber würde Dir das etwas ausmachen? Ich glaube, du bist da nicht so anspruchsvoll wie ich... Aber, meine Güte! Sein Körper! Ich fürchte, die vollkommene Schönheit seines Antlitzes, diese wunderschöne Blume, ist verblüht, aber er ist immer noch ausgesprochen attraktiv – diese Augen, diese Augenfarbe, dieser bezaubernde Blick; und diese einzigartigen, göttlichen Ohren, so lang und so sinnlich – oh![11]

Viele Jahre später erinnerte sich Grant immer noch mit Zuneigung an Mallory und bemerkte Lytton gegenüber, daß er bereit gewesen wäre, Mallory 100 Pfund im Jahr zu bezahlen, wenn dieser sein Geliebter geworden wäre. Als er Grant, der unter chronischem Geldmangel litt, fragte, woher er denn die 100 Pfund nehmen wollte, lachte Grant nur und sagte, er hätte sie sich eben von Maynard Keynes geliehen.

Lytton glaubte, daß Mallorys Gefühle »so wunderschön« seien wie sein Gesicht, auch wenn er bei ihm eine gewisse »Gleichgültigkeit« (zusammen mit dem »Hang zur Prüderie«)

feststellte. Und David Pye, dessen Zuneigung zu Mallory außer Frage stand, bemerkte ebenfalls »etwas Unberührtes, Kaltes« an ihm. Benson beschrieb ihn zuerst als »gefühlskalt, hart und mitleidlos«. Raymond Greene, der ihn später im Climbers' Club kennenlernte, fand ihn so kalt und distanziert, als wäre er mit Glas überzogen.

Zweifelsfrei hatten Mallorys Reserviertheit, Schüchternheit und Zurückhaltung es ihm schwergemacht, in den ersten Studienjahren Freunde zu finden. Aber hatte er erst einmal Freundschaften geschlossen, waren sie auch dauerhaft. Auf welcher Grundlage diese Freundschaften auch entstanden waren – sicher sehr oft aufgrund seines außerordentlich guten Aussehens –, Mallory hat sich immer an dem anderen gefreut, hat sich stets für den anderen interessiert, und das hat die Bande haltbar gemacht. Mallory war nie ein vorübergehender Gespiele gewesen, den seine Bewunderer fallenließen, wenn der Reiz des Neuen vorüber war; er ließ bestehende Freundschaften auch nicht einfach auslaufen. Als Benson damals von dem »schwarzen Hund am Hals« gelähmt war, vertrieb Mallory seine Trübsal. Als Lytton Strachey zwischen den merkwürdigen, anfallartigen Schmerzen, die ihn völlig schwächten, in Cambridge Zuflucht suchte, stellte Mallory ihm seine eigenen Räume im Pythagoras House zur Verfügung und wohnte selbst bei Benson.

Auch als Mallory dann ins Charterhouse nach Godalming zog, blieb er stets mit seinen Freunden in Cambridge in Kontakt. Er besuchte sie, wann immer es ihm möglich war, und lud sie zu sich nach Hause ein. Alle kamen sie – Lytton und James Strachey, Geoffrey und Maynard Keynes, und besonders die Freundschaft mit Duncan Grant blühte damals auf.

19

»Green Chartreuse«

Duncan Grant muß für Mallory eine schillernde Gestalt gewesen sein – charmant, extravagant, ungehemmt, ein Mann, der kurz vor seiner internationalen Anerkennung stand. Die beiden Männer waren altersmäßig nur ein Jahr auseinander, doch in bezug auf ihre Weltläufigkeit trennten sie Lichtjahre. Von Kindesbeinen an hatte Grant ein Leben in der Gesellschaft geführt und war überall herumgekommen. Als Knabe hatte man ihn von Indien nach England geschickt, wo er im Haus seiner exzentrischen Cousins Strachey aufwuchs. Musik, Literatur und Kunst wurden dort großgeschrieben, und seine Tante, Lyttons Mutter, ermutigte ihn, eine künstlerische Karriere aufzubauen, anstatt zum Militär zu gehen, wie es seine Eltern geplant hatten. Er studierte an der Westminster School of Art und an der Slade School of Fine Art, später ging er nach Paris zu Jacques Blanche. Seine früheren Arbeiten waren stark von Cézanne beeinflußt. Er bereiste Europa, Kleinasien und Nordafrika, und er lernte Matisse und Picasso kennen, lange bevor deren Werke 1910 bei der ersten Postimpressionistenausstellung in London zu sehen waren. Nach einer Reihe von Affären mit Männern und Frauen lebte er mit Adrian Stephen, dem Bruder von Vanessa und Virginia Woolf, am Brunswick Square.

Mallory war ein Bewunderer der Postimpressionisten. Durch Grant lernte er eine Welt strahlenden Zaubers kennen, die ihn in ihren Bann zog, und er nutzte jede Gelegenheit, um seinen Horizont zu erweitern. Er entwickelte eine Vorliebe für bohemehafte Kleidung, was Benson gar nicht schätzte. »Am Abend kam Mallory«, schrieb er, »er war sehr schön, hatte aber zuviel Haar und zuwenig Kragen. Er würde sehr viel attraktiver aussehen, wenn er sich nicht in den Kopf gesetzt hätte, sich unkonventionell zu kleiden. Es kann nicht gut sein, langes Haar zu tragen.«[1]

Grant seinerseits bemühte sich, Mallorys Welt zu verstehen. Im März 1913 begleitete er ihn nach Nordwales zur Osterklettertour, er verbrachte auch einige Zeit in Mallorys Elternhaus in Birkenhead. Als Mallory mit ein paar seiner Schüler die neue literarische Zeitschrift *Green Chartreuse* herausgab, malte Grant ein großes Werbeplakat: einen grasgrünen Mönch mit erhobenem Glas. Dieser zechende Bruder wurde, wie uns Pye informiert, »am Kricket-Pavillon angebracht«, und verursachte große Empörung. Ob das Plakat oder die Zeitschrift selbst »die sittsamen Hüter der schulischen Moral« so aufbrachte, bleibt in Pyes Schilderung unklar, doch er behauptet, »Mallorys heftige Reaktion auf die Spießigkeit an den altehrwürdigen Schulen«, drücke seine Verachtung für das »verkrustete Kastendenken« aus.[2]

An den Wochenenden besuchte Mallory seinen Freund oft in London und saß ihm Modell. 1913 fertigte Grant in seinem Atelier am Brunswick Square eine Reihe von Gemälden, die deutlich machten, wie groß die erotische Anziehungskraft des Aktmodells für den Künstler war. Es gibt auch noch einige Zeichnungen und Fotografien; möglicherweise dienten sie als Studien für Bilder von Tänzern und Musikern, die Grant später im Auftrag der »Omega Workshops« schuf.

Die Zeitschrift *Green Chartreuse* war nicht der einzige Reibungspunkt mit dem Schulestablishment. Vor allem seine freundschaftlichen Beziehungen zu älteren Schülern wurden mit Argwohn betrachtet; doch er hielt sie offenbar für einen Anreiz zum Lernen. Pye läßt nirgends durchblicken, daß er in diesen Beziehungen etwas anderes vermutet als lediglich Mallorys eigenwillige Lernmethoden, aber er weist auf ihren zweifelhaften Verdienst hin. »Ich glaube nicht, daß Mallory am Ende das Gefühl hatte, seine Methoden würden durch die Ergebnisse gerechtfertigt. Ich erinnere mich, daß er später einmal sagte, wenn er mit der gleichen Zielsetzung und dem gleichen Enthusiasmus, doch mit seiner jetzigen Erfahrung gewappnet, noch einmal von vorne beginnen könnte, würde er nicht mehr die gleichen Methoden anwenden. Es kostete zuviel Anstrengung, und die Resultate waren zu zweifelhaft.«[3]

Vielleicht war genau das Mallorys Problem: Er probierte Dinge aus, bevor er deren Prinzipien klar ausgearbeitet hatte. Wie Benson schrieb, »quillt er über vor jugendlicher Begeisterung und neuen Ideen, doch in ihrer Ausführung ist er schlampig, und die überschwengliche Verliebtheit in seine undurchdachten Geistesblitze macht diesen Zustand auch nicht besser. Er hat den Esprit und das Gefühl von zwei Dichtern zusammen, doch ihm fehlt die Kraft des Ausdrucks.« Beim nächsten Zusammentreffen jedoch räumte er ein, auf welch wundervolle Weise das Lehramt Mallorys Geist »erweitert, besänftigt und reif gemacht« habe, doch taktvoll sei er nicht gewesen. »Er hat sich in den Kopf gesetzt, offen zu jedem zu sein, doch dies scheint unangenehmerweise in einigen Fällen damit zu enden, daß er mit Kanonen auf Spatzen schießt.« Viel zu bereitwillig »warf er scharfe Kommentare ein. Offenbar ist er stolz auf seine Offenheit und Furchtlosigkeit im Gespräch«. Benson fand das unhöflich und verwirrend, und er fragte sich betrübt, ob es daran lag, daß sie sich auseinandergelebt hatten. »Ich glaube, ich langweile ihn.«[4]

Mit seiner lockeren Art erreichte Mallory natürlich keine Zucht und Ordnung in der Klasse, er legte auch wenig Wert darauf. Pye sorgte sich, daß Mallorys sprunghafter Unterricht, versetzt mit Anekdoten und philosophischem Missionseifer, zum einem bei den Schülern nicht sehr beliebt und zum anderen auch nicht sehr produktiv war. Doch einige junge Männer, wie Robert Graves, Raymond Rodakowski und jene, denen er das Klettern beibrachte, profitierten stark davon, daß sich Mallory ihrer persönlich annahm.

Im Frühjahr 1913 schrieb Mallory: »Sogar jetzt kann ich mir kein angenehmeres Leben vorstellen, als ich es führe. Wenn die Sonne wieder auf dieses grüne Paradies scheint, werde ich überschäumen und mich in ein Geistwesen verflüchtigen.«[5]

In jenem Sommer reiste er nicht in die Alpen; Mallory und

Young gingen erst zum Campen und Klettern nach Cornwall, später segelten sie mit Conor O'Brien an der irischen Küste. Im September schilderte Mallory seinem Freund Young in einem Brief auf provokative Weise, wie er mit einem jungen »Rekruten« geklettert war und gebadet hatte, doch zwischen seinen Zeilen kam eine wachsende Unruhe über den Lebensstil, den er sich angeeignet hatte, zum Ausdruck. In dem offensichtlichen Bemühen, die wesentlichen Züge seiner komplexen Gefühle zu analysieren, fuhr er etwas rätselhaft fort: »Vielleicht habe ich mir auch schon angewöhnt, selbstgefällige Begeisterung zu heucheln, als Antwort auf die Reaktion von Knaben auf einen wie mich.«[6]

Kurz darauf lernte Mallory Ruth Turner kennen. In ihr fand er einen Menschen, mit dem er seine Unschuld wiederentdecken konnte; sie konnte er lehren und formen. Er versuchte Benson zu erklären, was ihm das bedeutete:

Das Schönste daran ist, einen anderen Menschen auf diese ganz andere Art kennenzulernen – ich erkenne nun klarer als jemals zuvor die edlen Züge in einem Menschen. Die Schönheit einer Seele, ihre Zartheit und Feinheit auf diese Weise kennenzulernen, ist überwältigend und beglückend. Doch so sehr es mein Leben auch bereichert, es ändert nichts, es bestärkt mich nur in dem, was ich schon immer für richtig befunden habe. Ich gehe mehr in meiner Arbeit auf denn je. Ruth teilt meine Ideale, sie will die Schüler kennenlernen, mit denen ich befreundet bin, und sie ist wirklich bereit, die gleiche Hingebung zu empfinden wie ich. Damit kann das Streben nach einem tugendhaften Leben nur noch emsiger werden.[7]

An Geoffrey Young schrieb er: »Ruth ist einfach zu wundervoll, sie ist eine großartige Frau. Sie hat die wunderbare Fähigkeit, unwesentliche Dinge zu übersehen und sich von ihnen nicht stören zu lassen. Das Leben meint es gut mit ihr.« Auf Mallorys dringendem Wunsch hin kam Young ins Charterhouse zu einem Besuch, um sie kennenzulernen. Angenehm überrascht mußte er feststellen, daß sein Freund nicht übertrieben hatte. »Ich habe noch nie einen Menschen getroffen, der soviel Wahrhaftigkeit ausstrahlte, soviel Wesenstreue«, schrieb er begeistert. »Und dieses Wesen ist von beeindruckender Größe ... Ich kann mir in etwa vorstellen, was du empfinden mußt. Ich könnte *schreien*!«[8]

Ruth teilte nicht nur Mallorys Ideale, sie gab ihnen mit ihrer unerschütterlichen Ruhe und ihrem gesunden Menschenverstand auch die Aussicht, in die Tat umgesetzt werden zu können. Sie hatte Verständnis für seine Rastlosigkeit und für seine Liebe zu den Bergen. Sie machten zusammen Wanderurlaube, in Lake District und in Wales nahm er sie mit auf Felsklettertouren, sie hatte aber auch nichts dagegen, wenn er gelegentlich ohne sie in den Bergen herumkraxelte. Es freute ihn, daß sie seine Freunde mochte und bei seinen Bergkameraden gern gesehen war.

Im Jahr 1917 wurde ihr zweites Kind geboren; zu jener Zeit erhielt Mallory die bestürzende Nachricht, daß Young in der Schlacht am Monte San Gabriele schwer verwundet worden war. Sein Zustand war ernst, sein linkes Bein mußte oberhalb des Knies amputiert werden. Mallory schrieb unverzüglich an Lady Young, Geoffreys Mutter:

Ich kann Ihnen gar nicht sagen, wie sehr ich es gerade bei ihm bedaure, daß er ein Bein verlieren mußte – welche Schande bei diesem makellosen, vollkommenen Wesen ... Er war so anmutig, seine geschmeidigen Bewegungen waren für mich immer ein Ausdruck seines aufgeweckten, regen Geistes.

Ich mag noch gar nicht daran denken, was dieser Verlust für ihn bedeutet – der Strom der Erinnerungen ist zu stark. Wir hatten uns vorgenommen, wieder zusammen in die Berge zu gehen, wenn wir uns wiedersehen sollten – mein Verlust ist genauso stark wie der seine. Unsere Freundschaft war immer sehr stark mit dem Klettern verwoben, und Sie wissen, wie auch ich es weiß, wieviel ihm dieser Teil seines Lebens immer bedeutet hat.[9]

Er schrieb auch an Geoffrey. Der Antwortbrief war überraschend und erfreulich: Er würde sich schon jetzt wieder aufs Bergsteigen freuen. »Mit 42 Jahren kann ich doch meine alte Liebe zu den Bergen nicht einfach ablegen. Nun liegt der große Reiz eines Neuanfangs vor mir; jeder Zentimeter an Fortschritt ist eine Freude, keine Alltäglichkeit mehr. Ich zähle darauf, daß meine mutigen Freunde, wie Du, das Vergnügen an diesem Spiel mit mir teilen.«[10] Mallory versicherte ihm eifrig: »Ein Arm oder ein Bein weniger kann die Freuden, die das Leben für uns bereithält, doch nicht trüben … das Kletterseil wird uns wieder verbinden.«[11]

Sie kletterten auch tatsächlich wieder zusammen, aber die Berge hatten sich verändert, wie Young bemerkte. Zunächst mußte er die Unbeholfenheit, die Gleichgewichtsprobleme und die Müdigkeit überwinden, die das Gehen mit der Prothese ihm verursachten. Um unnötige Anstrengungen zu vermeiden, chauffierte ihn Mallory den Miner's Track vom Pen-y-Pass hinauf zum Fuß des Lliwedd, wo er dann immer beim Wenden seinen kleinen blauen Wagen in den See fuhr.

Doch die alte, unbefangene Sinnesfreude an diesen Ausflügen empfanden sie nicht mehr so intensiv. Auch das Hochgefühl der langen Sommertage wollte nicht mehr aufkommen wie früher, als sie den Blick über den Amphitheatre Buttress und seine Ausläufer schweifen ließen und am rauhen, sonnenwarmen Fels Kraft tankten, während »die Stunden erfüllt waren von unserem Lachen und nur so dahinflogen«. Oder diese Ausgelassenheit von damals, als sie eine verborgene Felsspalte unweit von Land's End entdeckten, die mit festem, silbrigem Sand bedeckt war, und sie den sanften Hang hinuntersausten und sich in die grünen Fluten des Altantiks stürzten. An solchen Tagen, schrieb Young, bewegte sich Mallory auf eine Weise, die zeigte, daß er »völlig eins mit sich selbst und der Welt war; und nichts konnte ihn aufhalten«.

Auf die Geschmeidigkeit von Mallorys Bewegungen kommt Young immer wieder zu sprechen. »Ein gestreckter Schenkel, ein gebeugtes Knie, eine kraftvolle Bewegung, die durch den ganzen Körper ging – so schwang er sich auf den Fels«, schreibt er in der *Snowdon Biography.* »Wenn er sich bewegte, vereinten sich sein perfekter Körper und sein strebender Geist zu einer einzigartigen Kraft.«[12] In seinem Nachruf in der *Nation* erklärte er, daß Mallory niemals eine Bewegung gemacht hätte, die nicht in sich selbst schön gewesen wäre.

Als Sportler legte Mallory auch großen Kampfgeist an den Tag. In Briefen aus Winchester kommt zum Ausdruck, wie stolz und glücklich er war, daß er als der einzige Junge in der Schule beim Turnen die Riesenfelge beherrschte, oder daß er den Schützen »Shooting VIII« angehörte, die den Ashburton Shield in Bisley gewannen. Am Ende des Krieges organisierte er in Frankreich ein Sportfest, um seinen Männern Dampf zu machen.

Die fünfte [Disziplin] waren Reiterspiele. Der Major ritt auf Wilson, Pemberton auf Nibs; nach einem packenden Kampf wurden die ersten beiden besiegt ... In der zweiten Runde nahm ich einen Unteroffizier als Pferd und griff Pemberton und Nibs an. Es war ein toller, lustiger Kampf. Ich hätte blutrünstig geschaut, sagen sie, doch ich kann mich nicht erinnern, mehr getan zu haben, als einen Gegner, der alle Tricks und Kniffe dieses Spiels kannte, mit einer entschlossenen Miene einzuschüchtern ... Am Schluß sind wir alle auf dem Boden gelandet. Doch er war unter mir, also war ich der Sieger.[13]

Einen ähnlichen Wetteifer charakterisierte auch den jungen Sandy Irvine, den Mallory 1924 bei der Everest-Expedition kennenlernte. Auch bei Irvine hatte sich diese Kämpfernatur schon in der Schulzeit ausgeprägt. Bevor er 1919 in Henley mit seinem Team das Endspiel um den Elsenham Cup gegen die Bedford School bestritt, schrieb er an seine Mutter: »Mit Ausnahme ihres Kapitäns ist das die verkommenste, dreckigste Mannschaft, die ich jemals gesehen habe; wir alle sind der Meinung, daß es entwürdigend wäre, sie gewinnen zu lassen.«[14] Sie haben sie natürlich nicht gewinnen lassen. Mallory schrieb an Ruth, daß Irvine der einzige unter den neuen Expeditionsteilnehmern sei, der Kampfgeist besitze. Er war auch ein Mensch, der Ruhe bewahrte, wenngleich nicht ganz in der unerschütterlichen Art Mallorys. Die Sitten in der Shrewsbury School müssen zu Irvines Zeiten sehr rauh gewesen sein: Einem Gerücht zufolge soll ein Junge von einem Eiszapfen, der oben am Wasserrohr hing, wo sie sich waschen mußten, in zwei Hälften gespalten worden sein.

Irvine war ein besinnlicher und überlegter Mann; das zählte bei Mallory als Merkmal eines kultivierten Menschen. Mallory hoffte, ihn für die Dichtung gewinnen zu können, und las ihm Stellen aus *Spirit of Man* vor. Irvine zeigte erst eine gewisse Scheu, aber dann schien er »nachhaltig beeindruckt vom Epitaph auf Thomas Grays *Elegie auf einen Dorffriedhof*«, wie Mallory schrieb.

Irvine liebte das Abenteuer. In seinen Augen war der 15 Jahre ältere Mallory vielleicht zunächst nichts als ein Veteran, doch sein Ruf als Abenteurer und seine romantische Neigung waren nicht zu bestreiten. Mallorys empfindsame, ja fast kraftlos wirkende Erscheinung verbarg eine Zähigkeit, die Irvine erst kennenlernte, als schwere Schneestürme ihre Aufstiegsversuche Anfang Mai vereitelten. Als die Moral schwer unter der Höhe litt, stapfte dieser »nimmermüde Kerl« den Gletscher hinauf und hinunter, schikanierte die Träger und versuchte, die Lasten zu verteilen.

Am 7. Mai war die Temperatur in der Nacht auf 50 Grad Celsius gefallen; Mallory beschloß, die Kranken und die erschöpften Träger nacheinander von Lager III nach Lager II zu begleiten. Er arbeitete unermüdlich, während Irvine die meiste Zeit des Tages nur schlapp und kränklich herumhing. Die beiden Männer hatten sich nun schon so gut angefreundet, daß Mallory in Irvines Tagebüchern als »George« auftaucht. Besorgt schrieb er: »George sieht heute ziemlich abgekämpft aus; er hatte wirklich einen harten Tag.«[15]

Von allen Expeditionsteilnehmern mußte Mallory als der jugendlichste erscheinen, der zu allem bereit war. Irvine freute sich, daß Mallory sich für ihn als Kletterpartner entschied. Wenn man Irvines Unerfahrenheit einmal beiseite läßt, hatte Mallory durchaus Gründe, mit Irvine zu klettern – zum Beispiel weil er »Mumm in den Knochen« hatte. Doch die Frage, die von allen Alpinismushistorikern jener Generation gestellt wird, bleibt: warum? *Warum* Irvine für diesen letzten Angriff und nicht Odell?

Könnte es sein, daß Mallory eine Art »romantische« Zuneigung zu dem hübschen jungen Studenten entwickelt hatte, wie Walt Unsworth in seinem Buch *Everest* zu bedenken gibt? Kurz vor Grants Tod zog Unsworth den Maler bei der Frage zu Rate, ob Mallory bisexuell war. Grants Antwort kam schnell und mit Nachdruck: »Nein, ganz sicher nicht.« Seiner Meinung nach hatte Mallory diese Wahl aus rein ästhetischen Gründen getroffen. Wenn Odell und Irvine beide gleich gut mit den Sauerstoffgeräten umgehen konnten, so hätte der gutgewachsene Mallory auf jeden Fall den schöneren von beiden gewählt.[16]

Diese Überlegungen klingen im Zusammenhang mit dem Mount Everest ziemlich verdreht, doch das ganze Unternehmen war natürlich mit dem attraktiven Irvine noch vollkommener. Hätten sie ihr Ziel erreicht, so wäre der Glanz des Ruhmes auf jeden Fall heller erstrahlt, wenn er ihn mit Irvine geteilt hätte. Diese Gedanken drehen sich natürlich im Kreis, doch – wenn die Schönheit soviel Anziehungskraft besaß, war diese Anziehung auch eine romantische? War sie trotz Grants loyalen Leugnens auch körperlicher Natur? (Grant hatte übrigens in anderen Befragungen sehr viel zweideutigere Antworten gegeben.) Aber selbst wenn dem so war – wir können nicht wissen, ob es für Mallory mehr war als eine uneingestandene Seelenverwandtschaft und ob sein junger Gefährte dies überhaupt bemerkt hatte. Ihre Freundschaft spiegelte jedoch das antike griechische Ideal wider, zu dem sich Mallory schon früh bekannte: der Verbindung von jung und alt, von Begeisterung und Weisheit, von Kraft und Erfahrung, wodurch das stabilste Band überhaupt entsteht.

Die beiden Männer hatten ein gemeinsames Ziel und verfügten über die Entschlossenheit, es auch zu erreichen. Doch war dieses Streben noch im Rahmen der Vernunft? An einem bestimmten Punkt kann die Verfolgung eines ehrgeizigen Zieles die Grenzen des Normalen sprengen und in die Obsession abgleiten; Zielstrebigkeit vermag einen Menschen über den Punkt hinaustreiben, an dem er nach reiflicher Überlegung umkehren sollte – natürlich nur, wenn man das Überleben für genauso wichtig erachtet wie den Erfolg. Diese Fragen wären nie gestellt worden, wenn sie den Gipfel erreicht hätten, zurückgekehrt wären und selbst ihre Geschichte erzählt hätten. Niemand hatte Reinhold Messner nach seinem überwältigenden Alleingang auf den Everest im Jahr 1981 so etwas gefragt. Doch Messner würde sicherlich eingestehen, daß eine gewisse Obsession nötig ist, um eine menschliche Leistung zu erbringen, die für Normalsterbliche jenseits des Möglichen liegt. Auch Young meint: »Wenn der jahrhundertealte Kampf des Menschen für die Erschließung seiner Umgebung noch diesen einen Schritt weitergetrieben werden sollte, so geboten ritterlicher Kampfgeist und seine wankelmütige Verbündete, die Aussicht auf Erfolg, diese Herausforderung anzunehmen.«

Somervell ging sogar noch weiter: »Ich glaube fest daran – Mallorys Tod und jener seines beliebten und großartigen Kameraden sind eine nicht zu überhörende Aufforderung an unsere materialistische Zeit, die wahren, selbstlosen Geist bitter nötig hat, wie ihn George Mallory sowohl in seinem Leben als auch mit seinem Tod verkörpert.«[17]

Es war ganz sicher ein bedeutender Tod. Kein Bergsteiger vor Mallory und Irvine war jemals so geehrt worden. Der König, der Prince of Wales, der Duke of York, der Duke of Connaught und Prince Arthur of Connaught, sie alle waren beim Gedenkgottesdienst am 17. Oktober in der Saint Paul's Cathedral zugegen. Arthur Benson war beeindruckt von dem Prunk,

doch ansonsten ließ ihn die Feier merkwürdigerweise unge-
rührt. »Es paßt gar nicht zu George und seiner unverdorbenen
Bescheidenheit, daß er so gefeiert wird.«[18]

Die Familien der zu Helden verklärten Toten konnten emotional nur schlecht mit der ganzen Publicity umgehen. Nach
einem Besuch von Mallorys Mutter bei Benson schrieb dieser:

> Eine nette, freundliche Frau, aber so merkwürdig exaltiert
> über den Tod ihres Sohnes – ein Geist, mit dem ich nur
> schwer fühlen kann. Sie sprach von dem Nutzen, den die
> ganze Welt aus seinem Beispiel und seinem Opfer ziehen
> kann, und von ihren wilden, übersinnlichen Vorstellungen,
> wie sein Einfluß sich auch im Jenseits ausbreiten könnte. Ich
> habe darauf keine Antwort; diese Spekulationen mögen viel-
> leicht schön sein, wenn man sich bildlich vorstellt, wie die
> Seele die Wolken auf der Suche nach Luftschlössern er-
> klimmt, doch wenn sie in plattem Englisch und mit nüch-
> terner Stimme über einen Teller Brathuhn hinweg ausge-
> drückt werden, dann sind sie ohne jegliche Bedeutung.[19]

Benson konnte in ihrer Haltung keine Trauer spüren. Mallorys
Mutter machte auf ihn eher den Eindruck, daß sie »die Situation mit beiden Händen umrührte wie einen Eintopf über dem
Feuer«. Ruth soll vorbildlich tapfer und ruhig gewesen sein,
hatte er gehört... »Jeder ist das – um so mehr Schande über
seine Mutter!«

Ruth war immer noch wie gelähmt vom Schock, doch sie
fühlte sich verpflichtet, jenen zu schreiben, die George am besten gekannt und am meisten gemocht hatten. »Es fällt mir
nicht schwer zu glauben, daß Georges Seele bereit war, in ein
anderes Leben einzutreten, und daß ihr Weg dorthin voller
Schönheit war«, schrieb sie an Geoffrey Young. »Ich glaube,
unser Schmerz ändert daran nichts.« Doch später schrieb sie:
»Ich weiß, daß George nicht sterben wollte... O Geoffrey!
Wenn es doch nie passiert wäre. Es ist so überflüssig!« Während seines ganzen Lebens hatte George Mallory eine ideale

Welt vor Augen, in der die Wahrheit absolut war und der Wert jeder Handlung ausschließlich von der Aufrichtigkeit des Beweggrundes abhing. Daß man ihn, wie es Young so oft tat, mit Galahad gleichsetzte, ist auf fast unheimliche Weise angemessen. Dank seiner tugendhaften Reinheit war es Galahad als einzigem Ritter der Tafelrunde bestimmt, den Heiligen Gral zu finden. Der Sage nach verläßt er die Welt der Sterblichen, als er den mystischen Kelch nach langer Suche schließlich findet.

...Weißt Du, ich halte es für durchaus möglich, daß George, obwohl er ohne Zweifel ein erfülltes Leben hatte, schon für etwas Besseres bereit war. Da ich ihn aufrichtig liebe, sollte ich zufrieden sein, daß er es nun hat.

Ich weiß, daß du George mit mir teilst, seine Freuden, seine Qualen. Er war nicht mein Eigentum, das wollte ich nie. Wir alle hatten etwas von ihm, mein Teil war zärtlicher und unmittelbarer als der Teil, den andere bekommen haben, aber es war eben nur ein Teil. Geoffrey, kann ich meine Liebe zu George bis zu meinem eigenen Tod so frisch und rein und stark erhalten, wie sie jetzt ist?[20]

20

Menfree

von Tom Holzel, 1987

Der Brief mit der Nachricht, daß Wang in 8200 Meter Höhe einen »englischen Toten« gesichtet hatte, genügte, um wieder die alte Leidenschaft zu wecken, mit der ich versucht hatte, herauszufinden, was mit Mallory und Irvine geschehen war und, vor allem, zu bestimmen, in welche Höhe sie gelangt waren. Jahrelang hatte ich die chinesische Bergsteigerorganisation CMA (Chinese Mountaineering Association) bekniet, um eine Genehmigung für eine Everest-Besteigung auf der Nordseite zu bekommen. Sogar George Bush hatte mir in seiner Eigenschaft als Verbindungsoffizier der amerikanischen Botschaft bei der Beschaffung der Genehmigung zu helfen versucht. Schließlich riefen mich einige chinesische Kellner des New Yorker Waldorf Astoria an und teilten mir mit, sie könnten mir gegen ein geringes Entgelt die Genehmigung beschaffen.

Mit der Genehmigung in der Tasche telefonierte ich erneut mit Andy Harvard, um ihn als Organisator der Expedition zu gewinnen. »Wie würde es Ihnen gefallen, auf dem Everest nach Mallory und Irvine zu suchen?« fragte ich ihn. »Diesmal aber legal.«

Zu diesem Zeitpunkt in meinem Leben hatte ich das Hightech-Unternehmen *Arcturus* Inc. gegründet. Im Bewußtsein, daß ich einen hervorragenden Leiter des Kletterteams brauchen würde, versuchte ich, David Breashears ausfindig zu machen, der damals als der vielleicht führende amerikanische Everest-Bergsteiger galt. Ohne daß ich es wußte, bemühte sich David just zum selben Zeitpunkt auch um Kontaktaufnahme mit mir, weil er sich meiner Expedition gerne als Kameramann anschließen wollte. Seine Firma hieß *Arcturus* Motion Pictures. Aller guten Vorzeichen sind drei, und so ergab es sich, daß Audrey und ich Hauptmann Noel interviewten, den letzten überlebenden Teilnehmer der Expedition von 1924, und er von seiner Flucht aus einem deutschen Kriegsgefangenenlager im Ersten Weltkrieg erzählte. »Ich fand nur deshalb zu unseren Linien zurück«, sagte er ernst, »weil ich nur nachts marschierte und einem Stern folgte – dem *Arcturus*. Ich verdanke mein Leben dem Stern Arcturus.«

Hier nun der Bericht über die **M**ount **E**verest **N**orth **F**ace **R**esearch **E**xpedition – MENFREE –, deren Teilnehmer sich am 25. August 1986 im Basislager im tibetischen Rongbuk-Tal zum ersten Versuch nach dem Zweiten Weltkrieg versammelten, das Rätsel von Mallory und Irvine zu lösen:

Mühsam schleppte ich mich durch den »Korridor« zum Lager III hinauf – einen scheinbar endlosen Pfad, der rechts von einer Wand des Changtse, eines Schwestergipfels des Mount Everest, und links von hochaufragenden »Seracs«, gewaltigen Eisbrocken und -türmen flankiert war. Dabei ging es mir nicht aus dem Kopf, daß ich genau in die Fußstapfen von George Mallory und Andrew Irvine trat, die 1924 unter unbekannten Umständen hoch oben am Everest umgekommen waren. Was sie in diesen Höhen und dieser dünnen Luft vorangetrieben hatte, war der Ehrgeiz gewesen, als erste den höchsten Gipfel der Welt zu erreichen. Ich dagegen war von dem Wunsch beseelt, herauszufinden, ob ihnen dies gelungen war oder nicht.

Das Wetter an jenem Septembertag im Jahr 1986 war makellos – strahlender Sonnenschein, kein Wind – und ich mußte aufgrund des allmählich, aber stetig ansteigenden Weges und der brennenden Sonne reichlich schwitzen. Mallory und seine Kameraden waren unter sehr viel schlechteren Bedingungen durch denselben Korridor aufgestiegen. Ihre Expedition fand im Frühjahr statt, das zu Anfang kalt ist und im Verlauf der Jahreszeit wärmer wird. Unsere Expedition begann Ende August. Wir hatten zunächst warmes Wetter, das jedoch von grausamer Kälte abgelöst wurde, als der Winter herannahte. Einige Wegstunden unter mir in Lager II erholte sich Audrey Salkeld und wartete, bis sie an der Reihe war, zu dem 6300 Meter hohen Lager III aufzusteigen. Plötzlich gab ein Einschnitt in der Wand des Changtse den Blick auf das gewaltige Massiv des Mount Everest frei, das in monumentaler Herrlichkeit in den blauschwarzen Himmel ragte. Nach all den Jahren als Schreibtischhistoriker in Verfolgung des »Rätsels um Mallory und Irvine« wurde ich bei diesem Anblick von einer Flut von Gefühlen überwältigt, und brach in Tränen aus.

16 Jahre zuvor hatte ich in der Zeitschrift *New Yorker* gelesen, daß Mallory und Irvine das letzte, nur drei Stunden von der Spitze entfernte Hindernis überwunden und sich dann »zügig Richtung Gipfel« bewegt hatten. Von meinem Blickpunkt im Korridor, konnte ich jene letzte Barriere, eine Felsstufe, die sich rund um den Gipfel zieht, deutlich erkennen. Wo sie den Nordostgrat – Mallorys Route zum Gipfel – versperrt, wird sie als »Zweite Stufe« bezeichnet.

Für mich und Generationen anderer Bergsteiger ist George Mallory eine Art Ideal – mit seinem unbezähmbaren Willen, den Everest zu erobern, obwohl er kaum eine Erfolgschance hatte. Deshalb war ich überrascht, daß niemand je versucht hatte, herauszufinden, ob ihn dieser Wille zu dem heißersehnten Ziel geführt hatte – wenn auch auf Kosten seines und des Lebens seines jungen Bergkameraden. Die Geschichte der beiden faszinierte mich so stark, daß ich an meinen freien Abenden und Wochenenden in der New York Public Library nahe meiner Arbeitsstelle die genauen Umstände von Mallorys Expedition zu recherchieren begann. Sechs Monate später kam ich zu dem Schluß, daß sich das große Rätsel vielleicht noch immer lösen ließ. Doch die Lösung würde sich nicht in den Bibliotheken finden lassen, geschweige denn in den zahlreichen Büchern zum Thema, sondern nur am Berg selbst. Meiner Ansicht nach gab es Hinweise, daß die Leiche Andrew Irvines vielleicht noch immer auf einer Schneeterrasse in 8200 Meter Höhe lag, fast 120 Meter unterhalb der Stelle, wo Bergsteiger 1933 einen Eispickel gefunden hatten, und daß sich bei dem

Toten möglicherweise noch immer Irvines Kamera befand. Wissenschaftler von Eastman Kodak wurden über die mögliche Existenz eines so lange Zeit gefrorenen Films informiert und führten eine umfassende Versuchsreihe durch, die ergab, daß der Film noch immer »abzugsfähige Bilder« liefern konnte, wenn er nicht dem Licht oder extremer kosmischer Strahlung ausgesetzt war.

Eine japanische Gruppe war ohne Wissen westlicher Bergsteiger im Herbst jenes Jahres zur Erkundung auf der tibetischen Seite des Mount Everest unterwegs gewesen, und dabei hatte der chinesische Hochgebirgsträger Wang Hung-bao dem japanischen Expeditionsleiter eine unglaubliche Geschichte erzählt. Wang behauptete, er habe während der sehr großen chinesischen Expedition zum Everest im Jahr 1975 auf der Schneeterrasse in 8100 Meter Höhe einen »englischen Toten« entdeckt. Die Leiche habe ein Loch in der Wange gehabt und altmodische Kleidung getragen, die bei Berührung »im Wind tanzte«. Der japanische Bergsteiger war – wie ich – sehr erstaunt über die Geschichte gewesen, und sie wurde bald auf der ganzen Welt bekannt.

Nachdem Wang meine Theorie bestätigt hatte, war ich fest entschlossen, eine Expedition zu organisieren, die Irvines Kamera bergen sollte. Ein langwieriger Briefwechsel mit den Chinesen erbrachte schließlich die heißbegehrte, selten erteilte Genehmigung, den Mount Everest von Norden her auf »Route eins« zu besteigen – auf Mallorys Route. Nach Jahren der Hoffnung wurde das Träumen endlich durch Handeln ersetzt. Neun Monate später, am 25. August, war ich mit einer Gruppe von 30 Bergsteigern im Basislager am Mount Everest. Das Motto auf den Aufnähern unserer Expedition lautete (in chinesischen Buchstaben): »Suchet, so werdet ihr finden.«

Die beiden verschollenen Bergsteiger waren zuletzt von Odell gesichtet worden, der ihnen nachstieg, um sie zu unterstützen. Gegen 12.50 Uhr schaute er in einer Höhe von etwa 7900 Metern zufällig nach oben, als gerade der Nebel aufriß und die Sicht auf den zum Gipfel führenden Nordostgrat freigab. Dort, in etwa 1200 Meter Entfernung, sah er zu seiner Überraschung, wie sich zwei kleine Gestalten dem letzten, fünf Meter hohen Hindernis der Zweiten Stufe näherten und es überwanden. Odell war deshalb überrascht, weil Mallory in einer von den Trägern nach unten gebrachten Notiz angekündigt hatte, daß er die Zweite Stufe um acht Uhr morgens in Angriff nehmen wolle. Was hatte die fünfstündige Verspätung verursacht?

Weiter oben sah ich, wie sich eine kleine Gruppe von Bewohnern des vorgeschobenen Basislagers um eine Gletscherspalte drängte, die eine Woche zuvor einen Yak verschlungen hatte. Sie waren eifrig damit beschäftigt, den sich immer weiter verbreiternden Spalt zu überbrücken, der sich quer über den Korridor erstreckte. Das ABC (Advanced Base Camp), wie wir das vorgeschobene Basislager nannten, war inzwischen eine kleine Stadt aus 15 Zelten geworden. Sie standen auf einer breiten Felsmoräne mit der Flanke des Changtse zur Rechten und der breiten, ebenen Stirn des East-Rongbuk-Gletschers (von dem wir das Eis für unser Wasser abhackten) zur Linken. Jenseits des Gletschers erhob sich der noch unbegangene Nordostgrat des Mount Everest.

Unser Lager befand sich anderthalb Kilometer vom Fuß des Nordsattels entfernt. Dieser Sattel bildet die niedrigste Stelle des Nordgrats des Everest, der auf 6900 Meter abfällt und dann als Südgrat des Changtse wieder ansteigt. Der gefährlichste Teil unseres Aufstiegs waren die 489 Meter vom Gletscher zum Sattel, auf dem Lager IV errichtet worden war.[1] Auf diesem 45 Grad steilen Abschnitt sind viele Bergsteiger umgekommen. Mallory wurde, als er bei einem letzten Versuch des Jahres 1922 eine Gruppe diesen Hang hinaufführte, von einer Lawine mitgerissen, die sieben Träger tötete.

Unser Lager V wurde in 7600 Meter Höhe auf dem Nordgrat errichtet. Ich hoffte, bald dort hinaufzusteigen und dann weiter zu der 8100 Meter hohen Schneeterrasse. Ich hatte ein chemisches Sauerstoffkreislaufgerät dabei, das mir das Atmen in der großen Höhe erleichtern sollte, und einen Metalldetektor, der speziell auf eine Kamera vom Typ Kodak VPK eingestellt war, wie sie Mallory und Irvine dabei hatten.

Nach meiner umstrittenen Theorie über den Tod von Mallory und Irvine zufolge, die ich im September 1971 in der Zeitschrift *Mountain* erstmals publizierte, trennten sich die beiden, kurz nachdem Odell sie die Zweite Stufe erklettern sah.

Sie hatten zu diesem Zeitpunkt, gegen 13.00 Uhr, eine kritische Entscheidung zu treffen: Sie befanden sich ziemlich weit querab von ihrem höchstgelegenen Lager und mußten prüfen, ob sie noch die Ressourcen besaßen, um ihren Aufstieg fortzusetzen. Konnten sie den Gipfel erreichen und es trotzdem noch bei Tageslicht zurück zum Lager schaffen? Hatten sie noch genügend Kraft und Sauerstoff, und würde das Wetter halten? Nach meiner Theorie waren die beiden begeistert über die erfolgreiche Überwindung der Zweiten Stufe und den erfolgreichen Einsatz der verrufenen Sauerstoffgeräte. Kein anderer Bergsteiger in den sieben britischen Expeditionen vor dem Zweiten Weltkrieg glaubte, daß man die Zweite Stufe »packen« konnte – außer Mallory. Nachdem er und Irvine dieses Hindernis überwunden hatten, muß sie der Gipfel in nur noch zwei oder drei hindernisfreien Wegstunden Entfernung magisch angezogen haben.

Doch diese Zeit war nur bei steter Sauerstoffzufuhr zu schaffen. So spät am Tag mußte dieses wichtige Element bereits knapp gewesen sein. Aus dem bekannten Klettertempo der beiden hat man errechnet, daß sie noch einen Sauerstoffvorrat von anderthalb Stunden besaßen, eindeutig nicht genug, daß beide den Gipfel hätten erreichen können. Außerdem mußten sie auf Irvines Sicherheit Rücksicht nehmen. Der Zweiundzwanzigjährige war das »Experiment« der Expedition gewesen. Der kräftig gebaute junge Mann war zuvor nie höher als 1600 Meter(!) gestiegen. Das Risiko seiner Unerfahrenheit wäre eine schwere Belastung für Mallory gewesen und hätte die zwei Männer bei einem schwierigen, möglicherweise nächtlichen Abstieg sicher sehr gebremst. Mallory war auf seiner dritten, offensichtlich letzten Expedition, und er war davon besessen, den Mount Everest zu erobern. Er hatte in Großbritannien und im Osten der USA Vortragsreisen durchgeführt, um Geld für seine Unternehmungen aufzutreiben, und er hatte seinen Zuhörern so gut wie versprochen, daß er nicht scheitern würde. Nun, nach der Überwindung des letzten Hindernisses, muß ihm der Erfolg endlich genauso nahe erschienen sein wie das scharfe Profil des Gipfels, der sich unmittelbar vor ihm erhob. Doch die Besteigung würde einen abendlichen Abstieg zu Lager IV erforderlich machen.

Angesichts des großen Dilemmas, daß einerseits der Sauerstoff für zwei nicht reichte und ein weiterer Aufstieg insbesondere für Irvine ein erhöhtes Risiko bedeutete, während andererseits der Erfolg in greifbarer Nähe lag, konnte Mallory meiner Ansicht nach nur eins getan haben: Er nahm Irvines Sauerstoff (die Last wäre Irvine beim Abstieg nur sehr hinderlich gewesen) und schickte ihn auf der sicheren Route, die sie gekommen waren, zurück zum Lager VI. Er war bestimmt erleichtert, daß er Irvine keiner Gefahr mehr aussetzen mußte, und mit dessen zusätzlichem Sauerstoff schien seinen Weg zum Gipfel nun nichts mehr behindern zu können.

Wenn diese Theorie zutrifft (sie stößt bei vielen älteren britischen Bergsteigern aus ethischen Gründen noch immer auf einen dumpfen, aber nachhaltigen Widerstand), dann müßten sich Mallory und Irvine kurz nach ein Uhr getrennt haben – Mallory, um die breite und steile Gipfelpyramide des Mount Everest zu erklimmen, und Irvine, um in einer langen, absteigenden Traverse über das »Gelbe Band« der Nordwand zum Lager VI zurückzukehren. Ich nahm an, daß Mallory seinen Kameraden mit dem gemeinsamen Seil die Felsstufe hinuntergelassen hatte. Danach wäre es bei dem klaren schneelosen Wetter, das zum Zeitpunkt der Trennung herrschte, eine relativ leichte Traverse für den jungen Mann gewesen. Eine Stunde später wurde der Berg jedoch durch ein böses Gewitter in einen Mantel von Schnee gehüllt. Und es war am exponiertesten Punkt der Traverse, wo Bergsteiger der folgenden Expedition im Jahr 1933 einen Eispickel fanden, der nur Mallory oder Irvine gehört haben konnte. Der Pickel lag lose auf dem Weg, als sei er von einem Bergsteiger losgelassen worden, der mit beiden Händen das Seil festhielt, um den Absturz seines Kameraden zu verhindern.

Ein Blick auf die Karte zeigt, daß das Terrain 20 Meter unterhalb des angenommenen Unglücksorts eine breite Terrasse bildet. An dieser (etwa 8200 Meter hohen) Stelle konnte, wie ich annahm, ein Körper, der den steilen Hang hinunterstürzt, liegen bleiben. Dies war das Ende meiner Theorie, bis sie zehn Jahre später durch den Bericht der Japaner erhärtet wurde, daß Wang einen »englischen Toten« entdeckt hatte. Seltsamerweise zeigten westliche Bergsteiger kaum ernsthaftes Interesse an dem Fund.

Die Reaktion von Zhiyi Song, unserem Verbindungsoffizier, der an der Expedition von 1975 teilgenommen hatte, während der Wang angeblich seinen Fund gemacht hatte, war enttäuschend. »Natürlich habe ich Wangs Geschichte gehört«, bestätigte mir Zhiyi lebhaft mit Hilfe des Dolmetschers im Basislager. »Aber nichts davon ist wahr. Wang hat nie gemeldet, daß er einen englischen Bergsteiger gefunden habe.«

In meiner Euphorie gedämpft, aber nicht entmutigt, versuchte ich es bei Zhiyi mit einem anderen Ansatz. Ich war inzwischen daran gewöhnt, daß »Wangs Geschichte« von chinesischen Offiziellen und meinen werten, aber schon etwas betagten britischen Gegnern reflexhaft bestritten wurde. Ich zeigte Zhiyi einen von mir geschriebenen Artikel über die umstrittene chinesische Besteigung des Mount Everest von 1960. Fast alle westlichen Alpinexperten hatten den chinesischen Anspruch damals wegen des vollständigen Fehlens von Gipfelfotos und einer sehr nichtssagenden Beschreibung des Gipfelterrains bestritten. In meinem Artikel hatte ich den Anspruch der Chinesen analysiert und war hinter dem Propagandanebel auf Informationen gestoßen, die nur Augenzeugen hatten gewinnen können. Die Chinesen hatten es also geschafft, lautete mein Urteil. Ich war damit der erste Fachmann im Westen gewesen, der die chinesische Behauptung mit harten Beweisen untermauert hatte.

Zhiyi war begeistert über den Artikel. Viele an der damaligen Besteigung Beteiligte waren mit ihm befreundet, und er zeigte mir vergnügt ihre Gesichter auf den Fotos des Artikels.

»Herr Zhiyi«, hakte ich nach, »ist es nicht möglich, daß Wang die englische Leiche gefunden, aber nicht offiziell gemeldet hat? Vielleicht hat er nur seinen Freunden davon erzählt?«

»Wenn dies zutrifft«, antwortete Zhiyi vorsichtig, »dann kenne ich die Leute, die mit ihm geklettert sind. Sie können sie auf dem Rückweg nach Peking treffen.«

Nach dieser wichtigen Zusage war ich bereit, zum Lager VI und darüber hinaus hochzusteigen. Ich war seit fünf Tagen im ABC gewesen und fühlte mich sehr fit. Als ich meine Kletterausrüstung anlegte, gab es plötzlich einen Menschenauflauf vor meinem Zelt. Ich blickte hinaus und sah die Sherpas aufgeregt durcheinanderrennen.

»Sherpa von Nordsattel gestürzt«, informierte mich Dawang kurz und bündig. »Alle gehen zum Helfen.« David Breashears, unser Bergführer, ging voraus, gefolgt von den anderen Bergsteigern und vielen Sherpas. Ich kam mit einem aufblasbaren Rettungsschlitten hinterher.

Es war ein unerwartet schwerer Aufstieg. Die Route vom ABC zum Fuß des Nordsattels steigt sehr sanft an und alle gingen so schnell sie konnten. Trotzdem war die anderthalb Kilometer lange Strecke mit Bergsteigern übersät, die keuchend am Wegrand nach Atem rangen, bis sie wieder genug Luft hatten, um den Aufstieg fortzusetzen. Obwohl wir uns mehrere Wochen in dieser Höhe akklimatisiert hatten, kamen wir nicht annähernd mit dem gleichen Tempo vorwärts wie auf Meereshöhe. Tatsächlich waren die meisten von uns sogar schon zu lange in dieser großen Höhe und warteten, bis das Wetter aufklarte, und es war nur allzu deutlich, daß sie aufgrund der großen Verzögerung bereits unter gefährlichem Kräfteverschleiß litten.

Am Fuß des Sattels fand David die Leiche des Sherpas Dawa Nuru. Sein Arm ragte aus dem Schnee. Er war über 100 Meter tief gestürzt und hatte sich das Genick gebrochen. Grund war eine Lawine gewesen, die der Kletterer über ihm ausgelöst hatte, als die beiden in großem Abstand an demselben Fixseil abgestiegen waren. Für uns war Dawas Tod der Anfang vom Ende.

Unsicher warteten wir auf besseres Wetter und stellten uns jeden stürmischen Tag die gleichen Fragen: Haben sich die Bedingungen oberhalb des Sattels über Nacht irgendwie verbessert? Oder haben sie sich womöglich noch verschlimmert? Die Antwort war immer die gleiche: Es hatte noch mehr geschneit, und das Wetter war noch kälter geworden, wodurch sich die schwache Bodenhaftung der windgepeitschten Schneedecke noch mehr verschlechtert hatte.

Schließlich gaben wir entmutigt auf und kehrten zum Basislager zurück. Als ich allein abstieg, wurde das Wetter wieder schön, so als ob sich der Berg über meinen Abschied gefreut hätte. Mir entging nicht, daß ich schrecklich langsam war. Auch ich hatte zuviel Zeit in großer Höhe verbracht. Ich benötigte neun Stunden für den Rückweg zum Basislager, eine Strecke, für die ein Bergsteiger in guter körperlicher Verfassung in der Regel fünf Stunden braucht. Nach meiner Ankunft in Peking stellte ich fest, daß ich fast 16 Kilogramm Gewicht verloren hatte.

In der tibetischen Hauptstadt Lhasa machte mich unser Verbindungsoffizier mit Chen Tian Liang, dem Bergführer von Wangs Gruppe, bekannt. Auch er bestritt, daß Wang in 8100 Meter Höhe eine Leiche gefunden hatte. »Und ich sollte es wissen«, sagte er. »Ich war die ganze Zeit mit Wang zusammen, solange wir hoch am Berg waren.«

Ich lud Chen zum Abendessen ein, füllte ihn gehörig mit Wein ab und nahm ihn fünf Stunden lang ins Gebet, wobei ich mich häufig für die intensive Befragung entschuldigte. Doch ich konnte den detaillierten japanischen Bericht mit den schroffen Dementis des Chinesen einfach nicht in Einklang bringen. Chen meinte, wenn Wang tatsächlich eine Leiche gefunden hätte, müsse es sich um den chinesischen Kletterer Wu Tsung Yueh gehandelt haben, den zu suchen er hinaufgeschickt worden war. Wu war – vielleicht wegen eines Herzanfalls – ausgeglitten und an fast der gleichen Stelle abgestürzt, an der ich Irvines Unfall vermutete. Aber Wus Leiche wurde einige Tage später von der neunköpfigen Seilschaft gefunden, die vom Gipfel zurückkehrte. Die Chinesen waren beim Abstieg auf Körperteile gestoßen und einer Blutspur gefolgt, die sie zu ihrem abgestürzten Kameraden geführt hatte. Chen ließ sich schnell überzeugen, daß Wang nicht diese Leiche gefunden hatte, weil er sie sofort erkannt und ihre Position gemeldet hätte.

Das Gespräch zog sich immer weiter hin. Um 22 Uhr wurde Chen unruhig, weil er nach Hause wollte. Ob es noch irgend etwas gebe, das wir nicht behandelt hätten, fragte ich resigniert. »Ach ja«, sagte er plötzlich. »Eine Sache. Als ich in unserem Lager VB[3] ausruhte, erhielt ich per Funk den Befehl, zu dem Biwaklager VII aufzusteigen und dort nach dem vermißten Bergsteiger zu suchen.«

»Haben Sie Wang mitgenommen?« fragte ich.

»Nein, ich ging mit einem tibetischen Reporter.«

»Dann blieb Wang also den ganzen Tag allein im Lager VB, während Sie zum Lager VII aufstiegen?«

»Ja.«

»Ist es dann nicht möglich, Herr Chen, daß Wang in dieser Zeit die ›englische Leiche‹ entdeckte?«

Chen sah mich nachdenklich an, bevor er antwortete: »Ja«, sagte er. »Es ist möglich.«

»Und wer blieb mit Wang im Lager VB?«

»Zhang Yun Yan«, antwortete Chen. »Er lebt in Peking.«

Beglückt über diesen kleinen Sieg bearbeitete ich am folgenden Tag wieder den Verbindungsoffizier. Ja, er sei einverstanden, sagte er. Er werde ein Treffen mit Zhang arrangieren.

Es dauerte unerwartet lange, bis diese Begegnung zustande kam. Ich saß fast eine Woche lang in Peking herum. Eines Nachmittags, einen Tag, bevor ich in die USA zurückfliegen sollte, erhielt ich einen Anruf von Zhiyi. Zhang werde mich an diesem Abend in meinem Hotel aufsuchen, einem trüben Ort namens Bei-Wei. Ich war unerwartet nervös, als ich auf meinen Gast wartete. Ich war so sehr auf den japanischen Bericht fixiert, und die Expedition hatte kaum etwas gebracht, um meine Theorie zu beweisen oder zu widerlegen. Was, wenn mir nun Zhang die gleiche Geschichte erzählte wie alle anderen auch? Es hätte aus einer quichottischen Reise eine idiotische Reise gemacht.

Ich hatte Zhang zum Essen eingeladen, und anstatt die übliche Viertelstunde mit dem Austausch von Höflichkeiten zu verschwenden, kam ich sofort zur Sache. Zhang war offensichtlich ein harter Bursche, und ich konnte mich nicht mehr zurückhalten. »Herr Zhang«, fragte ich, »was geschah bei Ihnen und Wang, als Chen weg war, um den vermißten Bergsteiger zu suchen?«

»Ich blieb in meinem Schlafsack«, sagte Zhang, »und Wang ging raus und machte einen Spaziergang. Er war etwa 20 Minuten weg.«

Ach du lieber Gott, dachte ich, wie weit kommt man in 20 Minuten an der Nordwand des Mount Everest? »Sagte er, daß er irgend etwas gefunden habe?« fragte ich mit angehaltenem Atem.

»Ja, er sagte, er habe die Leiche eines ausländischen Bergsteigers gefunden. Er hat es mir nicht sofort erzählt. Erst später, als wir abstiegen. Er hat es auch noch ein paar von den anderen Bergsteigern erzählt.«

Mir blieb vor Erstaunen der Mund offen. Das war er nun, der Beweis – jedenfalls konnte es keinen besseren Beweis geben, bevor man die Leiche von Mallory oder Irvine fand, die immer noch auf der Schneeterrasse lag. Ich war einen Augenblick sprachlos vor Freude über Zhangs Antwort. »Mögen Sie Champagner, Herr Zhang?« brachte ich schließlich mühsam hervor.

21

Im Rückblick

von Audrey Salkeld, 1995

Die Vorstellung, daß Mallory und Irvine vor ihrem Tod den Gipfel erreicht haben könnten, wurde von ihren treuesten Anhängern nie ganz aufgegeben. Geoffrey Young, Mary Ann O'Malley, Tom Longstaff, R. L. G. Irving und David Pye waren stets davon überzeugt, daß die beiden Erfolg gehabt hatten. Auch Noel Odell blieb bis ins hohe Alter von 96 Jahren bei dieser Meinung, und Hauptmann Noel ließ sich zu keinem Zeitpunkt vom Gegenteil überzeugen. Dennoch wandte sich die öffentliche Meinung schon bald nach dem Verschwinden der beiden Bergsteiger gegen eine so optimistische Sichtweise. Das mußte so sein. Skepsis war angesichts mangelnder Beweise nicht nur eine völlig logische Reaktion, sondern bot auch denen, die sich der Herausforderung des Everest stellen wollten, die Möglichkeit, weiterhin an die Unberührtheit des Gipfels zu glauben, die ihrer Suche eine Berechtigung verlieh.

Nach 1924 wurde neun Jahre lang keiner Expedition mehr erlaubt, sich dem Mount Everest zu nähern. Damals wurde diese Haltung damit begründet, daß die Regierung des Dalai Lama sich durch Hazards weitreichende Vermessungsarbeiten gestört fühlte, die dieser nach der Abreise seiner Kameraden durchführte. Es läßt sich jedoch leicht erkennen, daß Hazard als Sündenbock benutzt wurde. Sicher ging er weiter, als der Gruppe genehmigt worden war, außerdem hatten die tibetischen Behörden die Expeditionen in ihrem Land stets mit Unbehagen betrachtet. In ihrer Abneigung gegen äußerliche Einflüsse fürchteten sie die Auswirkungen, die diese gottlosen Eindringlinge auf die einheimische Bevölkerung haben könnten. Bergsteigen aus Gründen des spirituellen Lohns oder militärischen Gewinns lag jenseits der Vorstellungen der Tibeter.

Wie sonst ließen sich die bedauerlichen Todesfälle 1922 und 1924 erklären, als mit dem Zorn des Berges, der sich gegen die Fremden wehrte? Der Haupteinwand nach der Expedition von 1924 dürfte jedoch darauf beruhen, daß tibetische Mönche »weggelockt« wurden, um »Teufelstänze« als Reklame für Noels Everest-Film aufzuführen. Begreiflicherweise hatten die Organisatoren der Expedition kein Interesse daran, daß solche Tricks in England bekannt wurden.

Sir Francis Younghusband, Vorsitzender des Mount-Everest-Ausschusses, war auch Präsident von Noels Firma Explorer Films Ltd. Vielleicht befürwortete er den Besuch der Mönche nicht persönlich, doch er kann im Vorfeld unmöglich nichts davon gewußt haben, daß die heiligen Männer nach England gebracht wurden. Er zeigte dem ranghöchsten Mönch persönlich das Land und arrangierte Begegnungen mit bedeutenden Kirchenmännern und Politikern. Nach außen hin förderte er die interkulturellen Beziehungen. Er konnte sich auf keinen Fall den Eindruck leisten, daß seine tanzenden Lamas in irgendeiner Weise mit der Verschlechterung der Beziehung zwischen England und Tibet zusammenhingen. (Younghusbands Ruf hatte in dieser Hinsicht schließlich schon nach der kontroversen Mission in Lhasa 20 Jahre zuvor gelitten.) Nein, Hazards eigenmächtiges Handeln bot eine willkommene und wesentlich überzeugendere Erklärung für das Verbot.

Man vermutet, daß F. M. Bailey, ein ehemaliger Doppelagent, der zu der Zeit als politischer Offizier in Sikkim amtierte (und zudem ein Mann war, der in seiner Jugend ebenfalls Pläne für den Everest gehegt hatte), maßgeblich an der harten Haltung der Tibeter beteiligt war. Wie auch immer, weitere Genehmigungen wurden von Lhasa bis zum Ende von Baileys Amtszeit nicht erteilt. Dann wurden in den dreißiger Jahren vier offizielle Besteigungsversuche der Briten sowie ein Alleingang des Exzentrikers Maurice Wilson unternommen. Doch obwohl immer jüngere Bergsteiger in die Teams aufgenommen wurden, kam in diesen Jahren niemand höher als Norton und Somervell im Jahr 1924.

Nortons Nordwandtraverse wurde der Gratlinie vorgezogen, die Mallory immer befürwortet hatte. Der einzige Hinweis auf das Schicksal von Mallory und seines Begleiters war der Eispickel, der 1933 entdeckt wurde. Er lag lose auf dem nackten Fels und warf mehr Fragen auf, als er Antworten gab. Markierungen am Stiel paßten zu denen auf einem Offiziersstöckchen, das Irvine gehört hatte. Das im Everest-Mythos als »Mallorys Eispickel« bekannte Gerät gehörte demnach aller Wahrscheinlichkeit nach dem jüngeren Mann.

Der Zweite Weltkrieg und das politische Klima der Nachkriegszeit brachten die britischen Aktivitäten im Himalaja in den folgenden zehn Jahren zum Erliegen. Die Chinesen marschierten in Tibet ein und riegelten den nördlichen Zugang zum Everest für den Westen drei Jahrzehnte lang ab. Edmund Hillary und Sherpa Tensing gelang 1953 die Besteigung von der nepalesischen Südseite. Sieben Jahre später überraschten chinesische Bergsteiger die Weltöffentlichkeit mit der Nachricht, daß auch sie auf dem höchsten Punkt der Erde gewesen seien, wobei sie Mallorys Route über den oberen Nordostgrat genommen hätten.

Die Nachricht stieß von Anfang an auf Skepsis. Wie konnten Männer mit geringer bergsteigerischer Erfahrung auf einer Route Erfolg haben, auf der sich bekannte Bergsteigergrößen geschlagen gegeben hatten – darüber hinaus eine Route, die von den meisten für nicht gangbar gehalten wurde? Es gab keine Aufnahmen vom Gipfel und nur sehr vage Angaben, welche die Behauptung der Chinesen stützten. Andererseits fanden sich zahlreiche Gründe, die vermuten ließen, daß Propaganda mit im Spiel war, vor allem weil die Nachricht vom Gipfelsturm mit ernsthaften expansionistischen Drohgebärden der Chinesen entlang der Grenze im Himalaja und einer kriegerischen chinesisch-nepalesischen Auseinandersetzung um den Besitz des höchsten Berges der Welt zusammenfiel. Die offiziellen Berichte über die Besteigung waren so stark von ideologischem Schwulst überlagert, daß ihre Authentizität darin völlig unterging.

413

Gekränkt über die allgemeine Skepsis verloren die Chinesen keine Zeit und planten eine weitere Besteigung, die niemand bestreiten konnte. Nach mehreren Trainingsgängen sollte der Everest 1967 erneut bezwungen werden. Tatsächlich verzögerte sich diese Demonstration aufgrund der Kulturrevolution und gelang erst 1975, als acht Männer und eine Frau für die Welt ein auffallendes rotes Vermessungsstativ auf dem Gipfel aufstellten. Bei dieser Expedition fand dann der verstorbene Wang Hung-bao den »englischen Toten« auf einer Terrasse zwischen 8100 und 8200 Metern. Mit großer Wahrscheinlichkeit lag der Fundort direkt unterhalb der Stelle, an der 42 Jahre zuvor der Eispickel entdeckt worden war.

Das waren also die Hinweise, als wir (die Autoren dieses Buchs) 1986 zum Everest in der Hoffnung aufbrachen, mehr über das Schicksal von Mallory und Irvine herauszufinden. Nur drei Hinweise: Der Eispickel ist ein handfester Beweis, doch die beiden Augenzeugenberichte – der eine von Odell, wie er Mallory und Irvine rasch eine Felsstufe überwinden gesehen hatte, der andere die Beschreibung der Leiche durch Wang Hung-bao – sind nebulöser, denn keiner wurde durch andere Zeugen bestätigt. Auch die Aussage von Zhang in Peking auf unserem Rückweg bekräftigte nur Wangs Beschreibung des Fundes, nicht die eigentliche Entdeckung. Trotzdem sind die Umstände, unter denen wir von den Aussagen der Chinesen erfuhren, sehr interessant. Zuerst bestritten sowohl unser Verbindungsoffizier Zhiyi als auch sein Expeditionskollege Chen, der Bergführer der Gruppe, entschieden Wangs Geschichte, als Tom sie danach fragte – anders ausgedrückt: Sie blieben bei der offiziellen Version der Chinesen. Doch damit war die Sache noch nicht beendet, denn beide bemühten sich, Tom an jemand anderen zu verweisen. So sorgten sie dafür, daß er den Glauben an die Leiche auf der Terrasse nicht verlor. Anders läßt sich ihr Verhalten kaum interpretieren, denn sie kannten die wahre Antwort auf Toms Fragen und wiesen ihm den Weg dorthin, ohne daß sie die Wahrheit selbst aussprechen mußten.

Was hat unsere Expedition nun überhaupt bewiesen? Gab es weitere Hinweise, auf denen wir aufbauen konnten? Natürlich formten sich in unserer Vorstellung klarere Bilder von der Topographie, von den Schwierigkeiten, denen die Bergsteigerpioniere gegenüberstanden, und der Art, wie ein Berg jemanden völlig vereinnahmen kann. Alte und neue Thesen konnten nun mit mehr als nur Wunschdenken überprüft werden. Doch selbst dann mangelte es uns am Ende an sogenannten stichhaltigen Beweisen. Vielleicht sollte es ja auch so sein, vielleicht würde es keine plötzlichen Enthüllungen geben, sondern nur Hinweise, die sich im Lauf der Jahre still und leise wie Schnee ansammeln, bis sie sich nicht mehr ignorieren lassen.

Mit zunehmendem Publikumsverkehr auf den Nordhängen des Everest schien es unvermeidlich, daß früher oder später ein weiterer Bergsteiger auf den »englischen Toten« stoßen würde. Doch die Jahre vergingen. Der Berg gab andere Opfer frei: Hannelore Schmatz am Südostgrat, Peter Boardman und vermutlich Joe Tasker oben bei den Pinnacles sowie den unvermeidlichen Maurice Wilson (der regelmäßig aus seinem Gletschergrab unter dem Nordsattel zutage tritt), doch der einzig bedeutende Hinweis auf die Geschichte von Mallory und Irvine bleibt der chinesische Bergsteiger, der 1975 bei der ersten Stufe abgestürzt ist. Genauer gesagt, Wu Tsung Yueh, der nahe beim Fundort des Eispickels den Halt verlor und auf der selben Terrasse landete, wo man auch den britischen Toten vermutet. Japanische Bergsteiger bestätigten, daß sie Wu dort 1980 gesehen hatten.

In den zehn Jahren seit der Besteigung durch die Katalanen 1985 (siehe Seite 434) wurde der Gipfel noch mehrere Male über Mallorys Nordostgrat erreicht. Im Frühjahr 1995 erfolgten auf diesem Weg an 15 Tagen erstaunliche 67 Besteigungen; unter den Gipfelstürmern war auch George Mallorys gleichnamiger Enkel. Ende Juni desselben Jahres hatten 125 Männer und fünf Frauen die Besteigung über die »Mallory-Route« entweder ganz oder mit Varianten geschafft. Daher mag es überraschen, daß keiner dieser Expeditionen neues Licht auf das Schicksal von Mallory und Irvine warf. Mit der Anzahl der Besteigungen wuchs nur die Zahl der unterschiedlichen Meinungen darüber, ob die beiden Pioniere die zweite Stufe 1924 überwinden konnten.

Jon Tinker veröffentlichte im März 1994 in der Zeitschrift *High* einen wichtigen »Fotoführer« über den oberen Nordostgrat. Tinkers Route vermied die tückisch steilen Hänge, welche die erste Stufe umgeben. Statt dessen wählte er vom Höhenlager seines Teams aus einen kleinen Umweg über eine tiefer gelegene Traverse, die weiter westlich, bei der Zweiten Stufe, auf den Grat traf. Dafür mußte er sich mühsam einen Weg über den unangenehm heterogenen Untergrund suchen, der die Expeditionen vor dem Krieg abgeschreckt hatte. Ein Foto von Tinker zeigt den Blick zurück auf die Route aus einer Höhe von etwa 8750 Metern. Man sieht über die Zweite Stufe auf die ansteigenden Terrassen über und unter dem Gelben Band und die ganze Strecke bis zum Advanced Base Camp (ABC) hinunter.

Tinkers Route zum Grat läßt sich nur unter dem Vorbehalt als neu bezeichnen, daß wir nicht genau wissen, wie Mallory und Irvine zur Zweiten Stufe gelangten, wo sie von Odell erspäht wurden (wenn sie sich denn tatsächlich dort befanden und er sie sah). Der Eispickel, der uns nach wie vor Rätsel aufgibt, muß nicht unbedingt darauf hindeuten, daß sie auf der Linie aufstiegen, wo er gefunden wurde; viel wahrscheinlicher zeigt er ein Mißgeschick beim Abstieg an, als die beiden entweder absichtlich oder versehentlich einen anderen Weg nahmen.

Der Frankfurter Bergsteiger und Geologe Jochen Hemmleb begeisterte sich schon als Teenager für die Geschichte von Mallory und Irvine und sammelt auf der ganzen Welt Informationen über die Nordseite des Everest. Er erinnerte uns an ein altes Seil und einen Pflock, die 1960 von chinesischen Bergsteigern entdeckt wurden.[1] Dieser Fund wurde damals nicht publik, sondern erst etwa 20 Jahre später bei einem Besuch des Expeditionsleiters Shih Chan-chun in den USA dokumentiert. Der

Holzpflock war nicht gestrichen und hatte einen Durchmesser von etwa 2,5 Zentimetern. Etwa 90 Zentimeter ragten nach der Beschreibung des Chinesen aus dem Schnee, und auf einem Felsen in der Nähe lag ein Stück von einem alten Hanfseil. Das übrige Seil war immer vom Schnee bedeckt, es war nicht an der Stange befestigt. Der Fundort befand sich etwa auf 8500 Meter Höhe oder 200 Meter unterhalb der Zweiten Stufe, auf den Felsplatten der Nordseite.[2]

Diese verspätete Meldung löste keine ernsthaften Spekulationen aus, sondern nur milde Neugier hinsichtlich der Herkunft und der Verwendung des Pflocks. Man nahm an, daß die Überreste zu den Bergsteigern gehörten, die in den dreißiger Jahren vergeblich versucht hatten, die Zweite Stufe von unten zu überwinden. Hemmleb schlägt jedoch vor, daß sie auch älter sein könnten. Möglicherweise fand Mallory den Grat schwieriger als erwartet und beschloß an jenem schicksalhaften Morgen, die Zweite Stufe über eine tiefer gelegene Traverse zu überwinden – genau wie Tinker. In seiner Nachricht an Noel (siehe Seite 325) hielt Mallory immer noch beide Möglichkeiten offen. Und die Zweite Stufe? Nach Tinkers Ansicht gab es »mehrere Stellen, an denen Mallory und Irvine hochsteigen konnten«, allerdings fügte er hinzu, daß »der Abstieg sehr schwierig« gewesen sein könnte.

Damals und heute wurde und wird viel über die angebliche Verspätung von Mallory und Irvine zu dem Zeitpunkt spekuliert, zu dem sie von Odell gesehen wurden. Doch die Zeit, die andere für die schwierige Strecke zum Gipfel brauchten, variiert so stark, daß die fehlenden Stunden der beiden Pioniere an Bedeutung verlieren. Dawson Stelfox, der als erster Ire im Frühjahr 1993 den Gipfel erreichte und Sauerstoff verwendete (wie wir auch von Mallory und Irvine annehmen[3]), hielt sich an die Gratlinie zwischen den beiden Stufen und erkannte, daß er allein vom Höhenlager bis zur Überwindung der Zweiten Stufe fast neun Stunden benötigte. Von dort aus waren es weitere drei Stunden bis zum Gipfel. Tinkers Variante etwas später im selben Jahr war insgesamt sechs Stunden kürzer, und im

Jahr 1995 bezwang der junge George Mallory die Erste und die Zweite Stufe sowie den Aufstieg von Lager VI auf etwa 8230 Meter Höhe zum Gipfel in nur viereinhalb Stunden. Auch er atmete künstlichen Sauerstoff und – das wollen wir nicht außer acht lassen – folgte einer bereits von anderen Bergsteigern präparierten Route, die zudem ungewöhnlich schneefrei war. Doch selbst dann war er noch ungewöhnlich schnell. Heutzutage nimmt man für die Strecke vom Höhenlager bis zur Spitze der Zweiten Stufe sieben Stunden als normale Gehzeit. Wenn Mallory und Irvine wie vorgesehen um 6 Uhr morgens aufbrachen, waren sie durchaus noch im Zeitplan, als Odell sie um 12.50 Uhr erblickte. Falls sich ihr Aufbruch durch einen Defekt an den Geräten verzögerte oder sie sogar ohne Sauerstoff unterwegs waren[4], lagen sie sogar ganz gut in der Zeit. Es gab keine »Fehlzeiten«, nur eine fatale Fehleinschätzung der zu bewältigenden Strecke.

Hemmleb machte anhand Tinkers Fotografie noch eine weitere Beobachtung. Die Stelle, die von Tinker als »Lager III« markiert war (Tinker numeriert die Lager nur vom Nordsattel aufwärts) lag in der Nähe des chinesischen »Lagers VB« von 1975 auf einem gratartigen Vorsprung der in 8200 Metern gelegenen fraglichen Schneeterrasse. Mit einemmal wird deutlich, wie leicht Wang Hung-bao entlang der Terrasse nach Westen wandern und den »englischen Toten« innerhalb von 20 Minuten finden konnte, wie er behauptet hatte. Auch Tinker hätte das können. Unbeabsichtigt war Tinkers »Out-There-Trekking«-Expedition so nahe an eine Wiederentdeckung Irvines (oder Mallorys) gekommen wie niemand mehr seit Wang.

Aus verschiedenen Quellen sind mehrere bisher unveröffentlichte Briefe von George Mallory zum Vorschein gekommen, darunter auch der letzte an seine Mutter, den sie erst nach der Nachricht von seinem Tod erhielt. Der Brief wurde in der Phase der »schwindenden Hoffnungen« vor den Gipfelversuchen geschrieben und bringt einen Wagemut zum Ausdruck, der schon fast an Peter Pan erinnert: »Es wird ein großes Abenteuer sein, wenn wir vor Ausbruch des Monsuns aufbrechen können – mit geringen Erfolgsaussichten – und um so mehr Aussichten auf eine üble Zeit.«

Hazards Verwandte überließen uns die anrührenden Seiten aus seinem Notizbuch, in dem der exakte Code der Deckensignale festgelegt ist, mit denen Odell Nachricht über seine Suche auf den oberen Hängen geben sollte. Hazard übermittelte sie weiter an Norton am Fuße des Berges.

Der kurze Eintrag vom 8. Juni in Odells Tagebuch war vermutlich sein erster Versuch, die wichtige Sichtung Mallorys und Irvines festzuhalten. Doch die gleichmäßige Handschrift läßt den Verdacht aufkommen, daß das Tagebuch entweder zu einem späteren Zeitpunkt abgeschrieben wurde oder daß die Einträge mehrerer Tage auf einmal niedergeschrieben wurden, wir aber nicht sagen können, wann das war. Dennoch deutet der fehlende Bezug auf eine erste Stufe, letzte Stufe oder vorletzte Stufe auf dem Grat darauf hin, daß diese Version die ältere ist, auch älter als das Telegramm, das Odell gleich nach seiner Ankunft im Basislager an die *Times* sandte:

So, 8. Juni 1924, Pfingstsonntag. 6 Uhr aufgestanden. 8 Uhr aufgebrochen. Zum Ngrat weiter zu Nseite, gelegentlich Nebel. Sah M & I um 12.50 auf Grat unterwegs zum Fuß der Gipfelpyramide. Kletterte etwa auf 7925 m, erreichte Zelt auf 8230 m um 14 Uhr, wartete [unleserlich, muß aber »1« heißen] Stunde, ging nach draußen & pfiff & rief als Hinweis für M & I. Sturm ließ nach, Entschluß zur Rückkehr, erreichte IV ca. 18.45, keine Zeichen od. Lichter auf dem Bg.

Aus Odells Tagebuch geht hervor, daß er die beiden sah. Die Unsicherheit über die Stufen trat erst später bei intensiver Befragung auf. Man kann sich vorstellen, daß er bei seiner Rückkehr ins Basislager plötzlich von allen Seiten mit den Fragen seiner Kameraden bombardiert wurde. »Ja, ja, du hast sie auf dem Grat gesehen. Unterhalb der Pyramide. Aber wo genau? Wo kletterten sie? Kannst du die Stelle zeigen? Es muß auf einer der Stufen gewesen sein, nicht wahr? War es auf der unteren oder der oberen? Nun sag schon, welche? Du mußt dich doch erinnern.« Zu der Zeit lag die Beobachtung schon mehrere Tage zurück, und Odell hatte die widersprüchlichsten Gefühle durchlebt. Mallory und Irvine wurden bereits Teil der Vergangenheit, Odell konnte sich nicht mehr sicher sein.

Mallorys Familie bewahrte den Beileidsbrief auf, den Ruth nach der Tragödie von Norton erhielt. Darin wird der innere Zwiespalt deutlich, den viele Freunde Mallorys empfanden: Sie kannten seinen an Besessenheit grenzenden Wunsch, auf dem Gipfel des Everest zu stehen, wollten gleichzeitig jedoch nicht eingestehen, daß er am Ende unnötige Risiken eingegangen war. »Ich bin fest davon überzeugt«, schrieb Norton, »daß die Auseinandersetzung zwischen ihm und dem Berg zu einem persönlichen Anliegen wurde«:

> Er wollte eine Niederlage einfach nicht akzeptieren. Dennoch weiß ich (aus Tausenden von Gesprächen über dieses Thema), daß seine Entschlossenheit durch seine Besonnenheit gemildert wurde; er war sich seiner Verantwortung als Leiter der Bergsteigergruppe voll bewußt. Er und ich waren uns absolut einig über die absolute Notwendigkeit, jeden Todesfall zu vermeiden, selbst auf Kosten des Sieges…

Norton hatte immer das Gefühl, daß er Mallory von dem Platz verdrängt hatte, der ihm eigentlich zugestanden wäre, wenn er sich nicht erst in letzter Minute zur Teilnahme entschlossen hätte. Ruth gestand er, daß er sich seiner minderen Qualität als Bergführer voll bewußt und Mallory dankbar war. Der Kamerad war mit ihm durch dick und dünn gegangen, hatte mit ihm zusammengearbeitet und stand ihm stets mit Rat und Tat zur Seite. »Sein Siegeswille war mir Stütze und Halt«, erklärte er, und »seine tiefste Seele… aus reinem Gold.« Norton wollte nicht soweit gehen und behaupten, George habe nie ein böses Wort geäußert. »Er war zu sehr ein Mann. Er schimpfte mindestens zweimal mit Somervell und mir, weil wir trödelten oder faulenzten, wenn es etwas zu tun gab. Doch das war es wert angesichts der warmherzigen Entschuldigung, die immer rasch folgte.«

Ein ähnlich herzlicher Brief ging an Irvines Familie:

Ich kann es kaum ertragen, jetzt an ihn zu denken, wie ich ihn zuletzt auf dem Nordsattel gesehen habe (ich war am nächsten Morgen schneeblind und sah ihn nie wieder richtig). Er hielt bei unserer Rückkehr von einem Besteigungsversuch nach uns Ausschau, kochte für uns, umsorgte uns, wusch ab, zog uns die Stiefel aus, watete durch den Schnee und schnappte (wie wir alle) dabei keuchend nach Luft – und das stets bereitwillig und gut gelaunt, obwohl er bereits eine ganze Woche lang diese Arbeit verrichtet hatte...

Im weiteren beschrieb Norton zahlreiche Beispiele für Irvines Stärke; wie er mehrmals, wenn die Träger taumelten, »schwerere Lasten schulterte, als hier je ein Europäer getragen hat«, und wie er zusammen mit Somervell auf dem Weg zum Nordsattel die Lasten der Träger einen 45 Meter hohen Eiskamin hinaufgezogen hatte.

Norton starb 1954, Somervell 1975 und Odell 1987. Hauptmann Noel segnete 1989 in seinem hundertsten Lebensjahr das Zeitliche.

Heutzutage akzeptiert man bereitwilliger, daß Odell seine beiden Kameraden auf der Zweiten Stufe erblickte. Damit steigt auch die Wahrscheinlichkeit, daß Mallory und Irvine ihr Ziel erreichten, bevor sie starben. Zweifellos wird die Terrasse in 8200 Meter Höhe eines Tages ihr Geheimnis preisgeben, obwohl George Mallory 1995 bei einem »Spaziergang«, bei dem er ohne Sauerstoff vor seinem Vorstoß zum Gipfel unterwegs war, um »nachzusehen, was ich sehen könnte«, nichts fand. Sein Lager befand sich weiter östlich als das von Tinker, und er bemerkte nur, wie unendlich schwierig es sein würde, irgend etwas in dieser Wüste aus Fels und Schnee zu finden.

Nach den Angaben der Familienmitglieder hatte George

Leigh Mallory stets beabsichtigt, eine Fotografie von seiner Frau Ruth auf dem Gipfel zu deponieren. Während der 50 Minuten, die der junge George auf dem höchsten Gipfel der Welt verbrachte, gedachte er dieser »Familienangelegenheit« und bettete ein beschichtetes Foto seiner Großeltern George und Ruth in den Schnee. Er behielt diesen Augenblick als »sehr emotional« in Erinnerung.

Einige Tage zuvor hatte Georges Vater – George Leigh Mallorys Sohn John – bei seiner ersten Pilgerreise in das Rongbuk-Tal im Basislager den ersten Pionieren einen Gedenkstein gewidmet. Das Frühjahr 1995 war eine regelrechte Mallory-Saison auf dem Mount Everest. Es ist interessant, wenn in einer Zeit, in der so viele Helden von ihren Podesten gestürzt werden, die Erinnerung an die beiden »Brüder bis in den Tod« mit soviel Zuneigung und gutem Willen gepflegt wird.

Mallorys gleichnamiger Enkel George Mallory II. war begreiflicherweise nervös, als er im Frühjahr 1995 die Einladung zu einer amerikanischen Expedition erhielt. Er verspürte nicht die Absicht, der zweite George Mallory zu werden, der auf dem Everest den Tod fand. Dennoch machte er dem Familiennamen alle Ehre und erreichte über die gleiche Route auf der tibetischen Seite des Berges, die sein Großvater mehr als 70 Jahre zuvor empfohlen hatte, als der erste Mallory den Gipfel – oder, wie viele sagen würden, »erneut den Gipfel«. Nachdem der jüngere Mallory am 14. Mai um 5.30 Uhr zusammen mit anderen die Spitze des Everest erreicht hatte, verkündete er triumphierend, daß »die Zweite Stufe leicht war, sogar bei Dunkelheit«. Er war überzeugt, daß Mallory und Irvine sie im Juni 1924 erklettert haben konnten. Seine Expedition – mit dem ausdrücklichen Ziel, den Pioniergeist der früheren britischen Besteigungsversuche zu ehren – hatte sich, wie er sagte, als »durchschlagender Erfolg« erwiesen; 13 Personen hatten den Gipfel erreicht und waren wohlbehalten wieder heruntergekommen.

Tatsächlich war die ganze damalige Saison in jeder Hinsicht

ein durchschlagender Erfolg. Nicht weniger als 74 Menschen hatten sich den Traum erfüllt, auf den höchsten Berg der Erde zu steigen, und 67 davon waren über die Route über den Nord- und Nordostgrat zum Gipfel geklettert. Zu ihnen gehörte die Britin Alison Hargreaves, die den Berg allein und ohne Sauerstoff bestieg und den Gipfel einen Tag vor dem jüngeren Mallory erreichte. Von diesen beiden kann mit Recht gesagt werden, daß sie ein episches Kapitel in der britischen Geschichte des Mount Everest zum Abschluß brachten. Sowohl Alison Hargreaves als auch der jüngere George Mallory und all die anderen, die in jenem Jahr oben am Berg waren, berichteten, daß die Höhenwinde die oberen Hänge wie ein Sandstrahlgebläse fast schneefrei geblasen hätten, so daß kaum ähnliche Bedingungen herrschten wie bei dem letzten, tödlichen Besteigungsversuch von Mallory und Irvine im Jahr 1924.

Natürlich ist es praktisch unmöglich, die heutigen Bedingungen am Mount Everest mit denen jener fernen Zeit zu vergleichen. Der jüngere George – zum Zeitpunkt seiner Besteigung nur zwei Jahre jünger als sein Großvater im Augenblick seines Todes – hatte den praktischen Vorteil moderner Kleidung und eines verläßlichen Sauerstoffgeräts. Er hatte außerdem den wichtigen psychologischen Vorteil zu wissen, daß er etwas Erreichbares versuchte. Die Route selbst war gut mit Fixseilen präpariert; er brauchte sich keine Sorgen über den richtigen Weg zu machen, sondern nur seinen Jumar in das Fixseil einzuhängen und zügig zu gehen. Wegen der trockenen Bedingungen mußten die Bergsteiger in den frühen Nachtstunden auf dem Grat sein und die Erste und Zweite Stufe überwinden; allerdings gibt es vermutlich nur ein zehn Meter langes Stück auf dem exponierten Grat selbst, wo der furchterregende Abgrund der Ostwand direkt unter den Füßen des Bergsteigers gähnt. Am oberen Teil der Zweiten Stufe befindet sich noch immer die Leiter, die 1975 von chinesischen Bergsteigern dort angebracht wurde, und von ihrer Spitze gelangt der Kletterer mittels einer unangenehmen, aber gut gesicherten Bewegung auf leichteres Gelände. An dieser Stelle kommt der Gipfel wieder in Sicht, der nun wirklich in nächster Nähe zu liegen scheint.

Der jüngere Mallory brach um 1.00 Uhr im Hochlager des Teams auf und erreichte die Zweite Stufe um 3.45 Uhr – seinen Partner Jeff Hall und den Sherpa Ongda Cherring dicht hinter sich. Beim Klettern bemerkte er, daß die Felswand neben der Leiter mit Tritten und Griffen »übersät« war, und er war sich sicher, daß die Erstbesteiger »angesichts ihrer Abenteuerlust und GMs hervorragenden Leistungen als Felskletterer« mit ihrer Hilfe den Aufstieg geschafft hätten. Insbesondere, weil man damals gewohnt gewesen sei, ohne moderne Sicherung zu gehen und der führende Mann einfach »niemals fiel«.

Auch wenn man die Unterschiede zwischen dem damaligen und dem heutigen Unternehmen berücksichtigt, spricht der schnelle Aufstieg des jüngeren George dafür, daß Mallory und Irvine das Hindernis tatsächlich überwanden. Man hört häufig, Odell müsse sich getäuscht haben, als er die beiden Männer an der Zweiten Stufe sah, weil sie diese in der kurzen Zeit, bis sie wieder im Nebel verschwanden, niemals hätten bezwingen können. Heute sind wir eines Besseren belehrt. Unter ungewöhnlichen Umständen können sich Männer (und auch Frauen) mit oder ohne Sauerstoff auch in einer solchen Höhe durchaus »schnell« über derartiges Terrain bewegen.

Alison, welche die Fixseile nicht benutzte, empfand die Zweite Stufe als steil und »ziemlich unangenehm«. Sie hatte praktisch keine andere Wahl, als sich der chinesischen Leiter zu bedienen – weil diese da war. Auch die Stelle an der Spitze der Felsstufe empfand sie als unangenehm, sie war für sie »ganz klar die härteste Nuß des Aufstiegs«[5]. Trotzdem teilt sie ebenfalls die Auffassung, daß die Überwindung der Stelle für Mallory und Irvine im Jahr 1924 physisch möglich war.

Der Everest hat über 100 Opfer gefordert, seit Menschen sich seine Hänge hochkämpfen, und im ganzen Himalaja sind viele Bergsteiger unter Umständen verschollen, die kein bißchen weniger rätselhaft waren als bei Mallory und Irvine. Warum ist

gerade ihr Verschwinden unter all diesen Geschichten trotzdem das faszinierendste, das am besten im Gedächtnis haften-
blieb? Natürlich hat es etwas mit Everest-dem-Unbekannten zu
tun, der der Berg damals war, und vielleicht sogar auch mit
Everest-dem-Unbezwingbaren, für den ihn viele noch jahrelang halten sollten. In keinem geringen Maß liegt es jedoch
auch an dem Mann selbst, der vor so langer Zeit eine tödliche
Fehlentscheidung traf: George Leigh Mallory. Wir erkennen
eine Qualität an ihm, die uns über Generationen hinweg an-
spricht – einen Heroismus oder Altruismus oder wie man es
sonst bezeichnen will; eine Form von Adel und einen stre-
benden Geist. Er wird als ein Vertreter des fair play gesehen,
als eine inspirierende Gestalt, obwohl er es letztlich nicht
schaffte, lebend zurückzukehren und die Geschichte zu einem
guten Ende zu bringen. Er hatte, wie versprochen, dem Berg
»einen ordentlichen Schlag« versetzt, und die meisten stimmten mit ihm darin überein, daß das Spiel den Einsatz wert war.
Obwohl er bei seinem Tod den Jahren nach schon mittleren Alters war, ist er der Welt als ein flammendes Symbol der Jugend
in Erinnerung geblieben, ein James Dean der Bergsteiger, wenn
man so will. Und als Mallorys junger Kamerad teilt Irvine diese
Unsterblichkeit. Immer jedoch als Beifügung; denn es heißt
stets Mallory – und Irvine.

Mallorys instinktives Gefühl für Fairneß kam nie besser zum
Ausdruck als in der Affäre um Richard Brookbank Graham,
einem angesehenen Bergsteiger aus Cumberland, der für das
Everest-Team von 1924 ausgewählt worden war. Graham war
wie Mallory Lehrer und stammte aus einer Quäkerfamilie. Er
war Pazifist und hatte im Ersten Weltkrieg aus Gewissens-
gründen den Kriegsdienst verweigert. Die Einladung in das
Everest-Team machte ihm große Freude, und als er wenig später erfuhr, daß einige Militaristen unter den vorgesehenen Expeditionsteilnehmern meinten, es *ihrem* Gewissen nicht zu-
muten zu können, mit einem »Nichtkämpfer« zu klettern, war
dies ein schwerer Schlag für ihn. Aus den Quellen geht nicht
hervor, wer die schlimmsten Unruhestifter waren, aber es

waren George Mallory und Howard Somervell, die sich am stärksten für Graham einsetzten. Somervell erklärte, kaum daß er das Gerücht von der »schurkischen Behandlung« Grahams vernommen hatte, telegraphisch seinen Austritt aus dem Alpine Club und erklärte: »Ich begreife nicht, wie es der Alpine Club für anständig halten kann, daß [Graham] so übel mitgespielt wird, nachdem man ihn in voller Kenntnis seiner Überzeugungen ausgewählt hat... Die Sache stinkt zum Himmel.«[6] Mallory brachte seine Empörung im Dezember 1923 gegenüber General Bruce nicht weniger nachdrücklich zum Ausdruck:

> ... je früher die Expeditionsteilnehmer, die solche Ansichten hegen, sich zu beherrschen lernen und das Beste aus der bestehenden Gruppe zu machen, desto besser für uns alle... Ich hätte gedacht, daß ein Mann, der Ihnen selbst, Younghusband, Ronaldshay und Collie gut genug war – und das muß wohl so gewesen sein –, auch jedem anderen Teilnehmer gut genug sein mußte. Und ich denke außerdem, daß man einen Mann, nachdem man ihn um die Teilnahme an der Expedition gebeten hat und die Sache in die Presse gelangt ist, nicht mehr zum Verzicht auffordern kann; so etwas tut man einfach nicht... Ich wende mich schärfstens gegen jeden Teilnehmer, der, nachdem die Einladung verschickt ist, noch gegen Graham Stimmung macht; und ich mache meinerseits gegen jeden solchen Teilnehmer Stimmung... Nur herzlich wenige sind so wertvoll, daß ich sie noch dabeihaben wollte, wenn sie Graham in diesem Stadium unbedingt loshaben wollen; und ich sehe keinen Grund, warum irgend jemand außer den Expeditionsteilnehmern in dieser Angelegenheit etwas zu sagen haben sollte.[7]

Mallory versichert, die Identität der Gegner Grahams nicht zu kennen, und deutet vage an, daß ein Konflikt unter den Organisatoren die Wurzel des Übels sein könnte. Schließlich fiel der Verdacht aber doch auf einen Expeditionsteilnehmer aus Cumberland, den Mallory von Anfang an nicht mochte. Er lernte jedoch im Verlauf der Expedition mit ihm auszukommen, denn er war kein nachtragender Mensch. Graham fand seine Lage untragbar und verzichtete auf die Teilnahme an der Expedition. Statt ihm wurde John de Vars Hazard eingeladen. Weder Somervell noch Mallory wurden in der Folge zum Austritt aus dem Alpine Club gezwungen.

Nach heutigen Standards würden Mallorys Qualifikationen als Bergsteiger in keiner Hinsicht als außergewöhnlich gelten. Zwei Aufenthalte in den Alpen noch als Schuljunge und ein halbes Dutzend Sommerurlaube als Erwachsener sowie einige kurze Kletterpartien in Nordwales und Cornwall, ein gelegentlicher Ausflug zum Lake District und fünf Tage auf der Isle of Skye sind für zwei Jahrzehnte eine recht bescheidene Bilanz. Nach dem Studium in Cambridge lebte und arbeitete Mallory ausschließlich in Südengland. Das Sandsteinklettern entlang der Grenze zwischen Kent und Sussex war damals noch nicht entdeckt, und künstliche Kletterwände wurden erst sehr viel später erfunden. Abgesehen von Ferien und Wochenenden hatte ein Kletterer damals einfach keine Möglichkeit zu trainieren. Trotzdem fanden damals große Veränderungen im Alpinismus und im Felsklettern statt, und der athletisch gebaute, waghalsige Mallory war sehr typisch für eine neue Generation von Bergsteigern, welche die Sicherheit von Spalten und Rinnen zugunsten luftiger Grate und schräger Felsplatten verschmähten. Mallorys Gleichgewichtssinn und sein Mut waren schon zu seinen Lebzeiten legendär. Obwohl er zweifellos einflußreiche Freunde hatte, die für ihn das Terrain bereiteten, war er ein legitimer Kandidat für die Besteigung des Everest.

Reale Bergerfahrung bemißt sich nicht in Jahren oder nach in den Alpen verbrachten Sommern. Natürlich sind diese wichtig, aber ob jemand wirklich ein Bergsteiger ist, entscheidet sich, wenn er den Fuß auf »seinen« ersten Berg setzt. Kondition und Konstitution spielen eine Rolle – man hört häufig, daß Mallory »die ideale Figur für einen Bergsteiger« gehabt habe –, und gute Lungen und ein gutes Durchhaltevermögen sind ebenfalls wichtig. Dies alles ist letztlich jedoch weniger ausschlaggebend für den Erfolg als eine bestimmte geistige Haltung und die Hartnäckigkeit, mit der ein Ziel verfolgt wird.

Nur wenige Tage, nachdem George Mallorys Enkel 1995 am Everest triumphiert hatte, erfüllte sich noch ein weiterer Mann den Traum, einen »Achttausender« zu erobern, und erstieg den nahe gelegenen Cho Oyu, den sechsthöchsten Berg der Erde. Schon daß der Mann 54 Jahre alt war, hätte die Besteigung noch vor gar nicht langer Zeit zu einem bemerkenswerten Ereignis gemacht, aber wenn man außerdem in Betracht zieht, daß Norman Croucher beide Beine unter dem Knie verloren hatte, dann wird klar, daß seine Kondition und seine körperlichen Voraussetzungen bei seinem Erfolg kaum eine oder gar keine Rolle spielten. Dieser war fast ausschließlich zäher Beharrlichkeit und einem stählernen Willen zu verdanken. Mallory und Irvine waren nach sechs Wochen am Berg und einem Monat Anreise aus Darjeeling vielleicht erschöpft gewesen, aber es hatte ihnen nicht an Entschlossenheit gefehlt. Sie hatten sich ein Ziel gesetzt, das sie sicher nicht leichtfertig aufgegeben hätten. Deshalb ist es ganz natürlich, wenn wir darüber spekulieren, ob sie dieses Ziel erreichten oder nicht.

Als Howard Somervell den Tod der beiden als Ausdruck eines materialistischen Zeitalters deutete, konnte er sich nicht vorstellen, um wieviel materialistischer wir 70 Jahre später sein würden. Ebensowenig konnte er vorhersehen, daß die Warnung nahezu ungehört verhallen würde. Doch selbst dann hätten die Familien von Mallory und Irvine einen hohen Preis für unsere Erleuchtung bezahlt.

Wie sehr wünsche ich mir, daß Du hier wärst! ... Die Vorstellung, daß Du anstelle von Hazard mit in meiner Kabine wärst und daß ich am Morgen über den Rand meiner Koje nach unten geblickt und Dich liegen sehen hätte. Wir wären in unseren seidenen Morgenmänteln vor zum Bug gegangen und hätten die frische Morgenluft geatmet und würden jetzt hier beieinander sitzen, wo ich alleine sitze. – Mein liebes Mädchen, wir geben eine Menge auf und verzichten auf sehr viel, indem wir das Richtige tun.[8]

22

Die große Entdeckung

von Tom Holzel, 1999

Nachdem unsere MENFREE-Expedition im Jahr 1986 von ihrer Suche nach Mallory und Irvine auf der Schneeterrasse in 8200 Meter Höhe unverrichteter Dinge zurückgekehrt war, ließ das Interesse am Schicksal der beiden Bergsteiger wieder nach. Andere Expeditionen zur Nordseite (und zur Südseite!) des Everest beschworen immer wieder den Mythos von Mallory und Irvine herauf, um Geld aufzutreiben, doch nur wenige beabsichtigten, beim Aufstieg wertvolle Zeit auf die Suche zu verwenden. Selbst diejenigen, welche zunächst die Absicht hatten, erlagen dem »Gipfelfieber«, sobald das erste Steigeisen sich in das Eis des Everest bohrte.

Dennoch bestand weiterhin der Wunsch nach der Lüftung des Geheimnisses. Der junge deutsche Forscher Jochen Hemmleb nahm die Herausforderung an und wurde nach vielen Jahren der Zusammenarbeit mit Larry Johnson schließlich Mitglied eines starken Teams von Everest-Gipfelveteranen, die dem Sirenengesang des Berges widerstehen konnten. Unter der fähigen Leitung von Eric Simonson stellte die erfahrene Mannschaft im Jahr 1999 eine überaus professionelle und sensationell erfolgreiche Suchexpedition auf die Beine.

Die spektakuläre Entdeckung von Mallorys Leiche auf der 8200 Meter hoch gelegenen Schnee»Terrasse«[1] scheint die Frage, ob das unerschrockene Tandem Erfolg hatte, endgültig zu beantworten. Tatsächlich sind wir einer Antwort sehr nahe gekommen. Doch diese basiert wie bei so vielen Dingen auf statistischer Wahrscheinlichkeit und nicht auf handfesten Beweisen. Nur eine Fotografie vom Gipfel oder ein weiterer Fund (etwa ein Sauerstoffgerät von 1924 auf dem Gipfel oder in dessen Nähe) ließe eine eindeutige Antwort zu.

Simonsons Team entdeckte die Überreste eines »englischen Toten« in der Nähe jener Stelle, an der Wang eine Leiche fand; doch entgegen allen Erwartungen handelte es sich dabei nicht um Irvine. Statt dessen fand man Mallory mit einem geborstenen Seil um den Leib in einer Position, die bei einigen den Eindruck erweckte, daß er nicht sofort an den Folgen seines Sturzes gestorben war. Nachdem er fast die gesamte Schneeterrasse in 8200 Metern hinuntergerutscht war, könnte er es trotz seiner schweren Verletzungen geschafft haben, seinen Fall zu bremsen, indem er sich mit ausgestreckten Armen in den Schnee krallte.

In der Brusttasche seines Anoraks fand man eine Schneebrille und mehrere Briefe seiner Familie und einer Freundin der Familie namens Stella.[2] In der Nähe lag ein Höhenmesser, der speziell auf 9000 Meter geeicht war. Zumindest an den Höhenmesser hatte Mallory beim Aufbruch gedacht, die Leuchtraketen und die ebenso wichtige Taschenlampe hatte er dagegen offenbar vergessen, denn beides wurde nach seinem Aufbruch in Lager VI gefunden. Der Kompaß, der ebenfalls von großer Bedeutung war, blieb in Lager V zurück. Der Unna-Kocher der beiden war bereits am 7. Juni den Hang hinuntergerollt, bevor sie die Träger am Nachmittag vom Lager VI aus zurückschickten. Der Verlust des Kochers wirft die beunruhigende Frage auf, ob die beiden Männer überhaupt die Möglichkeit hatten, in der Nacht (des 7. Juni) und am Morgen vor ihrem Gipfelversuch etwas Flüssigkeit zu sich zu nehmen. Vermutlich nicht: Odell fand bei der Rückkehr von seiner Suche nach Mallory und Irvine weder in Lager V noch in Lager VI einen Kocher. Zurück im Lager IV, schrieb er am nächsten Tag: »Jedenfalls waren die von Hazard erzeugten Tee- und Suppenfluten mehr als ausreichend, um den Feuchtigkeitsverlust der *letzten zwei Tage* zu ersetzen«.[3] (Kursive Hervorhebung durch den Autor.)

Die Schneebrille in Mallorys Brusttasche deutet darauf hin, daß sie abgenommen und für die Verwendung am nächsten Tag sorgfältig verstaut worden war. Vermutlich stiegen die beiden also in der Dunkelheit ab. Die andere Möglichkeit wäre, daß Mallory die dunkle Brille abnahm, weil er mit ihr in dem zweistündigen Schneesturm nicht sehen konnte, wohin er seine Füße setzte. Wenige Tage zuvor hatte Norton bei perfektem Wetter seine Brille abgesetzt, weil sie beschlug und er nicht mehr genau erkennen konnte, wohin er auf dem schmalen Sims etwas unterhalb der Mallory-Route trat.

Allerdings zeigt das unscharfe Foto, das Odell vor Mallorys und Irvines Aufbruch in Lager III von den beiden gemacht hatte, daß Mallory möglicherweise zwei Paar Schneebrillen trug. Die Schneebrille in Mallorys Brusttasche könnte daher auch sein Ersatzpaar gewesen sein. Die Brille auf der Stirn wäre beim Sturz abgerissen worden.

Die wichtigste neue Erkenntnis war, daß Mallory und Irvine zusammen angeseilt waren. Diese Entdeckung macht meine frühere These zunichte, daß Mallory seinen jungen Partner nach dem Überwinden der Zweiten Stufe zurückschickte und einen riskanten Alleingang zum Gipfel unternahm. Diese Behauptung empörte die »alte Garde« der britischen Bergsteiger besonders, denn sie beharrten darauf, daß Mallory und Irvine sich niemals getrennt hätten. Obwohl ich zahlreiche Beispiele dafür anführte, daß sich die Bergsteiger damals oft trennten oder einen erschöpften Kameraden zurückließen, damit die anderen weitergehen konnten, und obwohl ein Alleingang Mallorys Erfolgsaussichten erheblich verbessert hätte, ließen sie sich nicht überzeugen. Das Seil bringt nun den Beweis: Die »alte Garde« hatte in dieser wichtigen Frage recht, und ich war im Unrecht.

Die Erkenntnis, daß die beiden Bergsteiger angeseilt waren, ist zwar moralisch ermutigend, doch sie verringert gleichzeitig die Wahrscheinlichkeit, daß das Paar den Gipfel erreichte. Realistischerweise hätte Mallory nur den Gipfel des Mount Everest erreichen können, wenn er und Irvine beim Überwinden der Zweiten (und nicht der Ersten) Stufe von Odell um 12.50 beobachtet worden wären und wenn Mallory zusätzlich Irvines Sauerstoff für den steilen, zwei- bis dreistündigen Weg zum

Gipfel benutzt hätte. Vor allem im Hinblick auf die ungenügende Versorgung mit Flüssigkeit[4] erscheint es unwahrscheinlich, daß einer von ihnen in einer Höhe von mehr als 8700 Metern ohne Sauerstoff weit gekommen wäre. Tatsächlich basierte Mallorys riskanter letzter Vorstoß auf der Erkenntnis, daß er bei dem abgebrochenen Versuch mit Bruce fünf Tage zuvor ohne Sauerstoff einfach nicht vorangekommen war.

Wenn geklärt ist, an welcher Stelle Odell die beiden klettern sah, läßt sich der Verlauf der letzten Stunden von Mallory und Irvine rekonstruieren. Heute ist das Gebiet um die Zweite Stufe gut erkundet. Verwendet man Odells ursprüngliche Beschreibung von den Expeditionstelegrammen (und nicht die bereits veränderten Aussagen aus dem Expeditionsbuch), wird klar, daß die früheste Beschreibung auf die Umgebung der Zweiten Stufe paßt. Damit bleibt nur die Frage, ob Odell Menschen sah und wie – ganz wichtig – die beiden Bergsteiger ein so schwieriges Terrain so schnell (in etwa fünf Minuten) bewältigen konnten.

Vom Lager V auf dem Nordgrat sah der Himalaja-Bergsteiger Jim Wickwire zwei Australier den großen Korridor zum Gipfel hinaufklettern. Das Lager liegt tiefer als Odells Aussichtspunkt und horizontal betrachtet weiter entfernt. Wickwire erklärte, daß er zu keiner Zeit über die große Entfernung die Bergsteiger mit Felsen oder Vögeln verwechseln konnte. Experimente des Autors über ähnliche Entfernungen hinweg bestätigen diese Feststellung. Also sah Odell tatsächlich Mallory und Irvine, und keine Felsen oder Vögel.

Die Frage, wie die beiden so schnell über die Zweite Stufe gelangten, muß anders gestellt werden. *Da die beiden sie so schnell bewältigten,* müssen wir überlegen, wie das vonstatten ging. Es gibt zahlreiche Möglichkeiten. Zunächst wissen wir, daß die Stufe im Jahr 1960 von entschlossenen chinesischen Bergsteigern, deren bergsteigerische Fähigkeiten man heute als technisch minimal bezeichnen würde, überwunden wurde. Sie brauchten zwar lange, bis sie wußten, wie sie die Stufe angehen sollten, doch nachdem sie einmal begonnen hatten, brachten sie das Hindernis schnell hinter sich. Demnach ist die Stufe selbst für unerfahrene, doch hochmotivierte Bergsteiger gangbar. Zweitens warf man Mallory zwar immer wieder eine gefährliche Zerstreutheit vor, doch sie wurde durch zwei positive Eigenschaften ausgeglichen: seine völlige Furchtlosigkeit an exponierten Stellen und seine katzenartigen Reflexe. Wenn also die problematische Stelle der Zweiten Stufe den amerikanischen Schwierigkeitsgrad von 5,8 aufweist[5], das heißt einen Grad, der von jedem durchtrainierten Kletterer nach einer Saison oder spätestens nach zwei erreicht werden kann, dann wäre es gut möglich, daß Mallory die Stufe bewältigte. (Heute würde man ihn vermutlich als erfahrenen 5,9- oder 5,10-Bergsteiger einstufen.) Die Exponiertheit, die in diesem Fall noch zwei Grade zur Schwierigkeit beiträgt, hätte ihn wahrscheinlich nicht besonders beeinträchtigt. Außerdem war Mallory sicher genauso motiviert wie die chinesischen Bergsteiger von 1960.

Bei der Bewertung von Mallorys Route tritt immer wieder das Problem auf, daß einzelne Bergsteiger auf diesem Weg ganz unterschiedliche Erfahrungen gemacht haben. Bergsteiger, die das Hindernis bei schlechtem Wetter überwanden, finden, es sei zu schwierig für Mallory und Irvine gewesen; diejenigen dagegen, welche die Stufe bei besseren Bedingungen bewältigten, sind optimistischer. Während Mallorys Aufstieg war das Wetter gut.

Schließlich muß man auch die Erfahrung der Katalanen im Jahr 1985 berücksichtigen. Für sie war die Zweite Stufe mit ihrer Form eines »offenen Buches« mit dichtem Schnee gefüllt (siehe Bildteil). Der problematische Teil der Stufe wurde daher durch Stufenschlagen einen steilen Schneehang hinauf überwunden.[6] Bei Mallorys und Irvines Versuch lag wesentlich weniger Schnee als bei den Spaniern, doch wenn die senkrechte, nach Norden ausgerichtete Zweite Stufe trotzdem schneebedeckt war, ließ sie sich deutlich schneller und mit weniger Anstrengung bewältigen. Man kann Odells Beschreibung dahingehend interpretieren, daß nur ein kleiner Abschnitt schneefrei war. Der Schneehang, der seiner Beschreibung zufolge zur Stufe führte, erinnert stark an den Sims und die schneebedeckte schwierige Stelle, von der nur ein kleiner Teil nicht mit Schnee ausgefüllt war. Und schließlich sollten wir auch daran denken, daß Odell nicht beschrieb, wie Mallory und Irvine die *gesamten* 80 Meter der Zweiten Stufe in fünf Minuten überwanden – er sprach nur über den Abschnitt, der von dem schneebedeckten Sims zu der fünf Meter hohen Ecke und dann weiter zum flachen, schneebedeckten Kamm reicht.

Hier nun also das meiner Meinung nach wahrscheinlichste Szenario für die letzten Stunden der beiden Bergsteiger unter Berücksichtigung der neuen Fundstücke von 1999:

Trotz bester Absichten verließen Mallory und Irvine Lager VI um 7 Uhr morgens. Beide führten je zwei Flaschen Sauerstoff mit sich, die je nach Durchflußgeschwindigkeit (2,2 oder 1,5 Liter pro Minute) für acht bis zwölf Stunden Bergsteigen ausreichen. Die Simonson-Expedition fand eine Sauerstoffflasche von 1924 in der Nähe jener Stelle, an welcher der Eispickel entdeckt worden war. Das bedeutet, daß einer der Bergsteiger bis dahin *eine* Flasche verwendet hatte (sonst wäre nicht nur die Flasche entfernt, sondern das ganze Gerät zurückgelassen worden). Der Fundort des Eispickels liegt 270 Meter in der Horizontalen und 270 Höhenmeter vom alten Lager VI entfernt. Auf den tückischen Felsplatten des Geländes basiert die Anstiegsgeschwindigkeit weniger darauf, wieviel Höhe man pro Stunde gewinnt, sondern mehr auf der Zeit, die man braucht, um die Traverse sicher zu queren. Daher verwendeten Mallory und Irvine für drei Viertel der Höhe/Distanz zur Zweiten Stufe – also für vier Stunden – nur eine Sauerstoffflasche, falls sie den Sauerstoff in der größtmöglichen Menge einatmeten, einer Menge, die von heutigen Bergsteigern als bescheiden, aber dennoch hilfreich beurteilt wird.[7]

Da Mallory die Route über den Grat bevorzugte, bemühte er sich, den Kamm des Nordostgrats so bald wie möglich zu erreichen; vielleicht versuchte er es sogar schon vor der Ersten Stufe und überwand das Hindernis wie die Chinesen bei ihren ersten beiden Versuchen 1960 und 1975. Dadurch wären die beiden auf die heute bevorzugte Route gelangt, bei der sie vermieden hätten, den Sims der Zweiten Stufe direkt von unten zu erreichen, eine Schwierigkeit, angesichts derer alle anderen Bergsteiger vor dem Zweiten Weltkrieg zu Recht verzagten. Das Tandem bringt die schwierige (und für Irvine entsetzliche) Traverse einige Meter unterhalb des Grates hinter sich, der zu der Schneeplatte führt, die auf der fünf Meter hoch gelegenen Stelle namens »offenes Buch« der Zweiten Stufe liegt. An dieser Stelle »auf einem Schneefeld«, wie es in der Beschreibung heißt, erblickt Odell die beiden Bergsteiger.

Ob auf der Stufe nun hoher Schnee liegt oder nicht – Mallory überwindet sie geschickt und zieht sich hoch. Den leichten Überhang der Stufe schafft er problemlos. In nur wenigen Minuten sichert er seinen treuen Gefährten und hilft ihm über den schneefreien Teil der Stufe und den »schneebedeckten Vorsprung« hinauf – zu ihrer und Odells Freude in 1280 Meter Entfernung. Das entspricht genau Odells Beschreibung.

Auf der sicheren flachen Terrasse über der Stufe angelangt, klopfen sich die beiden anerkennend auf die Schulter und beglückwünschen sich gegenseitig zu ihrer erfolgreichen Bewältigung dieses einschüchternden Hindernisses. Es ist 12.50 Uhr. Irvine überprüft den Sauerstoffvorrat und bedeutet Mallory, daß sie nur noch für eine Stunde Sauerstoff haben. Der Gipfel thront deutlich sichtbar vor ihnen und scheint nur noch ein oder zwei Stunden entfernt. (Tatsächlich sehen sie jedoch die *Schulter* der nordöstlichen Gipfelpyramide, der eigentliche Gipfel ist mindestens noch eine weitere Stunde entfernt). Unter ihren Sauerstoffmasken lächeln die beiden einander zu und machen sich sofort auf den Weg.

Die »kurze« Strecke zu dem offenbar so nahen Gipfel zieht sich schon bald in die Länge. Die beiden umgehen die kleine Anhöhe (die von unten nicht zu sehen ist und heute als »Dritte Stufe« bezeichnet wird) neben dem breiten und steilen

Schneehang, der zur Gipfelpyramide führt.[8] Dann beginnen sie mit ihrem mühsamen direkten Anstieg über den Schneehang der Gipfelpyramide.

Während dieses steilen Anstiegs geht Mallory und Irvine der Sauerstoff aus. Zuerst streift der eine, dann der andere Bergsteiger das sperrige Gerät ab – und muß ohne Maske in dieser Höhe erst einmal innehalten. Ungefähr zur gleichen Zeit (14 Uhr) setzt ein eisiges Schneetreiben ein, das die Sicht stark behindert. Mallory macht einige Schritte ohne Sauerstoff, doch das Vorwärtskommen ist wie schon bei seinem abgebrochenen Versuch mit Bruce fünf Tage zuvor und 600 Meter tiefer nahezu unmöglich. Die beiden hatten in den vergangenen 24 Stunden kaum etwas zu trinken, haben eine nervenaufreibende Tour über acht Stunden in exponierter Lage hinter sich, der Sauerstoff ist aufgebraucht, und es ist spät. Mallory muß an Irvines Sicherheit denken und daran, daß sie keine Lampe, keinen Kompaß und keine Leuchtraketen bei sich haben. Mit einem Schlag wird ihm bewußt, daß sie sich sehr weit vorgewagt haben, vielleicht zu weit: Nach einigen Schritten, die ihn ungeheure Kraft kosten, bleibt er stehen und erkennt, daß das Spiel aus ist. Im heulenden Wind zeigt er wortlos nach unten. Gemeinsam kehren sie um und folgen ihren Spuren abwärts.

Könnten die beiden es nicht doch zum Gipfel geschafft haben? Vielleicht. Wenn man eine Münze wirft, kann sie zehnmal hintereinander Kopf zeigen. Falls die vielen unbekannten Wahrscheinlichkeiten zu ihren Gunsten ausgingen – und das ist möglich –, dann bleibt eine geringe Chance, daß die beiden es schafften. Folgt man jedoch der Ockhamschen Logik und beschränkt die Fakten auf das Wesentliche[9], gelangt man zu dem Schluß, daß die beiden scheiterten. Sie scheiterten ehrenhaft, denn sie drangen in Höhen vor, die erst wieder erreicht wurden, als Evans und Bourdillon 29 Jahre später ebenfalls umkehren mußten, weil ihnen der Sauerstoff ausging. Diese britischen Bergsteiger gelangten über die entgegengesetzte Seite des Berges zum Südgipfel (8763 Meter). Sehnsüchtig starrten die beiden auf den Gipfelgrat, doch ihre undichten, 18 Kilogramm schweren Sauerstoffgeräte (geschlossene Systeme) gaben nicht mehr Sauerstoff ab, als die Umgebungsluft enthielt, daher kehrten sie klugerweise um und überlebten.

Anstelle von Mallory und Irvine waren Edmund Hillary und Sherpa Tensing Norgay die ersten, die den Mount Everest »eroberten« (und danach nicht erobert wurden!). Hillarys Ruhm als der erste Mensch auf dem höchsten Punkt der Welt übertrifft sogar den Ruhm von Neil Armstrong, dem ersten Menschen auf dem Mond!

Eine Umkehr hätte für Mallory eine vernichtende Niederlage, für Irvine dagegen eine enorme Erleichterung bedeutet. Er konnte die mittlerweile nutzlose Sauerstoffmaske abstreifen[10], die gnadenlos gegen sein sonnenverbranntes Gesicht gedrückt hatte. Allerdings hatte er noch den Rückweg über die Zweite Stufe und die anschließende trügerische Traverse vor sich. Doch zumindest würden sie bei Tageslicht absteigen.

Da die (vermutlich schneebedeckte) Zweite Stufe ein geringeres Hindernis darstellt, als bisher angenommen, kann Mallory Irvine abseilen und sich dann selbst über den Rand hinunterlassen, während Irvine ihn sichert. Vielleicht tritt er wie die Chinesen 1960 auf die Schultern seines Kameraden. Bei der Querung der Nordwand einige hundert Meter tiefer nehmen die Bergsteiger wie Norton ihre Schneebrillen im Sturm ab, um besser sehen zu können, wohin sie ihre Füße auf die schmalen, mittlerweile schneebedeckten Tritte setzen. Der Sturm überzieht die steilen Platten mit immer neuem Schnee, wodurch die vielen kleinen Vorsprünge verdeckt werden und sehr gefährlich sind. Der Wind ist schneidend kalt.

Etwa 18 Meter unterhalb des Grates und 275 Meter über der Ersten Stufe rutscht einer der Männer aus und stürzt. Falls es sich, was wahrscheinlicher wäre, um den wesentlich unerfahreneren Irvine handelt, beweist Mallory vielleicht noch einmal seine außergewöhnliche Behendigkeit. Im Jahr 1922 glitt bei einem Abstieg vom Nordgrat ein Mitglied der vierköpfigen Seilschaft aus und riß zwei andere mit sich. Erst der vierte – Mallory – rammte geistesgegenwärtig seinen Eispickel in den

Firn, schlang das Seil darum und hielt so den Fall seiner Kameraden auf. Wortlos rappelten sie sich auf und setzten den Abstieg fort. Sie waren noch einmal davongekommen.

Doch diesmal, in 8400 Meter Höhe auf den oberen Felsplatten der Nordwand, gab es keinen Firn, in den Mallory seinen Eispickel hätte rammen können. Vielleicht konnte Mallory seinen Pickel in eine Felsspalte stoßen. Oder er ließ ihn los und ergriff mit beiden Händen das sich straffende Seil. Oder Irvine ließ vor Schreck seinen Pickel fallen.[11] Das Seil des stürzenden Kameraden riß den anderen mit sich. Die beiden angeseilten Männer stürzten immer schneller in den steilen Felshang hinunter und schlugen immer härter auf dem unnachgiebigen Fels auf. Der Sturz über die Felsplatten währte »nur« 140 Meter, doch durch die Wucht des Falls brach Mallorys rechtes Bein oberhalb des Stiefelschaftes mit einem doppelten Bruch. Auch ein Arm war gebrochen, und in seinem Schädel klaffte oberhalb des linken Auges ein golfballgroßes Loch.[12] Nach dem Aufprall auf die lediglich mit einer dünnen Schneedecke überzogene Schneeterrasse in 8300 Meter Höhe ist es medizinisch unmöglich, daß Mallory noch bei Bewußtsein war und versuchen konnte, seinen Sturz zu bremsen. Infolge des Schlages gegen seinen Kopf war er sofort bewußtlos oder sogar tot.[13]

Er stürzte und rutschte noch weitere 250 Meter, bis schließlich Felsen seinen Fall abrupt stoppten. Hielt das Seil, das ihn mit Irvine verband? Vielleicht. Doch selbst dann hätte es über die Jahre dem Wind nicht standgehalten und wäre schließlich gerissen. Genauso wahrscheinlich könnte das Hanfseil aber schon der enormen Belastung des Sturzes nicht standgehalten haben. Beide Männer wären dann getrennt in den Tod gestürzt.

Aber was ist nun mit der Leiche, die Wang entdeckt hatte? Mallorys sterbliche Überreste liegen etwa 180 Meter westlich des chinesischen Lagers VB zwischen 8100 und 8200 Meter Höhe. Chen Tian Liang, der Bergführer von Wangs Gruppe, war bei der Expedition 1975 dringend nach oben gerufen worden, um bei der Suche nach einem vermißten Bergsteiger oberhalb von Lager VI zu helfen, daher hatten Wang und sein Zeltgefährte Zhang Yun Yan frei. An einem schönen Tag wanderte Wang, weil er sonst nichts zu tun hatte, ziellos an der Nordwand entlang. Vielleicht wollte er nebenbei Ausschau nach dem möglicherweise abgestürzten Kameraden halten. Bei gutem Wetter können 20 oder 30 Minuten für einen 180 Meter langen Spaziergang entlang der Höhenlinie genügen. Zhang sagte, Wang sei nur 20 Minuten weg gewesen. Ein zehnminütiger Spaziergang reicht aber vermutlich nicht. Allerdings lag Zhang während Wangs Ausflug in seinem Schlafsack und könnte auch unbemerkt wieder eingedöst sein.

Conrad Anker entdeckte Mallorys ausgestreckten Körper, der wie ein Kruzifix im Schnee lag. Er führte noch eine weitere Möglichkeit an. Im Bericht auf seiner Web-Site vom 3. Mai beschrieb er seine Rolle in der Gruppe, als alle ausschwärmten und die Terrasse in 8200 Meter Höhe nach dem »englischen Toten« absuchten. Auf der Terrasse liegen die Leichen von 17 in jüngerer Zeit verunglückten Bergsteigern. Alle waren auf den gleichen tückischen Felsplatten wie Mallory und Irvine gestürzt. Anker hatte gerade exakt eine solche Leiche gefunden:

Nachdem ich etwa 15 Minuten eine Leiche untersucht hatte, machte ich eine Pause, legte die Steigeisen ab, kletterte auf einen Felsen und sah ein altes Zelt im Wind flattern. Ich wollte gerade hingehen und es mir näher anschauen, als ich in westlicher Richtung einen weißen Fleck bemerkte, der weißer als der Fels ringsum und auch weißer als der Schnee war. Ich ging hin. Schon nach wenigen Minuten erkannte ich, daß diese Leiche nicht aus jüngerer Zeit stammte; sie lag dort schon wesentlich länger.[14]

Anker glaubte, es handle sich um jenen Toten, nach dem sie eigentlich suchten – das heißt Irvine –, und funkte eilig seine Teamkameraden herbei. Bei der Untersuchung entdeckten sie zu ihrer großen Überraschung die wahre Identität des abgestürzten Bergsteigers: Auf einem Wäschezeichen stand »G. Mallory«. Eric Simonsons anschließendes Expeditionstelegramm wird wohl als eine der aufregendsten Meldungen in die Geschichte der jüngsten Entdeckungen eingehen:

Hallo, hier spricht Eric Simonson vom Advanced Base Camp auf 6492 Metern am Mount Everest. Es ist Sonntagabend, der 2. Mai. Ich habe große Neuigkeiten, daher sollte sich jeder besser setzen und auf das folgende gefaßt machen... Ich freue mich, mitteilen zu dürfen, daß die Suchexpedition nach Mallory und Irvine des Jahres 1999 die sterblichen Überreste von George Mallory fand, der seit dem 8. Juni 1924 auf dem Mount Everest verschollen war.

Nach der Überraschung über den spektakulären Fund fragten sich alle Beteiligten: Ja gut, aber wurde auch eine Kamera gefunden? Und was war mit Irvine?

Die Bergsteiger suchten den Fundort von Mallorys Leiche noch mehrmals gründlich ab und fanden einen Höhenmesser, der auf 9000 Meter geeicht war. Mit Hilfe eines Metalldetektors spürten sie Mallorys Armbanduhr auf, die durch den Sturz beschädigt worden war, jedoch nicht den Fotoapparat, den Somervell ihm gegeben hatte. Man nimmt an, daß Mallory die Kamera Irvine überließ. Da Mallory den Höhenmesser trug, erscheint es nun um so wahrscheinlicher, daß Irvine das andere Gerät übernahm, das ihren Gipfelsturm beweisen sollte: die kleine Kodak-Kamera. Die beiden dachten vielleicht, daß er damit Mallory in Siegerpose auf der Spitze der Welt fotografieren könnte, wie er mit dem Höhenmesser stolz die Höhe von 8848 Metern anzeigte.

Das chinesische Biwak (Lager VB), in dem Wang seinen freien Tag verbrachte, lag auf einer Höhe von 8150 Metern, bereits etwas abseits vom Nordgrat, da die Route diagonal in westlicher Richtung zum modernen Lager VI auf 8300 Metern verläuft, dem höchsten Punkt der Schneeterrasse. Fand Wang also Mallory und nicht Irvine? Basiert unsere Annahme, daß

Wang auf Irvine stieß, darauf, daß wir nicht bereit waren, auf die nun als falsch belegte Hypothese zu verzichten, daß sich Mallory und Irvine trennten und daß daher nur Irvine am Fundort des Eispickels abstürzen konnte?

Verfolgt man die Fall-Linie zurück, so begann Mallorys Sturz etwa 230 bis 270 Meter östlich von der Ersten Stufe – nahe genug, um der geschätzten Angabe (»etwa 180 Meter östlich von der Ersten Stufe«) jener Stelle zu entsprechen, wo der Eispickel 1933 gefunden wurde.

Die andere Besonderheit, welche die Forscher auf die falsche Spur führte, ist Hasegawas Bericht über Wangs Behauptung, daß der englische Tote »ein Loch in der Wange« hatte. Als Anker Mallory fand, war das Gesicht des Toten im Geröll festgefroren. Sie lösten es vorsichtig vom Boden, und die Wangen erwiesen sich als intakt. Chinesen und Japaner können zwar die Schriftzeichen der jeweils anderen lesen, doch ihre gesprochenen Sprachen sind völlig verschieden. Wollte Wang Hasegawa vielleicht sagen, daß der »englische Tote« nicht ein Loch in der Wange, sondern im *Gesicht* hatte? Anders ausgedrückt, möglicherweise teilte Wang Hasegawa eigentlich mit, daß dieses Loch die mögliche Todesursache bei dem »englischen Toten« war. (Ein Loch in der Wange wäre bei so einem Sturz eine nebensächliche Verletzung.) Diese Interpretation wirkt sehr einleuchtend.

Wenn aber Wang Mallorys Kopfwunde sah, muß er auch sein Gesicht gesehen haben – obwohl dieses im Geröll vergraben war, als die Amerikaner ihn wiederfanden. Fand Wang Mallory möglicherweise in einer Position, die typischer für abgestürzte Bergsteiger ist: mit dem Gesicht nach oben? Wang hatte den Leichnam vielleicht zunächst untersucht, um sicherzustellen, daß es sich nicht um seinen vermißten Kameraden handelte. Die offensichtliche Vorkriegsausrüstung des Toten dürfte ihn überrascht haben. Möglicherweise zögerte er, das Gesicht des Bergsteigers mit Steinen zu bedecken, und drehte den Leichnam in seine jetzige, flachere Position mit dem Gesicht nach unten, um ihn leichter mit Steinen und Schnee bedecken zu können und so Respekt zu erweisen. 24 Jahre in dieser neuen Position gaben der Leiche dann ihr jetziges Aussehen, das den Eindruck eines entspannt Liegenden vermittelt.[16]

Schließlich berichtete Wang: »Als ich die Kleider des Toten auf 8100 Meter Höhe berührte, *zerfielen die Kleider in Stücke und wurden vom Wind weggetragen*« (kursive Hervorhebung durch den Autor). Anders ausgedrückt: Der Körper war demnach unbedeckt, genau wie Mallorys gesamter Rücken.

Da Mallory und Irvine gemeinsam angeseilt waren, fielen sie auch gemeinsam. Nur durch Zufall wurde Mallorys Fall gestoppt. Wäre er einige hundert Meter weiter gerutscht, wäre er 1829 Meter tiefer bis zum Rongbuk-Gletscher gestürzt. Da Irvine nirgends zu finden ist, fiel er wahrscheinlich bis zum Fuß des Berges hinunter. Falls er die Kamera trug, ist sie vermutlich für immer verloren.[17]

Sehen wir Mallorys und Irvines Leistung aufgrund dieses sensationellen Fundes in einem anderen Licht? Sicherlich. Wenn wir immer wieder und aus erster Hand von den Schwierigkeiten der Route erfahren, hören, wie heutige Bergsteiger in ihrer modernen Goretexkleidung über die dürftige Ausrüstung der Pioniere staunen, und uns vor Augen führen, wie weit sie trotz allem kamen – den halben Weg zur Gipfelpyramide hinauf oder noch höher, vielleicht nur wenige hundert Höhenmeter vom Gipfel entfernt (doch in ihrem Zustand immer noch Stunden bis dorthin) –, dann empfindet eine weitere Generation von Bergsteigern, Abenteurern und Schreibtischforschern Bewunderung und Respekt vor ihrer Leistung. Sie stürzten nur 150 Meter vor der relativen Sicherheit der auf 8200 Metern gelegenen Schneeterrasse in den Tod; ein Umstand, der an den anderen knappen Fehlschlag der Briten erinnert: an Robert Falcon Scotts achtzigtägige Expedition zum Südpol, deren Teilnehmer nur einen Ein- oder Zweitagesmarsch (18 Kilometer) vor ihrem Lebensmittellager, der »Ein-Tonnen-Hütte« verhungerten.

Es ist die Kühnheit von Mallory und Irvine, die unsere Bewunderung weckt. Wie bei Generationen von frühen Entdeckern – die unbekannte Gebiete erkundeten, neue Routen erschlossen, als erste ein Risiko auf sich nahmen, als erste »aus der Landkarte herausmarschierten« – fühlen wir die Macht und Magie ihres Wagemuts und ihre Inspiration.

Mallory und Irvine folgten mit großem Mut und geringen Mitteln ihrem Traum. Ohne Garantie auf Erfolg oder gar eine Rettung wußten sie, daß sie sterben würden, wenn sie zögerten. Sie sind, um mit den Worten von David Pye zu sprechen, »ein Symbol für die Unbesiegbarkeit des menschlichen Geistes«. Ihr Gipfelvorstoß hebt sich stark von den heutigen Everest-Besteigungen ab, die sich im Internet verfolgen lassen und deren Bergsteiger mit GPS (Global Positioning System) genau positioniert und über Handys verbunden sind. Heute bewundern wir Mallory und Irvine nicht nur, nein, wir beneiden sie auch um ihr unergründliches und tückisches Abenteuer. Nun, da Bruchstücke des Geheimnisses dieser Pioniere gelüftet wurden und wir Einblick erhalten in die Vergangenheit und verstehen, wie nahe sie daran waren, die ersten auf dem Gipfel des Mount Everest zu sein, sind wir dankbar, etwas mehr über ihre Kühnheit erfahren zu haben. Ihr unbesiegbarer Wille inspiriert uns aufs neue.

Dank

Viele Freunde unterstützten uns mit ihrem Zuspruch und ihren Ratschlägen bei den umfangreichen Recherchen für dieses Buch. Wir stehen vor allem in der Schuld jener »Everester« und ihrer Familien, die uns mit ihren Erinnerungen und Interpretationen halfen und uns Einblick in Materialien und Fotografien gewährten. Auch unseren eigenen Familien schulden wir Dank, weil sie so lange mit unserer geteilten Aufmerksamkeit auskommen mußten. Eine Untersuchung über George Mallory ist unmöglich, ohne sich auf die früheren Biographien von David Pye und David Robertson zu stützen. Ebenso verwendeten wir die offiziellen Expeditionsbücher und die Zeitschriften des Alpine Club und der Royal Geographic Society, die gemeinsam diese frühe Erkundung finanzierten. Bei ihnen und der Mount Everest Foundation möchten wir uns herzlich bedanken.

Mrs. Kelly, die Archivarin der Royal Geographic Society, steuerte uns durch das reichhaltige Material des Everest-Archivs, und V. S. Risoe war uns in ähnlicher Weise beim Alpine Club behilflich, ebenso Dr. Richard Lukett und Mrs. Coleman von der Pepys Library im Magdalene College in Cambridge und Denise Thomas von der Philadelphia Free Public Library, Elizabeth Angele vom Goethe-Institut in New York und Dr. Lee Schwamm vom Massachusetts General Hospital. Im Merton College in Oxford stellte uns Dr. Roger Highfield Irvines Spitzbergen- und Everest-Tagebücher zur Verfügung; Charles Sayles Tagebuch wurde in der Cambridge University Library eingesehen; George Ingle Finchs Everest-Tagebuch in der National Library of Scotland und die Korrespondenz zwischen Lytton Strachey und Duncan Grant stammten zusammen mit verschiedenen Papieren aus der Blakeney Collection der British Library in London. Den Familien von Mallory und Irvine wollen wir unseren besonderen Dank für ihre Unterstützung und ihr Verständnis aussprechen: Mollie und Sally Dalglish, Barbara Newton Dunn, Alec Irvine, George Mallory II., John Mallory, Clare Millikan, Elizabeth Osborne und David Robertson. Unser besonderer Dank gilt auch Hauptmann Noel und seiner Tochter Sandra, die wir so oft bei unseren Nachforschungen besucht haben, und Professor Noel Odell, Peter Odell und Sir Jack Longland, weil sie unsere Fragen zu Bergsteigern, Bergsteigen und Ausrüstung in den ersten Jahrzehnten unseres Jahrhunderts so geduldig beantwortet haben. Für T. G. Longstaffs Schreiben möchten wir uns bei Mrs. Charmian Longstaff bedanken. Für Briefe, Ratschläge und andere Hilfeleistungen danken wir: Peter Bicknell, T. S. Blakeney, David Breashears, Herbert Carr, David Cox, Mike Dillon, Xavier Eguskitza, Andy Harvard, Michael Holroyd, Bob Lawford, Peter Lloyd, Francis Nevel, S. Marsh Tenney, Mrs. Joyce Norton, Dr. und Mrs. R. Scott Russell, Richard Shone, Frank Solari, Jon Tinker, Antoni Sors von der katalanischen Everest-Expedition, Hiroyuki Suzuki, Dr. Charles Warren, Brad Washburn vom Boston Museum of Science für seine wundervollen Everest-Karten, Kaye Weatherall, Nicholas Wollaston und Mrs. Eleanor Winthrop Young.

Schließlich wollen wir noch hinzufügen, daß unsere Bemühungen ohne Tony Colwell, unseren unermüdlichen Lektor bei Jonathan Cape, wesentlich dürftiger ausgefallen wären. Wir griffen seine Ideen dankbar auf, und seine beständige Unterstützung hat uns stets aufrechterhalten.

4. Juli 1999
Audrey Salkeld
Clevedon
Avon, England

Tom Holzel
Boston
USA

Anmerkungen zu den Quellen

Verwendete Abkürzungen

AC	Alpine Club
AJ	*Alpine Journal*
BL	British Library
Bruce	C. G. Bruce et al., *The Assault on Mount Everest 1922,* London 1923
EA, RGS	Everest-Archive, Royal Geographical Society
GJ	Geographical Journal
GLM	George Leigh Mallory
Magd.	Magdalene College, Cambridge
MEA	Mount-Everest-Ausschuß
NLS	National Library of Scotland
Norton	E. F. Norton et al., *The Fight for Everest: 1924,* London 1925
Pye	David Pye, *George Mallory, a Memoir,* London 1927
Robertson	David Robertson, *George Mallory,* London 1969

1   Das Rätsel

1 Brief von Hiroyuki Suzuki, dem Auslandssachbearbeiter des Japanischen Alpenvereins, an Tom Holzel, 7. Februar 1980.

2 Der Autor korrespondierte mit sowjetischen und chinesischen Gruppen und führte eine »Freedom-of-Information«-Suche in CIA-Unterlagen durch. Es ergab sich nicht der geringste Hinweis auf eine derartige Besteigung.

3 Pye, S. 182.

4 Norton, S. 143.

5 Robertson, S. 249.

6 Ebenda, S. 250.

7 Anonymität zugesichert. Brief an T. Holzel vom 26. Februar 1980.

8 Der Leichnam und das Tagebuch Maurice Wilsons, der 1934 den Mount Everest im Alleingang zu bezwingen versuchte, wurden im darauffolgenden Jahr von Bergsteigern oberhalb von Lager III entdeckt. In letzter Zeit kursierten beharrliche, aber unbestätigte Gerüchte, daß auch

das geheime zweite Tagebuch gefunden wurde. Barry Collins' Schauspiel *The Ice Chimney* basierte auf dem imaginären Inhalt dieses »verschollenen« Tagebuchs.

9 Sir Percy Wyn Harris, Brief an die *Sunday Times* vom 17. Oktober 1971.
10 Herbert Carr (Hrsg.), *The Irvine Diaries,* Reading 1979, S. 117.
11 Magazin *Mountain,* Nr. 17, September 1971, S. 30 ff.
12 Woodrow Wilson Sayre, *Four Against Everest,* New Jersey 1964.

2   Die jungen Rekruten

1 R. L. G. Irving, *The Romance of Mountaineering,* London 1935, S. 148.
2 »In Memoriam – George Herbert Leigh Mallory«, in: *AJ* Nr. 229, Bd. XXXVI, November 1924, S. 383.
3 GLM an Sir Francis Younghusband, Brief vom 31. März 1921, EA, RGS (Box 3).
4 Irving, »Five Years with Recruits« in: *AJ,* Nr. 183, Bd. XXIV, Februar 1919, S. 367 f.
5 Ebenda, S. 453.
6 T. S. Blakeney in: *AJ,* Nr. 317, Bd. LXXIII, November 1968, S. 265.
7 GLM an G. Winthrop Young, Brief vom 16. Februar 1909 (zitiert in: Robertson, S. 47).
8 Geoffrey Winthrop Young, Geoffrey Sutton und Wilfrid Noyce, *Snowdown Biography,* London 1957, S. 40.
9 GLM an Young, Brief vom 2. Mai 1909 (AC-Archiv).
10 Mallory erhielt für seinen Aufsatz über James Boswell ein *prox. accessit* beim Members' Prize von 1909. Später erweiterte er den Aufsatz zu dem Buch *Boswell the Biographer,* das 1912 in London publiziert wurde.
11 Geoffrey Winthrop Young, *On High Hills, Memories of the Alps,* London 1927, S. 179.
12 GLM an Young, Brief vom 30. Dezember 1909 (AC-Archiv).
13 GLM an Young, Brief vom 6. Juli 1910 (AC-Archiv).
14 Lytton Strachey an James Strachey, 1910 (zitiert in: Michael Holroyd, *Lytton Strachey: A Biography,* London 1971, S. 431).
15 Robert Graves, *Goodbye to All That,* London 1929, S. 91.
16 Ebenda, S. 91.
17 Geoffrey Keynes, *The Gates of Memory,* Oxford 1981, S. 96.
18 Graves und Keynes behaupten beide, im Frühjahr 1914 mit Mallory in Nordwales gewesen zu sein, aber dieser verbrachte Ostern in jenem Jahr in Italien – eine Woche in Venedig mit der Familie Turner und eine weitere beim Wandern in den Apenninen mit George Trevelyan und

Stephen Tallents. D. Robertson weist darauf hin, daß Mallorys Name in dem Buch mit den Pen-y-Pass-Fotografien zwar für Ostern 1914 verzeichnet ist. Der Name ist jedoch in Geoffrey Winthrop Youngs Handschrift geschrieben und nicht in Mallorys.

19 Graves, a. a. O., S. 96.

20 Alan Goodfellow (zitiert in: Robertson, S. 87).

3   Der dritte Pol

1 »Meiner Ansicht nach«, schrieb Scott, »kann keine Reise, die mit Hunden durchgeführt wird, je das erhabene Konzept erfüllen, das sich verwirklicht, wenn eine Gruppe von Männern sich ohne fremde Hilfe den Strapazen, Gefahren und Schwierigkeiten stellt, und in tage- und wochenlanger harter körperlicher Anstrengung ein Problem löst.« Elspeth Huxley, *Scott of the Antarctic.*

2 »A Journey to Tashirak in Southern Tibet, and the Eastern Approaches to Mount Everest«, in: *GJ,* Nr. 5, Bd. III, Mai 1919, S. 299.

3 Major Cecil Rawling, »The Exploration and Ascent of Mount Everest«, Papier von etwa 1914 (RGS-Archiv).

4 Sir Francis Younghusband in: *Observer,* 2. Juni 1920.

5 Protokollbuch MEA.

6 EA, RGS (Box 12).

7 J. P. Farrar an H. F. Montagnier, Brief vom 20. März 1919 (AC-Archiv).

8 Farrar an Montagnier, Brief vom 15. Mai 1919 (AC-Archiv). Marcel Kurz war ein führender Schweizer Bergsteiger, der die Brüder Finch in Zürich kennengelernt hatte und mit ihnen kletterte.

9 George Mallory, »The Mountaineer as Artist«, in: *Climbers' Club Journal,* März 1914.

10 Mallory, »Mont Blanc from the Col du Géant by the Eastern Buttress of Mont Maudit«, in: *AJ,* Nr. 218, Bd. XXXII, September 1918.

11 GLM an G. Winthrop Young, Brief vom 5. Dezember 1917 (AC-Archiv).

4   Die beiden Georges

1 Cottie Sanders (Lady O'Malley), zitiert in: Robertson, S. 70.

2 Robertson, S. 224.

3 GLM an G. Winthrop Young, Brief vom 25. August 1920 (AC-Archiv).

4 Aldo Bonacossa, »Reminiscences«, *AJ,* Nr. 311, Bd. LXX, November 1965, S. 218.

5 John C. Case, *AJ,* Nr. 322, Bd. LXXVIII, 1973, S. 284.

6 GLM an Ruth Mallory, Brief vom 27. August 1916 (Magd.).

7 J. P. Farrar an GLM, Brief vom 22. Januar 1921 (zitiert in: Robertson, S. 148).

8 Sir Francis Younghusband, *The Epic of Mount Everest,* London 1926, S. 28.

9 Geoffrey Winthrop Young, *Mountains with a Difference,* London 1951, S. 131.

10 GLM an Geoffrey Winthrop Young, Brief vom 21. Februar 1921 (zitiert in Pye, S. 106).

11 GLM an seine Schwester Avie Longridge, Brief (zitiert in: Pye, S. 106).

12 GLM an Robert Graves, Brief vom 15. April 1921 (zitiert in: Robertson, S. 150).

5   Unvorbereitet in die Schlacht

1 A. R. Hinks an Oberst C. H. D. Ryder, Generallandvermesser Indiens, Brief vom 20. Juni 1921, EA, RGS (Box 4).

2 EA, RGS (Box 3).

3 GLM an A. R. Hinks, Brief vom 11. März 1921, EA, RGS (Box 3).

4 J. P. Farrar an H. F. Montagnier, Brief vom 20. März 1919 (AC-Archiv).

5 GLM an G. Winthrop Young, Brief vom 21. Februar 1921, EA, RGS (Box 3).

6 GLM an G. Winthrop Young, Brief vom 9. März 1921, EA, RGS (Box 3).

7 GLM an A. R. Hinks, Brief vom 27. März 1921, EA, RGS (Box 3).

8 GLM an Sir Francis Younghusband, Brief vom 31. März 1921, EA, RGS (Box 3).

9 GLM an G. Winthrop Young, Brief vom 3. April 1921, EA, RGS (Box 3).

10 *AJ,* Nr. 222, Bd. XXXIII, März 1921, S. 466.

11 Protokollbuch MEA, 1. April 1921.

6   Die erste Runde

1 GLM an Ruth Mallory, Brief vom 17. (?) Mai 1921 (Magd.).

2 GLM an Ruth Mallory, Brief vom 21. Mai 1921 (Magd.).

3 GLM an David Pye, Brief vom 9. Juni 1921 (zitiert in: Pye, S. 109 f.).

4 GLM an Ruth Mallory, Brief (?), (Magd.).

5 GLM an G. Winthrop Young, Brief vom 9. Juni 1921, EA, RGS (Box 3).

6 GLM an Ruth Mallory, Brief vom 17. Mai 1921 (Magd.)

7 GLM an G. Winthrop Young, Brief vom 9. Juni 1921, EA, RGS (Box 3).

8 Ebenda.

9 GLM an Ruth Mallory, Brief vom 15.–22. Juni 1921 (Magd.).

10 Ebenda.

11 Mary Wollaston (Hrsg.), *Letters and Diaries of A. F. R. Wollaston,* Cambridge 1933, S. 225.

12 GLM an Ruth Mallory, Brief vom 28. Juni 1921 (Magd.).

13 GLM in C. K. Howard-Bury *et al., Mount Everest, The Reconnaissance 1921,* London 1922, S. 214.

14 GLM an Ruth Mallory, Brief vom 9. August 1921 (Magd.).

15 GLM an Ruth Mallory, Brief vom 22. August 1921 (Magd.).

16 Ebenda.

17 GLM an Ruth Mallory, Brief vom 1. September 1921 (Magd.).

18 GLM an Rupert Thompson, Brief vom 12. Juli 1921 (zitiert in Pye, S. 123 f.).

19 A. R. Hinks an C. K. Howard-Bury, Brief vom 6. September 1921, EA, RGS (Box 12).

20 GLM an Ruth Mallory, Brief vom 1. September 1921 (Magd.).

21 C. K. Howard-Bury an A. R. Hinks, Brief vom 3. September 1921, EA, RGS (Box 12).

22 GLM an H. V. Reade, Brief vom 15. September 1921, EA, RGS (Box 3).

23 GLM an Ruth Mallory, Brief vom 15. September 1921 (Magd.).

24 G. Winthrop Young an GLM, Brief vom 20. Juli 1921 (zitiert in Robertson, S. 172).

25 GLM an G. Winthrop Young, Brief vom 9. September 1921, EA, RGS (Box 3).

26 GLM an Ruth Mallory, Brief vom 15. September 1921 (Magd.).

27 GLM an Sir Francis Younghusband, Bericht vom 13. Oktober 1921, EA, RGS (Box 3).

28 Ebenda.

29 GLM an Howard-Bury et al., a. a. O., S. 26.

30 »The Everest Expedition, 1921: Diary of G. H. Bullock«, *AJ,* Nrn. 304, 305, Bd. LXVII, 1962, S. 305.

31 GLM an Howard-Bury et al., a. a. O., S. 269.

32 GLM an Sir Francis Younghusband, Bericht vom 13. Oktober 1921, EA, RGS (Box 3).

33 GLM an G. Winthrop Young, Bericht vom 11. November 1921, EA, RGS (Box 3).

34 GLM an Ruth Mallory, Brief vom 29. September 1921, (Magd.).

35 GLM an David Pye, Brief vom 11. November 1921 (zitiert in Robertson, S. 177).

36 GLM an G. Winthrop Young, Brief vom 11. November 1921, EA, RGS (Box 3).

7 Eine verdammenswerte Ketzerei

1 GLM an David Pye, Brief vom 11. November 1921 (zitiert in: Robertson, S. 177).

2 GLM (zitiert in: Howard-Bury, C. K. et. al., *Mount Everest,* S. 243 f.).

3 Unna, P. J. H., »The Oyygen Equipment of the 1922 Everest Expedition«, in: *AJ,* Nr. 224, Bd. XXXIV, S. 235 f.

4 Farrar, J. P., an Sir Francis Younghusband, Brief, EA, RGS (Box 3).

5 GLM an David Pye, Brief vom 12. März 1922 (Privatarchiv Clare Mallory).

8 Die Vorbereitung auf den Gipfelsturm

1 GLM an seine Schwester Avie Longridge, Brief vom 10. November 1921 (zitiert in: Robertson, S. 177).

2 A. R. Hinks an GLM, Brief vom 15. November 1921, EA, RGS (Box 3).

3 C. G. Bruce (zitiert in: *Western Mail,* 11. Juni 1923).

4 Hinks an Howard-Bury, Brief vom 14. Juli 1921, EA, RGS (Box 12).

5 Bruce an Sir Francis Younghusband, Brief vom 1. November 1921, EA, RGS (Box 18).

6 Howard-Bury an Hinks, Brief vom November 1921, EA, RGS (Box 12).

7 Jack Longland, »Between the Wars, 1919–1939«, in: *AJ,* Nr. 295, Bd. LXII, November 1957, S. 88.

8 Farrar an Hinks, Brief vom 21. April 1922, EA, RGS (Box 12).

9 Hinks, ungezeichneter Artikel in: *GJ,* Nr. 5, Bd. IX, Mai 1922, S. 379 f.

10 Hinks an Farrar, Brief vom 27. April 1922, EA, RGS (Box 12).

11 Farrar an Hinks, Brief vom 28. April 1922, EA, RGS (Box 12).

12 G. I. Finch, *The Making of a Mountaineer,* London 1924, S. 294.

13 Finch, Tagebucheintrag, Finch, NLS, Nr. 8338.

14 GLM an Ruth Mallory, Brief vom 7. März 1922 (Magd.).

15 GLM an Ruth Mallory, undatierter Brief (Magd.).

16 GLM an Ruth Mallory, Brief vom 7. April 1922 (Magd.).

17 E. L. Strutt an Sir Francis Younghusband, Brief vom 24. November 1921 (BL 63121).

18 John Morris, *Hired to Kill,* London 1960, S. 145.

19 Finch, Tagebuch, (Finch NLS, Bericht Nr. 8338).

20 GLM an Ruth Mallory, Brief vom 27. März 1922 (Magd.).

21 GLM an Ruth Mallory, Brief vom 26. April 1922 (Magd.).

22 GLM an Ruth Mallory, Brief vom 18. April 1922 (Magd.).

23 Ebenda.

24 Ebenda.

25 Bruce an Hinks, Brief vom 7. Mai 1922, EA, RGS (Box 18).

26 Finch, Tagebuch, 4. Mai 1922 (Finch NLS, Bericht Nr. 8338). Finch war klug genug, den Leonard-Hills-Atemapparat mit großer Vorsicht einzusetzen. Nach den Labortests lehnte er ihn als zu riskant ab.

27 G. I. Finch, *The Making of a Mountaineer*, S. 295.

28 Finch, Tagebuch, 22. Mai 1922 (Finch NLS, Bericht Nr. 8338).

29 Der höchste Punkt, der beim ersten Angriff auf den Gipfel 1922 erreicht werden konnte, lag bei 8225 Meter, gemessen mit einem Theodoliten. Lager VI von 1924 lag 30 Höhenmeter höher, doch nach Nortons Schätzung immer noch unter 8230 Meter, was bedeutet, daß der höchsterreichte Punkt 1922 nur etwa 7925 Meter betrug.

30 H. T. Morshead, (zitiert in: *Western Morning News*, 6. August 1923).

9   Eine bittere Niederlage

1 GLM (zitiert in: Bruce, S. 173).

2 Ebenda, S. 174.

3 Ebenda, S. 181.

4 Ebenda, S. 205.

5 Ebenda, S. 213 f.

6 Ebenda, S. 219.

7 Ebenda, S. 206 f.

8 Finch (zitiert in: Bruce, S. 255).

9 Finch (zitiert in: *Muswell Hill Record*, 26. Oktober 1923). Die Sauerstoffexperten waren sich uneinig. Finch vertrat Dreyers Meinung. Der »gewisse, elegante Herr« muß also aus dem kontroversen Lager gewesen sein; aller Wahrscheinlichkeit nach handelt es sich um Prof. Haldane.

10 G. I. Finch, *Climbing the Mount Everest*, London 1930, S. 54.

11 Finch (zitiert in: Bruce, S. 255 f.).

12 Finch, *The Making of a Mountaineer*, London 1924, S. 325 f.

13 Ebenda, S. 327.

14 Ebenda, S. 331.

15 Bruce, S. 116.

16 GLM, Brief an Ruth Mallory vom 1. Juni 1922 (Magd.).

17 GLM an David Pye, Brief vom 1. Juni 1922 (zitiert in: Pye, S. 131).

18 T. H. Somervell, *After Everest*, London 1939, S. 64.

19 GLM an Ruth Mallory, Brief vom 9. Juni 1922 (Magd.).

20 GLM an G. Winthrop Young, Brief vom 11. Juni 1922, EA, RGS (Box 3).

21 Bruce an Strutt, Brief vom 13. Juni 1922 (BL 63121).

10   Vorwürfe

1 Tagebuch-Manuskript von T. G. Longstaff (AC-Archiv).

2 Longstaff, »Some Aspects of the Everest Problem«, in: *AJ*, Nr. 229, Bd. XXXV, Mai 1923, S. 64.

3 GLM an Ruth Mallory, Brief vom 1. Juni 1922 (Magd.).

4 John Morris, *Hired to Kill,* London 1960, S. 147.

5 Tagebuch-Manuskript von Longstaff (AC-Archiv).

6 E. L. Strutt an A. R. Hinks, Telegramm vom 22. Juni 1922, EA, RGS (Box 18).

7 Longstaff an A. F. R. Wollaston, Brief vom 19. August 1922 (Nicholas Wollaston).

8 Ebenda.

9 Hinks an Norman Collie, Brief vom 19. Juli 1922, EA, RGS (Box 11).

10 Hinks an Collie, Brief vom 21. Juli 1922, EA, RGS (Box 11).

11 Collie an Hinks, Brief vom 25. Juli 1922, EA, RGS (Box 11).

12 Strutt an GLM, 2. August 1922 (zitiert in: Robertson, S. 203).

13 G. Winthrop Young an GLM, Brief vom 18. August 1922 (zitiert in: Robertson, S. 204).

14 Sir Francis Younghusband an GLM, Brief vom 23. August 1922 (zitiert in: Robertson, S. 205).

15 General C. G. Bruce an Hinks, Brief vom 1. Juni 1922, EA, RGS (Box 18).

16 C. G. Bruce an Hinks, Brief vom 4. Juli 1922, EA, RGS (Box 18). Er hatte Hemmungen, das Loblied von G. Bruce und Morris zu singen, weil sie als seine Sekretäre arbeiteten und den Bericht sehen würden.

17 C. G. Bruce an Hinks, Brief vom 1. Juni 1922, EA, RGS (Box 18).

18 Hinks an Mrs. Bruce, Brief vom 10. April 1922, EA, RGS (Box 18).

19 G. I. Finch, zitiert in: *Muswell Hill Record,* 26. Oktober 1923.

20 Hinks an J. E. C. Eaton vom Alpine Club, Brief vom 11. Juli 1922, EA, RGS (Box 12).

21 D. W. Freshfield, »The Conquest of Mount Everest«, in: *AJ*, Nr. 228, Bd. XXXVI, Mai 1924, S. 8.

22 Finch, »The Second Attempt on Mount Everest«, in: *AJ*, Nr. 225, Bd. XXXIV, November 1922, S. 440.

23 J. P. Farrar, »The Everest Expeditions, Conclusions«, in: *AJ*, Nr. 225, Bd. XXXIV, November 1922, S. 445.

11   Briefliche Kriegführung

1 G. Christy an A. R. Hinks, Brief vom 17. Juli 1922, EA, RGS (Box 10).
2 Finch an GLM, Brief vom 5. Oktober 1922, EA, RGS (Box 3).
3 Hinks an Finch, Brief vom 15. Dezember 1921, EA, RGS (Box 3).
4 Finch an Hinks, Brief vom 21. Dezember 1922, EA, RGS (Box 3).
5 GLM an Hinks, Brief vom 14. September 1922, EA, RGS (Box 3).
6 J. P. Farrar an Hinks, Brief vom 12. Oktober 1922, EA, RGS (Box 12).
7 GLM an Hinks, Brief vom 31. Oktober 1922, EA, RGS (Box 3).
8 Hinks an GLM, Brief vom 31. Oktober 1922, EA, RGS (Box 3).
9 GLM an Hinks, Brief vom 2. November 1922, EA, RGS (Box 3).
10 Lee Keedick an MEA, Brief vom 9. September 1922, EA, RGS (Box 3).
11 Christy an Hinks, Brief vom 13. Oktober 1922, EA, RGS (Box 10).
12 General C. G. Bruce an S. Spencer, Brief vom 1. März 1923 (BL, 63119).
13 Spencer an C. G. Longstaff, Brief vom Februar 1923 (BL, 63120).
14 C. G. Bruce an Spencer, Brief vom 30. Juni 1923 (BL, 63119).
15 Farrar an Spencer, Brief vom 5. Juli 1923 (BL, 63120).
16 Farrar an Spencer, Brief vom 10. Juli 1923 (BL, 63120).

12   George und Ruth

1 GLM an Ruth Mallory, Brief vom 9. Februar 1923 (Magd.).
2 GLM an Ruth Mallory, Brief vom 26. Januar 1923 (Magd.).
3 GLM an Ruth Mallory, Brief vom 19. Januar 1923 (Magd.).
4 GLM an Ruth Mallory, Brief vom 2. Februar 1923 (Magd.).
5 GLM an Ruth Mallory, Brief vom 9. Februar 1923 (Magd.).
6 Pye, a. a. O., S. 136 f.
7 *Harvard Crimson*, 28. Februar 1923.
8 *New York Times*, 21. Januar 1923.
9 GLM, »The Second Mount Everest Expedition«, in: *AJ*, Nr. 225, Bd. XXIV, November 1922, S. 436.
10 GLM an Ruth Mallory, Brief vom 5. März 1923 (Magd.).
11 Ebenda.
12 GLM an G. Winthrop Young, Brief vom 30. März 1914 (AC-Archiv).
13 GLM an seine Mutter, Brief vom 1. Mai 1914 (zitiert in: Robertson, S. 94).
14 GLM an Ruth Mallory, Brief vom 15.–16. Mai 1923 (Magd.).
15 Ruth Mallory an GLM, Brief vom 29. Mai 1914 (Magd.).
16 Rosamund Wills an Lady O'Malley, Brief vom Mai 1914 (zitiert in: Pye, S. 71).
17 GLM an Ruth Mallory, Brief vom 16. Mai 1923 (Magd.).

18 Young an GLM, Brief vom Juni 1914 (zitiert in: Robertson, S. 98 f.).
19 GLM an Ruth Mallory, Brief vom 31. Oktober 1918 (Magd.).
20 Ruth Mallory an GLM, Brief vom 3. August 1916 (Magd.).
21 GLM an Ruth Mallory, Brief vom 27. Juli 1916 (Magd.).
22 GLM an Ruth Mallory, Brief vom 24. November 1916 (Magd.).
23 GLM an Ruth Mallory, Briefe vom 9. Februar und April 1917 (Magd.).
24 GLM an Ruth Mallory, Brief vom 14. Oktober 1918 (Magd.).
25 GLM an Hinks, Brief vom 18. Mai 1923, EA, RGS (Box 3).
26 GLM an Ruth Mallory, Brief vom 18. Oktober 1923 (Magd.).
27 Hinks an GLM, Brief vom 24. Oktober 1923, EA, RGS (Box 29).
28 GLM an Young, Brief vom 8. November 1923 (AC-Archiv).
29 GLM an seinen Vater, Brief vom 25. Oktober 1923 (zitiert in: Robertson, S. 221).
30 Gespräch mit Eleanor Winthrop Young, Juni 1985.
31 Geoffrey Keynes, *The Gates of Memory*, Oxford 1981, S. 98.
32 A. C. Benson, Tagebuch, 192 (Magd.).
33 GLM an Ruth Mallory, Brief vom 8. März 1924 (Magd.).
34 Ruth Mallory an GLM, Brief vom März 1924 (Magd.).

13   Völlig unverhofft

1 N. E. Odell, »Explorations in the Mountains of Eastern Spitsbergen«, in: *AJ*, Nr. 227, Bd. XXXV, November 1924, S. 237.
2 N. E. Odell, »In Memoriam. Andrew Comyn Irvine«, in: *AJ*, Nr. 229, Bd. XXXVI, November 1924, S. 386.
3 George Abraham an Charles Meade, Brief vom 10. Oktober 1923, EA, RGS (Box 28).
4 Charles Meade an A. R. Hinks, 21. Oktober 1923, EA, RGS (Box 28).
5 GLM an G. Winthrop Young, Brief vom 18. Oktober 1923 (AC-Archiv).
6 Sir Arnold Lunn, »In Memoriam. Andrew Comyn Irvine«, in: *British Ski Year Book*, 1924, S. 369, zitiert in: Carr (Hrsg.), *The Irvine Diaries*, S. 41 f.
7 Andrew Irvine an Arnold Lunn, Brief (zitiert in: Sir Arnold Lunn, *A Century of Mountaineering, 1857–1957*, London 1957, S. 201).
8 Andrew Irvine an Geoffrey Milling (zitiert in: Carr, S. 69).
9 GLM an seine Mutter, Brief vom 16. Mai 1924 (zitiert in: Robertson, S. 242).
10 General C. G. Bruce an S. Spencer, Brief vom 5. Februar 1924 (BL, 63119).
11 General C. G. Bruce an A. R. Hinks, Brief vom 4. April 1922, EA, RGS (Box 18).

12 General C. G. Bruce an »Mr. President and Mr. Secretary«, Progress Report, 3. April 1924, EA, RGS (Box 33).

13 General C. G. Bruce an »Mr. President und Mr. Secretary«, Progress Report, 25. März 1924, EA, RGS (Box 33).

14 General C. G. Bruce an Sir Francis Younghusband, Brief vom 7. Mai 1922, EA, RGS (Box 18).

15 Ebenda.

16 General C. G. Bruce, zitiert in: *Weekly Scotsman*, 3. November 1923.

17 General C. G. Bruce in: Norton S. 23.

18 General C. G. Bruce zitiert in: *The Times*, 28. Januar 1924.

19 Dr. C. Wilson an General C. G. Bruce, Brief vom 6. November 1921, EA, RGS (Box 18).

20 Dr. C. Wilson, »On Limitations of Effort in Heart Disease«, in: *British Medical Journal*, 9. Juni 1923.

21 Wilson an Dr. F. E. Larkins, Brief vom 9. November 1923, EA, RGS (Box 29).

22 Larkins an Wilson, Brief vom 10. November 1923, EA, RGS (Box 29).

23 General C. G. Bruce an »Mr. President and Mr. Secretary«, Progress Report, 3. April 1924, EA, RGS (Box 33).

24 T. H. Somervell, *After Everest*, London 1936, S. 110.

25 GLM an Ruth Mallory, Brief vom 7. April 1924 (Magd.).

26 Major Hingston an MEA, Brief vom 14. April 1924 (BL, 63119).

27 A. R. Hinks an Mrs. Bruce, Brief, EA, RGS (Box 22).

28 GLM an Sir Francis Younghusband, Brief vom 19. April 1924 (BL, 63119).

14   Schwindende Hoffnungen

1 GLM an Sir Francis Younghusband, Brief vom 19. April 1924 (BL, 63119).

2 GLM an Ruth Mallory, Brief vom 14. April 1924 (Magd.).

3 A. R. Hinks an E. F. Norton, Brief vom 15. Mai 1924, EA, RGS (Box 26).

4 E. F. Norton, in: Norton, S. 35 f.

5 GLM an Ruth Mallory, Brief vom 17. April 1924 (Magd.).

6 GLM an Ruth Mallory, Brief vom 24. April 1924 (Magd.).

7 Ebenda.

8 GLM an seine Schwester Mary, Brief vom 17. März 1924 (zitiert in: Robertson, S. 226).

9 GLM an T. G. Longstaff, Brief vom 18. März 1924 (AC-Archiv).

10 GLM an Ruth Mallory, Brief vom 24. April 1924 (Magd.).

11 GLM an T. G. Longstaff, Brief vom 18. März 1924 (AC-Archiv).

12 GLM an Ruth Mallory, Brief vom 24. April 1924 (Magd.).

13 Andrew Irvine, Tagebuch, 29. April 1924 (Merton College).

14 Geoffrey Bruce in: Norton, S. 62.

15 Irvine, Tagebuch, 11. Mai 1924 (Merton College).

16 Hauptmann J. B. L. Noel, *Through Tibet to Everest,* London 1927, S. 233.

17 GLM an Ruth Mallory, Brief vom 16. Mai 1924 (Magd.).

18 GLM an Ruth Mallory, Brief vom 30. April 1924 (Magd.).

19 Howard Somervell, *After Everest,* London 1936, S. 104.

20 Ebenda.

21 *Harvard Crimson,* 28. Februar 1923.

22 Irvine, Tagebuch, 17. Mai 1924 (Merton College).

23 GLM in: C. K. Howard-Bury u. a., *Mount Everest: The Reconnaissance 1921,* London 1922, S. 269.

24 E. F. Norton, in: Norton, S. 79.

25–29 Ebenda, S. 80–84.

30 GLM in: »The Mount Everest Dispatches«, Nachdruck in: *AJ,* Nr. 229, Bd. XXXVI, November 1924, S. 207.

31 T. G. Longstaff, Bericht vom 27. Juli 1924, EA, RGS (Box 28).

32 GLM an Ruth Mallory, Brief vom 27. Mai 1924 (Magd.).

33 E. F. Norton in: Norton, S. 94.

34 GLM an David Pye, Brief vom 28. Mai 1924 (zitiert in: Pye, S. 180).

35 GLM in: »The Mount Everest Dispatches«, Nachdruck in: *AJ,* Nr. 229, Bd. XXXVI, November 1924, S. 203.

36 GLM an Ruth Mallory, Brief vom 28. Mai 1924 (zitiert in: Robertson, S. 246).

37 GLM an E. F. Norton, Nachricht von Lager V (Norton-Familienbesitz).

15   Die Große Rinne

1 C. G. Bruce (zitiert in: E. F. Norton, S. 14).

2 Norton, ebenda, S. 106.

3–6 Ebenda, S. 109ff.

7 T. H. Somervell (zitiert in: »The Mount Everest Dispatches«, Nachdruck in: *AJ,* Nr. 229, Bd. XXXVI, November 1924, S. 215).

8 Norton, S. 113.

9 T. H. Somervell, *After Everest,* London 1936, S. 132.

10 Norton, S. 115.

11 Somervell (zitiert in: »Log of Camp IV«, 3. Juni 1924 (BL 63121)).

12 Irvine, Tagebuch, 4. Juni 1924 (Merton College).

13 N. E. Odell (zitiert in: Norton, S. 122f).

14 Irvine, Tagebuch, 2. und 3. Juni 1924 (Merton College).

15 Walt Unsworth, *Everest*, London 1981, S. 124.

16 Norton an den MEA, Brief vom 13. Juni 1924, EA, RGS (Box 33).

16 Der letzte Aufstieg

1 N. E. Odell (zitiert in: Norton, S. 125).

2 Ebenda, S. 126.

3 E. F. Norton (zitiert in: »The Mount Everest Dispatches«, Nachdruck in: *AJ*, Nr. 229, Bd. XXXVI, November 1924, S. 211).

4 GLM an J. B. L. Noel, Nachricht vom 7. Juni 1924; Repro in: Noel, *Through Tibet to Everest*, London 1927, gegenüber S. 214.

5 GLM an Odell, Nachricht vom 7. Juni 1924, Repro in: *AJ*, Nr. 230, Bd. XXXVII, Mai 1925, Titelseite und zitiert in: Norton, S. 126.

6 Das Wort »bloody« wurde mit »beastly« überschrieben, wann und von wem, ist ungeklärt (möglicherweise wurde die Notiz für eine Veröffentlichung in der *AJ* entschärft).

7 Odell (zitiert in: Norton, S. 129).

8 Odell (zitiert in: »The Mount Everest Dispatches«, Nachdruck in: *AJ*, Nr. 229, Bd. XXXVI, November 1924, S. 223).

9 Odell (zitiert in: Norton, S. 131).

10–15 Ebenda, S. 133 ff.

16 Norton, S. 145.

17 »Im Sturm auf den Gipfel«

1 E. F. Norton, Telegramm, EA, RGS (Box 37).

2 Robertson, S. 250.

3 MEA, Telegramm, EA, RGS (Box 22).

4 D. W. Freshfield an S. Spencer, Briefe vom 22. und 27. August 1924 (BL 63120).

5 A. R. Hinks an Norton, Brief vom 26. Juni 1924, EA, RGS (Box 26).

6 Hinks an Mrs. Bruce, Brief, EA, RGS (Box 22).

7 Hinks an Norton, Brief vom 26. Juni 1924, EA, RGS (Box 26).

8 A. C. Benson, Tagebuch 175 (Magd.).

9 Norton an Hinks, Brief vom 13. Juni 1924, EA, RGS (Box 33).

10 Hinks an Norton, Brief vom 10. Juli 1924, EA, RGS (Box 26).

11 Siebe, Gorman & Co Ltd. an P. J. H. Unna (AC), Brief vom 14. Juni 1924, EA, RGS (Box 30).

12 Norton an Spencer, Brief vom 28. Juni 1924 (BL, 63119).

13 T. H. Somervell, S. 136.

14 Norton an Spencer, Brief vom 28. Juni 1924 (BL, 63119).

15 Norton (zitiert in: »The Mount Everest Dispatches«, Nachdruck in: *AJ*, Nr. 229, Bd. XXXVI, November 1924, S. 221).

16 Somervell, a. a. O., S. 137.

17 Norton, S. 153.

18 Norton an Spencer, Brief vom 28. Juni 1924 (BL, 63119).

19 Somervell, a. a. O., S. 142.

20 Freshfield an Spencer, Briefe vom 22. und 27. August 1924 (BL, 63119).

21 General C. G. Bruce an Spencer, Brief vom 29. Juni 1924 (BL, 63119).

22 C. G. Bruce an Hinks, Brief (von Ende Juli), EA, RGS (Box 22).

23 T. G. Longstaff, Bericht vom 27. Juli 1924, EA, RGS (Box 28). Er schrieb erst: »solche Draufgänger«, korrigierte dann aber zu: »solche großartigen Gefährten«.

24 Freshfield an Spencer, Brief vom 29. August 1924 (BL, 63120).

25 G. W. Young an Freshfield, Brief vom August 1924, EA, RGS (Box 26).

26 N. E. Odell (zitiert in: Norton, S. 130).

27 *The Times,* 18. Oktober 1924.

28 Norton, »The Problem of the Mount Everest«, in: *AJ,* Nr. 230, Bd. XXXVI, Mai 1925, S. 11.

29 Odell (zitiert in: Norton, S. 143).

30 Odell, »In Memoriam. Andrew Comyn Irvine«, in: *AJ,* Nr. 229, Bd. XXXVI, November 1924, S. 388.

31 Anonymus (möglicherweise T. S. Blakeney), Aufzeichnungen (BL, 63120).

18 Freunde und Verwandte

1 G. W. Young, »Obituary Notice: George Mallory«, in: *The Nation,* 5. Juli 1924.

2 R. L. G. Irving, »In Memoriam. George Herbert Leigh Mallory«, in: *AJ,* Nr. 229, Bd. XXXVI, November 1924, S. 382.

3 Lytton Strachey an Clive und Vanessa Bell, Brief vom 21. Mai 1909 (zitiert in: M. Holroyd, *Lytton Strachey, A Biography,* S. 417).

4 GLM an Ruth Mallory, Brief vom 23. Mai 1914 (Magd.).

5 A. C. Benson, Tagebuch 74 (Magd.).

6 Ebenda, 87. Auch die folgenden Zitate von Benson sind seinen Tagebüchern entnommen.

7 John Lehmann, *Rupert Brooke, His Life and His Legend,* London 1981, S. 26.

8 Robertson, S. 50.

9 Strachey an Clive und Vanessa Bell, Brief vom 21. Mai 1909 (zitiert in: Holroyd, a. a. O., S. 417).

10 C. Sanders, zitiert in: Robertson, S. 71.

11 Strachey an Duncan Grant, Brief vom 19. Oktober 1910 (BL, LSDC 114).

19 »Green Chartreuse«

1 A. C. Benson, Tagebuch 113 (Magd.).

2 Pye, S. 66.

3 Ebenda, S. 67.

4 Benson, Tagebuch 127 (Magd.).

5 Pye, S. 70.

6 GLM an G. W. Young, Brief vom 26. September 1913 (AC-Archiv).

7 GLM an Benson, Brief (zitiert in: Pye, S. 71 f.).

8 Young an GLM, Brief vom 5. Mai 1914 (zitiert in: Robertson, S. 95).

9 GLM an Lady Young, Brief vom 16. September 1917 (Kopie im AC-Archiv).

10 Young an GLM, Brief vom 26. September 1917 (zitiert in: Robertson, S. 120).

11 GLM an Young, Brief vom 5. Dezember 1917 (AC-Archiv).

12 G. Winthrop Young, Geoffrey Sutton, Wilfrid Noyce, *Snowdon Biography,* London 1957, S. 36 f.

13 GLM an Ruth Mallory, Brief vom 28. September 1918 (Magd.).

14 Andrew Irvine an seine Mutter, Brief von 1919 (Irvine-Familienarchiv).

15 Irvine, Tagebuch, 7. Mai 1924 (Merton College).

16 Duncan Grant an Walt Unsworth, Brief von 1977 (zitiert in: Unsworth, S. 111).

17 T. H. Somervell, »In Memoriam. George Leigh Mallory«, in: *Journal of the Fell & Rock Climbing Club,* 1924, S. 385.

18 Benson, Tagebuch 175 (Magd.).

19 Ebenda.

20 Ruth Mallory an Young, drei undatierte Briefe, EA, RGS (Box 3).

20 Menfree

1 Das britische Lager I aus der Vorkriegszeit wird nicht mehr benutzt. Unser erstes Lager nach dem Basislager war das alte britische Lager II in 5800 Meter Höhe. Das vorgeschobene Basislager (ABC) war das alte Lager III, und das Lager auf dem Nordsattel nannten wir Lager VI. Diese

Benennung wird aufrechterhalten, damit die Übereinstimmung mit der Literatur über Mallory und Irvine gewährleistet bleibt.

2 Daß der Gipfel bei der Zweiten Stufe so nah erscheint, ist eine tödliche Illusion. Drei Wegstunden sind eher optimistisch geschätzt; es kann etwa fünf Stunden bis zum Gipfel dauern und vier Stunden zurück zur Zweiten Stufe. Viele moderne Bergsteiger wurden von der Dunkelheit überrascht, weil sie diese Entfernung unterschätzten.

3 Das chinesische Lager V befand sich am üblichen Ort, aber ein zeitweise genutztes Vorratslager, das ich »Lager VB« nenne, wurde in 8100 Meter Höhe angelegt. Lager VI liegt an der seit Ende des Zweiten Weltkriegs üblichen Stelle auf 8375 Metern. Die Chinesen errichteten zudem noch ein kleines Biwak – Lager VII – unmittelbar nordöstlich der Ersten Stufe.

21   Im Rückblick

1 Telefongespräch Hargreaves/Salkeld, Juni 1995.

2 Telegramm von T. H. Somervell, EA, RGS (Box 34).

3 Brief in der British Library (BL, 63119).

4 Jochen Hemmleb, *The Second Step: Unravelling the Mystery*, (20seitiger persönlicher Bericht), unveröffentlicht, 1993.

5 Es ist nicht ganz klar, welche Stufe die Chinesen damit meinten; möglicherweise zählten sie vom Gipfel abwärts, wodurch die Bezeichnungen Erste und Zweite Stufe vertauscht wären.

6 Moderne Sauerstoffgeräte besitzen eine höhere Durchflußgeschwindigkeit als die der Pioniere. Allerdings atmen Bergsteiger nicht immer die Höchstmenge: Stelfox spricht von 2 Litern in der Minute bis zum Sims der Zweiten Stufe und dann von 4 Litern; George Mallory II. begann ebenfalls mit 2 Litern und wechselte oberhalb der Stufe dann zu 2,5 Litern. Mallory und Irvine stellten ihre Geräte vermutlich auf die maximale Durchflußgeschwindigkeit von 2,2 Litern in der Minute ein.

7 Odell erklärte Salkeld, daß er in Mallorys und Irvines Höhenlager ein solches Durcheinander von Gestellen und Sauerstoffflaschen vorgefunden habe, daß er nicht mit Sicherheit sagen könne, ob sie bei ihrer letzten Besteigung Sauerstoff mit sich geführt hatten. Die Entfernung, aus der er die beiden Männer zum letzten Mal sah, war zu groß, um erkennen zu können, ob sie Sauerstoffgeräte trugen. Die Teile im Lager könnten jedoch auch zu dem Zusatzgerät gehört haben, das die Träger heraufgebracht hatten. Vielleicht demontierte Irvine den Apparat auf der Suche nach Ersatzteilen.

8 Telefongespräch Hargreaves/Salkeld, Juni 1995.

9 T. H. Somervell, Telegramm, EA, RGS (Box 34).
10 Brief in der British Library (BL, 63119).
11 George Mallory wehmütig an seine Frau Ruth von der RMS *California*,
   zum letzten Mal unterwegs zum Everest, 3. März 1924.

22 Die große Entdeckung

1 Der Begriff »Terrasse« ist eine irreführende Bezeichnung zur Unter-
  scheidung zwischen den 45 Grad steilen Felsplatten, die auf 8300
  Meter beginnen, und dem Schneehang mit 30 Grad Neigung darunter,
  der auf 8150 Metern noch einmal steiler wird. Beide Gebiete fallen so
  schnell ab, daß man nach einem Sturz immer weiter rutscht, wenn man
  nicht von einem vorstehenden Fels aufgehalten wird.
2 Mallorys Tochter Clare Millikan glaubt, daß es sich um Stella Mellersh
  handelt, eine Cousine Ruths.
3 E. F. Norton, *The Fight for Mount Everest:* 1924, London 1925, S. 134.
4 Himalaja-Bergsteiger sind sich einig, daß man langsamer wird, wenn
  einem der Sauerstoff ausgeht; ist man jedoch zu stark dehydriert,
  kommt man überhaupt nicht mehr voran.
5 Conrad Anker erkletterte die zweite Stufe 1999 eigens ohne Hilfen, um
  ihren Schwierigkeitsgrad einzuschätzen. Ihm zufolge weist sie technisch den amerikanischen Schwierigkeitsgrad von 5,8 auf Meereshöhe
  auf, verstärkt durch eine 5,10-Tour auf den Everest aufgrund der Höhe
  und der »Exponiertheit«. Letztere setzt sich aus den Angstfaktoren
  Steilheit, fehlende Ruheplätze und Länge eines möglichen Falls zusammen, die alle das Selbstvertrauen schwächen und so den Schwierigkeitsgrad erhöhen.
6 Wenige Tage zuvor jedoch fand Norton den Schnee im nahe gelegenen
  großen Korridor pulverig und sehr locker.
7 2,21 Liter in der Minute ist immer noch eine beträchtliche Durchflußgeschwindigkeit und eine Sauerstoffmenge, die damals wie heute ef-
  fektiv ist. Heutige Sauerstoffausrüstungen sind zwar leichter und zuverlässiger, der Sauerstoff (das gasförmige chemische Element O_2) hatte
  1924 jedoch die gleiche Wirkung wie 1999.
8 Mallory hatte dem Expeditionsfotografen John Noel geschrieben, bei
  ihrer Querung der Felsbänder, welche die Basis der Gipfelpyramide
  formen, nach ihnen Ausschau zu halten. Diese Nachricht wurde oft dahingehend (und meiner Meinung nach falsch) interpretiert, daß Mallory überlegte, statt der Route über den Grat Nortons Route den Großen
  Korridor hinauf zur Zweiten Stufe zu nehmen, falls er entdeckte, daß
  diese Traverse zur Nordseite der Pyramide führte. Von unten schien die

Route Zugang zu einem leichteren Weg über Fels anstatt Schnee zu bieten. Allerdings sind diese Bänder die gleichen, steilen Schichten, aus denen auch die Zweite Stufe (und die »Hillary-Stufe« auf der Route über den Südostgrat) besteht.

9 Nach William von Ockham (1285–1349): »Das Wesentliche darf zur Erklärung einer Situation nicht über die Notwendigkeit hinaus vervielfacht werden.« Worte, an die man sich beim Recherchieren halten sollte.

10 Die beiden Sauerstoffgeräte – beide mit einem Gestell aus Metallrohren, einer einzelnen Sauerstoffflasche und Atemmaske – befinden sich vermutlich immer noch auf diesem Streckenabschnitt.

11 Da Mallory und Irvine zusammen waren, ist es gleichgültig, wem der Eispickel gehörte. Er zeigt uns nur, wo der Absturz stattfand.

12 Die starke Kopfverletzung wurde von Thom Pollard, dem Kameramann der Expedition, am 16. Mai festgestellt.

13 Aufgrund des golfballgroßen Loches in seinem Schädel war Mallory sofort bewußtlos oder tot. Es ist denkbar, daß er wieder zu Bewußtsein kam, nachdem sein Sturz gebremst worden war. Vielleicht breitete er dann seine Arme aus. Die überkreuzten Beine können Absicht oder die Folge eines Reflexes gewesen sein. Seine friedliche Position im ausgestreckten Zustand ist jedoch untypisch für einen Bergsteiger, der *während eines Sturzes getötet wurde.*

14 Everest.Mountainzone.com, Tagesbericht, 3. Mai 1999.

15 Everest.Mountainzone.com, Tagesbericht, 2. Mai 1999.

16 Die Leichen am Nordhang sind schwer und bis zu einem gewissen Grad flexibel. Bei direkter Sonneneinstrahlung würden sich diejenigen, die auf unebenem Untergrund liegen, allmählich dem Boden anpassen. Warum Mallory an einem Fuß keinen Stiefel trägt, ist ungeklärt.

17 Dennoch ist dies nur das wahrscheinlichste Szenario in einer Geschichte, die fast ausschließlich aus unwahrscheinlichen Zufällen besteht. Eine großangelegte Suche nach Irvine und seiner Kamera könnte uns alle noch überraschen.

Bibliographie

Anonymus: *Another Ascent of the World's Highest Peak – Qomolangma.* Peking 1975.

Anonymus: *High Mountain Peaks in China – Newly Opened to Foreigners.* Peking 1981.

Bruce, Charles G., u. a.: *Mount Everest: Der Angriff 1922.* Basel 1924.

Carr, Herbert (Hrsg.): *The Irvine Diaries: Andrew Irvine and the Enigma of Everest 1924.* Reading 1979.

Dittert, René, u. a.: *Forerunners to Everest: The Story of the Two Swiss Expeditions of 1952.* London 1954.

Finch, George Ingle: *Der Kampf um den Everest.* Leipzig 1925.

Ders.: *The Making of a Mountaineer.* London 1924.

Graves, Robert: *Strich Drunter!* Berlin 1930.

Holroyd, Michael: *Lytton Strachey: A Biography.* London 1971.

Howard-Bury, C. K.: *Mount Everest – Die Erkundungsfahrt 1921.* Basel 1922.

Hunt, John: *Mount Everest – Kampf und Sieg.* Wien 1954.

Keynes, Geoffrey: *The Gates of Memory.* Oxford 1981.

Lehmann, John: *Rupert Brooke: His Life and His Legend.* London 1980.

Lunn, Sir Arnold: *A Century of Mountaineering 1857–1957.* London 1957.

Messner, Reinhold: *Everest – Expedition zum Endpunkt.* München 1978.

Ders.: *Der gläserne Horizont – Durch Tibet zum Mount Everest.* München 1982.

Morris, John: *Hired to Kill.* London 1960.

Murray, William H.: *Das Buch vom Everest – Die Geschichte seiner Besteigung 1921–1953.* München 1953.

Newsome, David: *On the Edge of Paradise – A. C. Benson: The Diarist.* London 1980.

Noel, John B. L.: *Through Tibet to Everest.* London 1927.

Norton, Edward F., u. a.: *Bis zur Spitze des Mount Everest – Die Besteigung 1924.* Basel 1926.

Pye, David: *George Leigh Mallory – A Memoir.* London 1927.

Robertson, David: *George Mallory.* London 1969.

Ruttledge, Hugh: *Everest 1933.* London 1934.

Sayre, Woodrow W.: *Vier gegen den Everest.* Zürich 1965.

Somervell, Howard: *After Everest.* London 1936.

Unsworth, Walt: *Everest.* London 1981.

Wollaston, M. (Hrsg.): *Letters and Diaries of A. F. R. Wollaston.* Cambridge 1933.

Young, Geoffrey Winthrop: *Die Schule der Berge.* Leipzig 1926.

Ders.: *Meine Wege in den Alpen.* Bern 1955.

Ders. mit Sutton, Geoffrey u. Noyce, Wilfried: *Snowdon Biography.* London 1957.

Younghusband, Sir Francis: *Der Heldensang vom Mount Everest.* Basel 1928.

Register

GOLDMANN

SPIEGEL-Bücher bei Goldmann

Rudolf Augstein (Hrsg.),
Ein deutsches Jahrzehnt   12954

Tiziano Terzani,
Fliegen ohne Flügel   12952

Robert S. McNamara/
Brian VanDeMark, Vietnam   12956

John Douglas/Mark Olshaker,
Die Seele des Mörders   12960

Goldmann • Der Taschenbuch-Verlag

GOLDMANN

Grenzerfahrungen

»... eine Besteigung des Mount Everest ist an sich ein irrationaler Akt: ein Triumph der Begierde über die Vernunft.«
Jon Krakauer

Göran Kropp,
Allein auf den Everest   15019

1912: Lawrence Beesley hat den Untergang der *Titanic* überlebt. Unmittelbar danach beschreibt er packend und minutiös die größte Katastrophe der Seefahrtsgeschichte und ihre Folgen.

Lawrence Beesley,
Titanic   15004

Goldmann • Der Taschenbuch-Verlag